VERSTÄNDIGUNG

**Deutsch
für berufliche
Schulen**

**Von
Friedemann Brandt
Rolf Krappen
Gudula Neufang
Christian Nill
Erhard Schlutz**

D1729656

**Ernst Klett Verlag
für Wissen und Bildung**

Verständigung
Deutsch für berufliche Schulen

Bearbeiter:
Friedemann Brandt · Rolf Krappen · Gudula Neufang · Christian Nill · Erhard Schlutz

Zeichnungen
Seite 20, 47 (oben rechts), 53, 61, 64, 118, 121, 132, 134, 144, 155, 156, 162, 168, 187, 195,
275–278:
Herbert Horn

Collagen
Seite 8, 40:
Dieter Gebhardt

Fotos
Seite 12, 44, 46, 48, 67, 70, 90, 166:
Klaus-Uwe Neumann

1. Auflage   1 8 7 6 5 4 | 1994 93 92 91 90   ·

Alle Drucke dieser Auflage können im Unterricht nebeneinander benutzt werden, sie sind untereinan-
der unverändert. Die letzte Zahl bezeichnet das Jahr dieses Druckes.
© Ernst Klett Verlag für Wissen und Bildung GmbH, Stuttgart 1987. Alle Rechte vorbehalten.
Umschlag: Beate Hasenmaier
Satz: Setzerei Lihs, Ludwigsburg
Druck: Fricke GmbH u. Co. KG, Stuttgart. Printed in Germany.
ISBN 3-12-803300-5

Inhaltsverzeichnis

Viertes Kapitel: Werben und Umworbenwerden

Fünftes Kapitel: Argumentieren und Erörtern

Erstes Kapitel: Die eigene Sprache

1 Nachdenken über meine Sprache

1.1 Unterschiedliche Ausdrucksmittel

1.1.1 Kleidung als 'Sprache'?

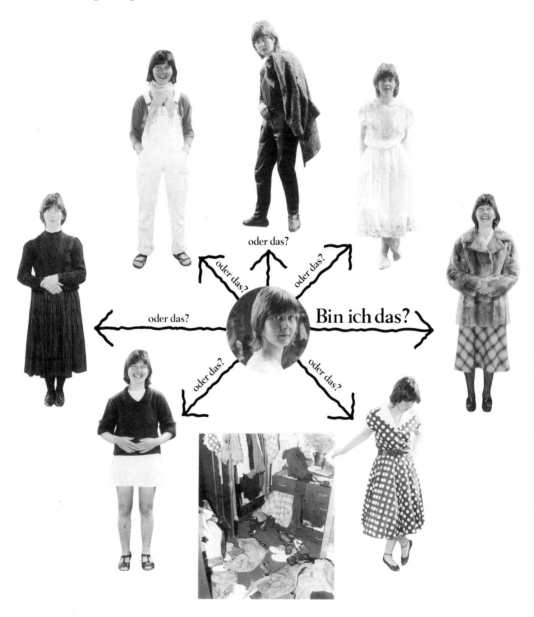

Aufgabe 1 Welche Kleidungsstücke und Haltungen lassen sich unterscheiden? Welche Kleidungsstücke könnten besonders gut zu der Trägerin passen?

Aufgabe 2 Was bringen die Kleidungsstücke zum Ausdruck (was symbolisieren sie): eine bestimmte Stimmung, die Persönlichkeit, ...?

Aufgabe 3 Welches Problem spricht die junge Frau mit ihren Selbstauslöserfotos an?

Rocksängerin Lilli Berlin

Im ‚Hollywood' am Kurfürstendamm gibt Dr. John the nightripper aus New Orleans ein Konzert, das Publikum wartet noch im Foyer. Die Mäntel und Jacken haben sich dem Grau der Winternächte angepaßt, doch etwas stört das homogene[1] Bild: An einem der kleinen Marmortische sitzt ein Wesen wie von einem andern Stern. Aus einem voluminösen pinkfarbenen Teddyplüschmantel quillt eine blonde Mähne mit rosa Stich. Um die dünnen Arme schlingen sich mit Metall beschlagene Bänder aus schwarzem Leder, das Gesicht ist nahezu weiß. Eine Kindfrau mit den Zügen einer Dreißigjährigen, ganz und gar Diva, wenn ein Bekannter sie mit einem Handkuß begrüßt. Ihre Füße stecken in weiten, schwarzen Knobelbechern, um die Ketten gewunden sind. Wie eine Punk-Prinzessin aus der Muppetshow kommt sie in ihnen daher, das Showbusiness ist auch ihr eigentliches Metier. Sie ist Schauspielerin und hat als Rocksängerin unter dem Namen „Lilli Berlin" eine begrenzte Berühmtheit erlangt.

„Ich mußte mich ja immer verkleiden, und da dachte ich mir, jetzt kann ich endlich mal was machen, wo ich ich sein darf. Schräg auszusehen ist ja in der Rockszene unheimlich angesagt. Das Outfit[2] ist bei Musikern schon immer extrem wichtig gewesen. Musiker machen Mode, man denke nur an die Beatles. Die Gruppen, die Erfolg haben, werden von ihren Fans nachgemacht. In England ist es ja mittlerweile so, daß die großen Gruppen von Modedesignern ein eigenes Styling entwickeln lassen, das dann sofort in die Läden gebracht wird. In Berlin gab's oder gibt's auch ein paar, die so rumlaufen wie ich, aber ich fand das, ehrlich gesagt, nur bescheuert, denn ich nehme meine Sachen gar nicht so ernst. Ich ziehe mich ja meistens so an, daß ich selber drüber lachen kann. Ich möchte damit nicht ernst genommen werden, Sich-Anziehen soll doch Spaß sein. Wenn man tagsüber so rumläuft", erzählt sie mit einer Stimme, der man den Gesangsunterricht und die Sprecherziehung richtig anhört, „ist das manchmal ganz schön schlimm, das nervt einen. Richtig angepöbelt wird man, meistens von Mädchen: ‚Ey wie läuft die denn rum' – so normale Bräute, die sich nur in der Karnevalszeit trauen, schräg rumzulaufen. Mir bringt es immer Spaß, mich zu verkleiden. Ich finde es gut, wenn jemand gestylt ist wie ein Kunstwerk. Nicht daß alles aufeinander abgestimmt ist wie in den Zeitschriften, sondern daß es etwas Eigenes ist. Für mich ist es normal, verkleidet zu sein; wenn ich normale Klamotten anziehen würde, wäre das für mich eine Verkleidung."

Michael Sontheimer: Post-Punk und Neo-Rokoko. In: Kursbuch 79, S. 156 ff.

Aufgabe 4 Wieweit ist es nach Lillis Meinung möglich, sich durch seinen „Outfit" persönlich auszudrücken? Wodurch wird diese Möglichkeit beschränkt?

Aufgabe 5 Achten Sie auch darauf, wie Lilli spricht. An welchen Stellen wirkt ihre Sprache sehr persönlich, an welchen benutzt sie eine eher uniforme Sprechweise oder Modeausdrücke?

Aufgabe 6 Lilli spricht häufig von „Spaß" oder „Verkleidung". Meint sie damit, daß ihr Aufzug nichts bedeuten (symbolisieren) soll?

Aufgabe 7 Diskutieren Sie, ob man mit Hilfe der Kleidermode, wie Lilli es ausdrückt, „ich sein darf".

---

(1) einheitlich, gleichmäßig.
(2) Kleidung (im Sinne von 'Kluft') aus zueinander passenden Teilen.

1.1.2 Körpersprache

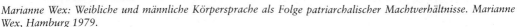

Marianne Wex: Weibliche und männliche Körpersprache als Folge patriarchalischer Machtverhältnisse. Marianne Wex, Hamburg 1979.

Aufgabe 1 Welche Empfindung oder Stimmung drücken die Personen durch ihre Körperhaltung aus? Was könnten sie in dem Moment, in dem die Aufnahme gemacht wurde, sagen?

Aufgabe 2 Die Autorin, die die Bilder zusammengestellt hat, ist der Meinung, daß die Körpersprache von Männern und Frauen sich unterschiedlicher Ausdrucksmittel (Haltungen, Gesten) bedient. Wieweit läßt sich das aus den Bildern hier ablesen? Nennen Sie Beispiele, die diese Behauptung belegen oder widerlegen.

Übung 1 Fertigen Sie Bildunterschriften zu einigen der Bilder an. Legen Sie den Personen Worte in den Mund, die die Situation witzig oder unerwartet erklären.

Übung 2 Schreiben Sie eine kurze Erzählung aus der Sicht einer der Personen oder der Paare, aus der die Vorgeschichte der abgebildeten Situation hervorgeht.

Aufgabe 3 Vergleichen Sie die in diesem und in dem vorigen Abschnitt verwendeten Ausdrucksmittel.
Was läßt sich durch die Körpersprache oder durch die Kleidersprache sehr gut zum Ausdruck bringen, was läßt sich nur in der Wortsprache sagen?

Die Sprache der Wörter

ist nicht das einzige Ausdrucksmittel, über das wir verfügen. Auch Körperhaltung, Gestik, Mimik, Kleidung und andere Ausstattungsstücke (z. B. ein Motorrad) können als Symbole verwendet werden, mit denen wir etwas über uns sagen wollen. Mit Hilfe dieser äußeren Mittel wird eine Bedeutung (z. B. ein Gefühl, eine Aufforderung) zum Ausdruck gebracht.

Körpersprache und Kleidersprache sind oft vielsagender als die Wortsprache. Was sie zum Ausdruck bringen, ist jedoch nicht immer eindeutig zu entschlüsseln. Gedankliche Zusammenhänge lassen sich im Grunde nur in der Wortsprache ausdrücken.

Die allgemeinen Ausdrucksmittel (Worte, Kleidungsstücke, Gesten usw.) sind den Menschen in der Regel vorgegeben. Wenn man sie völlig willkürlich selbst erfinden würde, könnten andere Menschen gar nicht verstehen, was man ausdrücken möchte. Deshalb ist es oft gar nicht einfach, seinen persönlichen Ausdruck zu finden: durch die Art der Wortverwendung, in der Betonung bestimmter Gesten, durch die Auswahl und Kombination von Kleidungsstücken, ...

1.2 Unterschiedliche Sprachebenen

1.2.1 Verhaltensnormen in Situationen

Worin wohin?

Aufgabe **1** Wohin würden Sie in Shorts oder im „guten Anzug" nicht gehen? – Zur Schule – zum Arbeitsplatz – in die Kneipe oder Disco – zur Bewerbung für eine neue Stelle – zur Hochzeit Ihrer älteren Schwester – oder...?
Wenn Sie zu einem bestimmten Anlaß oder in einer bestimmten Situation eine Kleidungsform für unpassend halten, womit begründen Sie das?

a) Mir würde das selbst nicht gefallen.

b) Man tut das nicht, es gehört sich nicht.

c) Man muß mit Sanktionen (z. B. schiefe Blicke, Tadel, Bestrafungen) rechnen.

Wie mit wem?

Karen: Also die Fete war total übermackert. Da sach ich: Laß uns durch die Socken pfeifen. Haben wir also 'n vorzeitigen Abgang gemacht!

Tom: Also, es ist 'n bißchen später geworden. Ich hab' da noch diese Karen kennengelernt. Die ist ganz in Ordnung.

Aufgabe **2** An welche unterschiedlichen Hörer wenden sich wohl die Sprecher Karen und Tom? Woran erkennen Sie das?

Aufgabe **3** Formulieren Sie um:
Wie würde Karen mit ihren Eltern sprechen?
Wie würde Tom mit seiner Jungenclique sprechen?

Aufgabe **4** Ändert sich bei diesen Abwandlungen nur die Ausdrucksweise oder auch ein Stück der Bedeutung?

Aufgabe **5** Tom sagt
a) zu seinem Kumpel: „Die Karen, das ist 'ne echt scharfe Mutter. Ehrlich, die Tussi kauf' ich mir!"
b) zu seiner Schwester: „Deine Freundin Karen, das ist ja ein ganz flotter Feger. Mit der würd' ich gern mal was losmachen."
c) Tom denkt: „So 'n niedliches Mädchen wie die Karen hab' ich noch nie getroffen. Mit der würde ich mich sicherlich gut verstehen!"

Über welche der Äußerungen würde Karen sich wohl freuen, durch welche wäre sie vielleicht verletzt?
Warum redet und denkt Tom (man) so unterschiedlich? Ändern sich dadurch die Gefühle oder die eigene Persönlichkeit?

| Übung | Schreiben Sie einen kurzen Brief, in dem
- Karen sich bei den Gastgebern, älteren Herrschaften, für die Einladung bedankt und sich für ihr frühes Aufbrechen von der Feier rechtfertigt,
- Tom über seine erste Begegnung mit Karen einem wirklich guten Freund berichtet, der im Ausland lebt.

1.2.2 Sprüche der Mode und Modesprache

a) **Der Uniform-Look, in dem Sie nicht uniform sind!**

b) Top-Hits auf irre bunten LPs. Total stark.
Originelle Scheiben – echt wahr!
Mit Stars und Hits, auf die man abfährt.
Und der Preis stimmt! Darum voll zuschlagen.

c) Mein** – Zimmer. Echt stark. Gefällt mir und meiner Clique.

d) *Die Mode bestimmen Sie selbst. – Wir machen sie für Sie.*

e) *Bärenstark die Ausbildung hier. Und die Kohle stimmt auch ...*

f) Zieh Dich an, wie Du es magst – oder so, daß andere Dich mögen.

| Aufgabe | **1** In diesen sechs Werbesprüchen werden zwei grundsätzlich unterschiedliche Methoden der werbenden Ansprache verwendet.
Welche sind das, und was sollen sie bewirken?

| Aufgabe | **2** In den Sprüchen, die sich auf Kleidermode beziehen, wird mit dem Mittel des scheinbaren Widerspruchs gearbeitet.
Weisen Sie dies Mittel nach. Welches Problem der Mode soll damit angesprochen und gelöst werden?

| Aufgabe | **3** In den Sprüchen zur Kleidermode wird der Empfänger teils gesiezt, teils geduzt.
Wie empfinden Sie diesen Unterschied? Ist es Ihnen schon bei anderen Werbesprüchen aufgefallen, ob gesiezt oder geduzt wird, und wie bewerten Sie das?

| Aufgabe | **4** Einige der Reklamesprüche verwenden bewußt eine jugendliche Sprache (oder tun so, als ob Jugendliche selbst sprächen).
Welche Mittel werden dabei eingesetzt?
Wie beurteilen Sie solche Versuche, Sie in Ihrer 'eigenen' Sprache anzureden?

| Übung | Schreiben Sie zu einem der Sprüche einen kurzen Antworttext, in dem Sie dessen Absicht in lustiger oder in persönlicher Form zurückweisen.

Unterschiedliche Sprachebenen in unterschiedlichen Situationen

In unterschiedlichen Situationen und bei unterschiedlichen Gesprächspartnern verwenden wir jeweils andere Ausdrucksmittel. Man sagt auch: Wir wechseln die Sprachebene. Man versucht damit, sich auf die Verständnismöglichkeiten seines Gegenübers und auf die Erfordernisse einer bestimmten Situation einzulassen.

Bemüht man sich allerdings, sich mit seinem Sprachgebrauch allzu ängstlich oder gar anbiedernd dem anzupassen, was die anderen hören wollen, dann besteht die Gefahr, daß man als Person unglaubwürdig wird und daß man den eigenen Absichten und Gefühlen Gewalt antut. Umgekehrt darf man sicherlich mißtrauisch werden, wenn andere unsere eigene Sprache zu imitieren versuchen.

1.3 Meine Sprache – meine Kultur?

1.3.1 Das Geschlecht in der Sprache

Verzicht auf mehr Gehalt:

Beförderung zur Amtmännin abgelehnt
Rechtspflegerin wehrt sich gegen Beamtendeutsch

Verden (ala). Elke Guillaume, 39jährige Rechtspflegerin bei der Staatsanwaltschaft Verden, verzichtet freiwillig auf rund 300 Mark im Monat, weil sie keine Amtmännin sein will. Diese eigenwillige Wortschöpfung ist zwar durchaus gängige Praxis, wird von der Justizbeamtin aber nicht akzeptiert. Sie will erreichen, daß auf ihrer Beförderungsurkunde „Amtfrau" steht.

Weil dies aber nicht der Fall war, verweigerte sie die Annahme des Dokuments mit der Folge, daß sie nach wie vor als Justizoberinspektorin gilt und nicht in die Besoldungsgruppe A 11 eingestuft wurde. „Amtmännin", sagt Frau Guillaume, „ist ein Symbol für die Ungleichbehandlung von Mann und Frau und – nebenbei – sprachlich unkorrekt."[1]

Weser-Kurier, 29. 4. 1986

| Aufgabe | 1 Wie unterscheiden sich die umstrittenen Bezeichnungen? Was sind die Argumente der Rechtspflegerin? Treffen sie zu, würden Sie sich ähnlich verhalten?

| Aufgabe | 2 Fallen Ihnen in den folgenden Sätzen Ungereimtheiten auf?

a) Martina macht ab nächstem September eine Kaufmannslehre.

b) Für unser aufstrebendes Unternehmen suchen wir noch mehrere Werkzeugmacher und andere Facharbeiter.

c) Liebe Schülerinnen und Schüler: Jeder freut sich sicherlich schon auf seinen Urlaub, aber leider kann manch einer nicht verreisen.

---

(1) Am 5. 6. 1986 veröffentlichte der Weser-Kurier die folgende Meldung: **„Amtmännin" darf nun auch „Amtfrau" heißen.** Niedersächsische Beamtin als Wegbereiterin. Bonn (ap). Von Stund an dürfen sich Frauen mit dem Dienstgrad Amtmann auch „Amtfrau" nennen. Darauf einigte sich in Bonn die Bund-Länder-Kommission „Besoldung". Die neue Regelung, die zumindest auf dem Papier einen weiteren Schritt zur Gleichstellung der Frau in der Gesellschaft darstellt, erfordert keine neuen Gesetze oder Verordnungen und damit auch keine neue Bürokratie. Hans-Günter Kowalski vom Bundesinnenministerium: „Die bestehenden Vorschriften lassen hierfür genügend Spielraum."

d) Karen ist der Kapitän ihrer Handballmannschaft.

e) Viele Chefs sehen eine Verbrüderung zwischen den Vorarbeitern und den angelernten Arbeiterinnen nicht gern.

f) So war das eben bei Brigitte und Michael: Der eine war in den anderen regelrecht verliebt.

g) Man erlebt seine Schwangerschaft jedesmal anders.

Nach: Senta Trömmel-Plötz: Linguistik und Frauensprache. In: Linguistische Berichte, 57/1978.

Erläutern Sie, was nicht ganz stimmig ist. Benutzen Sie dazu die Unterscheidung von grammatischem Geschlecht und natürlichem Geschlecht.

Aufgabe 3 Fallen Ihnen andere Beispiele ein, in denen unsere Sprache Mädchen und Frauen benachteiligt?
Woran liegt das, und kann man das ändern?

1.3.2 Sprachgebrauch der Geschlechter

Nach der Vorstellung[1] war eine Diskussion angesetzt. Die Zuschauer sollten Gelegenheit haben, mit den Schauspielern, gleichzeitig Autoren des Stücks, und dem Regisseur über das Stück und die Aufführung zu sprechen.
Bereits während der Pause hatten meine Schüler – wie sie später erzählten – herausgefunden, daß die übrigen Klassen vom Gymnasium kamen.
Als dann die Diskussion begann, wurde sie auch geführt von den „Leuten vom Gymnasium". Die Hauptschüler hörten zu und schwiegen.
Als ich meinen Schülern sage, daß mir das aufgefallen ist, fühlen sich vor allem die Jungen angesprochen.
Jürgen: „Bevor ich vor denen etwas Falsches sage, sag' ich gleich gar nichts."
Alexander: „Genau, ich werd' mich doch nicht blamieren, vor denen doch nicht!"
Wolfgang: „Außerdem haben die doch nur in Fremdwörtern geredet, eh! Das ist mir einfach zu blöd!"
Ich sage, daß mich das an Sätze erinnert, wie ich sie häufig in der Klasse von Mädchen höre: „Da bin ich doch schon lieber gleich still, bevor die (Jungen) sich über mich lustig machen."
Wolfgang: „So ist das eben. Das können wir doch nicht ändern. Meinetwegen können die Mädchen den Mund ja aufmachen. Da kann ich doch nichts dafür, wenn die nicht so viel sagen."

Als ich darauf hinweise, daß die Gymnasiasten vermutlich ähnlich argumentieren würden, stimmen die Jungen zu.
Wolfgang: „Aber trotzdem blamier' ich mich vor denen doch nicht! Die denken sowieso, die sind was Besseres."
Elke: „Das ist doch in der Klasse auch so. Manche Mädchen denken, daß sie nicht gut sind im Reden. Damit sie nichts Falsches sagen, halten sie gleich ihren Mund. Also ick lass' mir den Mund nicht verbieten, wa! Das merken Sie doch, wa? – Aber Brigitte zum Beispiel, die sagt nie einen Ton, nie. Brigitte, Mensch, du weißt doch bestimmt auch oft was. Ick trau' mir wetten, das ist, weil die Jungs immer gleich dazwischenquatschen."
Einige Jungen: „Aha, immer auf uns, wa! Immer auf die Kleinen."
Elke: „Mensch, seid doch mal ernst, eh! Brigitte, sag doch mal!"
Brigitte: „Naja, ich denk' immer, daß das nicht so wichtig ist, was mir einfällt, und dann hat es auch schon immer jemand gesagt, und dann brauch' ich ja nichts mehr sagen."
Elke: „Aber was die Jungs manchmal [...] daherreden!"
Einige Jungen in Elkes Umkreis protestieren.
Elke: „Mensch, det ist doch auch nicht schlimm, eh! Ick rede doch auch manchmal Blödsinn."

Hildburg Kagerer: In der Schule tobt das Leben. Basis-Verlag, Berlin 1978, S. 42 f.

_____

(1) Die Klasse, 10. Kl. Hauptschule, hatte im Grips-Theater das Stück ‚Was heißt hier Liebe?' angesehen.

Aufgabe **1** Im Text (Seite 15) wird behauptet, daß es Unterschiede im Gesprächsverhalten zwischen Gymnasiasten und Hauptschülern sowie zwischen Schülern und Schülerinnen gibt. Wie stehen Sie dazu?

Aufgabe **2** Welche Erfahrungen haben Sie selbst mit Ihrem Gesprächsverhalten in unterschiedlichen Gruppen gemacht?
Können Sie sich an Unterschiede erinnern, die auf die Geschlechtszusammensetzung in der betreffenden Gruppe zurückzuführen sind?

Aufgabe **3** Gibt es wohl einen Zusammenhang zwischen dem Gesprächsverhalten von Mädchen und Jungen und der Verteilung des grammatischen Geschlechts in unserer Sprache? (Vgl. Abschnitt 1.3.1.)

1.3.3 Zwischen zwei Sprachen und zwei Kulturen

Deukisch

Deukisch ist ein Wort, das nicht im Lexikon steht. Es ist kein Phantasiewort, das ich erfunden habe. Deu- kommt von Deutsch, und -kisch kommt von Türkisch. Also eine Kombination dieser beiden
5 Wörter. Und genauso fühle ich mich. Das Problem ist, daß es diese Staatsangehörigkeit nicht gibt. Ich bin eine mehr oder weniger gut gelungene Mischung von zwei völlig verschiedenen Welten. Es hat sehr lange gedauert, bis ich mich als solche
10 akzeptiert habe. Meine Familie hat mich als solche nicht akzeptiert. Die Mischung entspricht nicht den Vorstellungen, die sie sich von einer „türkischen Tochter" machen. Das ist etwas, was mir immer sehr weh getan hat. Aber das darf mich
15 nicht mehr daran hindern, zu meinem Deutsch-Teil genauso voll zu stehen wie zu meinem Türkisch-Teil. Denn nur mit diesen beiden Teilen zusammen bin ich ein Ganzes.

Geboren?
„In der Türkei"
Also eine Türkin

Gelernt?
„In Deutschland"
Also eine Deutsche

Gelebt?
„In der Fremde"
Also eine Fremde

Also ein Niemand.

In zwei Welten aufgewachsen

Mit zwei Seelen gedacht
Mit Rücksicht auf beide Seiten gehandelt

Und doch nicht überlebt

Aus der Küche
Kaum verstehbar
Kommt rüber
Leise türkische Musik

Aber

Die laute deutsche Musik
Die im Kinderzimmer spielt
Ist in der Küche
Nicht zu verstehen

Jugend vom Umtausch ausgeschlossen. Eine Generation stellt sich vor. Hrsg. vom Jugendwerk der Deutschen Shell. rororo 5555. Rowohlt Taschenbuch Verlag, Reinbek 1984, S.216f.

Aufgabe **1** Warum ist es nicht immer ein Vorzug, in zwei Sprachen aufzuwachsen? Begründen Sie Ihre Meinung aus dem Text.

Aufgabe **2** Welchen Zusammenhang sieht die junge Türkin zwischen der Lebensweise, der Sprache und der eigenen Person? Woran wird das besonders deutlich? Was wird mit den letzten beiden Strophen zum Ausdruck gebracht?

Serpil: Gegensätze in der U-Bahn, 1983. Pastell/Papier 58 × 78 cm. In: Ich lebe in Deutschland. Sieben türkische Künstler in Berlin. Katalog, hrsg. vom Künstlerhaus Bethanien, Berlin 1984, S. 36.

Aufgabe 3 Drückt das Bild, das eine türkische Malerin gemalt hat, einen Gegensatz oder einen Zwiespalt aus?

Sprache und Sprachgebrauch

Eine Sprache spiegelt immer die Lebensweise (Kultur) und die Geschichte der Gemeinschaft wider, die sie spricht. Ein Beispiel: Weil Frauen jahrhundertelang keine öffentlichen Positionen bekleidet haben und ganz hinter dem Mann zurückstanden, gibt es für viele Berufsbezeichnungen nur das männliche Geschlecht. Auch wird, wenn eigentlich Männer und Frauen zusammen gemeint sind, häufig die männliche Form oder das männliche Pronomen verallgemeinernd auf beide Gruppen angewendet.

Der eigene Sprachgebrauch ist ein Spiegel der eigenen Lebensweise, Kultur und Persönlichkeit. Unterschiedliche Weisen des Sprachgebrauchs sind also auf unterschiedliche Lebensgeschichten und Lebensweisen zurückzuführen. Solche Unterschiede sind zunächst einmal positiv, weil sie die Vielfalt von Menschen und Gruppen in unserer Gesellschaft zum Ausdruck bringen. Sie können dann als Nachteil empfunden werden, wenn man das Gefühl hat, sich in seinem erworbenen Sprachgebrauch nicht so ausdrücken zu können, wie man das gern möchte (Beispiele hier: Mädchen, die zur Zurückhaltung im Gespräch erzogen wurden; die Türkin, die in keiner Sprache und Kultur richtig heimisch geworden ist).

2 Gespräche führen

Melanies Gedächtnis

Personen: *Melanie, 16 Jahre*
             Manuel, 17 Jahre, Melanies Bruder (genannt Manu)
             Frau Merten, Mutter von Melanie und Manu
Ort und Zeit: *Sonntagmorgen, kurz nach 12 Uhr, Kaffeetisch, im Hintergrund Radiomusik*

	Mutter:	Manu, was suchst du denn? Setz dich erst mal her.
	Manu:	Wo iss'n die Zeitung?
	Mutter:	Ich glaube, die hat Vater mit auf den Sportplatz genommen.
	Manu:	Der sollte mal lieber beim Spiel zugucken und seiner Mannschaft nachher sagen, wo se
5		wieder Löcher inne Luft getreten haben.
	Mutter:	Das Toastbrot ist jetzt labberig. Wenn ihr so lange schlaft.
	Manu:	*Setzt sich an den Tisch.*
	Mutter:	Kaffee?
	Melanie:	*Kommt verschlafen im Bademantel und ungekämmt an den Kaffeetisch.*
10	Manu:	Moin, Puppe.
	Mutter:	Na, Melanie, ausgeschlafen?
	Melanie	*mißmutig:* Nee.
	Manu:	Möchte das Püppchen auch einen labberigen Toast?
	Melanie:	Blöder!
15	Mutter:	Komm, Kind, Kaffee!
		Während die beiden schweigend Kaffee trinken, legt die Mutter Wäsche zusammen.
	Mutter:	Erzählt doch mal, wie war es denn, auf Stefans großer Superfete?
	Manu:	Gut. Echt gut.
	Melanie:	Spitze war's. Einsame Spitze.
20		*Trinken weiter Kaffee. Schweigen. Im Radio kommt eine Verkehrsdurchsage.*
	Mutter:	Ja und? Erzählt doch mal ein bißchen. Was habt ihr denn so gemacht?
	Manu:	Gemacht! Was soll'n wir denn gemacht haben?
	Mutter:	Ja, was weiß ich? Steht ihr da nur so rum oder was?
	Melanie:	Nö, wir ha'm uns was erzählt und getanzt und so.
25	Manu:	Vor allen Dingen „und so".
	Melanie:	Was soll'n das heißen?
	Manu:	Ihr habt vielleicht 'n Larry gemacht, dahinten in der Ecke.
	Melanie:	Hääh? Spinnst du?
	Manu:	Du, Silke, Daniela und Sue.
30	Melanie:	Ich glaube, bei dir hakt's.
	Manu:	Ihr habt euch einen abgegeiert, da hat man zwischendurch sein eigenes Wort nicht verstanden.
	Melanie:	Wir ha'm uns was erzählt, Mensch. Geredet! Ganz normal!
	Manu:	Ganz normal! Das kannst du deinem Dreirad erzählen. Geschrien habt ihr zwischendurch,
35		daß der Stefan richtig Angst gekriegt hat wegen der Nachbarn, und der ist sonst wirklich nicht so.
	Melanie:	Willst du mich anmachen, oder was?
		Wir haben da hinten in der Ecke gesessen und uns ganz normal unterhalten.
	Manu:	Dann sag mir bloß, über was!

Melanie:	Woher soll ich das denn *jetzt* noch wissen?	40
Manu:	Aber ihr wart doch dermaßen angetörnt, da wirst du doch wohl noch wissen, worüber ihr geredet habt.	
Melanie:	Frag mich nicht, ich weiß es echt nicht.	
Manu:	Ich glaub', ich spinne. Soviel Alkohol gab's gar nicht, um alles zu vergessen.	
Melanie:	Das isses auch nicht.	45
Manu:	Also, dann schieß mal los, warum habt ihr so gelacht? Der Stefan hat das nämlich auf sich bezogen und war ganz schön genervt.	
Melanie:	Ich werd' noch verrückt! Ich weiß es ehrlich nicht mehr, worüber wir gesprochen haben, vielleicht über Klamotten oder irgendwas aus der Schule.	
	Das kannst du Stefan sagen: Wir haben überhaupt nicht über ihn gesprochen. Wir ha'm uns nur irgendwie amüsiert. So halt irgendwie.	50
	Ach Mensch, wozu sag' ich das alles, mir stinkt die ganze Fragerei.	
Mutter:	Jetzt macht mal 'n Punkt. Ihr wart doch immer ein Herz und eine Seele, ich versteh' nicht, warum du so schnippisch wirst, Melanie!	
	Habt ihr euch am Sonntagmorgen wirklich nichts anderes zu sagen als dieses Hin und Her?	55
Melanie:	Hm, so 'n Blödsinn, ich könnte heulen und lachen in einem. Ich weiß auch nicht, warum. Es nervt mich einfach, wenn Manu auf diese Weise den großen Bruder rauskehrt, dabei ha'm wir uns doch bloß 'n bißchen amüsiert.	
	Ich hab' keine Lust, mich dann auch noch rechtfertigen zu müssen.	60
Mutter:	Aber, Kind, wozu unterhalten wir uns denn dann?	
	Ist es nicht schön, wenn man sich noch was zu sagen hat und nicht immer nur aneinander vorbeirennt?	
	…	

Aufgabe **1** Verständigen Sie sich über den Verlauf des Gesprächs.
Haben Sie in vergleichbaren Situationen ähnliche Erfahrungen gemacht?

Aufgabe **2** Fassen Sie Ihre Vermutungen zusammen.
Welches sind die Hauptgesprächsabsichten
a) Manuels, b) Melanies und c) der Mutter?
(Sie können jeweils drei Sprechabsichten auswählen.)

aufmuntern – beeinflussen – schlichten – Kontakte pflegen – Gefühle loswerden – Überlegenheit ausdrücken – Unterlegenheit vertuschen – Unterlegenheit anerkennen – Alleinsein überwinden – sich abgrenzen – sich selbst darstellen – andere ärgern – andere herabsetzen – sich vertragen – sich bestätigen – sich loben – andere ermutigen – sich behaupten – Offenheit herstellen – andere bei guter Laune halten – Ärger und Wut loswerden – Sympathie gewinnen – Sympathie versichern – Vertrauen herstellen – Interesse am anderen zeigen – Zuneigung zeigen – Abneigung zeigen – Abneigung vertuschen

a) Manuel gegenüber Melanie: …
Manuel gegenüber der Mutter: …
b) Melanie gegenüber Manuel: …
Melanie gegenüber der Mutter: …
c) Die Mutter gegenüber Manuel: …
Die Mutter gegenüber Melanie: …

19

Aufgabe 3 Untersuchen Sie näher die Folgen einzelner Aussagen im Gespräch. Gehen Sie dabei nach folgendem Schema vor:

Gesagtes	Gemeintes	Wirkung
Mutter: „Manu, was suchst du denn? Setz dich erst mal her."	Die Mutter will, daß Ruhe aufkommt.	Manu fühlt sich „gegängelt", er wird unwillig.
Manu: „Wo iss'n die Zeitung?"	Alle im Raum, die Mutter und Melanie, sollen mithelfen, die Zeitung zu suchen.	Es entsteht Nervosität; das Frühstücken kann noch nicht beginnen.
Mutter: „Ich glaube, die hat Vater mit auf den Sportplatz genommen."	Manu soll jetzt ruhig sein. Durch die Erklärung möchte die Mutter Frieden stiften.	Manu denkt jetzt an seinen Vater, er ärgert sich über dessen Verhalten.
…	…	…

Aufgabe 4 An welcher Stelle hätte Manuel mehr für ein „gutes Gespräch" tun können? Formulieren Sie einen solchen Gesprächsbeitrag Manuels, der dazu führt, daß die Mutter und seine Schwester Melanie mehr auf ihn eingehen. Wie könnte sich das Gespräch dann weiterentwickeln? Schreiben Sie eine andere Fortsetzung des Gesprächs.

Aufgabe 5 Überprüfen Sie Ihr neu entworfenes Gespräch anhand einer Tabelle wie in Aufgabe 3, indem Sie dem unmittelbar *Gesagten* das möglicherweise *Gemeinte* und die *Wirkung* des Gesagten gegenüberstellen.

Melanies Problem

Am Dienstag nach der Jugendgruppe. Melanie und Svenja, die Gruppenleiterin, spülen in der Küche noch schnell die Tassen ab.

Svenja: Mensch, Melanie, was ist denn eigentlich los? Kommst da mit einem unheimlichen Brast in die Jugendgruppe und regst an, mal über Ge-
5 schwisterbeziehungen zu reden. Und das wird auch ein ganz tolles Gespräch… Nur du hast die ganze Zeit kein Wort gesagt.

Melanie: Ich weiß auch nicht. Klar Mensch,
10 ich wollte mal wissen, wie die anderen so mit ihren Geschwistern auskommen. Und das war auch irgendwie interessant, was die erzählt haben. Aber bei uns ist das alles ganz
15 anders.

Svenja: Wie anders?

Melanie: Was soll ich dir sagen? Ich weiß auch nicht genau. Jedenfalls: Was die anderen da so erzählt haben, das
20 ist nicht mein Problem.

20

Svenja:	Was ist denn *dein* Problem?
Melanie:	Hach, wenn ich das so genau wüßte!
Svenja:	Versuch's doch einfach mal, irgendwie zu beschreiben.
Melanie:	Also... der Manuel... du kennst ihn ja... Manuel und ich... wir kloppen uns in der letzten Zeit nur. Wir haben uns so nichts mehr zu sagen. Wir machen uns die ganze Zeit nur an. Das ist echt zum Kotzen.
Svenja:	Kannst du mal ein Beispiel sagen?
Melanie:	Also... letzten Sonntagmorgen, beim... beim Frühstück... das war irgendwie so... ich hatt' schon nicht gut geschlafen und war auch nicht so gut gelaunt, aber das macht ja nichts, wenn se einen in Ruhe lassen. Da fängt der blöde Kerl an und macht mich fertig.
Svenja:	Und worum ging's?
Melanie:	Hach... um die kleinsten Kleinigkeiten, die du dir nur vorstellen kannst.
Svenja:	Was war das?
Melanie:	Mein Gott, du bist genauso penetrant wie Manu. Du fragst und fragst und fragst...
Svenja:	Ja, versteh' ich, daß dich das nervt. Aber sieh mal: Du hast ein Problem, durch das du nicht so genau durchblickst, deshalb redest du mit einem anderen – also in diesem Falle mit mir – darüber. Ich blick' ja aber noch viel weniger durch. Zwangsläufig, weil ich nicht in deiner Haut stecke. Ein paar Sachen, die für dich selbstverständlich sind, die mußt du mir schon erst erklären. Wenn ich dir helfen soll, dann muß ich doch die Situation erst mal genau kennen, und deshalb frage ich so penetrant. Natürlich könnt' ich dir schon jetzt ein paar Ratschläge geben wie „Laß dich nicht unterkriegen" oder „Mach dir nichts draus"... Aber ich bin sicher, das würde dir nicht im geringsten nützen.
Melanie:	Versteh' schon. Hast schon irgendwie recht.
Svenja:	Also, was war am Sonntagmorgen?
Melanie:	Tja... wir haben gefrühstückt, Manu und ich, und meine Mutter wollte wissen, wie's am Abend vorher auf Stefans Fete gewesen ist. Weißt doch, Stefans Riesensuperfete, von der er im Club schon seit 'nem halben Jahrhundert geredet hat. – Ja, und da wollte ich meiner Mutter erzählen, was so war. Aber Manu hat mich die ganze Zeit penetrant ausgefragt. Ich konnt' gar nichts erzählen. Der blöde Kerl.
Svenja:	War denn der Manu nicht mit auf der Fete?
Melanie:	Doch, natürlich.
Svenja:	Und wonach hat er dich dann gefragt?
Melanie:	Ach, Mensch, warum wir so gelacht hätten, worüber wir geredet haben und so...
Svenja:	Wie „wir"?
Melanie:	Ja, Silke, Daniela, Sue und ich...
Svenja:	Ich merk' schon: Das Problem ist gar nicht das Gespräch am Sonntag, sondern schon die Fete am Samstagabend. Beschreib doch mal, was da abgelaufen ist.
Melanie:	Wie? Am Samstag? Bei Stefan?
Svenja:	Ja.
Melanie:	Ach du Schande. Was soll da abgelaufen sein. Ganz normale Fete. Tausend Leute, ätzende Musik...
Svenja:	Und ihr, Silke, Daniela, Sue und du?
Melanie	*kichert:* Wir haben am Fenster gesessen und uns was erzählt, so über die einzelnen Typen, wen wir gut finden und wen völlig bescheuert...
Svenja:	Und Manuel?
Melanie:	Manu und Stefan haben ziemlich öde am Nebenfenster gesessen und die ganze Zeit zu uns rübergegafft.
Svenja:	Aha!!!!
Melanie:	Was „Aha"?
Svenja:	Jetzt kann ich auch verstehen, warum er dich am nächsten Tag so penetrant ausgefragt hat. Er wollte das wirklich wissen.
Melanie:	Aber das geht ihn doch gar nix an!

Svenja:	Normalerweise nicht, da hast du recht. Aber vielleicht ist ja nicht „normalerweise". Vielleicht ist Manu ja in einem „unnormalen" Zustand.
Melanie:	Hääh?
Svenja:	Vielleicht ist ihn euer Vierergegackere doch was angegangen, weil ihn eine von euch vieren was angeht.
Melanie:	Sag mal… kannste mal Klartext reden.
Svenja:	Wäre das so unvorstellbar, daß dein Bruder Manu eine von deinen besten Freundinnen besonders nett findet? Sich vielleicht sogar in sie verliebt hat?
Melanie	*nach einer langen Pause:* …Silke!
Svenja:	Und jetzt versetz dich mal in seine Situation da am Samstagabend: Da sitzt seine Schwester und das Mädchen, das er besonders nett findet, und noch so zwei Liesen, und gackern sich einen ab. Das muß ihn offensichtlich unglaublich verunsichert haben, so verunsichert, daß er am nächsten Morgen unbedingt wissen wollte, worüber ihr geredet habt… oder genauer gesagt: ob ihr über *ihn* geredet habt.
Melanie:	Hm, jetzt ist mir was klarer geworden. Aber, ich glaub', ich muß da erst noch mal drüber nachdenken…

Die Zeilennummern 75, 80, 85, 90 stehen am linken Rand.

Aufgabe 6 Worin unterscheidet sich das Gespräch in der Spülküche des Jugendclubs von dem am Sonntagmorgen?

Aufgabe 7 Beschreiben Sie das Gesprächsverhalten von Melanie und Svenja.
   – Wer sucht das Gespräch?
   – Wer stellt die meisten Fragen?
   – Wer redet viel, wer redet vergleichsweise wenig und warum?
   – Wie geht Svenja als Beraterin vor?
   – Wie wird es möglich, daß am Ende ein Gesprächsergebnis herauskommt? (Beachten Sie besonders die letzte Äußerung Melanies.)

Übung 1 Überprüfen Sie, was Svenja und Melanie in ihrem Gespräch mit ihrem jeweiligen Gesprächsverhalten beabsichtigen.

Will Svenja oder Melanie eher	Svenja	Melanie
ihre Gefühle und Befindlichkeit *ausdrücken*,		
an die andere *appellieren*, um auf deren Handeln, deren Sichtweise und Gefühle einzuwirken,		
einen Sachverhalt oder Vorgang *darstellen* oder erklären?		

Vergeben Sie Punkte: +++ (hauptsächlich), ++ (etwas), + (weniger). Bitte nicht ins Buch schreiben.

Übung 2 Hinter Svenjas Gesprächsverhalten steht die Absicht, zu beraten. Übertragen Sie diese Sprechabsicht auf andere private und berufliche Lebenssituationen. Sammeln Sie einige Beispiele, und überlegen Sie: Wie würden Sie sich in den unterschiedlichen Beratungssituationen verhalten? Fragen Sie sich: Wann höre ich in erster Linie zu? – Wann stelle ich Fragen? – Wann soll ich versuchen, die Richtung des Gesprächs zu bestimmen?

GESAGTES – GEMEINTES – VERSTANDENES

Gesagtes wird oft anders verstanden, als es gemeint ist. Ob Mißverständnisse vermieden werden können, hängt vom guten Willen der Beteiligten, aber auch davon ab, daß man sich über den Zweck des Gesprächs einig ist. In unterschiedlichen Gesprächssituationen können dieselben Aussagen ganz anders gemeint sein und wirken, als dies vom Sprecher beabsichtigt war. Im Unterhaltungsgespräch (Beispiel: „Melanies Gedächtnis") können Äußerungen eine andere Bedeutung bekommen als etwa im Beratungsgespräch (Beispiel: „Melanies Problem"). Dieselbe Formulierung kann beispielsweise einmal als Vorwurf, ein anderes Mal als Ratschlag oder auch als Bitte gemeint sein (Beispiel: „Kannst du dich mal genauer ausdrücken?...").

AUSDRUCK – APPELL – DARSTELLUNG

Ist die Situation, in der ein Gespräch stattfindet, den Teilnehmern bewußt, dann können sie eher die Funktion einzelner Äußerungen verstehen und in ihrer Auswirkung ermessen,

▷ ob jemand mehr über sich, seine Gefühle und Sichtweisen sprechen, diese ausdrücken möchte (Ausdruck),

▷ ob jemand auf andere einwirken möchte, sie beraten, überzeugen, beeinflussen will (Appell),

▷ ob jemand etwas erklären und erläutern will (Darstellung).

Wer spricht?
Wo wird gesprochen?
Warum wird gesprochen?

Wie wird gesprochen?
Mit welchen Worten, Gesten und Handlungen wird etwas ausgedrückt?

Wie wird etwas aufgefaßt?
Was passiert, nachdem etwas ausgesprochen ist?

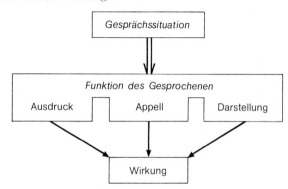

Bertolt Brecht: Gespräche

„Wir können nicht mehr miteinander sprechen", sagte Herr K. zu einem Manne. „Warum?" fragte der erschrocken. „Ich bringe in Ihrer Gegenwart nichts Vernünftiges hervor", beklagte sich Herr K. „Aber das macht mir doch nichts", tröstete ihn der andere. – „Das glaube ich", sagte Herr K. erbittert, „aber mir macht es etwas."

Geschichten vom Herrn Keuner. Gesammelte Werke, hrsg. vom Suhrkamp Verlag in Zusammenarbeit mit Elisabeth Hauptmann, Band 12, Prosa 2. Suhrkamp, Frankfurt a. M. 1967, S. 385.

3 Von mir und meinem Leben schreiben

3.1 Das Tagebuch

Regina Urban (18 Jahre): Rosige Aussichten

12. Juni
Heute war mein Geburtstag. Ich habe viele Geschenke bekommen. Ich glaube, die wollen alle, daß ich ausziehe. Ich bin doch aber erst 18 Jahre
5 geworden! Die glauben wohl, daß ich ausziehen will, sobald ich meine Lehre beendet habe. Will ich aber gar nicht! Vorläufig! Oder vielleicht doch? Naja! Alleine wohnen? Nach Hause kommen, wann ich will, mitbringen, wen ich will, es-
10 sen, was ich will. Dann brauche ich auch nicht mehr das Gelabere von meinen Eltern hören. Hat was für sich. Ich werde es mir überlegen.

23. Juli
Heute habe ich in der Firma Abschied gefeiert;
15 war eigentlich ganz toll. Ich habe schon eine Menge Bewerbungen geschrieben, aber noch keine Zusage erhalten. Das ist so furchtbar, wenn man eine Absage bekommt. Alle stehen um mich herum und erwarten, daß es geklappt hat. Wenn wieder
20 nichts passiert ist und ich eine Absage erhalten habe, bemitleiden sie mich. „Mach dir mal nichts draus! Der nächste Brief ist bestimmt eine Zusage." Oder: „Es wird schon werden, du hast ja auch noch deine Eltern, die helfen dir ja
25 noch."
Ich habe heute ein Gespräch zwischen Mutti und Vati belauscht. Sie wollen mein Zimmer zu einem Eßzimmer umbauen und stellen schon genaue Pläne auf, welche Tapeten und Möbel sie dafür brau-

chen. Sie rechnen damit, daß ich schon bald aus- 30
ziehen will. Die wollen bestimmt nur allein sein.
Dabei kann ich doch noch gar nicht ausziehen.

15. September
Heute habe ich wieder Bewerbungen rausge-
schickt. Ich habe geschrieben, wie gerne ich mei- 35
nen erlernten Beruf ausüben möchte. Ist ja auch
wahr! Jetzt habe ich drei Jahre gelernt, um einen
Beruf ausüben zu können, in dem ich anderen
Menschen helfen kann. Viele Menschen brauchen
Hilfe, aber ich kann sie nicht geben. 40

20. September
Heute war ich beim Arbeitsamt. Die wollen mit
mir einen Eignungstest machen, welcher Beruf mir
liegt und so. Denen hab' ich erst einmal erzählt,
daß ich gelernt habe und mir dieser Beruf Spaß 45
macht. Die spinnen wohl! Wozu habe ich denn
drei Jahre gelernt? Doch nicht, um wieder was
Neues zu lernen! Bescheuert! Dann haben die mir
wieder erzählt, daß es keine Stellen gäbe und ich
nur eine kleine Unterstützung erhalte. Mutti und 50
Vati sind fast durchgedreht. Sie wollten doch, daß
ich ausziehe, naja. Ich werde wohl weiterhin Bewerbungen schreiben. Petra und Karin haben
auch noch nichts gefunden. Sie bekommen aber
eine höhere Unterstützung als ich, weil die alleine 55
wohnen. Ganz schön viel Geld für „Nichtstun"!
Aber ich will ja arbeiten. [...]

Jugend vom Umtausch ausgeschlossen. Eine Generation stellt sich vor. Hrsg. vom Jugendwerk der Deutschen Shell. rororo 5555. Rowohlt Taschenbuch Verlag, Reinbek 1984, S. 106–107. Abbildungen S. 108 und 59.

Aufgabe **1** Welche Anlässe führen bei Regina zu Tagebucheintragungen?

Aufgabe **2** Welche Bedeutung hat wohl das Führen eines solchen Tagebuchs?

Übung **1** Die beiden Abbildungen, die von Jugendlichen gezeichnet worden sind, drücken ein bestimmtes Lebensgefühl aus.
  – Versetzen Sie sich in den Zeichner oder die Zeichnerin, und schreiben Sie eine Tagebuchnotiz, die der jeweiligen Zeichnung vorausgehen könnte.
  – Gehen Sie auf Distanz zu den beiden Vorlagen. Schreiben Sie eine eigene Tagebucheintragung, in der Sie sich mit dem hier ausgedrückten Lebensgefühl aus Ihrer Sicht kritisch auseinandersetzen.

Übung **2** Wie würden Sie selbst ein Tagebuch schreiben? Beginnen Sie mit dem Versuch, eine Notiz zu einer der folgenden Fragen anzufertigen:

Was mich ärgert...
Worüber ich mich freue...
Was ich schon längst einmal sagen wollte...
Was war an dem heutigen Tag eigentlich bemerkenswert?

3.2 Erzählen und Erzählübungen

Lebenslauf von Martin und Ulla

Martin und Ulla lernten sich während der Lehrzeit kennen. Nach dem Abschluß mußte ... noch ein Jahr auf eine Anstellung warten, während ... von ... Ausbildungsfirma übernommen wurde. Nach
5 zwei Jahren begann ..., das Abendgymnasium zu besuchen. In der letzten Zeit vor dem Abitur konnte ... dann nicht mehr arbeiten, während ... Überstunden machte, weil ja einer von beiden wenigstens richtig Geld verdienen mußte. Vor den
10 Prüfungen hörte ... ... regelmäßig ab. ... ging nach der Prüfung an die alte Arbeitsstätte in eine gehobene Position zurück. ... und ... heirateten. Nachdem das erste Kind geboren war, konnte ... natürlich nicht weiterarbeiten. Vielmehr mußte ...
15 das Kind pflegen und erziehen, den Haushalt machen und ... ein gemütliches Heim schaffen. Nachdem das erste und schließlich auch das zweite Kind in den Kindergarten gekommen waren, engagierte sich ... sehr stark bei den Elternversammlungen, wodurch ... zeitlich zusätzlich stark belastet wurde. 20
Über Kollegen hörte ... von einer interessanten, besser bezahlten Stelle in X, einer etwa 100 km entfernten kleineren Stadt, um die ... sich mit Erfolg bewarb. Obwohl ... lieber in B. geblieben wäre, suchten sie eine Wohnung in der 25 Stadt und auch eine Halbtagsstelle für ..., damit ... wenigstens noch halbtags mitverdienen konnte, während die Kinder schon zur Schule gingen. 30

Aufgabe **1** Welche Namen gehören Ihres Erachtens jeweils in die Lücken? Warum?

Aufgabe **2** Nehmen Sie sich eine charakteristische Stelle aus dem gemeinsamen Lebenslauf heraus. Erzählen Sie diesen Wendepunkt einmal aus der Sicht von Ulla und einmal aus der Sicht von Martin. Beziehen Sie die Gedanken und Gefühle der beiden Personen mit ein.

Aufgabe **3** Durchbrechen Sie die hergebrachten Muster für den Lebenslauf von Männern und Frauen, indem Sie schildern, wie dieses Leben an einer ganz bestimmten Stelle anders hätte verlaufen können (etwa nach dem Motto: „Und dann kam doch noch alles ganz anders...").

Dirk Schäfer (Schüler): Ein ganz normaler Schulanfang

Ich erwachte an einem trüben Sommermorgen am 23. August 1984. Heute war Schulanfang. Ich war in Eile. Es war schon 8 Uhr, und ich mußte noch packen. Man mußte für alle Eventualitäten
5 gerüstet sein. Um nichts zu vergessen, machte ich mir eine Checkliste. Sie sah folgendermaßen aus:
ein Campingkocher
ein Schlafsack
10 Verbandszeug
für drei Wochen Verpflegung
Waschzeug
Wechselwäsche
Nachdem ich alles zusammengepackt hatte,
15 schwang ich mich auf mein Fahrrad (damit ich im Schulgebäude schneller vorankam) und fuhr los. Schon bald ragte vor mir das zentrale Schulgebäude auf: 160 Meter hoch, 200 Meter breit und zwei bis drei Kilometer lang. Alles in allem ca.
20 3 500 000 Quadratmeter Boden, den ich zu durchwandern hatte.
Mir wurde etwas flau im Magen.
Vor dem Schuleingang drängten sich etwa 20 000 Schüler und Lehrer. Alle mit ähnlichem Gepäck
25 wie ich. Einige hatten Spürhunde dabei. Punkt zehn Uhr wurden die großen Portale geöffnet. Ich kam zuerst recht gut voran: ungefähr sechs Kilometer pro Stunde. Alle 12,5 Meter befand sich eine Tür, an der ein Schild hing, auf dem zu lesen
30 stand, welche Klasse in dem Raum, der hinter der Tür war, unterrichtet werden würde. Ich rechnete

mir aus, wie hoch die Wahrscheinlichkeit sein würde, gleich hinter der ersten Tür meine Klasse zu finden. Sie betrug 1 : 14 000. Eine ziemlich geringe Wahrscheinlichkeit…
35 Am Abend des ersten Tages hatte ich mich bis ins dritte Stockwerk emporgearbeitet. Meine Klasse hatte ich noch nicht gefunden, aber ich würde in drei bis vier Wochen mit der Durchsuchung des Gebäudes fertig sein, wenn es bei diesem Tempo
40 bliebe. Nach fünf Tagen befand ich mich im 15. Stock. Keine besonderen Vorkommnisse. Nach zwölf Tagen war ich im 35. Stockwerk. Die Hälfte der Strecke hatte ich schon hinter mir. Ich begegnete jetzt den ersten verhungerten Schülern.
45 Arme Teufel! Sie hatten geglaubt, in zehn Tagen ihre Klasse zu finden. Auch ich fühlte mich nicht mehr so überaus kräftig, denn die Hälfte meines Proviants war schon verbraucht, allerdings nur zum Teil von mir, der Rest war einfach ver-
50 schwunden.
Am 18. Tag, ich war am Ende meiner Kräfte (seit zwei Tagen hatte ich nichts mehr zu essen), fand ich unseren Klassensaal. Mein Lehrer weinte fast vor Freude. Ich war der einzige, der es bis hierhin
55 geschafft hatte. Nachdem der Stundenplan bekanntgegeben worden war, machte ich mich auf den Rückweg. Hier und dort lagen Gerippe. Als ich wieder zu Hause war (für den Heimweg benötigte ich nur 20 Minuten), fragte mich meine Mut-
60 ter: „Na, wie war's?"
„Och", sagte ich, „wie immer."

Schüler. Zur Schule, Über Schule, Gegen Schule, hrsg. von Brigitte Hassio. Beltz, Weinheim und Basel ²1980, S. 95 f.

| Aufgabe | 4 Was hat den Schüler Dirk wohl veranlaßt, diese Geschichte zu schreiben?

| Aufgabe | 5 Welche Übertreibungen benutzt der Schüler vor allem in seiner Darstellung, und auf welche wirklichen Erfahrungen gehen diese wohl zurück?

| Aufgabe | 6 Warum sagt der Erzähler am Schluß: „Wie immer"?
Halten Sie das für eine typische Antwort?

| Übung | 1 Schreiben Sie eine Erzählung über eine Schulerfahrung in realistischer oder satirisch übertreibender Weise, die mit dem gleichen Schluß endet.

| Übung | 2 Setzen Sie folgenden Erzählanfang fort: „Als ich heute die Firma betrat, fiel mir eine merkwürdige Ruhe auf, die aber nichts Totes oder Feierliches wie eine Sonntagsruhe an sich hatte. Direkt am Eingang kam mir denn auch X entgegen und sagte: ‚Etwas Unglaubliches ist geschehen.'…"

Übung **3** Schreiben Sie eine Lügengeschichte nach einer der folgenden Vorgaben oder in freier Erfindung:

a) Als ich heute auf die Straße kam, war kein einziges Fahrzeug zu sehen. Auch die Hauptstraße war leer...

b) Als ich heute aus der Schule kam, stand da ein großes Fahrzeug vom Arbeitsamt. Riesige Lettern warben für eine Berufstätigkeit in Skandinavien. Daß man dort Arbeitskräfte sucht, war mir bekannt, daß selbst ich für die interessant bin, war mir neu. Nach einem längeren Informationsgespräch mit einem recht freundlichen Herrn faßte ich Mut – und: Ich unterschrieb den Arbeitsvertrag. Ein halbes Jahr später: Jetzt bin ich schon ein halbes Jahr als Gastarbeiter hier im Norden Skandinaviens...

c) Ich sitze im Büro und schaue mir den zu Teilen noch verpackten, zu anderen Teilen schon aufgestellten und installierten Computer an. „Der CPX 5000 ist das Tollste, was man sich nur denken kann, in Idaho hat er einen ganzen Betrieb in Atem gehalten", macht mir Herr Temt, unser Personalchef, klar. Nach einer weiteren Stunde bin ich mit meinem neuen 'Arbeitskollegen' allein im Raum. Ich darf mich mit ihm bekannt machen. Kaum sitze ich ihm, d. h. seinem Bildschirm, gegenüber und drücke so zufällig ein paar Tasten, da...

Übung **4** Schreiben Sie eine Erzählung: „Heute ist (war) der wichtigste Tag in meinem Leben..."

Übung **5** Schreiben Sie eine Lebenslauferzählung mit dem Thema: „Rückblick auf mein Leben als..."

Übung **6** Wie könnte ein Klassentreffen Ihrer Berufsschulklasse in 25 Jahren aussehen?

3.3 Karten und Briefe

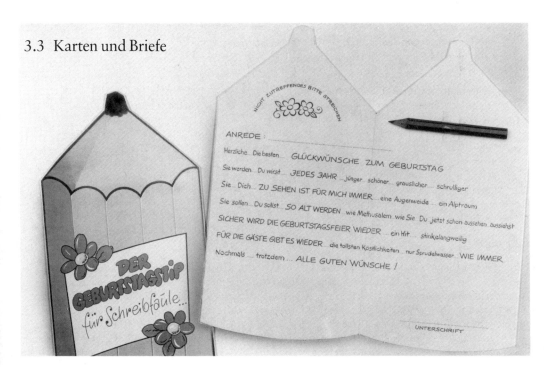

Aufgabe 1 Zu allen Anlässen gibt es heute vorgedruckte ernste, lustige und weniger lustige Karten. Jeder Empfänger wird sich freuen, wenn er überhaupt etwas von jemand anderem bekommt. Aber sind eigene Worte nicht persönlicher?
Versuchen Sie zu einem Anlaß eine eigene Formulierung oder Umformulierung.

Aufgabe 2 Schreiben Sie einen gemeinsamen Brief an einen Mitschüler oder eine Mitschülerin, die bereits längere Zeit im Krankenhaus liegt. Befolgen Sie dabei die „Empfehlungen für persönliches Schreiben" im Kasten.

Übung Vergleichen Sie folgende Formulierungen, und bewerten Sie sie:

a) Hier geht alles seinen gewohnten Gang. –
Herr Müller hat es immer noch nicht geschafft, das Geheimnis des Atommodells zu lüften.
b) Du weißt sicherlich noch nicht, daß Nanette eine völlig neue Frisur hat. –
Kannst Du Dir Nanette als Astronautin vorstellen? Jedenfalls hat Ihr Friseur sein Bestes gegeben!
c) Nun liegst Du ja schon sechs Wochen im Krankenhaus, und wer weiß, wie lange Du noch aushalten mußt. Jedenfalls denken wir an Dich und fühlen mit Dir. –
Kopf hoch, alter Junge! Diese Klinik haben zwar noch nicht viele überlebt, aber Unkraut vergeht nicht!

Aufgabe 3 Entwerfen Sie einen kurzen Brief zu folgenden Anlässen:

a) Sie haben sich vor einigen Wochen mit ihrer Freundin (ihrem Freund) entzweit. Sie (er) ist damals einmal mit einem anderen Mann (einer anderen Frau) ausgegangen, seitdem haben Sie geschmollt. Sie möchten Ihren Geburtstag zum Anlaß nehmen, eine Versöhnung einzuleiten.
b) Eine Freundin ist Mutter geworden. Sie wissen, daß sie in ihren Gefühlen schwankt: Einerseits freut sie sich über das Kind, andererseits ist ihre finanzielle Situation nicht ganz einfach, und sie hätte gern noch ihre Ausbildung beendet.
Schreiben Sie einen Glückwunsch.

Empfehlungen für persönliches Schreiben
▷ Erlebnisse, Handlungen wecken mehr Aufmerksamkeit als Zustände, Beschreibungen, allgemeine Angaben.
▷ Einzelheiten wecken mehr Interesse als sehr allgemeine Aussagen.
▷ Lebendige, kurze Sätze, auch Frage- oder Aufforderungssätze lockern den Brief auf.
▷ Treffende, anschauliche Wörter, auch Vergleiche, fesseln den Leser.
▷ Wenn man sich in den Adressaten hineinversetzt, kommt man am besten darauf, was diesen interessieren könnte und in welchem Ton man ihn ansprechen kann und soll.

Ein alter Brief

Bettina von Arnim[1]: An Goethe in Weimar

München, 8. März 1809

Wenn Deine Einbildungskraft geschmeidig genug ist, mir durch alle Weg und Steg, Berg und Klüfte zu folgen, so will ichs auch noch wagen, Dich zu mir zu führen; ich bitte also, komme nur immer
5 höher – drei Stiegen hoch – hier in mein Zimmer, setz Dich auf den blauen Sessel am grünen Tisch – mir gegenüber – ich will Dich – nicht küssen, nur ansehen – das Licht hier blendet mich – setz es beiseite – so; nun reich mir die Hand herüber, und laß mich meinen Mund drauf drücken, und – 10 Goethe? folgt mir Deine Einbildungskraft immer noch? – Dann mußt Du die unwandelbarste Liebe

in meinen Augen erkennen, mußt jetzt liebreich
mich in Deine Arme ziehen; sagen: „so ein liebes
15 treues Kind, hat mir den Himmel beschert zum
Lohn für manches; es ist mir wert, dies Kind, ein
Schatz ist mirs, ein Kleinod, das ich nicht verlieren
will"; – siehst Du und mußt mich küssen.
Nun führ ich Dich noch weiter – tritt sachte auf –
20 in meines Herzens Kammer, – hier sind wir in der
Vorhalle; – dunkel und still – kein Hund, der bellt
– ganz einsam – kein häuslich gezähmtes Tier –
wo sonst doch Herzen gern sich mit beschäftigen,
geh hin, poch an – es wird allein sein, und wird
25 Herein! Dir rufen, Du wirsts auf einem kühlen

stillen Lager finden, ein freundlich Licht wird
durch die Fenster scheinen und alles wird in Ruh
und Ordnung sein, und *Du* willkommen; – was ist
das? Himmel! Das Zimmer ganz voll Dampf, die
Flammen überm Bett zusammen schlagend; wo- 30
her die Feuersbrunst? wer rettet hier? – mein
Herz, mein armes notgedrungnes Herz! – kalt und
starr muß ich hier stehen, die Arme sinken lassen
und kann nicht helfen, mitfühlend die Qual, und
kann doch nicht helfen. 35

Frauenbriefe der Romantik, hrsg. von Katja Behrens.
it 545. Insel, Frankfurt a. M. 1981, S. 87/88.

(1) (1785–1859), Schriftstellerin, gehörte zur Kunstrichtung der Romantik, hatte Goethe (1749–1832) 1807 persönlich kennengelernt, nachdem sie ein Jahr zuvor schon die Erinnerungen von Goethes Mutter aufgezeichnet hatte.

Aufgabe **4** Wie gelingt es der Briefschreiberin, ihre Empfindungen dem Leser anschaulich nahezubringen?

Aufgabe **5** Werden wohl auch heute noch vergleichbare Liebesbriefe geschrieben?

4 Sich ausdrücken in Songs und Liedern

Wer ist hier „ich"?

Bernie's Autobahn Band:

Ich hab den Kuhstall satt
T. u. M.: Bernhard Schumacher

Ich hab dich wirklich lieb
Auch wenn ich dich net seh
Wenn ich mein' Milchkarrn schieb
Un du kommst in die Näh
Un du kommst auf mich zu
Un fragst mich, wie mer's geht
Da guck ich wie e Kuh
Wo blöd vorm Hoftor steht

Da werd ich ganz nervös
Un sag, es geht mer gut
Gerlinde, sei net bös
Es geht mer gar net gut
Es geht mer sogar schlecht
Un das liegt nur an dir
Ich glaub, ich seh net recht
Du warst ja beim Friseur

Dei schöne lange Haarn
Im Sommerwind beim Heu
Ich glaub, daß die des warn
Die is es, die werd mei
Da war ich so verrückt
Nach dir un deine Haarn
Da bin ich ausgerückt
Un du bist fortgefahrn

Du wohnst ja net mehr hier
Wohnst in der große Stadt
Ich wär so gern bei dir
Ich hab den Kuhstall satt
Jetzt is der Herbst im Land
Un du bist wieder da
Ich hab dich kaum erkannt
Mit dei'm geschnittne Haar

Das ist ja auch egal
Un ich gewöhn mich schnell
Heut im Gemeindesaal
Da spielt e Tanzkapell
Da geb ich der ein' aus
Da tanz ich nur mit dir
Da gehn mer z'samme raus
Die Nacht um halber vier

Bernie's Autobahn Band (Mainz): Gesellschaftsspiele, Langspielplatte. Produktion: Wundertüte Musik GmbH,
Best.-Nr. TÜT 119. Im Vertrieb der Deutschen Austro-Phon, 2840 Diepholz, 1984.

29

Wer sind hier „alle"?

Georg Danzer: Auf und davon

Das Fenster is offen
es riecht nach Jasmin
der Frühling – der Frühling is da
der Vater schaut Fußball
5 die Mutter wascht Wäsch
der Bua möcht nur auf und davon

Er hat so a Sehnsucht
und waß net wonoch
– er geht ane rauchen aufs Klo –
10 der Lärm auf der Straßen
er fühlt sich verratn
er fühlt sich verkauft
er möcht so gern auf und davon

Aktentaschen, Thermosflaschen
15 jeden Sonntag Autowaschen
und am Montag wieder ins Büro
Sicherheit, Bequemlichkeit und
grenzenlose Dämlichkeit
er g'spürt, e muaß auf und davon

Er schaut auf die Gassen
da san seine Freund
der ane hat a Kofferradio
sie stengan auf da Ecken
und gebn si die Musik
und alle wolln auf und davon

Schön langsam wird's finster
der Himmel is wie Teer
bestimmt geht grad die Sonn irgend-
[wo auf
dort miaßat ma hinfahrn
als blinder Passagier
egal wia nur auf und davon

Ansichtskarten, Schrebergarten
auf die Pensionierung warten
und das geht a Lebtag lang aso?
er dafriert und kana g'spürt
wie's langsam immer kälter wird
er waß, er muaß auf und davon

20 Das Fenster steht offen
es riecht nach Jasmin
aber irgendwie wird er ned froh   40
weil oalles is so sinnlos
und vorprogrammiert
25 und er fragt's sich ernsthaft: wieso –
rennen die auf und davon?
– aus reinem Selbsterhaltungstrieb –   45
einfach nur
auf und davon!

30

35 *Georg Danzer & Band (Wien): Jetzt*
oder nie, Langspielplatte. Deutsche
Grammophon GmbH, 1982.

Was ist mit „denen" los?

De Bläck Fööss: Dä Manni us Ossheim

1. Wo dä Qualm vun d'r Chemische Kalk jeden Dag
   op die Hüser fällt
   Do es hä jebore, do kennt hä sich us, he es sing
   He jing hä zor Scholl un späder beim Humboldt
5 en de Lihr
   Un des Ovends trof hä sich off met Fründe zom

   Eines Dags op dem Wäch zor Kantin, hä wollt
   Meddach maache jon
   Do soh hä e Mädche, dat jrad met e paar Akte
10 zor Dür ruskom
   Hä jing op et zo un sat: Süht mer dich jetz öfter
   Do sat et: Nä, nor zwei Mond, ich ben nor zor
   Aushilfe he

Refr.: Dä Manni us Ossheim wor Schlosser am lihr
15   It kom us em Hahnwald, heeß Ute un fing jra
       an ze studiere
       Dä Manni us Ossheim, dä hät et probeet
       Un daach sich et Ute un ich, jo, dat es janz
       bestemmp nit verkeht

2. Met d'r Zick kom et dann och su wick, dat se sich   20
   verstande han
   Se jingen off danze, fuhren en et Jröne su dann
   un wann
   Dat jing alles jot, bes hä sich em Hahnwald vör
   Jo, do wod et däm Manni klor, dat es nit ming   25

Refr.: Dä Manni us Ossheim wor Schlosser am lihr
       It kom us em Hahnwald, heeß Ute un fing jra
       an ze studiere
       Dä Manni us Ossheim, dä hät et probeet
       Un daach sich et Ute un ich, jo, dat es janz   30
       bestemmp nit verkeht
       Dä Manni us Ossheim wor Schlosser am lihr
       It kom us em Hahnwald, heeß Ute un fing jra
       an ze studiere
       Dä Manni us Ossheim, dä hät et probeet   35
       Hück weiß hä, dat drüvven em Hahnwald e
       ander Lüffje weht

De Bläck Fööss (Köln): Uns Johreszigge, Langspielplatte. Bläck-Fööss-Verlag (LP). Aufgenommen in Conny's
Studio, Neunkirchen-Wolperath, und EMI Studio Köln, August 1979. Produzent: Werner Dies; Tonmeister: Conny
Planck, EMI Electrola GmbH. All rights reserved. Printed in Germany by 4 P NICOLAUS GmbH, Köln.

Kölsch-Lexikon

Chemische Kalk: Chemiefabrik in Kalk; hä: er; jebore: geboren; Lihr: Lehre; Wäch: Weg; sat: sagte; süht: sieht; probeet: probiert;
daach: dachte; Zick: Zeit; wick: weit; Jröne: Grüne; Lüffje: Lüftchen.

Aufgabe 1 Verständigen Sie sich über den Inhalt der drei Liedtexte deutscher Rockmusikgruppen. Untersuchen Sie die Aussagen und die Aufmachungen der Texte, indem Sie den folgenden Fragen nachgehen:

a) Wer steht im Mittelpunkt des Liedtextes? Wer wird besungen?
b) Wo ist der Ort der Handlung?
c) Wer soll sich durch das jeweilige Lied angesprochen fühlen?
d) Was wird direkt oder indirekt kritisiert?
e) Warum wird in der jeweiligen Mundart 'getextet'?

Aufgabe 2 Übertragen Sie einen der Texte ins Hochdeutsche oder, noch besser: in Ihre eigene Mundart.

Aufgabe 3 Vergleichen Sie die drei Liedtexte mit dem Schlagertext „Mein alter Freund". Inwiefern ist der Schlagertext den Mundarttexten ähnlich, und worin sehen Sie Unterschiede?

Roland Kaiser: Mein alter Freund

Das uralte Haus
sieht immer noch aus
  so wie damals,
die Treppe zum Dach
5 von Fußtritten schwach
  so wie damals.
Und dort im Gerümpelmeer
entdeck ich dich, meinen Teddybär
  von meinen Händen geschor'n
10 mit zerrissenen Ohr'n
  so wie damals.

Refrain: Hallo, mein alter Freund,
  du hast es gut mit mir gemeint,
  du gabst mir Mut, wenn ich bei Nacht
15 aus schlechten Träumen erwacht'.
  Hallo, mein alter Freund,
  du hast mit mir gelacht, geweint,
  warst du auch stumm, dein Schweigen war
  ein leises „ja".

Du hörtest mir zu, 20
kein Mensch war wie du
  so verständig,
und mir war dein Rat
als Spielkamerad
  unumgänglich. 25
Und wenn ein Mädchen kam,
das ich schüchtern in die Arme nahm,
  war'n deine Knopfaugen zu
und ich wußte, daß du
  bist lebendig. 30

Refrain: Hallo, mein alter Freund,
  du hast es gut mit mir gemeint,
  du gabst mir Mut, wenn ich bei Nacht
  aus schlechten Träumen erwacht'.
  Hallo, mein alter Freund, 35
  du hast mit mir gelacht, geweint,
  warst du auch stumm, dein Schweigen war
  ein leises „ja".

Hallo, mein alter Freund. Musik: Peter Rudolph Heinen. Text: Roland Kaiser/Norbert Hammerschmidt. © 1985 by Hansa Musik Verlag GmbH. Distributed by the Ariola Group of Companies, Nr. 107610–100, printed in Western Germany by TOPAC, Gesellschaft für Tonträger mbH, Gütersloh.

Aufgabe 4 Wie werden in den drei Mundarttexten deutschsprachiger Rockmusikgruppen und in dem Schlagertext Gefühle angesprochen?
Überprüfen Sie dabei, wie die folgenden Fragen in den Texten direkt oder indirekt vorkommen und verarbeitet werden.
  – Über wen wird im Lied gesungen? Beschreiben Sie die Personen, die im Mittelpunkt stehen, und deren Lebensbedingungen.
  – Wie wird Heimat, das eigene Zuhause, jeweils gesehen?
  – Wie wird Sehnsucht nach Veränderung angesprochen?
  – Wie wird Liebe und Verliebtsein in den jeweiligen Texten zum Thema gemacht?
  – Wie wird mit Angst und Hoffnung angesichts einer ungewissen Zukunft umgegangen?

Zweites Kapitel: Wahrnehmen und Wiedergeben

1 Wahrnehmen und Bewußtmachen

1.1 Wahrnehmen – ein Auswahlproblem

Anonym: Der Indianer und der weiße Mann

Ein Indianer besuchte einen weißen Mann. In einer Stadt zu sein, mit dem Lärm, den Autos und den vielen Menschen – all dies war ganz neuartig und auch verwirrend für ihn.

5 Die beiden Männer gingen die Straße entlang, als plötzlich der Indianer seinem Freund auf die Schulter tippte und ruhig sagte: „Hörst du auch, was ich höre?" Der Freund horchte und sagte: „Alles, was ich höre, ist das Hupen der Autos und das

10 Rattern der Omnibusse." – „Ich höre ganz in der Nähe eine Grille zirpen." – „Du mußt dich täuschen; hier gibt es keine Grillen. Und selbst, wenn es eine gäbe, würde man ihr Zirpen bei dem Lärm nicht hören." Der Indianer ging ein paar Schritte

und blieb vor einer Hauswand stehen. Wilder 15 Wein rankte an der Mauer. Er schob die Blätter auseinander – und da saß tatsächlich eine Grille. Der Weiße sagte: „Indianer können eben besser hören als Weiße." Der Indianer erwiderte: „Da täuschst du dich. Ich will es dir beweisen." Er 20 warf ein 50-Cent-Stück auf das Pflaster. Es klimperte auf dem Asphalt, und die Leute, die mehrere Meter entfernt gingen, wurden auf das Geräusch aufmerksam und sahen sich um. „Siehst du", sagte der Indianer, „das Geräusch, das das Geldstück 25 gemacht hat, war nicht lauter als das der Grille. Und doch hörten es viele der weißen Männer. Der Grund liegt darin, daß wir alle stets das gut hören, worauf wir zu achten gewohnt sind."

Lore Graf, Ulrich Kabitz, Martin Lienhard, Reinhard Pertsch (Hrsg.): Die Blumen des Blinden. Kurze Geschichten zum Nachdenken. Christian Kaiser, München 1983, S. 19.

Aufgabe | **1** Was wird durch die beiden anschaulichen Beispiele in der Anekdote verdeutlicht?

Aufgabe | **2** Erläutern Sie, warum bestimmte Eindrücke hervorgehoben und andere nicht beachtet werden, an den folgenden Beispielsituationen: Was sehen bei einem Gang durch einen Wald
– ein Förster   – ein Liebespaar   – ein Umweltschützer?

Übung | Die Auswahl der Wahrnehmungen wird u. a. bestimmt von Lebenserfahrungen und Einflüssen aus Umwelt und Beruf. Beschreiben Sie schriftlich die jeweiligen Wahrnehmungen
– eines Hürdensprinters im Startblock vor dem Start,
– eines Lehrers bei der Korrektur eines Diktates,
– eines Auszubildenden während eines typischen Arbeitsablaufes.

1.2 Wahrnehmen – eine Frage des Standortes

In den folgenden Texten finden Sie verschiedene Beschreibungen der Spanischen Treppe in Rom:

a) Die Scalinata della Trinità dei Monti, die von der Piazza di Spagna zur Kirche Trinità dei Monti hinaufführende Spanische Treppe, wurde 1721–1725 von Alessandro Specchi und Francesco de Sanctis im Auftrag von Etienne Gouffier, dem Botschafter des Königs von Frankreich, gebaut. Die Treppe führt in den Bereich der französischen Kolonie auf dem Pincio hinauf. Auf den untern Stufen haben Blumenhändler ihre Stände, auf den obern Treppen entfaltet sich zeitweise ein buntes Treiben der Hippies aus aller Welt.

Martin Hürlemann: Rom. Atlantis, Zürich und Freiburg i. Br. [6]1971, S. 34.

Spanische Treppe, Rom. Foto: CEFA, Düsseldorf.

b) Der Platz („la Piazza") spielt eine sehr große Rolle im römischen Leben; man trifft sich hier. Gegen 17 Uhr sind die meisten Plätze schwarz vor Menschen. Wenn das Wetter schön ist, werden die Terrassenplätze der Cafés im Sturm erobert, mit einem Lächeln und guter Laune. Man spricht von Tisch zu Tisch, beobachtet die Vorbeigehenden, man genießt das Glück des Nichtstuns.
Für den Touristen, der vorübergeht, mit Fotoapparat bewaffnet und die Nase in seinem Führer versenkt, haben die römischen Plätze meist nur einen architektonischen Unterschied. Er täuscht sich, denn jeder Platz hat auch sonst seine Eigenheiten. Feine gesellschaftliche und politische Verhaltensregeln unterscheiden die Schaulustigen nach ihrem Alter, ihrem Milieu und ihrer politischen Meinung. Jedem sein Platz. Meist sind die Unterschiede politisch begründet: Piazza der Rechten und Piazza der Linken, faschistische Plätze gegen rote Plätze.
Glauben Sie nicht, daß diese Differenzierungen Sie nichts angehen, weil Sie Ausländer sind. Hat man längere Haare und sieht ein bißchen zu „links" oder nach „beatnik" aus, kann es gefährlich sein, auf einem Platz spazierenzugehen, wo die römischen Faschisten sich treffen. Man riskiert, zusammengeschlagen zu werden, und zwar schlimm. Einer unserer Freunde hat sich neulich in einem Krankenhaus wiedergefunden, da er die politische und soziale Zuordnung der römischen Plätze nicht kannte. Auf den linken Plätzen macht man keine Jagd auf Leute mit kurzen Haaren, strengen Anzügen, Krawatten und Diplomatenkoffern, aber manchmal spürt man die Ironie.
Piazza di Spagna und die Spanische Treppe – sehr touristisch. Viele junge Ausländer, von denen sich einige von Zeichnern porträtieren lassen, die sich immer auf den Treppen aufhalten. Hier pflegen die jungen Römer die schönen blonden Ausländerinnen 'anzumachen', die vorüberschreiten. Ihre Anmache kann sehr aufdringlich und unangenehm sein.

Mit Genehmigung entnommen aus ‚Mit Jeans in Rom'. Übersetzt von Gerdi Kirchhof-Lintner. Polyglott, München ^{2}*1982, S. 33–35. Übersetzung überprüft.*

c) Roms chauvinistisch gefärbte Toleranz wurde in der letzten Zeit durch den alljährlichen Zug der mobilen Jugend Europas erneut auf eine harte Probe gestellt. Langhaarige, seltsam gekleidete, mit Halstüchern, Glasperlen und Bärten verzierte, häufig ungewaschene Jugendliche trampen der Sommersonne nach, verabschieden sich zu Ostern von ihrer nördlichen Heimat und landen im Spätherbst in der Gegend von Neapel. Ihr Weg führt unweigerlich über Rom. Sie rekeln sich auf der Spanischen Treppe, singen ihre Lieder, lehnen ihre grellen Bilder an die Seitenmauern der Treppe, stellen ihre handgearbeiteten Produkte – Ledergürtel und Schmuckstücke aus Draht und Glas – auf Samtfetzen zum Verkauf aus. Für die meisten von ihnen ist es einfach eine Zwischenstation, und sie werden ebenso schnell verschwinden, wie sie gekommen sind. Die einzigen Zeugen ihres Aufenthalts sind die zahllosen Heftpflaster, mit denen sie den Samt an den alten Steinen festklebten. Die Römer, die sich nun schon einige Sommer lang einen Weg zwischen diesen unbekümmerten Exoten gebahnt haben, lassen zwar gelegentlich unfreundliche Bemerkungen fallen, wahren aber die Fassung. Auch diese Eindringlinge haben nicht den geringsten bleibenden Einfluß auf Rom oder sein Leben ausgeübt.

ER Chamberlin und Redaktion der Time-Life Bücher. Aus dem Englischen von Jürgen Abel. Time-Life International, 1976, S. 164.

d) Nun bin ich sieben Tage hier, und nach und nach tritt in meiner Seele der allgemeine Begriff dieser Stadt hervor. Wir gehn fleißig hin und wider, ich mache mir die Plane des alten und neuen Roms bekannt, betrachte die Ruinen, die Gebäude, besuche ein und die andere Villa, die größten Merkwürdigkeiten werden ganz langsam behandelt, ich tue nur die Augen auf und seh und geh und komme wieder, denn man kann sich nur in Rom auf Rom vorbereiten.

Gestehen wir jedoch, es ist ein saures und trauriges Geschäft, das alte Rom aus dem neuen herauszuklauben, aber man muß es denn doch tun und zuletzt eine unschätzbare Befriedigung hoffen. Man trifft Spuren einer Herrlichkeit und einer Zerstörung, die beide über unsere Begriffe gehen. Was die Barbaren stehenließen, haben die Baumeister des neuen Roms verwüstet.

Wenn man so eine Existenz ansieht, die zweitausend Jahre und darüber alt ist, durch den Wechsel der Zeiten so mannigfaltig und vom Grund aus verändert, und doch noch derselbe Boden, derselbe Berg, ja oft dieselbe Säule und Mauer, und im Volke noch die Spuren des alten Charakters, so wird man ein Mitgenosse der großen Ratschlüsse des Schicksals, und so wird es dem Betrachter von Anfang schwer, zu entwickeln, wie Rom auf Rom folgt, und nicht allein das neue auf das alte, sondern die verschiedenen Epochen des alten und neuen selbst aufeinander. Ich suche nur erst selbst die halbverdeckten Punkte herauszufühlen, dann lassen sich erst die schönen Vorarbeiten recht vollständig nutzen; denn seit dem funfzehnten Jahrhundert bis auf unsere Tage haben sich treffliche Künstler und Gelehrte mit diesen Gegenständen ihr ganzes Leben durch beschäftigt.

Und dieses Ungeheuere wirkt ganz ruhig auf uns ein, wenn wir in Rom hin- und hereilen, um zu den höchsten Gegenständen zu gelangen. Anderer Orten muß man das Bedeutende aufsuchen, hier werden wir davon überdrängt und überfüllt. Wie man geht und steht, zeigt sich ein landschaftliches Bild aller Art und Weise, Paläste und Ruinen, Gärten und Wildnis, Fernen und Engen, Häuschen, Ställe, Triumphbögen und Säulen, oft alles zusammen so nah, daß es auf ein Blatt gebracht werden könnte. Man müßte mit tausend Griffeln schreiben, was soll hier eine Feder! und dann ist man abends müde und erschöpft vom Schauen und Staunen.

Johann Wolfgang von Goethe: Italienische Reise. 5. November. Werke. dtv-Gesamtausgabe, Band 20. dtv, München 1962, S. 114–115.

Aufgabe 1 Welche Beschreibungen interessieren Sie? Für welche Lesergruppen sind wohl die anderen Texte geschrieben?

Aufgabe 2 Welche Informationen enthalten die Texte a – d?
– Was erfahren Sie über die Spanische Treppe?
– Für wen ist die Spanische Treppe ein besonderer Anziehungspunkt?
– Notieren Sie Informationen, die mindestens in zwei Texten übereinstimmen.
– Notieren Sie Informationen, die nur einer der Texte enthält.

Aufgabe 3 Nennen Sie Beispiele dafür, daß die Verfasser der Texte nicht nur objektive Informationen weitergeben, sondern subjektive Wertungen, Meinungen, Vermutungen.

Aufgabe 4 Die Texte a, b und c informieren unterschiedlich über die Spanische Treppe. Welche unterschiedlichen Bilder von diesem Ort entstehen daher, wenn man jeweils nur einen Text, z. B. Text a oder c, kennt?
Welches Bild erhalten Sie dagegen, wenn Sie alle Texte kennen?

Aufgabe 5 Vergleichen Sie Text b oder c aus der heutigen Zeit mit der historischen Schilderung Goethes. Berücksichtigen Sie folgende Aspekte:
– Empfänger des Textes,
– Ziel (Intention) des Textes,
– sprachliche Gestaltung des Textes.

Übung 1 Erläutern Sie, wie die einzelnen Verfasser der Texte die Stadt Rom sehen und wie das, was sie auf der Spanischen Treppe wahrnehmen, von ihrer Sichtweise beeinflußt wird.

Die beiden Fotos sind vom gleichen Standort aufgenommen worden:

Aufgabe 6 Beschreiben Sie, wie sich durch die Änderung des Blickwinkels und des Bildausschnitts das, was der Betrachter wahrnimmt, verändert.

Aufgabe 7 Welcher entscheidende Unterschied ergibt sich in der Aussage des Bildes durch den Wechsel von Blickwinkel und Ausschnitt?

Übung 2 Erfinden Sie Situationen, in denen die beiden Bilder gezeigt werden, und versehen Sie diese mit Erläuterungen.

1.3 Wahrnehmen und Wiedergeben in literarischen Texten

John Steinbeck: Die Straße der Ölsardinen

Die Straße der Ölsardinen ist mehr als nur eine Straße, es ist die Gegend der Ölsardinen und Konservenbüchsen, ist ein Gestank und ein Gedicht, ein Knirschen und Knarren, ein Leuchten und Tö-
5 nen, ist eine schlechte Angewohnheit von Jugend auf, mein Traum. Cannery Row – in Monterey, Kalifornien, zusammen- und auseinandergeschleudert – besteht aus Alteisen, Blech, Rost, Hobelspänen, aufgerissenem Pflaster, Baustellen voll
10 Unkraut und Kehrichthaufen, aus Fischkonservenfabriken in Wellblechschuppen, aus Wirtschaften, Hurenhäusern, Chinesenhütten, Laboratorien, Läden voll Kram, aus Lagerhäusern und faulen Fischen. Die Einwohner? Huren, Huren-
15 söhne, Kuppler, Stromer und Spieler, mit einem Wort: Menschen; man könnte mit gleichem Recht sagen: Heilige, Engel, Gläubige, Märtyrer – es kommt nur auf den Standpunkt an.
Frühmorgens, wenn die Sardinenflotte vom Fang
20 heimkehrt, waten und stapfen die Netzeschlepper pfeifeblasend schwerfällig in die Bucht. Die tiefbeladenen Boote landen da, wo die Konservenfabriken ihre Schwänze ins Meerwasser tauchen. Das Bild ist mit Absicht gewählt, denn sagte ich, daß
25 die Sardinenfabriken ihre Mäuler ins Meer tauchen, so böten die verlöteten Fische, die am andern Ende zum Vorschein kommen, keinen Anlaß zu einem schöneren Vergleich.
Die Fabrikpfeifen kreischen, und sogleich stürzen
30 im ganzen Ort Männer und Weiber aus ihren Betten, kleiden sich an, rennen zur Gasse der Ölsardinen und an die Arbeit. Blendende Wagen befördern die Oberaufseher, Rechnungsführer, Fabrikbesitzer in ihre Büros. Dort lassen wir sie. Ein
35 Strom italienischer, polnischer und chinesischer Arbeiterinnen und Arbeiter in Gummihosen, Gummijacken und Wachstuchschürzen ergießt sich talab, die gefangenen Fische zu schneiden, zu putzen, zu kochen, zu verpacken und zu verlöten.
40 Die ganze Gasse ächzt, stöhnt, grunzt, kreischt,

rattert, und in silbernen Bächen ergießt sich die Fischflut. Die Boote heben sich höher und höher, bis sie entleert sind. In den Konservenschuppen klappert, knarrt, schreit und quietscht es, bis das letzte Fischlein gesäubert, zerteilt, gekocht und 45 verpackt ist. Abermals kreischen die Pfeifen, und die triefenden, fischduftenden, abgehetzten „Polacken", „Wops" und „Chinamen" kommen wieder zum Vorschein und ziehen mit hängenden Köpfen bergan. 50
Cannery Row kommt zu sich und wird, wie es war, zaubrisch und still.
Sein eigentliches Leben kehrt wieder. Die Stromer, die sich angewidert vom Arbeitsgetriebe unter eine dunkle Zypresse zurückgezogen, hocken wie- 55 der auf den verrosteten Röhren der Baustelle, die niemand bebaut. Der Doktor vom „Western Biological Laboratory", der in der Gasse nie anders als „Doc" genannt wird, schlendert über die Straße, um in Lee Chongs Kramladen einen Schoppen 60 Flaschenbier einzukaufen. Henri, der Maler, durchschnüffelt wie ein Airedale den Abfallhaufen einer grasbewachsenen Parzelle nach Holz und Metallteilen, deren er zu einem Bootsbau bedarf. [...] 65
Wie soll man es in seiner Lebendigkeit einfangen, dies Gedicht, dies Getön und Geleuchte, dies schlurfende, scharrende Traumgetriebe?
Es gibt Seegetier von so heikler Beschaffenheit, daß es einem unter den Händen zerbricht oder 70 zerrinnt, wenn man es fangen will. Man muß ihm Zeit lassen, bis es von selbst auf eine Klinge kriecht, die man ihm hinschiebt, und es dann behutsam aufheben und in einen Behälter mit Meerwasser gleiten lassen. 75
Auf ähnliche Art muß ich wohl dieses Buch schreiben: die Blätter hinlegen und es den Geschöpfen von Cannery Row überlassen, wann und wie sie darüber hinkriechen und sich darauf tummeln wollen. 80

John Steinbeck: Canney Row. Die Straße der Ölsardinen. Steinberg, Zürich [2]*1946, S. 9–11. Ausschnitte.*

| Aufgabe | **1** Beschreiben Sie, in welcher Art der Erzähler seine Wahrnehmungen wiedergibt. Gehen Sie dabei von der Textstelle aus: „Wie soll man es in seiner Lebendigkeit einfangen, . . . ?"

Aufgabe **2** Mit welchen sprachlichen Mitteln werden Gebäude, Bewohner der Stadt, Geräusche, Fortbewegungsmöglichkeiten dargestellt?
Sprachliche Mittel sind z. B.:
Vergleiche („durchschnüffelt wie ein Airedale"),
Bildung von Aufzählungen und Wortfeldern („ächzt, stöhnt, grunzt, kreischt"),
Gebrauch von Bildern („ihre Schwänze ins Meerwasser tauchen").

Übung   Schildern Sie die Straße, in der Sie aufgewachsen sind, die Straße, in der Sie jetzt wohnen, oder eine Straße, die Ihnen besonders gefällt, durch eine Auswahl charakteristischer Merkmale dieser Straße.

Max Frisch: Der andorranische Jude

In Andorra lebte ein junger Mann, den man für einen Juden hielt. Zu erzählen wäre die vermeintliche Geschichte seiner Herkunft, sein täglicher Umgang mit den Andorranern, die in ihm den Juden sehen: das fertige Bildnis, das ihn überall erwartet. Beispielsweise ihr Mißtrauen gegenüber seinem Gemüt, das ein Jude, wie auch die Andorraner wissen, nicht haben kann. Er wird auf die Schärfe seines Intellektes verwiesen, der sich eben dadurch schärft, notgedrungen. Oder sein Verhältnis zum Geld, das in Andorra auch eine große Rolle spielt: Er wußte, er spürte, was alle wortlos dachten; er prüfte sich, ob es wirklich so war, daß er stets an das Geld denke, er prüfte sich, bis er entdeckte, daß es stimmte, es war so, in der Tat, er dachte stets an das Geld. Er gestand es; er stand dazu, und die Andorraner blickten sich an, wortlos, fast ohne ein Zucken der Mundwinkel. Auch in Dingen des Vaterlandes wußte er genau, was sie dachten; sooft er das Wort in den Mund genommen, ließen sie es liegen wie eine Münze, die in den Schmutz gefallen ist. Denn der Jude, auch das wußten die Andorraner, hat Vaterländer, die er wählt, die er kauft, aber nicht ein Vaterland wie wir, nicht ein zugeborenes, und wie wohl er es meinte, wenn es um andorranische Belange ging, er redete in ein Schweigen hinein, wie in Watte. Später begriff er, daß es ihm offenbar an Takt fehlte, ja, man sagte es ihm einmal rundheraus, als er, verzagt über ihr Verhalten, geradezu leidenschaftlich wurde. Das Vaterland gehörte den andern, ein für allemal, und daß er es lieben könnte, wurde von ihm nicht erwartet, im Gegenteil, seine beharrlichen Versuche und Werbungen öffneten nur eine Kluft des Verdachtes; er buhlte um eine Gunst, um einen Vorteil, um eine Anbiederung, die man als Mittel zum Zweck empfand auch dann, wenn man selber keinen möglichen Zweck erkannte. So wiederum ging es, bis er eines Tages entdeckte, mit seinem rastlosen und alles zerglie-dernden Scharfsinn entdeckte, daß er das Vaterland wirklich nicht liebte, schon das bloße Wort nicht, das jedesmal, wenn er es brauchte, ins Peinliche führte. Offenbar hatten sie recht. Offenbar konnte er überhaupt nicht lieben, nicht im andorranischen Sinn; er hatte die Hitze der Leidenschaft, gewiß, dazu die Kälte seines Verstandes, und diesen empfand man als eine immer bereite Geheimwaffe seiner Rachsucht; es fehlte ihm das Gemüt, das Verbindende; es fehlte ihm, und das war unverkennbar, die Wärme des Vertrauens. Der Umgang mit ihm war anregend, ja, aber nicht angenehm, nicht gemütlich. Es gelang ihm nicht, zu sein wie alle andern, und nachdem er es umsonst versucht hatte, nicht aufzufallen, trug er sein Anderssein sogar mit einer Art von Trotz, von Stolz und lauernder Feindschaft dahinter, die er, da sie ihm selber nicht gemütlich war, hinwiederum mit einer geschäftigen Höflichkeit überzuckerte; noch wenn er sich verbeugte, war es eine Art von Vorwurf, als wäre die Umwelt daran schuld, daß er ein Jude ist –
Die meisten Andorraner taten ihm nichts.
Also auch nichts Gutes.
Auf der andern Seite gab es auch Andorraner eines freieren und fortschrittlichen Geistes, wie sie es nannten, eines Geistes, der sich der Menschlichkeit verpflichtet fühlte: Sie achteten den Juden, wie sie betonten, gerade um seiner jüdischen Eigenschaften willen, Schärfe des Verstandes und so weiter. Sie standen zu ihm bis zu seinem Tode, der grausam gewesen ist, so grausam und ekelhaft, daß sich auch jene Andorraner entsetzten, die es nicht berührt hatte, daß schon das ganze Leben grausam war. Das heißt, sie beklagten ihn eigentlich nicht, oder, ganz offen gesprochen, sie vermißten ihn nicht – sie empörten sich nur über jene, die ihn getötet hatten, und über die Art, wie das geschehen war, vor allem die Art.
Man redete lange davon.

Bis es sich eines Tages zeigt, was er selber nicht hat wissen können, der Verstorbene: daß er ein Findelkind gewesen ist, dessen Eltern man später entdeckt hat, ein Andorraner wie unsereiner –

85 Man redete nicht mehr davon.

Die Andorraner aber, sooft sie in den Spiegel blickten, sahen mit Entsetzen, daß sie selber die Züge des Judas tragen, jeder von ihnen.

Du sollst dir kein Bildnis machen, heißt es, von Gott. Es dürfte auch in diesem Sinne gelten: Gott 90 als das Lebendige in jedem Menschen, das, was nicht erfaßbar ist. Es ist eine Versündigung, die wir, so wie sie an uns begangen wird, fast ohne Unterlaß wieder begehen –

Ausgenommen wenn wir lieben. 95

Max Frisch: Tagebuch 1946–1949. Suhrkamp, Frankfurt a. M. 1963, S. 35–37.

Aufgabe 3 Was ist zu verstehen unter dem „fertige[n] Bildnis", das den jungen Mann, „den man für einen Juden hielt", überall erwartete?

Aufgabe 4 Wie prägt das vorgefertigte Bild der Andorraner ihre Wahrnehmung des jungen Mannes?

Aufgabe 5 Warum wird die Hauptfigur schließlich so, wie die anderen sie sehen wollen? Wie stellt Frisch diesen Prozeß dar?

Aufgabe 6 Wie beurteilen Sie das Verhalten der Andorraner? Warum werden die Andorraner selber zum „Judas", nicht zum „Juden"?

Wahrnehmen und Bewußtmachen

▷ Einen Gegenstand, einen Sachverhalt oder einen Vorgang wahrzunehmen, zu verstehen und für andere wiederzugeben wird immer beeinflußt von der Sichtweise (Perspektive) des Wahrnehmenden, seinen Wahrnehmungsinteressen und den Absichten, die er mit der Weitergabe seiner Wahrnehmungen an seine Leser/Hörer verbindet.

▷ Die Fülle möglicher Wahrnehmungen ist nicht zu verarbeiten. Sinnvolles Wahrnehmen heißt auswählen.

▷ Texte, die Wahrnehmungen wiedergeben, sollte man befragen auf

– die Sichtweise, welche die Wahrnehmungsprozesse beeinflußt (Gesamtübersicht, Detailansicht, Blickwechsel, ...),

– die Wiedergabeabsicht des Autors,

– die Funktion sprachlicher Mittel wie Vergleiche, Aufzählungen, Bilder, Wiederholungen, ... für die Wiedergabe.

▷ Ein anderer sieht und schreibt auf, was man selbst nicht sehen kann. Es entsteht ein Bild, an das sich der Leser zunächst halten muß. Es ist dessen Aufgabe, durch kritisches und aufmerksames Lesen die Darstellung für sich zu überprüfen.

2 Beschreiben

2.1 Wegbeschreibung

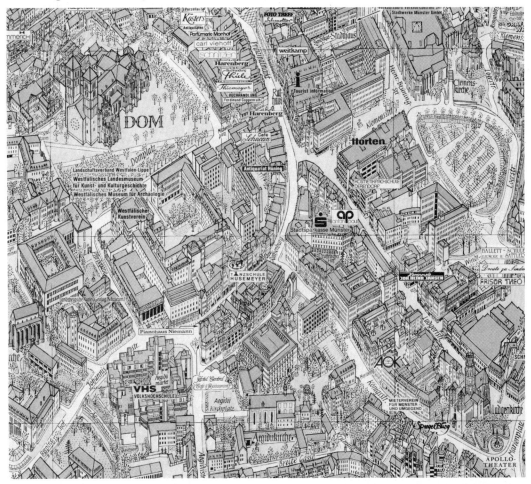

| Aufgabe | Bilden Sie in Ihrer Klasse eine durch zwei teilbare Zahl von Arbeitsgruppen (etwa drei bis vier Schüler pro Arbeitsgruppe). |

Der Ausschnitt aus dem Stadtplan von Münster ist die Arbeitsgrundlage zur Lösung Ihrer Aufgabe. Diese besteht darin, einem Ortsunkundigen den Weg von der Ludgerikirche (unten rechts auf der Karte) zum Dom zu beschreiben.

Die eine Hälfte der Gruppen soll versuchen, eine verständliche Wegbeschreibung nur mit Mitteln der Sprache zu verfassen. Überlegen Sie, welche Orientierungspunkte Sie angeben sollten, damit Ihr Fragesteller sein Ziel erreicht.

Die übrigen Arbeitsgruppen sollen die Wegbeschreibung durch Anfertigung einer beschrifteten Wegskizze vornehmen.

Beurteilen Sie die Ergebnisse der Arbeitsgruppen nach folgenden Kriterien:
– Schnelligkeit in der Anfertigung der Beschreibungen (Zeit abstoppen!),
– Anschaulichkeit, Verständlichkeit der Beschreibungen,
– Eindeutigkeit der Wegbeschreibungen (Sicherheit für den Benutzer).

2.2 Gegenstands-(Konstruktions-)Beschreibung

Für Kinder, Damen und Herren, Basketball-stiefel aus strapazierfähigem Textil mit abgesteppter Polsterung. Gummistoßrand und gummiverstärkte Kappe, Noppensohle.

Top Trainings- und Tennisschuh aus Leder, Spitze und Ferse velourleder-verstärkt, Klettverschluß, Frottee-innensohle, Frotteefutter, hochgezo-gene Fersenstütze, Schaftrand gepolstert, PVC-Sohle.

Strapazierfähiger Trainingslaufschuh für Gelände und Straße. NYLON mit Velourleder kombiniert, durch PU-Keil besonders stoßdämpfend und flexibel, mit abriebfester Gummi-laufsohle mit Noppenprofil.

Zweischnaller, Heckeinstieg, Ristschnalle.

Bewährter, komfortabler Skistiefel mit Heckeinstieg. Besonders bequemer, weicher und geteilter, anatomisch geformter Innenschuh mit Textilvelour-futter, optimaler Fersensitz durch Anpassung des Einstiegdeckels, erprobte Zahnriemenschnalle mit Rasterfeineinstellung ermöglicht auf-rechtes Stehen. Rutschfester, aus-wechselbarer Gummiabsatz, weicher Schaftabschluß. Die spezielle Rist-schnalle sorgt für gleichmäßigen Halt im gesamten Ristbereich.

Fußballschuh mit hohem Tragekomfort dank extra weichem Rindboxleder. Mit Blatt- und Fersenziernähten, zwei-farbige Polyamid-Sohle in zwei ver-schiedenen Härtegraden mit auswech-selbaren Schraubstollen.

Aufgabe | **1** Erfassen Sie Gemeinsamkeiten und Unterschiede der abgebildeten Sportschuhe, indem Sie wichtige Teile der Schuhe in einer Übersichtstabelle darstellen.
(Tabelle bitte auf ein Blatt Papier übertragen. Nicht ins Buch schreiben.)

	Fußballschuh	Skistiefel
Einzelteile der Sportschuhe (Angaben zu Form, Art, Ausführung)		
– Sohle:	Kunststoffsohle mit auswechselbaren Stollen (Kunststoff/Metall)	
– Schaft (mit Ferse und Kappe/ Spitze)	gestepptes Rindleder mit verstärkter Spitze und gepolsterter Ferse; Halbschuh	
– Verschlußsystem	Schnürung mit Schnürsenkel aus Textilmaterial; Lederzunge unter der Schnürung	
Material der Sportschuhe	Rindleder (Schaft), Kunststoff (Sohle), Kunststoff/Metall (Stollen), Textilfaser (Schnürsenkel)	
Design der Sportschuhe	schwarzes Leder, Ziernähte, 2 aufgesetzte weiße Streifen (seitlich, parallel)	
Eignung des Schuhes für die spezifischen Anforderungen der Sportart	z. B.: auswechselbare Schraubstollen zur Verbesserung des Bodenkontaktes beim Laufen und Abbremsen; Anpassung an unterschiedliche Bodenverhältnisse	

Aufgabe | **2** Beschreiben Sie einen der Sportschuhe in ganzen Sätzen.
Womit sollte die Beschreibung beginnen?
Wie nutzen Sie die Angaben in der ersten Spalte der Übersichtstabelle für eine übersichtliche Gliederung der Beschreibung?
Welche Eintragungen in der Übersichtstabelle sind die Grundlage für die Informationen, die Ihre Beschreibung enthalten muß?
Welche Angaben könnten am Ende der Beschreibung stehen?

So könnten Sie beschreiben: „Der Fußballschuh hat eine Kunststoffsohle mit auswechselbaren Stollen. Sein Schaft in der Form eines Halbschuhes besteht aus gestepptem Rindleder. Die Spitze ist verstärkt, die Ferse gepolstert. Er wird verschnürt mit einem Schnürsenkel…"

Aufgabe | **3** Orientieren Sie Ihre Beschreibung an einer realistischen Gesprächssituation.
Beschreiben Sie nur einen der abgebildeten Sportschuhe oder einen, den Sie selbst besitzen, zur praktischen Information eines Mitschülers, des Trainers im Sportverein, der Eltern, die die Schuhe bezahlen sollen.

Aufgabe | **4** An welche Adressaten könnten sich folgende Anfangssätze der Beschreibung richten?

a) Auf Ihre Empfehlung hin habe ich mir neue Sportschuhe gekauft. Ich habe besonders geachtet auf…
b) Ich brauche neue Sportschuhe. Ich habe mich auch schon erkundigt. Bei „ABC-Sport" habe ich genau das gesehen, was ich brauche. Auch der Preis stimmt.
c) Meine neuen Sportschuhe liegen voll im Trend. Die haben jetzt die ganz tollen…

2.3 Beschreibung eines Arbeitsplatzes

Welche Einrichtungsgegenstände, Werkzeuge und Hilfsmittel sind nach Ihrer Meinung typisch für den Arbeitsplatz einer Friseuse/eines Friseurs? Benutzen Sie in Ihrer Antwort die Fachbezeichnungen, und fassen Sie diese unter geeigneten Oberbegriffen zusammen.

Einrichtungsgegenstände, Hilfsmittel und Werkzeuge

 1 die Schale für das Blondiermittel
 2 die Strähnenbürste
 3 die Blondiermitteltube
 4 der Färbelockenwickler
 5 die Brennschere
 6 der Einsteckkamm
 7 die Haarschneideschere
 8 die Effilierschere
 9 das Effiliermesser
10 die Haarbürste
11 der Haarclip *m*
12 der Lockenwickler (Lockenwickel)
13 die Lockwellbürste
14 die Lockenklammer
15 der Frisierkamm
16 die Stachelbürste
17 der verstellbare Frisierstuhl
18 die Fußstütze
19 der Frisiertisch
20 der Frisierspiegel

21 der Haarschneider
22 der Fönkamm
23 der Handspiegel
24 das Haarspray (das Haarfixativ)
25 die Trockenhaube, eine Schwenkarmhaube
26 der Haubenschwenkarm
27 der Tellerfuß
28 die Waschanlage
29 das Haarwaschbecken
30 die Handbrause
31 das Serviceplateau
32 die Shampooflasche
33 der Fön
34 der Frisierumhang
35 die Friseuse
36 die Parfumflasche
37 die Flasche mit Toilettenwasser *n*
38 die Perücke (Zweitfrisur)
39 der Perückenständer

Duden-Bildwörterbuch. Bibliographisches Institut, Mannheim/Wien/Zürich ³1977, S. 188.

2 Beschreiben Sie, wenn Sie die Tätigkeit einer Friseuse/eines Friseurs kennen, einen Arbeitsablauf im einzelnen (z. B. Haare schneiden, Haare färben, Maniküre, ...). Beschreiben Sie die jeweiligen Arbeitsschritte in der richtigen Abfolge, und geben Sie die benötigten Werkzeuge mit den richtigen Fachbezeichnungen an.
Sie können auch eine entsprechende Tätigkeit aus Ihrem Ausbildungsberuf auswählen oder aus einem anderen Beruf, den Sie kennen.

1 Beschreiben Sie die Tätigkeiten, die während eines Arbeitstages in einem Friseursalon auszuführen sind, oder die Arbeitsabläufe, denen Sie an einem typischen Arbeitstag in Ihrem Ausbildungsbetrieb begegnen. Orientieren Sie Ihre Beschreibung an den Vorgaben für die Tätigkeitsberichte in Ihrem Berichtsheft.

Zum richtigen Gebrauch von „das" und „daß"

2 Schreiben Sie den Text ab, setzen Sie das/daß ein.

An der Kasse im Friseursalon

Friseuse:	Ich hoffe, ... Ihnen Ihre neue Frisur gefällt. Ein völlig neuer Schnitt. ... war ja fast ein Experiment.
	Ich gebe Ihnen noch ein Merkblatt, ... Ihnen alles über die richtige Pflege Ihrer Haare sagt.
Kundin:	Ich fühle mich ganz wohl. Ich bin mal gespannt, ob meinem Mann ... gefällt. Ich hätte gerne noch Haarspray. Geben Sie mir bitte ... da. Beim letzten Mal hatte ich ein Spray, ... mir nicht gefallen hat. ... Haar wurde sehr klebrig.
Friseuse:	Bitte schön! ... neue Produkt wird Ihnen sicherlich gefallen. Außerdem: ... Geld, ... man in einen guten Schnitt investiert, lohnt sich immer. Ich hoffe, ... Sie mit uns zufrieden waren!

Sicherheit im richtigen Gebrauch von „das" und „daß" erhalten Sie, wenn Sie die Wortarten von „das" und „daß" bestimmen. Entsprechende Informationen finden Sie im Kapitel „Schriftsprachliche Normen", Seite 230f.
Die *Grundregel* lautet: „das" kann durch „dieses" oder „welches" ersetzt werden.

2.4 Gebrauch der Fachsprache

Hören wir zu, was die Gesellschaft am Nebentisch redet! Die rothaarige Frau mit dem weitläufigen Pullover behauptet, sie habe am Nachmittag ihren Bart verloren, übrigens einen Dreimeterbart, was
5 um so erstaunlicher ist, als die glattrasierten Männer zu ihrer Rechten und Linken sich nur bescheidener Zweimeterbärte rühmen – und nun brauchen wir uns gar nicht mehr zu wundern, wenn der Typ mit der Hornbrille nüchtern einwirft, er
10 sei den ganzen Tag nicht aus dem Saufen herausgekommen, und wenn sein Nachbar merkwürdig glänzende Augen bekommt und erzählt, er habe seinen Vogel ausgehungert. [...]
Wir sitzen in einer Fliegerkneipe. Die Herrschaften sind nicht verrückt. Sie sind Segelflieger. Der 15 ahnungslose Gast mag sich verwirrt davonschleichen. [...] Er wird nie erfahren, wovon die Rede war. Wer die Flieger will verstehen, muß in Fliegers Lande gehen. Und früh aufstehen: Morgens um acht geht es los. 20

FAZ, 30. 9. 1976, Nr. 219, S. R1. Ausschnitte.

1 Warum hat man Schwierigkeiten, die Gespräche in der Fliegerkneipe zu verstehen? Woran liegt das genau?

2 Wo könnte man sich über die Bedeutung der unbekannten Wörter informieren? Welche Bedeutung hat die Fachsprache für die Verständigung der Segelflieger untereinander?

In einem Heimwerkermarkt befinden sich über dem Wandregal mit den Selbstbedienungsverpackungen für Schrauben folgende Bezeichnungen: Rundkopfschrauben, Schlitzschrauben, Holzschrauben, Spanplattenschrauben, Kreuzschlitzschrauben, Flachkopfschrauben, Sechskantschrauben, Gewindeschrauben, Linsenkopfschrauben, Innensechskantschrauben, Messingschrauben, Blechschrauben, Vierkantschrauben, Stahlschrauben.

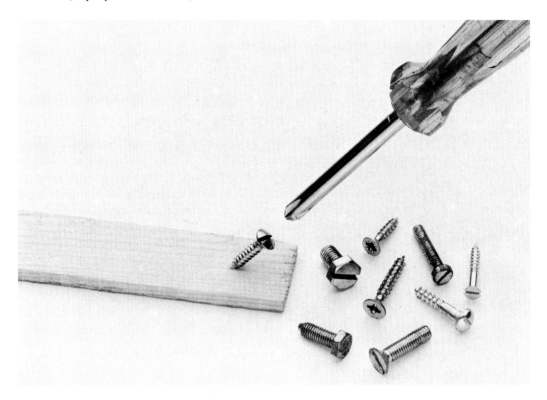

Aufgabe 3 Ordnen Sie die Vielfalt der Bezeichnungen für Schrauben nach folgenden Gesichtspunkten:
▷ Material der Schraube,
▷ Form des Schraubenkopfes,
▷ Gestaltung des Schraubenkopfes,
   (mit welchem Werkzeug wird die Schraube gedreht?),
▷ Art des Gewindes der Schraube,
▷ Einsatzbereich der Schraube
   (in welches Material wird die Schraube gedreht?).

Aufgabe 4 Warum spricht der Fachmann nicht vom „Schraubenzieher", sondern vom „Schraubendreher"?
Erläutern Sie an weiteren Beispielen – eventuell aus der Fachsprache Ihres Berufes – das Verhältnis von umgangssprachlichen Bedeutungen und Fachausdrücken.

Übung Einer der Unterschiede zwischen Umgangssprache und Fachsprache besteht darin, daß die Fachsprache zu einem umgangssprachlichen Oberbegriff, z. B. „Messer", eine Vielzahl von Unterbegriffen bildet. Mit ihrer Hilfe kann man eine genaue Unterscheidung der Messerarten treffen, die für unterschiedliche Verwendungszwecke geschaffen wurden.

Beschreiben Sie die abgebildeten Messerarten, weisen Sie dabei auf ihre Unterschiede und Gemeinsamkeiten hin, und beschreiben Sie den Verwendungszweck (Einsatzbereich) der Messer.

1 Hackmesser		1 Filiermesser (flexible Klinge)	
1 Sägemesser		1 Universalmesser (12 cm Klinge)	
1 Palette		1 Universalmesser (9 cm Klinge)	
1 Ausbeinmesser		2 Ziselierer (Orangenschäler, Zitronenritzer)	
		1 Sparschäler	

2.5 Schreibung von fachsprachlichen Fremdwörtern

In der Fachsprache ist der Anteil der Fremdwörter höher als in der Umgangssprache. Die Rechtschreibung der Fremdwörter erfordert besondere Aufmerksamkeit. Wenn Sie sich über die Schreibweise eines Fremdwortes nicht sicher sind, sollten Sie in einem Wörterbuch (z. B. im Rechtschreib- oder Fremdwörterduden) nachschlagen.

Aufgabe 1 Für eine Reihe von Fremdwörtern sind unterschiedliche Schreibweisen gebräuchlich, z. B.:

Photograph   – Fotograf
Telephon   – Telefon
Friseur   – Frisör

Worauf weisen diese Unterschiede hin?

Aufgabe 2 Daß in der Rechtschreibung ein Unterschied zwischen „numerieren" und „benummern" gemacht wird, ist nicht leicht einzusehen. Informieren Sie sich im Duden, von welchen Grundwörtern (Bezugswörtern) die beiden Verben abgeleitet sind, und erklären Sie damit die Unterschiede in der Schreibweise.

Aufgabe 3 Entscheiden Sie, ob in den folgenden Fremdwörtern -i; -ie; -ier; -ieren einzusetzen ist. Klären Sie Zweifelsfälle durch Nachschlagen im Duden, und notieren Sie die Wörter in der richtigen Schreibung.

repar-; Turb-ne; Türscharn-e; Vent-l; dikt-en; Tant-me; oxid-en; Isol-ung; R-s-ko; Leg-ung; Dev-sen; -nterv-w.

Aufgabe 4 Suchen Sie jeweils fünf fachsprachliche Fremdwörter mit folgenden typischen Endungen:

-ent: Fundament, ...
-ant: Hydrant, ...
-eur: Stukkateur, ...
-tor: Transistor, ...
-tion: Addition, ...

45

Aufgabe 5 Bestimmen Sie die Bedeutung folgender Vorsilben, die häufig in Fremdwörtern vorkommen.
Suchen Sie weitere Fremdwörter mit diesen Vorsilben, und erklären Sie deren Bedeutung.

Anti-:	Antibiotikum, ...
Prä-:	präparieren, ...
Re-:	Reaktion, ...
Dis-:	Disharmonie, ...
Kom-:	Komponente, ...
Inter-:	interdisziplinär, ...
Pro-:	Prolog, ...

Übung   Welches bekannte Sprichwort verbirgt sich hinter der folgenden Formulierung?

Die voluminöse Expansion der subterranen Agrarprodukte steht in reziproker Relation zur intellektuellen Kapazität ihrer Produzenten.

2.6 Gebrauch von Vergleichen

Viele Beschreibungen werden anschaulich, wenn man Vergleiche mit allgemein bekannten Gegenständen oder Vorgängen verwendet.

Trinkgläser

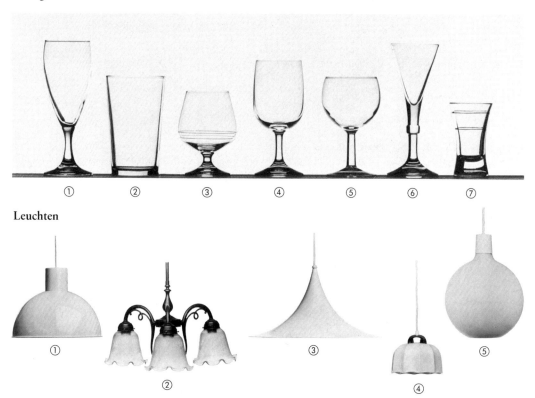

Leuchten

Vorgänge

 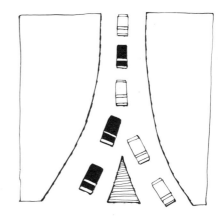

<table>
<tr><td>Aufgabe</td><td>Beschreiben Sie die abgebildeten Gegenstände und Vorgänge durch einen passenden Vergleich, z. B.: „Das Trinkglas 1 hat die Form des Blütenkelches einer Tulpe."</td></tr>
</table>

Übung | **1** Beschreiben Sie die ‘Verwandlungen’ in der nebenstehenden Bildfolge.
Bei der Beschreibung der Teile des Gesichtes können Vergleiche die Anschaulichkeit erhöhen, z. B.: In der ersten Zeichnung hat das Gesicht die typische Ei-Form; in der zweiten Zeichnung gleicht es der ovalen Form eines Sportstadions.
Welche Aussage will der Karikaturist mit seinen Zeichnungen machen?

Walter Hanel, in: Publik, 13. 3. 1970.

Der richtige Gebrauch von „als" und „wie".

Übung 2 Schreiben Sie den Text mit den richtigen Ergänzungen ab.

Der geöffnete Regenschirm sieht aus ... ein Pilz. Er ist genauso teuer ... ein gutes Regencape. Bei heftigem Sturm bietet er allerdings weniger Schutz ... ein langer Regenmantel. Da man ihn jedoch zusammenschieben kann, läßt er sich besser in der Hand tragen ... die übrige Regenbekleidung. Ein Sonnenschirm ist zum Schutz gegen Sonnenstrahlen genauso nützlich ... ein Regenschirm gegen Regen. Normalerweise hat ein Sonnenschirm einen größeren Durchmesser ... ein Regenschirm. Um ihn zu öffnen, benötigt man mehr Kraft ... bei einem Regenschirm. Bei Sturm oder Hagelschlag kann ein Sonnenschirm stärker beschädigt werden ... ein Sonnendach aus festerem Material.

Grundregel
Beim Komparativ (der ersten Steigerungsform) benutzt man „als":

In seinem jetzigen Zeugnis hat er <u>bessere</u> Noten <u>als</u> im vergangenen Jahr.

Bei Gleichheit verbindet man die beiden Teile durch „wie":

Im Fach Deutsch erhält er <u>genauso</u> gute Noten <u>wie</u> im Fach Mathematik.

2.7 Vorgangs-(Funktions-)Beschreibung

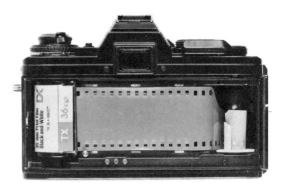

Aufgabe 1 Das Foto oben rechts stellt ein Teilsystem einer modernen Spiegelreflexkamera dar: die Mechanik zum Weitertransportieren des Films und zum Zurückspulen des belichteten Filmstreifens.
Ordnen Sie den Einzelteilen des Filmtransportsystems folgende Begriffe zu:

– Filmpatrone – Aufwickeltrommel
– Filmstreifen – Schnellspannhebel
– Perforation – Rückspulknopf

Aufgabe 2 Ordnen Sie die Einzelteile des rechten Fotos den Bedienungselementen der Spiegelreflexkamera auf dem linken Foto zu.

Aufgabe 3 Erklären Sie, in welcher Beziehung die Einzelteile des Filmtransportsystems zueinander stehen und wie sie beim Weitertransport des Films zusammenwirken.

Aufgabe **4** Wie läuft das Einlegen eines neuen Filmes ab? Was geschieht beim Zurückspulen des belichteten Filmes?

Programmablaufplan
Der Vorgang des Einlegens eines Kleinbildfilmes läuft in verschiedenen Schritten ab, die man in einem Plan festhalten kann.
Ein Programmablaufplan, der alle Tätigkeiten beim Einlegen eines Filmes in der richtigen Reihenfolge enthält, könnte etwa so beginnen:

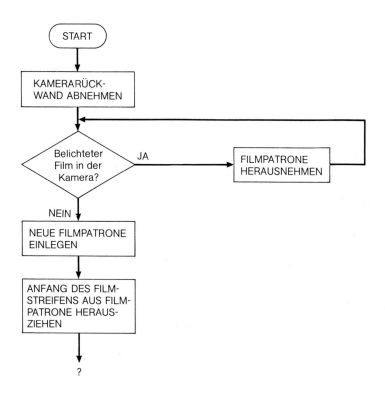

Übung **1** Vervollständigen Sie den Ablaufplan. Benutzen Sie dabei folgende Elemente für die graphische Darstellung:

- das Anfangssymbol

START   Dies Symbol muß immer benutzt werden

- das Endsymbol

STOP   Dies Symbol muß immer benutzt werden

- das Operationsfeld, in das die Handlungen einzutragen sind

- das Verzweigungsfeld, in das die Alternativen und Entscheidungen einzutragen sind

- Richtungspfeile, die einzelne Felder miteinander verbinden

49

Gebrauch von Konjunktionen und Pronomen zur Satzverknüpfung

Übung | **2** Schreiben Sie den Text ab, vervollständigen Sie ihn dabei.

… man die Rückwand der Kamera abnimmt, sollte der belichtete Film zurückgespult sein, … er vor Tageslicht in der Filmpatrone geschützt ist. … es notwendig ist, den Film bei vollem Tageslicht zu wechseln, sollte man sich mit dem Rücken zur Sonne drehen, … sonst Sonnenlicht in die Patrone dringen könnte, … sie durch eine spezielle Dichtung verschlossen ist.

Der Film wird zurückgespult, … man den Rückspulknopf in der Richtung dreht, … durch einen Pfeil auf seiner Oberfläche angegeben ist, … man die Rückspulsperre gelöst hat. … man dies vergessen hat, kann die Perforation des Filmes beim Rückspulen beschädigt werden. Man sollte sich … immer davon überzeugen, … die Rückspulsperre gelöst ist.

Programmablaufplan „Bankomat"

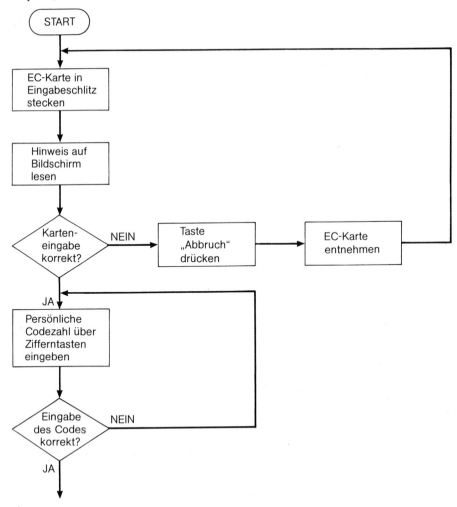

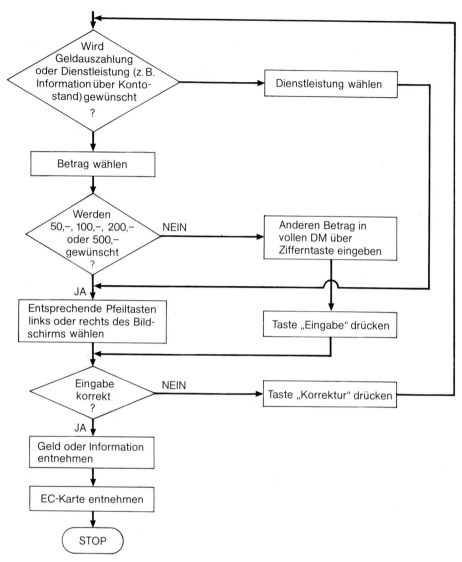

Übung 3 Erarbeiten Sie eine Bedienungsanleitung für den „Bankomat".
Benutzen Sie dabei den Programmablaufplan, und überprüfen Sie an ihm, ob Ihre Beschreibung vollständig und folgerichtig aufgebaut ist. Orientieren Sie sich bei der Formulierung der Anleitung an den Kenntnissen und Erwartungen möglicher Leser der Bedienungsanweisung.
Zur Vorbereitung der Umwandlung des graphischen Programmablaufplanes in eine sprachliche Beschreibung dienen folgende Arbeitsschritte:
– Entscheiden Sie, welche Formulierungen Sie aus den Operationsfeldern (□) in die Beschreibung übernehmen können und wo Sie Veränderungen vornehmen müssen.
– Versuchen Sie, die Entscheidungssituation in den Verzweigungsfeldern (◇) durch Formulierungen mit „entweder – oder", „ob – ob", „dieses – jenes", . . . darzustellen.
– Verwenden Sie unterschiedliche Ausdrücke zur Darstellung der zeitlichen Abfolge (→):
. . . dann; danach; als nächsten Schritt; . . .

2.8 Spielregelbeschreibung

Bei einer Gruppe von jungen Leuten ist während des Spiels „Elfer raus" eine Auseinandersetzung darüber entstanden, ob ein Mitspieler alle Karten in seinem Besitz, die passen, dann ablegen muß, wenn er an der Reihe ist, oder ob er nur eine Karte abzulegen braucht und die anderen zurückhalten kann.
Man beschließt, daß die Spielregel, die dem Kartenspiel beigefügt ist, diese Streitfrage entscheiden soll.

1. Spielregel für 3 und 4 Farben

Elfer raus!

Beim Geben der gut gemischten Karten an die Mitspieler wird etwa ein Viertel nicht ausgeteilt.
5 Der Spieler, in dessen Händen der rote Elfer ist, fängt an, indem er diese Karte offen auf die Mitte des Tisches legt. Ist der rote Elfer nicht unter den verteilten Karten, so kommt derjenige zum Anspiel, der den Elfer in einer anderen Farbe besitzt,
10 und zwar in der Reihenfolge Gelb, Grün, Blau. Ist kein Elfer unter den verteilten Karten, muß neu ausgegeben werden. Hat der rechts sitzende Nachbar des Anspielers den Zwölfer oder Zehner der ausgespielten Farbe, legt er ihn rechts bzw. links
15 neben den Elfer; hat er keine dieser Karten, dagegen einen Elfer in anderer Farbe, muß er diesen mit der Schmalseite dem ersten Elfer anreihen. Hat er auch keinen andersfarbigen Elfer, muß er aufnehmen, indem er von dem verdeckt liegenden
20 Rest die oberste Karte abhebt. Ergibt diese nicht die Möglichkeit, anzureihen bzw. aufzulegen, muß er bis zu 3 Karten abheben und seinem Vorrat hinzufügen. Kann er trotzdem nicht weitermachen, kommt der nächste Spieler an die Reihe. In
25 dem reihum gehenden Spiel werden nun auf der

einen Seite jedes Elfers die gleichfarbigen Karten von 10–1 abwärts, auf der anderen die von 12–20 aufwärts aufeinandergelegt (nicht nebeneinander angereiht). Hat ein Spieler mehrere passende Karten einer Farbe, kann er diese sämtlich ablegen, es 30 braucht also nicht immer nur 1 Karte aufgelegt bzw. angereiht werden. Das Einzelspiel hat derjenige gewonnen, der als erster Spieler seine letzte Karte ablegen konnte. Dann zählen alle anderen Spieler die aufgedruckten Zahlen ihrer nicht abge- 35 legten Karten zusammen, und der Spielleiter schreibt die Summen auf. Nach etwa 4–6 Spielen werden für jeden Spieler die aufgeschriebenen Summen zusammengezählt: Wer die niedrigste Endsumme erreicht hat, ist Sieger der Spielserie. 40 Ihm folgt als zweiter der Spieler mit der nächsthöheren Endsumme. Viele Vorteile und geheime Kniffe ergeben sich durch die Übung, z. B. das Sperren, d. h. Hinhalten der Mitspieler, indem man eine geeignete Karte, vor allem einen Elfer, 45 möglichst lange zurückbehält – natürlich vorausgesetzt, daß man mit einer anderen Karte weitermachen kann. Derartige Tricks verleihen dem Spiel besonderen Reiz.

Originalspiel 1210. F. X. Schmid – Vereinigte Münchener Spielkarten-Fabriken, Nr. 55500.2.

Aufgabe 1 Vergleichen Sie den Aufbau (die Gliederung) der Spielregel und die Abfolge der Spielzüge in einem realen Spielablauf.

Aufgabe 2 Erläutern Sie die in der Spielregel verwendeten Fachbegriffe: Anspieler, Elfer, Vorrat, ablegen, . . .

Aufgabe 3 Wie hilft die Spielregel, die oben geschilderte Meinungsverschiedenheit zwischen den Mitspielern zu lösen?
Stellen Sie fest, für welche weiteren Zweifelsfälle die Spielregel Lösungen enthält.

Übung Erstellen Sie eine Spielregel für ein Spiel Ihrer Wahl. Sie sollten dazu ein Spiel aussuchen, das allen oder möglichst vielen Schülern bekannt ist, z. B. „Mensch, ärgere dich nicht!", „Memory", „Dame", „Mühle", . . .
Vielleicht finden Sie auch eine 'offizielle' Spielregel, an der Sie Ihren Vorschlag überprüfen können.
Bei der Gliederung Ihrer vorbereitenden Überlegungen und bei der Abfassung der Spielregel kann Ihnen die folgende Übersicht eine Hilfe sein.

▷ Art des Spieles (Kartenspiel, Brettspiel, ...)

▷ Spielausstattung (Woraus besteht das Spiel?)

▷ Spielbeginn (Wer beginnt mit dem Spiel? In welcher Weise beginnt das Spiel?)

▷ Spieldurchführung (Nach welchen Regeln läuft das Spiel ab?)

▷ Spielende (Wann ist das Spiel beendet? Wie wird der Sieger bestimmt?)

2.9 Strukturbeschreibung

Viele Sachverhalte und Zusammenhänge lassen sich in bildlicher oder graphischer Form, meist schematisiert und vereinfacht, anschaulich darstellen.

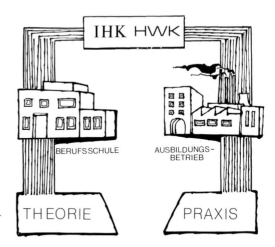

Das duale System der Berufsausbildung in der Bundesrepublik Deutschland

| Aufgabe | 1 'Übersetzen' Sie die Strukturgraphik „Das duale System" in eine sprachliche Fassung.

| Aufgabe | 2 Welche Regelungen und Details werden in dem Schema vernachlässigt? (Was sagt die Graphik über die Trennung von Theorie und Praxis, die Gleichwertigkeit der Partner in der Berufsausbildung, die Stellung der Kammern, ...?)

| Übung | Sehen Sie Ihre Situation als Berufsschüler in der Graphik berücksichtigt? Ergänzen Sie gegebenenfalls die Aussage der Graphik um diesen Aspekt. Verfassen Sie dazu eine schriftliche Darstellung.

2.10 Personenbeschreibung – Charakteristik

Im Grunde ist es doch die Verbindung mit der richtigen Ehepartnerin, welche dem Leben seinen Wert gibt

Kaufmann, 27 Jahre jung, 177 cm, schlank, gut-
5 aussehend, kaufmännisch versiert, mit 10jähriger Handelserfahrung, flexibel, aufgeschlossen für alle geschäftlichen Belange. Im Grunde bin ich ein positiv denkender, optimistischer Gefühlsmensch. Welche Dame aus gutem Hause (vorzugsweise
10 aus einem Geschäftsbetrieb, Industrie, Handel, Fabrik), ca. 22 bis 32 Jahre, natürlich und schön und sinnlich, möchte wie ich eine echte Partnerschaft im glücklichen Familienleben verwirklichen? Es ist mein Wunschtraum, im Geschäftsbe-
15 trieb meiner zukünftigen Partnerin (bzw. der El-
tern) mitzuarbeiten und meine ganze Erfahrung in das Unternehmen einzubringen. Ich bin fleißig, ehrgeizig, selbst motiviert, immer das Bestmögliche zu erreichen.
Ich arbeite hart, bin Streßsituationen gewohnt 20 und bleibe dennoch sachlich, ruhig, überzeugend und höflich. Ich bin sehr zärtlich, einfühlsam, unwahrscheinlich gefühlsstark, treu, ehrlich und möchte meiner zukünftigen Partnerin Wärme, Geborgenheit und wahre Liebe entgegenbringen. Ich 25 wünsche mir eine harmonische Partnerschaft, die von gegenseitiger Zuneigung, Achtung und Toleranz getragen wird. Ich möchte mich verlieben in eine Partnerin, die für mich zum Mittelpunkt im Leben werden soll. Aus Paritätsgründen sollten 30

Sie vermögend sein, um aus der dadurch gewonnenen Erkenntnis materiellen Dingen nur eine untergeordnete Bedeutung beimessen zu können. Haben Sie Vertrauen, und schreiben Sie mir kurz
35 mit Bild, Adresse- und Telefonangabe. Ich melde

mich umgehend. Ihre Zuschrift wird streng vertraulich behandelt. Zuschriften unter ...

Frankfurter Allgemeine Zeitung, Nr. 272, S. 33, 23.11.1985.

Aufgabe 1 Welches Bild zeichnet der junge Mann von sich?

Aufgabe 2 Welche Merkmale führt er an? Welche Formulierungen verwendet er dazu?

Aufgabe 3 Halten Sie die Selbstdarstellung für glaubwürdig?

Arbeitszeugnis 1

Herr..., geboren am..., wohnhaft in..., war am... als Dreher bei uns eingestellt worden. Herr... arbeitete seit dieser Zeit an verschiedenen Maschinen in der mechanischen Abteilung unseres Werkes. Die ihm dort übertragenen Arbeiten
5 führte er zu unserer Zufriedenheit aus. Sein Verhalten Vorgesetzten und Mitarbeitern gegenüber war stets einwandfrei.
Herr... hat am... auf eigenen Wunsch unsere
10 Firma verlassen. Wir wünschen ihm für die Zukunft alles Gute.

(Unterschrift)

Arbeitszeugnis 2

Fräulein..., geb. am..., wohnhaft in..., war in der Zeit vom... bis... bei uns als Schaufenstergestalterin beschäftigt.
Ihr oblag die gesamte Schaufenster- sowie Innendekoration.
Die ihr übertragenen Aufgaben hat sie zu unserer 5 größten Zufriedenheit ausgeführt. Fräulein... zeichnete sich durch stete Arbeitsfreude aus und hat sich als tüchtig und zuverlässig erwiesen. Sie war stets höflich, zuvorkommend und hilfsbereit. 10 Fräulein... verläßt uns auf eigenen Wunsch.
Wir wünschen ihr für die Zukunft alles Gute.

(Unterschrift)

Gunter Presch, Jürgen Ellerbrock, Heinz Michalik: Die Beurteilung von Personen in Arbeitszeugnissen. Praxis Deutsch, 12. Jg., Heft 74, 1985, S. 44.

Aufgabe 4 Wie sind die Arbeitszeugnisse gegliedert? Über welche Bereiche der Persönlichkeit von Mitarbeitern in einem Unternehmen werden Urteile abgegeben?

Aufgabe 5 Die Erteilung eines Arbeitszeugnisses ist für bestimmte Zwecke notwendig.
Nennen Sie Formulierungen aus den beiden Arbeitszeugnissen, die ein positives Bild des Mitarbeiters zeichnen sollen, um damit sein berufliches Fortkommen in der Zukunft zu sichern.
Stellen Sie Formulierungen dagegen, die in erster Linie für eine zutreffende Unterrichtung eines neuen Arbeitgebers, bei dem sich der Beurteilte bewirbt, gedacht sind.

Aufgabe 6 Formulierungen in Arbeitszeugnissen benutzen häufig Sprachregelungen, die den Beteiligten in Unternehmen (z. B. Personalleitern) bekannt sind, häufig dagegen den Beurteilten nicht. So können z. B. positiv klingende Formulierungen durch feine Abstufungen deutliche Beurteilungsunterschiede ausdrücken.

1. Er hat die ihm übertragenen Arbeiten stets zu unserer vollsten Zufriedenheit erledigt.   sehr gut (1)

2. Er hat die ihm übertragenen Arbeiten stets zu unserer vollen Zufriedenheit erledigt.   gut (2)

3. Er hat die ihm übertragenen Arbeiten zu unserer vollen Zufriedenheit erledigt.   befriedigend (3)

4. Er hat die ihm übertragenen Arbeiten zu unserer Zufriedenheit
   erledigt.   ausreichend (4)
5. Er hat die ihm übertragenen Arbeiten im großen und ganzen zu
   unserer Zufriedenheit erledigt.   mangelhaft (5)
6. Er hat sich bemüht, die ihm übertragenen Arbeiten zu unserer
   Zufriedenheit zu erledigen.   unzureichend (6)

Interpretieren Sie die zwei Zeugnisse auf der Grundlage dieser Information.
Wie kann man die Entstehung solcher Vereinbarungen erklären, welche Gefahren sind
damit verbunden?

Peter Handke: [Meine Mutter]

[...] Meine Mutter war das vorletzte von fünf
Kindern. In der Schule erwies sie sich als klug, die
Lehrer schrieben ihr die bestmöglichen Zeugnisse,
lobten vor allem die saubere Schrift, und dann
5 waren die Schuljahre auch schon vorbei. Das Lernen war nur ein Kinderspiel gewesen, nach erfüll-
ter Schulpflicht, mit dem Erwachsenwerden, wurde es unnötig. Die Frauen gewöhnten sich nun zu
Hause an die künftige Häuslichkeit.
10 Keine Angst, außer die kreatürliche im Dunkeln
und im Gewitter; nur Wechsel zwischen Wärme
und Kälte, Nässe und Trockenheit, Behaglichkeit
und Unbehagen.
Die Zeit verging zwischen den kirchlichen Festen,
15 Ohrfeigen für einen heimlichen Tanzbodenbe-
such, Neid auf die Brüder, Freude am Singen im
Chor. Was in der Welt sonst passierte, blieb
schleierhaft; es wurden keine Zeitungen gelesen
als das Sonntagsblatt der Diözese und darin nur
20 der Fortsetzungsroman.
Die Sonntage: das gekochte Rindfleisch mit der
Meerrettichsoße, das Kartenspiel, das demütige
Dabeihocken der Frauen, ein Foto der Familie mit
dem ersten Radioapparat.
25 Meine Mutter hatte ein übermütiges Wesen, stütz-
te auf den Fotos die Hände in die Hüften oder
legte einen Arm um die Schulter des kleineren Bru-
ders. Sie lachte immer und schien gar nicht anders
zu können.
30 Regen – Sonne, draußen – drinnen: die weiblichen
Gefühle wurden sehr wetterabhängig, weil „Draußen" fast immer nur der Hof sein durfte und
„Drinnen" ausnahmslos das eigene Haus ohne eigenes Zimmer.
35 Das Klima in dieser Gegend schwankt sehr: kalte
Winter und schwüle Sommer, aber bei Sonnen-
untergang oder auch nur im Laubschatten fing
man zu frösteln an. Viel Regen; schon Anfang
September oft tagelang nasser Nebel vor den viel
zu kleinen Fenstern, die auch heute kaum größer 40
gebaut werden; Wassertropfen auf den Wäschelei-
nen, Kröten, die vor einem im Finstern über den
Weg sprangen, Mücken, Insekten, Nachtfalter sogar am Tag, unter jedem Scheit in der Holzhütte
Würmer und Asseln: davon mußte man abhängig 45
werden, anderes gab es ja nicht. Selten wunschlos
und irgendwie glücklich, meistens wunschlos und
ein bißchen unglücklich.
Keine Vergleichsmöglichkeiten zu einer anderen
Lebensform: auch keine Bedürftigkeit mehr? 50
Es fing damit an, daß meine Mutter plötzlich Lust
zu etwas bekam: Sie wollte lernen; denn beim Lernen damals als Kind hatte sie etwas von sich selber
gefühlt. Es war gewesen, wie wenn man sagt: „Ich
fühle mich." Zum erstenmal ein Wunsch, und er 55
wurde auch ausgesprochen, immer wieder, wurde
endlich zur fixen Idee. Meine Mutter erzählte, sie
habe den Großvater „gebettelt", etwas lernen zu
dürfen. Aber das kam nicht in Frage: Handbewegungen genügten, um das abzutun; man winkte 60
ab, es war undenkbar.
Immerhin gab es in der Bevölkerung eine überlie-
ferte Achtung vor den vollendeten Tatsachen: eine
Schwangerschaft, der Krieg, der Staat, das
Brauchtum und der Tod. Als meine Mutter ein- 65
fach von zu Hause wegging, mit fünfzehn oder
sechzehn Jahren, und in einem Hotel am See
kochen lernte, ließ der Großvater ihr den Willen, *weil sie nun schon einmal weggegangen
war;* außerdem war beim Kochen wenig zu ler- 70
nen. [...]

Peter Handke. Wunschloses Unglück. © Residenz, Salzburg 1972. Zitiert nach: suhrkamp taschenbuch 146. [10]1980,
S. 17–18.

| Übung | Wie wird Handkes Mutter von vorgegebenen Lebensformen bestimmt?
Wo behauptet sie ihre Eigenart gegen die Normen?

Beschreiben

▷ Einen Gegenstand, Sachverhalt oder Vorgang wahrzunehmen, zu verstehen und zu beschreiben erfordert, die *innere Ordnung eines Gegenstandes* und seiner Einzelteile zu erkennen, Zusammenhänge zu sehen und Beziehungen aufzufinden sowie Abläufe zu durchschauen.

▷ Arbeitsschritte bei der Anfertigung von *Gegenstands-(Konstruktions-)Beschreibungen:*
  - Zuerst werden die für den Beschreibungszweck wichtigen Einzelteile des Gegenstandes in einer Übersicht geordnet, aus der auch die Beziehung der Teile zueinander hervorgeht (Konstruktions-/Funktionszusammenhang).
  - Für die aufgeführten Einzelteile und den daraus gebildeten Gegenstand werden detaillierte Angaben über Form, Größe, Farbe, Gewicht, . . . gemacht.
  - Auf der Grundlage der Vorbereitungen in den ersten Arbeitsschritten wird der Text der Beschreibung angefertigt.

▷ Arbeitsschritte bei der Anfertigung von *Vorgangs-(Funktions-)Beschreibungen:*
  - Vollständige Darstellung der zu beschreibenden Vorgänge und Handlungen in der richtigen Reihenfolge und ohne Fehler und Ungenauigkeiten (Hilfsmittel: Programmablaufplan).
  - Festlegung der einzelnen Abschnitte der Vorgangsbeschreibung, ihrer Reihenfolge und möglicher Alternativen sowie Entscheidungsmöglichkeiten.
  - Anfertigung der Beschreibung.
    Die sprachliche Gestaltung ist an den Kenntnissen und Erwartungen der Leser/Benutzer der Beschreibung auszurichten.

▷ Der korrekte Gebrauch der *Fachsprache* ist ein wichtiges Mittel für zutreffende und präzise Beschreibungen. Fachbezeichnungen, die z. T. durch technische Normen vorgeschrieben sind, können zwar auch die Verständigung mit Nichtfachleuten erschweren, sind aber für geübte Benutzer ein unentbehrliches Mittel, um Mißverständnisse, Fehler und Gefährdung auszuschließen.

▷ Der Gebrauch von passenden *Vergleichen* erhöht die Anschaulichkeit der Beschreibungen und vermeidet langatmige, unübersichtliche und den Leser/Hörer verwirrende Texte.

▷ Neben rein sprachlichen Beschreibungen sind häufig *bildliche*, graphische, schematische, modellhafte *Beschreibungen* oder Muster gut geeignet. Sie zeichnen sich aus durch Anschaulichkeit und Präzision, sind schnell anzufertigen und vom Benutzer auf einen Blick zu erfassen.

3 Berichten

3.1 Unfallbericht

Bericht des Arbeitskollegen Torsten

Also, der Jojo stand vorhin da drüben. Der Träger lag etwa hier auf seiner Werkbank. Dann hat er mit der Trennflex die Nähte geschruppt. Wie er das gelernt hat. Das konnte er gut. Kurz darauf rutschte das Ding vom Tisch und knallte da vorne auf den Fußboden. Das hat ganz schön gedonnert. Irgendwie ist dem Jojo in dem Moment die Maschine aus der Hand geflogen und hat dann hier alles aufgerissen. Mensch, hat der geblutet. Ich hab' einen unheimlichen Schreck gekriegt. Hoffentlich ist dem nichts Ernstes passiert.

Bericht des Abteilungsleiters Schneider

Am Dienstag, dem 1. 10. 1985, gegen 9.00 Uhr bearbeitete der Auszubildende Joachim Breidenbach an seinem Arbeitsplatz, der Werkbank links neben der Eingangstür in der Montagehalle B, ei-

5 nen Doppel-T-Träger. Ich hatte ihm den Auftrag gegeben, mit der Schruppscheibe des Winkelschleifers die Schweißnähte auf dem Werkstück zu glätten. Herr B. hatte den etwa 1,30 m langen Doppel-T-Träger so auf seine Werkbank gelegt,

10 daß das freie Ende etwa 60 cm über die Werkbank (Tiefe: 70 cm) herausragte. Herr B. stand links neben dem Werkstück, um es zu bearbeiten. Er hatte den Stahlträger nicht auf seiner Werkbank befestigt. Zu Beginn des Arbeitsvorganges drückte

15 Herr B. mit dem Werkzeug auf das vordere Ende des Werkstückes. Dabei rutschte der Doppel-T-Träger von der Werkbank und schlug mit seinem vorderen Ende auf den Werkstattboden auf, direkt neben dem rechten Fuß von Herrn B. Bei dem

20 Versuch, dem herabrutschenden Träger auszuweichen, ließ Herr B. das noch laufende Werkzeug seinen Händen entgleiten. Obwohl durch den Sicherheitsschalter der Winkelschleifer nach dem Loslassen sofort ausgeschaltet wurde, verletzte

25 sich Herr B., als der Schleifer mit der nachlaufen-

den Schruppscheibe an seinem rechten Bein herunterrutschte. Die laufende Scheibe zerfetzte die Arbeitshose und verursachte schwere Abschürfungen und Knochenabsplitterungen im Bereich des linken Knies und des Unterschenkels. 30
Herr B. trug während der Arbeit die vorgeschriebene Schutzbrille und Sicherheitsschuhe.

Neustadt, den 2. 10. 1985
H. Schneider, Abteilungsleiter

Aufgabe 1 Woran erkennt man, daß der Bericht des Arbeitskollegen Torsten ein mündlicher Bericht ist und daß Torsten noch ganz unter dem Eindruck des soeben Erlebten steht?

Aufgabe 2 Warum wäre der Bericht Torstens in schriftlicher Form – so wie Sie ihn hier im Buch abgedruckt finden – z. B. als Zeugenbericht für die Unfallversicherung nicht brauchbar?

Aufgabe 3 Warum finden Sie keine persönlichen Meinungen, Wertungen, Urteile oder Vermutungen im Bericht des Abteilungsleiters?

Aufgabe 4 Berichte sollen das berichtete Geschehen objektiv und zutreffend wiedergeben. Vergleichen Sie unter diesem Gesichtspunkt die Ortsangaben, die im mündlichen und im schriftlichen Bericht gemacht wurden. (Legen Sie eine entsprechende Übersicht in Ihrem Heft an.)

Ortsangaben	
im Bericht von Torsten	im Bericht des Abteilungsleiters
da drüben	Werkbank links neben der Eingangstür in der Montagehalle B
etwa hier	teils auf der Werkbank, teils über die Werkbank hinausragend
...	...

Ausdrücke wie „Werkbank links neben der Eingangstür in der Montagehalle B" sind für die Sprachbenutzer eindeutig und verständlich (z. B. für den Firmenchef, einen Unfallarzt, . . .), auch wenn man sie nach längerer Zeit liest. Man nennt Ausdrücke dieser Art („links neben der Wandtafel im Raum 13 der Beruflichen Schulen in XY"; „auf der Spitze des Eiffelturms in Paris") *situationsunabhängige Ortsbezeichnungen.*

Situationsabhängige Ortsbezeichnungen (wie „hier", „da", „dort") hingegen gewinnen ihre Bedeutung nur an einem bestimmten Ort, an dem sich der Sprecher zum Zeitpunkt des Sprechens befindet. Diesen Orientierungspunkt bezeichnet er mit „hier"; zur Bestimmung anderer Orte („da", „dort", . . .) muß die Sprache durch Hinweisgesten des Sprechers (ausgestreckter Arm, Körperdrehung, Blickrichtung, . . .) unterstützt werden.

| Übung | **1** Erläutern Sie, welche Bedingungen erfüllt sein müssen und wie sich Torsten verhalten muß, damit die Arbeitskollegen seinen Bericht verstehen.
(Vielleicht ist es hilfreich zur Beantwortung der Frage, wenn ein Schüler die kurze Szene mit dem Bericht von Torsten vorspielt. Achten Sie dabei genau darauf, wie sich „Torsten" verhält.)

| Übung | 2 Vergleichen Sie, entsprechend dem Verfahren in Aufgabe 4, die Zeitangaben zu den beiden Berichten.

Zeitangaben	
im Bericht von Torsten	im Bericht des Abteilungsleiters
Vorhin	Am Dienstag, dem 1. 10. 1985, gegen 9.00 Uhr
Dann	. . .
. . .	. . .

— Erläutern Sie den Unterschied zwischen situationsabhängigen und situationsunabhängigen Ausdrücken für die Zeit.
— Auf welchen Orientierungspunkt bezieht sich der Sprecher/Schreiber beim Gebrauch situationsabhängiger Zeitbezeichnungen? Wie ändert sich die Bedeutung der Ausdrücke, wenn sich der Orientierungspunkt ändert?
— Nennen Sie einige Textarten, in denen es üblich ist, den Zeitpunkt, zu dem der Text verfaßt wurde, im Text anzugeben.
Erläutern Sie, weshalb in solchen Texten die Bedeutung situationsabhängiger Zeitangaben auch dann noch eindeutig ist, wenn man die Texte nach längerer Zeit liest.

3.2 Schematisierter Bericht

In zunehmenden Maße sind die Berichte, die Sie in Ihrem privaten oder beruflichen Alltag verfassen oder verstehen müssen, nicht rein sprachliche Texte, sondern Verständigungsformen, die andere Darstellungsmittel wie Skizzen, Tabellen, Abkürzungen, Symbole, . . . einbeziehen.

So stellen die Berufsgenossenschaften Vordrucke für einen Unfallbericht zur Verfügung, die dazu dienen sollen, die Daten eines Berufsunfalls möglichst vollständig und genau aufzunehmen.

Auf der folgenden Seite finden Sie das Muster eines solchen Vordrucks.

| Übung | Versuchen Sie, soweit Ihnen die Angaben aus dem schriftlichen Unfallbericht (siehe Seite 56 f.) zur Verfügung stehen, die Fragen im Mustervordruck zu beantworten.

Absender (Stempel)

Verteiler: 1. Ausf. f. d. Berufsgenossenschaft
2. Ausf. f. d. Berufsgenossenschaft
3. Ausf. f. d. Gewerbeaufsichtsamt/ Bergamt
4. Ausf. f. d. Betriebsrat/Personalrat
5. Ausf. f. d. Akten d. Unternehmens
6. Ausf. f. d. Sicherheitsfachkraft

SKUDA-WERKE KG
Postfach 2814
7012 Fellbach

UNFALLANZEIGE

① Mitgliedsnummer ___ 8 4 8 5 9 9 2

② Gewerbeaufsichtsamt/Bergamt

③ Betriebsnummer des Arbeitsamtes

4 Anschrift des Trägers der Unfallversicherung (Berufsgenossenschaft)

Eingangsstempel   Unfallart

Berufsgenossenschaft der Feinmechanik
und Elektrotechnik
Postfach 2930

7000 Stuttgart 1

Meldepfl.
Vers. Träger
Gefahrklasse
Unfallnummer

Die mit ○ gekennzeichneten Fragen sind im Vorblatt erläutert.

5 Name, Vorname *Breidenbach, Joachim*
⑥ Versicherungsnummer oder Geburtsdatum — Tag Monat Jahr

7 Postleitzahl, Ort   Straße

8 Familienstand: ledig / verheiratet / verwitwet / geschieden
9 Geschlecht: männlich / weiblich
10 Staatsangehörigkeit *...2*   zu 9   zu 10

11 Zahl der Kinder zwischen 18 und 25 Jahren, soweit in Schul- oder Berufsausbildung / unter 18 Jahren
⑫ Als was ist der Verletzte regelmäßig eingesetzt? *Auszubildender*
⑬ Seit wann bei dieser Tätigkeit? Monat Jahr

⑭ In welchem Teil des Unternehmens ist der Verletzte ständig tätig? *Montagehalle B*
15 Ist der Verletzte Leiharbeitnehmer? nein   zu 12

16 Ist der Verletzte minderjährig, entmündigt oder steht er unter Pflegschaft? Ggf. Name und Anschrift des gesetzlichen Vertreters nein

17 Ist der Verletzte der Unternehmer, Mitunternehmer, Ehegatte des Unternehmers oder mit diesem verwandt? nein / Unternehmer / Mitunternehmer / Ehegatte / verwandt   Art der Verwandtschaft

⑱ Krankenkasse des Verletzten (Name, Ort)
19 Anspruch auf Arbeitsentgelt besteht bis Tag Monat
20 Hat der Verletzte die Arbeit wieder aufgenommen? nein / ja am Tag Monat

㉑ Verletzte Körperteile *linke Knie u Unterschi*
㉒ Art der Verletzung *schwere Abschürfungen + Prellu*   zu 21 zu 22

23 Welcher Arzt hat den Verletzten nach dem Unfall zuerst versorgt? (Name, Anschrift)
24 Ist der Verletzte tot? nein / ja   zu 23 zu 24

25 Welcher Arzt behandelt den Verletzten zur Zeit? (Name, Anschrift)

26 Falls sich der Verletzte im Krankenhaus befindet, Anschrift des Krankenhauses:
㉗ Unfallzeitpunkt Tag Monat Jahr Stunde Minute *0 7.02.85 31 Uhr*

28 Hat der Verletzte die Arbeit eingestellt? nein / sofort / später, am Tag Monat
29 Beginn der Arbeitszeit des Verletzten Stunde Minute
30 Ende der Arbeitszeit des Verletzten Stunde Minute   zu 29

㉛ Unfallstelle (genaue Orts- u. Straßenangabe, auch bei Wegeunfällen)
Montagehalle B, an der Werkbank links neben der Eingangstür
32 An welcher Maschine ereignete sich der Unfall? (auch Hersteller, Typ, Baujahr)
Schruppscheibe d. Winkelschleifers
㉝ Welche technische Schutzvorrichtung oder Maßnahme war getroffen?
Sicherheitschblättchen
㉞ Welche persönliche Schutzausrüstung hat der Verletzte benutzt? *Schutzbrille + Schuhe*   zu 33 zu 34

35 Welche Maßnahmen wurden getroffen, um ähnliche Unfälle in Zukunft zu verhüten?

36 Wer hat von dem Unfall zuerst Kenntnis genommen? (Name, Anschrift des Zeugen) *Torsten*
War diese Person Augenzeuge? nein / ja

�37 Ausführliche Schilderung des Unfallherganges (bei Verkehrsunfällen auch Angabe der aufnehmenden Polizeidienststelle)
s. Bericht d. Abteilungsleiters Schneiders

Arbeitsbereich
unfallauslösender Gegenstand
Bewegung des Gegenstandes
Tätigkeit des Verletzten
Bewegung des Verletzten

38 Datum   39 Unternehmer oder Stellvertreter   ㊵ Betriebsrat (Personalrat)   41 Sicherheitsbeauftragter

494.31/12 Formularverlag W. Kohlhammer Deutscher Gemeindeverlag GmbH

3.3 Protokoll

Das Protokoll ist eine besondere Form des Berichtens über ein Ereignis, die sich durch die Einhaltung einer bestimmten Gliederung und Form auszeichnet.

Schema für ein Ergebnisprotokoll

Anlaß und Art des Protokolls	Ergebnisprotokoll der Konferenz der Klasse S II c
Ort	Ort: Kreisberufsschule, Südstr. 13–18, Westenhafen, Raum 313
Datum	Datum: 9. April 1986
Teilnehmer	Anwesende: 21 Schülerinnen und Schüler der Klasse S II c (siehe Anwesenheitsliste) Entschuldigt wegen Krankheit: Ludger Knirps
Vorsitz	Vorsitzende: Elke Pall (Klassensprecherin)
Protokollführung	Protokoll: Stefan Noddig
Thema/Tagesordnung	Thema: Klassenfahrt in den Herbstferien (vgl. Tagesordnung in der Einladung)
Beginn	Beginn: 13.15 Uhr
Ergebnisse	Ergebnisse:

Nach ausführlicher Diskussion wird beschlossen:

1. In den Herbstferien soll eine dreitägige Klassenfahrt nach Brüssel durchgeführt werden.
2. Der genaue Termin soll zwischen dem Klassenlehrer, Herrn Weinzel, und der Klassensprecherin festgelegt werden.
3. Zwei Alternativvorschläge für den Ablauf der Klassenfahrt sollen Heike Schuster und Kai Lennartz bis zu den Sommerferien der Klasse zur Entscheidung vorlegen.
4. Die Kosten sollen den Betrag von 110 DM nicht wesentlich überschreiten.
5. Der Stellvertreter der Klassensprecherin, Dirk Janz, holt Angebote ein
   - über Unterbringungsmöglichkeiten in Brüssel,
   - über Fahrtmöglichkeiten (Bus/Bahn).

Außerdem klärt er, ob für die Fahrt Zuschüsse beantragt werden können.

Ende	Ende: 15.05 Uhr
Unterschriften der Vorsitzenden und des Protokollführers	Stefan Noddig Elke Pall (Protokollführer) (Vorsitzende) Anlage: Anwesenheitsliste

---

Aufgabe 1 Erproben Sie, ob das Protokollschema für die Protokollierung eines Gesprächs oder einer Verhandlung (z. B. Unterrichtsstunde; Mitgliederversammlung im Sportverein; Verkaufsverhandlung beim Kauf eines Autos; Gespräch mit dem Vermieter vor Anmietung einer Wohnung; . . .) nützlich ist.

Machen Sie begründete Vorschläge, wenn es sinnvoll ist, bei einzelnen Anlässen das Protokollschema zu kürzen, zu ergänzen oder die Gliederung zu verändern.

Aufgabe 2 Erläutern Sie, worin die Vorteile einer vorgeschriebenen Protokollform liegen, und berücksichtigen Sie dabei die Gründe, aus denen man ein Protokoll schreibt.

Berichten

▷ Die Verfasser berichtender Texte haben die Absicht, den Leser/Hörer über ein *Geschehen zu informieren.*
Diese Absicht wird unterstützt
– durch die *Konzentration der Darstellung* auf die Tatbestände, die für den Empfänger wichtig sind.
Nebenaspekte der berichteten Sachverhalte treten in den Hintergrund oder fallen weg.
– durch die *Ordnung der Abläufe* nach ihrer zeitlichen Reihenfolge.
– durch die Benutzung einer *sachbezogenen, informierenden Sprache* (überprüfbare Angaben, Fachbezeichnungen, . . .).
– durch die Abfassung der Berichte in der *Vergangenheitsform* (Präteritum).
Ergebnisprotokolle werden in der Gegenwartsform (Präsens) geschrieben.

▷ Viele Berichte im beruflichen und privaten Alltag sind *Mischformen* aus sprachlichen Darstellungen mit Skizzen, Tabellen, Abkürzungen und Zeichen.
Beim Schreiben solcher Berichte sind die Vorgaben und Anleitungen genau zu beachten (z. B. Ankreuzen vorgegebener Aussagen; Verwendung bestimmter Zeichen; Begrenzungen für den Umfang von Äußerungen, . . .).
Läßt sich das Geschehen, über das berichtet werden soll, durch Angaben im vorgegebenen Muster nicht sachgerecht wiedergeben, so sollten Sie dieses in einem ergänzenden Bericht mitteilen.

▷ In einem *Protokoll* werden entweder Ergebnisse oder Beschlüsse festgehalten (Ergebnisprotokoll) oder der Verlauf eines Ereignisses wiedergegeben (Verlaufsprotokoll).
Eine Hilfe beim Schreiben eines Protokolls ist die Orientierung am Protokollschema, das jedoch nach Bedarf abgeändert werden kann (z. B. Zusammenfassung von „Beginn" und „Ende" zu „Dauer"; Verzicht auf Nennung von Vorsitzendem und Protokollführer [nur in Unterschriften]; Aufgliederung der Tagesordnung in Unterpunkte; . . .).

Drittes Kapitel: Lesen und Zusammenfassen

1 Nachrichten lesen

1.1 Aufmerksamkeit und Interesse beim Zeitunglesen

Süddeutsche Zeitung, P. Leger

Miss Marple widmete ihre Aufmerksamkeit den wichtigen Neuigkeiten auf der Titelseite. Sie hielt sich dabei nicht lange auf, weil sie mit dem über-einstimmten, was sie an diesem Morgen bereits gelesen hatte, obwohl sie etwas würdevoller abge-faßt waren. Sie ließ ihre Augen dem Inhaltsver-zeichnis entlang niedergleiten. Artikel, Kommen-tare, Wissenschaft, Sport; dann verfolgte sie ihren gewohnten Plan, wendete die Seite und überflog schnell die Geburten, Heiraten und Todesfälle, nach welchen sie sich vornahm, die Seite mit den Leserbriefen aufzuschlagen, auf der sie beinahe immer etwas Erfreuliches fand; von da ging sie zu den Hofnachrichten weiter, wobei auf derselben Seite auch die täglichen Auktionsberichte zu fin-den waren. Oft war dort ein kurzer wissenschaft-licher Artikel plaziert, aber sie las ihn nicht. Sol-che Artikel sprachen sie selten an.

Agatha Christie: Nemesis. Zitiert nach: Eleanor Gibson/Harry Levin: Die Psychologie des Lesens. Aus dem Eng-lischen von Kurt Schmidt und Barbara Fox. Klett-Cotta, Stuttgart 1980, S. 289.

Aufgabe 1 Welche Arten des Lesens verwendet Miss Marple und warum?

Aufgabe 2 Wie verhalten Sie sich, wenn Sie Zeitung lesen?

Unterscheiden Sie: unterhaltendes, orientierendes, auswählendes, vergleichendes, gründ-liches Lesen.

Aufgabe 3 Machen Sie mit der gegenüberstehenden Zeitungsseite einen kleinen Test. Überfliegen Sie die Seite so, wie man es meist beim flüchtigen Zeitunglesen tut: etwa zwei Minuten lang. Schließen Sie danach das Buch, und notieren Sie, welche Nachrichten Sie behalten haben.

Berliner Kinder finden mitten im Großstadttrubel die Natur

Senatskonzept will mit Schulgärten das Umweltbewußtsein stärken

Berlin (dpa). Eine große Verkehrsstraße im Norden Berlins. Lärm von Automotoren, Geschäften, Lagerhallen, ein Schrottplatz mit Autowracks. Doch nur wenige Meter weiter findet sich ein Naturidyll mit Beeten, grüner Wiese und einem Bienenhaus. „Gartenarbeitsschule" steht an dem Gebäude, das den grünen Fleck von der Straße abschirmt. Dort haben Großstadtkinder aus dem ehemaligen Arbeiterbezirk Wedding Gelegenheit zu Gartenarbeit. „Der Schulgarten erlebt eine Renaissance", sagt Studiendirektorin Gisela Weinhold. Jeden Tag kommen Schulklassen aus dem Bezirk in diesen zentral gelegenen Garten. Gruppen von Abc-Schülern und fast erwachsenen Oberschülern beackern und bepflanzen ihre ein Meter mal vier Meter großen Beete.

Noch ist nicht viel von dem Gemüse zu sehen, das die Kinder im Sommer und Herbst mit nach Hause nehmen werden. Im leichten Nieselregen ziehen die Schüler schmale Rillen in den aufgelockerten Boden und legen nach Anweisung des Lehrers sorgfältig Samen und Zwiebeln in richtigem Abstand. „Die meisten kennen doch solch eine Arbeit gar nicht", erklärt ein Lehrer. Einen Schüler bremst er beim Harken: „Willst Du denn die aufgehenden Samen wieder rausreißen? Der Boden braucht genau so viel Ruhe wie ein Mensch."

Die Förderung des „Umweltbewußtseins in den Schulen" ist ein Konzept des Berliner Senats, das dem aktivem Umweltschutz eine große Rolle einräumt. Im Umgang mit der Natur sollen die Mädchen und Jungen ihre Verantwortung für die Umwelt erlernen. Wo früher Schulgärten eine Selbstverständlichkeit waren — „weil ja nach dem Krieg schließlich aus diesen Gärten den Kindern etwas mitgegeben werden konnte", so Gisela Weinhold — gibt es heute zubetonierte Schulhöfe.

In den siebziger Jahren verschwand die Idee des Schulgartens aus den Köpfen der Architekten und Planer. Großstadtkinder können den Schulhof zwar als Fußballplatz nutzen, ein Bezug zur Natur aber kam immer mehr abhanden.

Doch die zunehmende Umweltkiskussion machte auch an den Schultoren nicht halt. „Inzwischen haben die Kinder längst begriffen, was in der Luft liegt", meint die Berliner Grundschullehrerin Eva Graffunder. Sie hat mit acht Fünft- und Sechstklässlern auf dem Schulgelände einen Feuchtbiotop geplant. Um diesen Froschteich anzulegen, haben sich die Kinder erst bei Ämtern und einer Bürgerinitiative grundlegend informiert. Eine Grube ist bereits ausgehoben, nun läßt die Teichfolie auf sich warten.

Bei den heutigen Schulgärten steht nicht mehr der Anbau von Obst und Gemüse im Mittelpunkt, sondern das Beobachten von möglichst naturnaher Flora und Fauna. Den Nutzen von den neuen Teichen und Grünflächen hat die ganze Schule. Biologie und Kunstunterricht können an den Biotopen ebenso stattfinden wie Englischlektionen.

Ist die Begeisterung für die Natur bei den Schülern erst einmal geweckt — das ist meist sehr schnell der Fall — geht das Engagement weit über das schulisch geforderten Leistungen hinaus. Wenn sie sich an der Reinigung von Grünflächen beteiligen, können die Kinder zwar keinen Preis gewinnen oder Früchte nach Hause bringen, aber sie haben begriffen, „was die dicken Worte wie Ökologie bedeuten", meint Frau Graffunder.

„Schulgarten", der Begriff kann bei den Älteren noch Erinnerung an die Auszeichnung wachrufen, die darin bestand, einen Garten bearbeiten zu dürfen. Heinrich Heidt, heute Leiter einer Gartenarbeitsschule, wußte schon damals in seiner Schulzeit sehr genau, daß der Lehrer aus dieser Auszeichnung seinen Nutzen zog. Meist gehörte der Schulgarten dem Direktor oder dem Schuldiener und die Obst- und Gemüseernte galt als ein Teil ihrer Entlohnung.

Vier Freunde suchten den Tod

Aachen (dpa). Drei Freunde — 15, 17 und 19 Jahre alt — haben sich in der Nacht zum Sonntag in einem Waldstück in Aachen mit Auspuffgasen vergiftet. Ein vierter — 16 Jahre alt — überlebte den gemeinsamen Selbstmordversuch. Er ringt auf der Intensivstation eines Krankenhauses mit dem Tod.

Über das Motiv der jungen Leute, die zum gemeinsamen Sterben auf einen einsamen Parkplatz in den Wald gefahren waren, wollte die Polizei „mit Rücksicht auf die Familien" der Jungen nichts sagen. In zwei Abschiedsbriefen hatten die vier Freunde allerdings ihren Angehörigen die Gründe für ihren Wunsch, gemeinsam aus dem Leben zu scheiden, mitgeteilt und um Verständnis für diesen Schritt gebeten.

St. Helens wieder aktiv

Vancouver (dpa). Der vor Absprengung seiner Kuppe rund 3000 Meter hohe nordamerikanische Vulkan St. Helens, dessen verheerender Ausbruch am 18. Mai 1980 etwa 60 Menschen das Leben gekostet hatte, ist wieder aktiv. Wie US-Wissenschaftler am Sonnabend in Vancouver (Bundesstaat Washington) mitteilten, strömten aus dem vor fünf Jahren entstandenen riesigen Krater Rauch und Asche.

Königs-Knauserei

London (dpa). Ein vor vier Jahren von Kronprinz Charles entlassener Bediensteter des Buckingham-Palastes beschuldigt die königliche Familie der Knauserei. Ex-Butler Stephen Barry berichtete dem britischen Sonntagsblatt „Sunday People" zufolge, die Queen gehe im Palast umher und schalte das Licht aus, um Elektrizität zu sparen. Prinz Charles drücke sorgfältig jeden letzten Rest aus der Zahnpastatube. Prinz Philip bringe seinen eigenen Wein mit, wenn er in teuren Hotels speise.

Artonauten-Landung

Hamburg (dpa). Über eine Feuerwehrleiter ist gestern der „erste Artonaut im deutschen All", der Maler und Grafiker Dieter Rühmann, nach zehntägigem Aufenthalt in 25 Meter Höhe über der Hamburger Kunsthalle sanft gelandet. Er hatte sich in einer an Stahlseilen baumelnden Kiste von je zwei Meter Höhe, Breite und Länge einschließen lassen, „um den Weltraum zu durchmessen". Rühmann hatte während seiner zehntägigen „Raumfahrt" keinen Sichtkontakt mit der Außenwelt; eine Verständigung war nur über Sprechfunk möglich.

Nudel-Rekord

Meran (ap). Auf dem Marktplatz von Meran in Südtirol hat ein 24jähriger italienischer Nudelbäcker sein äußerstes getan, um in das Guinness-Buch der Rekorde zu kommen: In nur anderthalbstündiger Arbeit fertigte er, der Nachrichtenagentur ANSA zufolge, aus 70 Kilogramm Mehl, Olivenöl, Wasser und Eiern eine 136 Meter lange und 20 Zentimeter dicke Lasagne. Er wurde dabei von einigen Helfern und einer Teigknetmaschine unterstützt.

Taubstummes Kind aus Hotelfenster gestürzt

München (dpa). Ein taubstummer Dreijähriger — ein Kind arabischer Eltern aus Abu Dhabi — ist am Wochenende aus dem vierten Stock eines Münchner Hotels zu Tode gestürzt. Wie die Polizei ermittelte, war der Vater, ein 36jähriger Angestellter aus dem arabischen Land, mit dem behinderten Kind in die Bundesrepublik gekommen, um es hier in einer Klinik behandeln zu lassen. Polizeilichen Erkenntnissen zufolge, dürfte ein Unglücksfall vorliegen. Während sich der Vater duschte, war der Sohn im Hotelzimmer unbeaufsichtigt. Vermutlich mit Hilfe eines Stuhls gelang es dem Kind, auf das Fensterbrett zu steigen. Danach schaffte der Junge es offenbar auch, das Fenster zu öffnen.

Entführerin gefaßt

Frankfurt (ap). Die Frankfurter Polizei hat die wegen Kindesentführung gesuchte 27 Jahre alte Karin Lamely festgenommen. Sie wird beschuldigt, am 10. Mai in Frankfurt einen sieben Jahre alten Jungen entführt zu haben. Behördenangaben zufolge ist die mutmaßliche Entführerin am Freitag in einer Wohnung im Stadtteil Nied gefaßt worden, deren Inhaber Frau Lamely aufgrund von Zeitungsveröffentlichungen erkannt hatte. Die Festgenommene habe zwar keine Papiere bei sich gehabt, aber zugegeben, Frau Lamely zu sein. Schon 1980 hatte Karin Lamely in Wiesbaden ein zweijähriges tuberkulosekrankes Mädchen entführt. Nach ihrer Festnahme war sie zu vier Monaten Freiheitsstrafe verurteilt worden. Das Gericht hatte ihr damals „übersteigerte Kindesliebe" zugute gehalten, die auf mehrere Fehlgeburten zurückzuführen sei.

Aufgabe 4 Vergleichen Sie Ihre Ergebnisse untereinander und mit dem Original: Warum haben Sie nur ganz bestimmte Nachrichten behalten, warum andere als Ihre Mitschüler?

Aufgabe 5 Prüfen Sie genauer, wie die Zeitung die Nachricht präsentiert und Ihre Aufmerksamkeit steuert.
— An welchen Merkmalen kann man erkennen, daß die Redaktion eine Nachricht für besonders wichtig hält?
— Wieviel Information liefern die Überschriften? Versuchen Sie, einige Nachrichten in einem einzigen Satz zusammenzufassen. Prüfen Sie, ob man die Überschrift dabei mitbenutzen kann.
— Einige Nachrichten enthalten einen Vorspann oder Leittext: Welche Funktion hat dieser jeweils für den Leser?

Aufgabe 6 Wie gelangt eine Nachricht zum Leser?
Machen Sie sich anhand der Skizze die möglichen Wege klar. Was symbolisieren die kleiner werdenden Kreise?

Aufgabe 7 Welche Art von Ereignissen halten Zeitungen für berichtenswert und warum? Sie können die Zeitungsseite oben nochmals als Beispielsammlung hinzuziehen.

Aufgabe 8 Welches Problem stellt sich für den an umfassender Information interessierten Bürger?

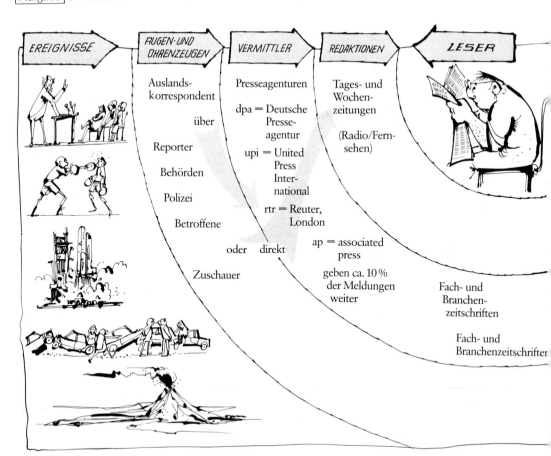

EREIGNISSE AUGEN-UND OHRENZEUGEN VERMITTLER REDAKTIONEN LESER

Auslands-korrespondent

über

Reporter

Behörden

Polizei

Betroffene

Zuschauer

oder   direkt

Presseagenturen

dpa = Deutsche Presse-agentur

upi = United Press International

rtr = Reuter, London

ap = associated press

geben ca. 10 % der Meldungen weiter

Tages- und Wochen-zeitungen

(Radio/Fern-sehen)

Fach- und Branchen-zeitschriften

Fach- und Branchenzeitschriften

1.2 Gründliches Lesen einer Nachricht

Freizeit birgt Umweltsünden

Studie: Kaum jemand hält sich aber für einen Verursacher

Hamburg (dpa). „Entschuldigung, ich glaube, Sie haben das hier verloren." Verblüfft schaut der Spaziergänger auf das Papiertaschentuch, das ihm ein junger Mann entgegenhält. „Das habe ich nicht verloren, das habe ich weggeworfen", belehrt er den jungen Mann. Dieser entgegnet etwas von Umwelt und Verschmutzung. „Das ist doch nur Papier, das verrottet doch sowieso. Und von wegen Umweltschutz, da gehen Sie mal lieber zur Industrie, was die so alles an Müll und Verpestung produziert!"

Wie dieser Mann denken etwa zwei Drittel der Bevölkerung, hat das Hamburger Freizeit-Forschungsinstitut in einer Studie „Freizeit als Umweltrisiko" ermittelt. Zwar sind die meisten Bundesbürger bekümmert über das Waldsterben, machen sich Gedanken über die Verschmutzung von Gewässern und Stränden, trauern um ölverpestete Vögel und schütteln den Kopf über Schlamperei auf Müllkippen. Als Verursacher der Umweltmisere sehen sie jedoch stets andere, in erster Linie die Industrie. Daß jeder einzelne in seiner Freizeit die Umwelt gelegentlich erheblich strapaziert, ist kaum jemandem bewußt.

Befragt wurden 2 000 Personen beiderlei Geschlechts von 14 Jahren aufwärts. Sie nannten als Verursacher von Umweltschäden vor allem Autoabgase, Industrie, Fabriken und Schornsteine, Kraftwerke, die Landwirtschaft und auch den Menschen im allgemeinen. Aber die Freizeit als Umweltrisiko? Niemand brachte die Freizeit mit Umweltschädigung in Verbindung.

„Die Bevölkerung weiß wenig darüber und will vermutlich auch wenig darüber wissen. Wie sonst ist es zu erklären, daß zwei Drittel der Bürger von der Beeinträchtigung in Natur und Landschaft durch Skipisten und Gondelbahnen noch nie etwas gehört haben?" fragt Professor Dr. Horst Opaschowski, wissenschaftlicher Leiter des Freizeit-Forschungsinstituts.

Er nennt sechs in der Freizeit begangene Umweltsünden: Landschaftszersiedelung durch Wochenendhäuser, Hotelanlagen und Ferienappartements; Landschaftsverschmutzung durch Freizeitmüll; Landschaftszerstörung durch Skipisten, Loipen und Liftanlagen; Luftverschmutzung durch Wochenend- und Urlaubsverkehr; Verschmutzung der Meere, Flüsse, Seen und Talsperren durch Vergnügungsdampfer und Wassersportler aller Art; Gefährdung von Pflanzen und von Tieren durch Wanderer, Reiter, Radfahrer und Autofahrer.

Freizeit sei für viele Bundesbürger gleichbedeutend mit Grün und frischer Luft, doch der Wunsch nach Verbundenheit mit der Natur lasse sie zu ihrem Zerstörer werden. „Die Natur verträgt keine Umarmung, sie will mit Abstand geliebt werden", sagt Opaschowski.

Die jüngere Generation, so zeigt die Studie, ist zwar eher bereit, zumindest eine „Mitschuld" der Freizeit an der Umweltbelastung anzuerkennen, aber sie wird als Gedankenlosigkeit bagatellisiert. Die ältere Generation ist sich des Problems am wenigsten bewußt und auch häufig nicht bereit, eine Änderung des eigenen Verhaltens in Betracht zu ziehen.

Die Studie und ihre Ergebnisse, sagt Opaschowski, sollten nicht dazu dienen, den Bundesbürgern die Freizeit zu vermiesen. Vielmehr sollten sie das Bewußtsein für die Probleme wecken, sollten die Menschen veranlassen, ihr Verhalten kritisch zu beobachten und – im besten Falle – entsprechend zu ändern.

Weser-Kurier, 8. 5. 1985.

Zeitunglesen verlangt ein häufiges 'Umschalten', das oft gar nicht leichtfällt: Viele Nachrichten muß man überfliegen oder nur anlesen, damit man überhaupt 'durch'-kommt. Um so schwieriger ist es, sich auf die Nachrichten zu konzentrieren, die Interesse wecken sollten.

Aufgabe 1 Prüfen Sie, wie gründlich Sie diese Nachrichten gelesen haben, indem Sie den folgenden Test durchgehen.

1. Den Kern der Nachricht könnte man am besten so zusammenfassen:
   a) Umweltsünder verstecken sich.
   b) Die meisten Umweltsünden passieren in der Freizeit.
   c) Die meisten Menschen wissen nicht, daß sie selbst in ihrer Freizeit zur Umweltver-schmutzung beitragen.
   d) Die meisten Menschen wissen nichts mit ihrer Freizeit anzufangen.
2. Welches ist das wesentliche Ereignis, über das die Nachricht berichtet?
   a) Ein junger Mann wirft Papiertaschentücher weg.
   b) Eine Befragung von 2 000 Personen über die Verursacher von Umweltschäden.
   c) Die Bundesbürger sind gegen eine weitere Verschmutzung der Umwelt.
   d) Ein Professor will den Menschen die Freizeit vermiesen.
3. Was hat das Forschungsinstitut herausgefunden?
   a) ... daß zwei Drittel der Bundesbürger nichts von der Umweltzerstörung durch Frei-zeitbeschäftigungen wissen.
   b) ... daß zwei Drittel der Bundesbürger glauben, daß man Papier ruhig in der Natur verrotten lassen kann.
   c) ... daß die Industrie nicht hauptsächlich an der Umweltverschmutzung schuld ist.
   d) ... daß die jüngere Generation schlauer ist als die ältere.
4. Was soll mit dem Satz gesagt werden: „Freizeit sei für viele Bundesbürger gleichbedeu-tend mit Grün und frischer Luft, doch der Wunsch nach Verbundenheit mit der Natur lasse sie zu ihrem Zerstörer werden"?
   a) Die Bundesbürger sollen Freizeit mit Natur und frischer Luft gleichsetzen, tun das aber nicht.
   b) Die Bundesbürger zerstören die Natur, weil sie die Freizeit nur im Grünen ver-bringen.
   c) Gerade weil viele Menschen ihre Freizeit gern in der Natur verbringen, können sie sich nicht vorstellen, daß das schädlich für die Natur sein kann.
   d) Wer die Freizeit in der Natur verbringt, zerstört sie.
5. Welches Problem ergibt sich aus der Meldung?
   a) Wie man die Natur besser sauberhält.
   b) Wie man die Freizeitaktivitäten einschränkt.
   c) Wie Menschen zu Selbsterkenntnis und Verhaltensänderungen kommen.
   d) Wie man Menschen beibringt, daß sie allein schuld an der Umweltzerstörung sind.

Aufgabe 2 Versuchen Sie, für diese Nachricht einen Vorspann zu schreiben, der eine informative Zusammenfassung enthält. Trennen Sie dabei deutlich zwischen der Art des Ereignisses und den einzelnen Inhalten.

„Soeben ist ...
Darin wird berichtet ..."

Aufgabe 3 Wie kann man sich über Probleme der Umweltverschmutzung genauer informieren?

2 Informationen beschaffen

2.1 Informationsquellen nutzen

Charles M. Schulz: Lebenskünstler Snoopy. (Peanuts; 11.) Aar, Götzenhain 1971, S. 96. © United Feature Syndicate, Inc.

Aufgabe | 1 Welche Vor- und Nachteile haben die dargestellten Informationsquellen? Unterscheiden Sie:

gut zugänglich — schwer zugänglich
teuer — billig
meist aktuell — schnell veraltend
systematisch — unsystematisch
mit Beratung — ohne Beratung

Aufgabe 2 Welche Informationswege und -quellen empfehlen sich bei folgenden Aufgaben?

a) Sie reisen mit dem Motorrad nach Sizilien und wünschen aktuelle Reiseempfehlungen.

b) Sie reisen nach Sizilien und möchten möglichst umfassend über Land, Leute, Klima, Geschichte unterrichtet sein.

c) Sie haben eine Verwarnung wegen falschen Parkens bekommen und sind damit nicht einverstanden.

d) Sie möchten mehr Hintergrundinformationen zum Thema „Freizeit und Umwelt" haben.

e) Sie möchten Informationen zur Frage „Gesundheitsgefährdung durch verschmutzte oder vergiftete Nahrungsmittel" haben, um diese Informationen bei Bedarf jeweils zu nutzen.

f) Sie möchten einen Überblick über die neuen Automodelle haben.

g) Sie wollen wissen, wie ein Vergaser funktioniert.

2.2 Zugang zu Büchern finden

Aufgabe 1 Welche unterschiedlichen Typen von Büchern und Informationsquellen lassen sich auf der Abbildung unterscheiden? Welche Art von Information läßt sich aus ihnen gewinnen?

Aufgabe 2 Zu welchem Buch würden Sie greifen, wenn Sie
— einen Überblick über die Umweltdiskussion bekommen wollen?
— nachschlagen wollen, was „Ökologie" bedeutet?
— die neuesten Daten über Umweltschäden benutzen wollen?
— wissen wollen, was unter „Waldsterben" zu verstehen ist?
— wissen wollen, was „saurer Regen" ist?

Zur Informationsbeschaffung

▷ Gehen Sie *vom Allgemeinen zum Besonderen,*
z. B. Worterklärung im Wörterbuch – erste Informationen aus Hand- oder Fachlexikon (je nach Art des Gebietes) – Buch, das einen Überblick bietet – spezielle oder aktuelle Informationen aus Fachbüchern und Fachzeitschriften.

▷ Überlegen Sie, ob für Sie *systematisches oder aktuelles Wissen* wichtiger ist.
Beides ist oft nicht zugleich zu haben: Bücher bieten meist systematischeres Wissen; Zeitschriftenartikel, Rundfunk, aber auch Taschenbücher aktuelleres. Im zweiten Fall ist man jedoch darauf angewiesen, daß tatsächlich schon aktuelle Informationen erschienen und zu finden sind.
Übrigens: Zu Fernseh- und Rundfunksendungen gibt es oft schriftliche Unterlagen, die man von den Sendern kostenlos erhalten kann.

▷ *Lassen Sie sich bei der Informationsbeschaffung beraten.*
Fragen Sie Lehrer, Ausbilder, Buchhändler und Bibliothekare nach geeigneten Büchern und Informationsmitteln.
Buchhandlungen haben weniger Bücher als Bibliotheken, oft aber aktuellere. Wenn sie ein Buch nicht vorrätig haben, können sie es bestellen, vor allem, wenn es nicht zu alt ist. Lassen Sie sich kostenlose Verzeichnisse von Taschenbuchreihen geben.
Bibliothekare können Ihnen dabei helfen, mit Hilfe des *Verfasserkataloges* ein bestimmtes Buch zu finden oder mit Hilfe des *Schlagwortkataloges* mehrere Bücher zu dem betreffenden Gebiet herauszusuchen.

▷ Wenn Ihnen jemand, etwa im Anschluß an eine Rundfunksendung, ein bestimmtes Buch empfiehlt, *merken Sie sich vor allem den Verfasser* (bei mehreren Verfassern den ersten),
z. B. *Eckardt,* Emanuel/Knauer, Sebastian: Kein schöner Land ... Ein deutscher Umweltatlas. Gruner & Jahr, Hamburg 1979.
Am zuverlässigsten sind diese vollständigen Angaben. Aber mit dem Namen des Verfassers können sowohl der Buchhändler als auch der Bibliothekar das Buch ziemlich sicher finden. Merkt man sich dagegen nur den Titel oder nur ein Wort („Land" z. B.), dann wird es schwierig. Zwar kann man im Schlagwortkatalog nachsehen, aber dort wird man kein Glück haben, wenn das Stichwort zu allgemein ist.

Gebrauchsanweisung

Ein Buch bedeutet, daß der Leser vieles selbermachen muß. Und der Leser sind Sie. Für den vollen Lesegenuß müssen folgende Regeln strikt eingehalten werden:
1. Jede Zeile wird grundsätzlich von links nach rechts gelesen.
2. Nach jedem Absatz machen wir eine Pause und fragen uns:
   Was wollte Otto uns damit nun schon wieder sagen?
3. Die Seite wird, nachdem Sie sie gründlich durchgearbeitet haben, nicht etwa ausgerissen, sondern umgeblättert.
4. Nur eine Seite auf einmal umblättern!
5. Zur Überprüfung des korrekten Umblättervorgangs habe ich den meisten Seiten ihre eigene Nummer gegeben.
6. Darauf bin ich besonders stolz, denn es ist gar nicht so einfach, sich so viele verschiedene Zahlen auszudenken.
7. Aber es hat sich gelohnt! Denn diese Zahlen sagen uns auch, ob wir das Buch richtig herum halten. Befinden sich die Nummern unten, wissen wir sofort: Jawoll, Buchhaltung stimmt.
8. Damit sich das Umblättern überhaupt lohnt, habe ich mir etwas ganz Neues einfallen lassen: Auf den Seiten ist nicht etwa immer dasselbe drauf – nein! Auf jeder Seite ist was anderes. Aber das kann doch nicht wahr sein! werden Sie jetzt rufen.
9. Ist es aber.

Otto Waalkes: Das Buch Otto. Hoffmann & Campe, Hamburg 1980, S. 5, 8.

2.3 Den Informationswert eines Buches einschätzen

Inhalt (zu: ‚Rettet den Wald‘)

Inhalt (zu: ‚Kein schöner Land')

Aufgabe 1   Welche unterschiedlichen Schwerpunkte der beiden Bücher sind aus den Inhaltsverzeichnissen ersichtlich?
Wie unterscheiden sich die Inhaltsverzeichnisse in ihrer Art: Kann man daraus wohl auf den Stil oder den Informationswert des gesamten Buches schließen?

Aufgabe 2   Zu welchem der beiden Bücher würden Sie greifen,
– wenn Sie sich umfassend über Umweltprobleme informieren wollen?
– wenn Sie die Natur gern selbst 'erforschen', z. B. beim Wandern?
– wenn Sie allererste knappe Informationen zum Waldsterben suchen?
– wenn Sie Begriffe aus der Ökologie-Diskussion nachschlagen wollen?

<table>
<tr><td>Aufgabe</td><td>3</td></tr>
</table>

| Aufgabe | **3** Viele Fachbücher haben ein alphabetisches Register am Schluß des Buches. Auch hier kann man nachschlagen, ob das Buch Informationen zu den Stichworten bietet, zu denen man etwas wissen möchte. |

Am Beispiel dieses Lehrbuches: Prüfen Sie im Inhaltsverzeichnis und im Register, ob und wo Sie etwas darüber finden,
– wie man eine Inhaltsangabe anfertigt,
– welche Regeln für die Kommasetzung gelten,
– was ein Konjunktiv ist.

Inhalt

Vorwort der Autoren

Chemie im Haushalt ist ein Thema, das sprichwörtlich in der Luft liegt. In den letzten Jahren wurden wir immer häufiger mit Anfragen von Verbrauchern konfrontiert, die wissen wollten, welche Waschmittel denn nun weniger phosphathaltig sind als andere, in welchem Kinderspielzeug kein Cadmium enthalten ist oder welche Alternativen es zu den herkömmlichen Holzschutzmitteln gibt.

Die berechtigte Frage nach umweltfreundlicheren und ungefährlichen Haushaltsprodukten ist freilich leichter gestellt als beantwortet. Grund genug für uns, eine möglichst ausführliche Zusammenstellung über die vielfältigen Produkte im Haushalt zu wagen, auf ihre Gefahren hinzuweisen, Alternativen – wo es sie gibt – einer kritischen Prüfung zu unterziehen und Wege zu zeigen, was der Verbraucher anders machen kann. [...]

Chemie im Haushalt. Koordiniert und überarbeitet von Rainer Grießhammer. Rowohlt, Reinbek 1984, S. 5 und 7. Ausschnitte.

Aufgabe **4** Vergleichen Sie das Inhaltsverzeichnis (nur der Anfang ist abgedruckt) mit dem Vorwort des Buches:

Welche Informationen gibt Ihnen das Vorwort, die aus dem Inhaltsverzeichnis nicht so ohne weiteres zu entnehmen sind?

Welche Fragen könnte das Buch Ihnen beantworten?

Informationswert eines Buches ermitteln

Zu den meisten Sach- und Fachgebieten gibt es zahlreiche Bücher. Da Sie auch die Ihnen zugänglichen Werke meist nicht vollständig durchlesen können, müssen Sie versuchen, vorab deren *Informationswert* zu *ermitteln*.

Dabei hilft:

das Inhaltsverzeichnis	Sind wichtige Punkte umfassend genug dargestellt?
das Register am Buchende	Lassen sich für Sie selbst wichtige Stichworte über das Register finden?
der Klappentext (Innenseite der Schutzhülle bei neuen Büchern)	Was wird als Schwerpunkt oder Ziel des Buches ausgegeben?
das Vorwort	Worauf will der Autor hinaus? Sind dies auch Ihre Arbeitsziele? Wirkt die Sprache verständlich?

---

3 Aktiv lesen

3.1 Leseinteressen folgen

Hans Bibelriether: Erholung und Naturschutz im Konflikt

In vielerlei Hinsicht bedeuten Besucher für den Wald und seine Lebewelt Belastung und Gefahr, vor allem, wenn sie in Massen auftreten. Eine sicher unvollständige Liste mag dies verdeutlichen.

5 Seit Urzeiten sammelten Menschen Waldfrüchte für ihre Ernährung. In besonderen Notzeiten und in kargen Gebieten waren sie sogar Voraussetzung fürs Überleben. Heute ist das Pilze- und Beerensammeln zu einer Art Volkssport geworden – und

10 ganz allgemein scheint der Wunsch, irgend etwas „Natürliches" aus dem Wald mit nach Hause zu nehmen, eine Wurzel oder ein paar Steine, ständig zu wachsen. [...]

Wo Besucher massiert auftreten, wird in immer

15 stärkerem Maß der Oberboden zertrampelt. Gefährdet sind vor allem der Bereich der Waldgrenze im Gebirge und steile Lagen mit hohen Niederschlägen. Ein krasses Beispiel bietet der Arbergipfel, der „König des Bayerwaldes" aus den Touri-

20 stenprospekten. Das Gelände zwischen Liftstation und Gipfel ist aufs schwerste geschädigt, die Borstgrasnarbe ist zerstört, Geröll und Rohboden treten zutage, und die Latschenfelder werden von den Rändern – und durch Zertrampeln auch von innen heraus – immer kleiner. Dabei war vor 25 zwanzig Jahren, als dort noch kein Naturpark geschaffen war, von solchen Schäden noch kaum etwas zu sehen. [...]

Verbunden mit ungeregeltem Betreten des Waldes ist ein ungeregeltes Hinterlassen von Abfällen. 30 Nicht die nachts im Vorbeifahren aus dem Auto in den nächsten Wald geworfenen alten Sessel, Schachteln und Abfallsäcke sind heute das Problem. Solche Ferkeleien sind zurückgegangen, seit die Strafen hoch sind, die Angst vor dem Er- 35 tapptwerden gewachsen ist und nicht zuletzt die Müllabfuhr verbessert wurde. Immer gefährlicher werden die Kleinabfälle, die in Massen im Wald bleiben: Zigarettenschachteln, Stanniolpapier, Bier- und Limobüchsen und was sonst noch an 40 Ungenießbarem bei einer Rast übrigbleibt.

Regelloses Betreten führt zu regellosem Wegwerfen. Und regellos verteilter Abfall kann von keinem Waldbesitzer mehr weggeschafft werden; dies ist weder technisch noch finanziell möglich. Um es noch mal am Arber zu verdeutlichen: Es ist schlichtweg unmöglich, ihn je wieder von Zivilisationsabfällen völlig zu befreien. [...]

Seit Skilauf zum Volkssport Nr. 1 geworden ist, nehmen die dadurch verursachten Schäden ständig zu. Vom Pistenskilauf sind die Wälder der Mittelgebirge und der Alpen betroffen. Eine Vielzahl in den Wald geschlagener Schneisen sind sichtbares Ergebnis, Erosion und Bodenabtrag die sichtbaren Folgen. Weniger auffallend sind Schäden an den Rändern zum geschlossenen Wald, wo Sträucher und junge Bäumchen den Boden schützen sollen. Gegen die scharfen Stahlkanten haben sie bei geringer Schneelage keine Chance.

In den letzten Jahren entwickelte sich eine neue schleichende Gefahr: Skilanglauf und Skiwandern. Diese so erholsamen und gesundheitsfördernden Betätigungen werden für manche Waldbewohner zur tödlichen Bedrohung! [...]

Horst-Stern u.a.: Rettet den Wald. Kindler, München o. J., S. 364 ff. Ausschnitte.

Aufgabe 1 Verschaffen Sie sich selbst einen Überblick über den Text. Fassen Sie Ihr Leseergebnis vorläufig in einem Satz zusammen.

Aufgabe 2 Vergleichen Sie Ihre Vorgehensweisen und Ihre Ergebnisse untereinander:
Wie gehen Sie an einen solchen Text heran?
Welche Hilfen kann man für das Erfassen des Textes benutzen?
Welche Schwierigkeiten zeigen sich?
Welchen Neuigkeitswert hatte der Text? (Rolle des Vorverständnisses)
Wonach richtet sich, was als Leseergebnis gelten soll?

Aufgabe 3 Drei Leser haben den Text in unterschiedlicher Weise bearbeitet:

a) [...] Wo Besucher massiert auftreten, wird in immer stärkerem Maß der Oberboden zertrampelt. Gefährdet sind vor allem der Bereich der Waldgrenze im Gebirge und steile Lagen mit hohen Niederschlägen. Ein krasses Beispiel bietet der Arbergipfel, der „König des Bayerwaldes" aus den Touristenprospekten. Das Gelände zwischen Liftstation und Gipfel ist aufs schwerste geschädigt, die Borstgrasnarbe ist zerstört, Geröll und Rohboden treten zutage, und die Latschenfelder werden von den Rändern – und durch Zertrampeln auch von innen heraus – immer kleiner. Dabei war vor zwanzig Jahren, als dort noch kein Naturpark geschaffen war, von solchen Schäden noch kaum etwas zu sehen. [...]

2. Zertrampeln des Oberbodens

b) [...] Wo Besucher massiert auftreten, wird in immer stärkerem Maß der Oberboden zertrampelt. Gefährdet sind vor allem der Bereich der Waldgrenze im Gebirge und steile Lagen mit hohen Niederschlägen. Ein krasses Beispiel bietet der Arbergipfel, der „König des Bayerwaldes" aus den Touristenprospekten. Das Gelände zwischen Liftstation und Gipfel ist aufs schwerste geschädigt, die Borstgrasnarbe ist zerstört, Geröll und Rohboden treten zutage, und die Latschenfelder werden von den Rändern – und durch Zertrampeln auch von innen heraus – immer kleiner. Dabei war vor zwanzig Jahren, als dort noch kein Naturpark geschaffen war, von solchen Schäden noch kaum etwas zu sehen. [...]

?? warum?
→ auf der Karte nachsehen
? nachsehen
→ Naturpark, wie definiert?

c) [...] Wo Besucher massiert auftreten, wird in immer stärkerem Maß der Oberboden zertrampelt. Gefährdet sind vor allem der Bereich der Waldgrenze im Gebirge und steile Lagen mit hohen Niederschlägen. Ein krasses Beispiel bietet der Arbergipfel, der „König des Bayerwaldes" aus den Touristenprospekten. Das Gelände zwischen Liftstation und Gipfel ist aufs schwerste geschädigt, die Borstgrasnarbe ist zerstört, Geröll und Rohboden treten zutage, und die Latschenfelder werden von den Rändern – und durch Zertrampeln auch von innen heraus – immer kleiner. Dabei war vor zwanzig Jahren, als dort noch kein Naturpark geschaffen war, von solchen Schäden noch kaum etwas zu sehen. [...]

krasses Beispiel: Arbergipfel (s. u.)

Wie unterscheiden sich die drei Vorgehensweisen? Welches Leseziel verfolgen wohl die Verfasser jeweils?

Zu **a**: Notieren Sie, was dieser Leser neben die übrigen Abschnitte des Textes geschrieben hätte.

Zu **b**: Welche Ausdrücke erklären sich aus dem Textzusammenhang? Welche muß man nicht unbedingt nachsehen, um den Sinn des ganzen Abschnittes zu begreifen?

Zu **c**: Worauf bezieht sich die Anmerkung „s. u."?

| Aufgabe | **4** Nach der Lektüre haben sich drei Leser unterschiedliche Notizen gemacht:

d) Neu war mir vor allem, daß allein durch die Masse der Benutzer (auch durch Skiläufer) Wald und Landschaft gefährdet sind.

Was Erosion genau bedeutet, müßte ich noch nachsehen.

e) In dem Kapitel geht es darum, zu zeigen, wie Erholung und Naturschutz in Konflikt miteinander geraten. Am Beispiel des Waldes werden vor allem folgende Gefahren genannt: Sammelleidenschaft, Zertrampeln des Oberbodens, Abfallprobleme, Zerstörungen durch Skilauf (Abfahrt und Langlauf).

f) Am Beispiel des Arbergipfels zeigt sich besonders kraß, was Massen von Besuchern an Schäden durch Zertrampeln und Wegwerfen von Kleinabfällen verursachen. Aber was ist zu tun? Genügt es, zu mehr Sauberkeit aufzurufen, oder muß man bestimmte Gebiete für Erholungsuchende sperren?

Wie haben die drei Leser den Text aufgefaßt, und welche unterschiedlichen Möglichkeiten der Verarbeitung und Verwendung zeigen sich?

| Übung | Prüfen Sie, ob die folgenden Feststellungen und Schlußfolgerungen durch den Text gestützt werden:

g) Die Gefahren für den Wald haben zugenommen, weil die Zahl der Erholungsuchenden immer größer wird.

h) Man sollte nie in großen Gruppen in den Wald gehen, sondern höchstens mit der Familie oder ein paar Freunden.

i) Besucher sollten die Waldgrenze und die steilen Hänge im Gebirge meiden.

j) Naturparks sind schädlich für die Landschaft.

k) Das Abladen von Müll im Wald stellt kein Problem dar.

l) Skiläufer sollten auf den Pisten bleiben, um die Natur zu schonen.

3.2 Systematisch lesen

Christine Steinhilber/Cornelius Siegel:
Fuß- & Handbremse

Die Bremserei ist eine eindrucksvolle Angelegenheit. Wie eindrucksvoll, kannst du dir vorstellen, wenn du bedenkst, daß du das Hunderte von Kilo wiegende Auto durch den Druck eines Fußes auf
5 das *Bremspedal* zum Stehen bringst. Es ist klar, daß eine enorme *Kraftverstärkung* stattfinden muß. Dafür ist die Anwendung von zwei Konstruktionsprinzipien verantwortlich.

Gebremst wird, indem die normalerweise leicht
10 drehbaren Räder schwergängig gemacht werden.

Am leichtesten zu durchschauen ist das beim Fahrrad, wo feststehende Gummiklötze gegen Felge oder Reifen gedrückt werden. Dabei verhindert die Anbringung der Gummiklötze, daß sie vom
15 drehenden Rad mitgenommen werden.

Autoräder tragen zum Bremsen eine mitdrehende Trommel (*Trommelbremse*) oder Scheibe (*Scheibenbremse*), gegen die fest abgestützte *Bremsbakken* oder *Bremsklötze* gepreßt werden können, bei
20 der Trommel von innen, bei der Scheibe von rechts und links. Ein *Bremsbelag* auf den Backen oder Klötzen, grundsätzlich ein Vielstoffgemisch, u. a. Asbest und Bindemittel, verhindert, daß Metall auf Metall schleift. Je stärker die Backen oder
25 Klötze gegen die zugehörige Trommel oder Scheibe drücken, desto schwerer dreht sich das Rad, denn die Backen oder Klötze sind nur beweglich in Richtung auf Trommel oder Scheibe; mitdrehen können sie sich nicht. Das ist das erste Konstruk-
30 tionsprinzip.
Das zweite Konstruktionsprinzip löst das Problem, wie die Kraft von deinem Fuß zu den einzelnen Rädern kommt. Das geschieht mit Hilfe einer *Hydraulik*, ein imposanter Name für eine einfache
35 Sache. Stell dir zwei Spritzen vor, wie Ärzte sie verwenden, eine große und eine kleine, die durch einen Schlauch verbunden sind. Beide Spritzen und der Schlauch sollen mit Flüssigkeit gefüllt sein. Im Auto ist das die *Bremsflüssigkeit*. Wenn du den Kolben der kleinen Spritze reindrückst, 40 wird der Kolben bei der großen Spritze weniger weit, aber mit *mehr Kraft* nach außen gedrückt. Dabei ist es egal, in welchen Schnörkeln und Schleifen der Verbindungsschlauch liegt. Der kleinen Spritze entspricht beim Auto der *Haupt-* 45 *bremszylinder*, der so angebracht ist, daß sein Kolben beim Tritt auf das Bremspedal reingedrückt wird.
Auf diese Weise kommt der Druck deines Fußes vom Hauptbremszylinder über Bremsleitungen 50 und Bremsschläuche zu den einzelnen Rädern. An jedem Rad sitzt ein *Radbremszylinder*, dem in unserem Beispiel die größere Spritze entspricht. Er drückt mit seinem Kolben auf die Backen oder Klötze, und zwar stärker als dein Fuß aufs Brems- 55 pedal.
Jetzt fehlt nur noch die *Handbremse*, und da kommt nichts Kompliziertes hinzu. Bei der Handbremse fällt die ganze „Spritzenapparatur" weg. Statt dessen übertragen Hebel und Seilzüge die 60 Kraft vom Griff der Handbremse auf die Räder. Gebremst werden hier nur zwei Räder. Das sind meistens die Antriebsräder, z. B. beim Opel Rekord die Hinterräder, beim R4 die Vorderräder. [...]

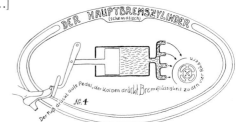

Christine Steinhilber/Cornelius Siegel: *Danke, ich schaff's alleine! Das Autobuch für Frauen.* Rowohlt, Reinbek 1981, S. 20–22. Ausschnitt.

Will man sich in ein neues Gebiet einarbeiten, muß man systematisch lesen, das heißt zunächst genau aufnehmen, was der Text zu sagen hat. Dazu sind die folgenden **Schritte** nötig.

Anlesen

Aufgabe 1 Lesen Sie zunächst die Überschrift und die ersten Sätze des Textes. Stellen Sie fest, worum es im Text geht.
Notieren Sie, was Sie zum Thema „Auto und Bremsen" bereits wissen. Worüber möchten oder müßten Sie gern mehr wissen?

Orientierend lesen

Aufgabe **2** Orientieren Sie sich darüber, worauf der Text hinauswill, indem Sie ihn ganz überfliegen. Versuchen Sie, das Ziel in einem Satz zu formulieren, der etwa so anfangen könnte: „Der Artikel informiert ... erklärt ... empfiehlt ...“

Aufgabe **3** Stellen Sie fest, wie der Text gegliedert ist. Numerieren Sie die Abschnitte, und geben Sie jedem Abschnitt eine stichwortartige und vorläufige Überschrift. Zum Beispiel:

1. Leistung der Autobremsen ...

Intensiv lesen

Aufgabe **4** Nehmen Sie sich jeden Abschnitt einzeln vor.
Worum geht es in dem Abschnitt? Was müssen Sie unbedingt erfaßt haben, um den ganzen Abschnitt verstehen und verarbeiten zu können? Prüfen Sie insbesondere, ob Sie die Fachausdrücke aus dem Zusammenhang verstehen und erklären können und welche Fachausdrücke Sie sich merken wollen. Zum Beispiel:
Was ist ein „Hauptbremszylinder“? Sollte man als ‘normaler’ Autofahrer diesen Fachausdruck kennen?

Übung **1** Fassen Sie jeden Abschnitt in ein oder zwei Sätzen zusammen. Verwenden Sie dabei die Fachausdrücke, die Sie sich merken wollen.

Zusammenfassen und Verarbeiten

Hat man die wesentlichen Einzelheiten erfaßt, so muß das Erarbeitete so zusammengefaßt werden, daß man es sich merken oder aufschreiben kann. Die Informationen werden dabei nach ihrer Bedeutung für die weitere Verarbeitung bewertet, geordnet und verkürzt.

Übung **2** Es folgen zwei Ansätze zur Zusammenfassung des Textes. Welchen halten Sie für besser? Führen Sie ihn zu Ende.

a) Jedes Auto hat Fuß- und Handbremse. Bei der Fußbremse wirken folgende zwei Konstruktionsprinzipien: ...
b) Um das fahrende Auto zum Stehen zu bringen, ist eine enorme Kraftverstärkung erforderlich. Dazu wird die Kraft vom Fuß zu den Rädern über eine Hydraulik verstärkt ...

Übung **3** In dem vorliegenden Text spielen drei Paare von Gegenständen oder Prinzipien eine Rolle. Eines davon steht schon in der Überschrift.
Welches sind diese drei Gegenüberstellungen?
Benutzen Sie diese, um eine tabellenartige Übersicht in Stichworten anzulegen.
Machen Sie zusätzlich eine Zeichnung, in die Sie die Fachwörter eintragen, die Sie sich merken wollen.

Aufgabe **5** Erklären Sie, wie eine hydraulische Trommelbremse funktioniert.

Aufgabe **6** Prüfen Sie, ob Sie folgende weiterführende Fragen bereits allein aus dem Text beantworten können oder ob Sie dazu weitere Informationen brauchen:
— Welche Teile der Bremsanlage sind wohl besonders empfindlich oder gefährdet, so daß sie regelmäßig gewartet werden müssen?
— Warum eignet sich die Handbremse weniger dazu, das Auto aus einer schnellen Fahrt abzubremsen?

Das Lesen

ist kein passives Aufnehmen von Informationen, sondern eine aktive Auseinandersetzung zwischen Leser und Text.

Was will ich wissen? Was kann mir der Text sagen?

Von diesen beiden Fragen wird der Leseprozeß geleitet.

Welche der beiden Fragen beim Lesen wichtiger ist, das hängt von den Vorkenntnissen ab und von der Art des Textes: Je weniger Vorkenntnisse man hat und je informationsreicher der Text ist, desto systematischer muß man die Aussagen des Textes erschließen.

Einige Empfehlungen gelten für alle Lesesituationen:

▷ *Seien Sie beim Lesen aktiv.*

Lesen Sie mit Bleistift und mit Notizzetteln.

Verwandeln Sie Kopfarbeit in Handarbeit.

Machen Sie sich immer wieder klar, was Sie schon wissen und was Sie noch zusätzlich wissen müssen.

▷ *Rechnen Sie damit, daß Sie einen Text mehrmals lesen müssen.*

Je schwieriger und informationsreicher ein Text ist, desto häufiger muß er gelesen werden. Einzelheiten, die zunächst schwierig erscheinen, werden häufig aus dem Zusammenhang heraus verständlich.

Unterscheiden Sie die Schritte:

– anlesen

– orientierend lesen

– intensiv lesen

– zusammenfassend lesen

▷ *Überprüfen Sie, ob Sie den Text verstanden haben.*

Ein Verständnis des Textes kann man zum Beispiel dadurch zeigen,

– daß man die Hauptaussagen in eigenen Worten wiedergibt,

– daß man den Zusammenhang der Informationen in Stichworten oder in einer Zeichnung darstellt,

– daß man anderen den Sachverhalt oder einen Teil davon erklärt,

– daß man Schlußfolgerungen aus dem Text zieht, zum Beispiel für die Anwendung.

4 Schwierige Texte lesen

4.1 Texte bewerten

Was ist das Schwierige an einem schwierigen Text? Man kann unterscheiden zwischen
– Schwierigkeiten des *Sachverhalts* (die vor allem dann auftreten, wenn das Sachgebiet noch unbekannt ist, man sich also noch einarbeiten muß)
– und den Schwierigkeiten beim *sprachlichen Verständnis* eines Textes.
Um einen schwierigen Text bewältigen zu können, ist es nützlich, sich klar darüber zu werden, wo die Schwierigkeiten mit dem Text liegen. Im folgenden werden vier Gesichtspunkte herausgestellt, die für die Verständlichkeit von Texten wichtig sind.

Aufgabe 1 Vergleichen und bewerten Sie jeweils die Texte **a** und **b, c** und **d, e** und **f** anhand der beigefügten Gegensatzpaare. Welcher der Texte ist jeweils einfacher, deutlicher gegliedert, kürzer, anschaulicher? Bitte, schreiben Sie nicht ins Buch.

Aufgabe 2 Worin besteht in dem jeweils verständlicheren Text die Verbesserung genau?

Einfachheit						Kompliziertheit
einfache Darstellung						komplizierte Darstellung
kurze, einfache Sätze	++	+	o	–	– –	lange, verschachtelte Sätze
geläufige Wörter						ungeläufige Wörter
Fachwörter erklärt						Fachwörter nicht erklärt
konkret						abstrakt
anschaulich						unanschaulich

a) *Was ist Raub?* Jemand nimmt einem anderen etwas weg. Er will es behalten. Aber es gehört ihm nicht. Beim Wegnehmen wendet er Gewalt an oder droht dem anderen, daß er ihm etwas Schlimmes antun werde. Dieses Verbrechen heißt Raub.

b) *Was ist Raub?* Raub ist dasjenige Delikt, das jemand durch Entwendung eines ihm nicht gehörenden Gegenstandes unter Anwendung von Gewalt oder von Drohungen gegenüber einer anderen Person begeht, sofern die Intention der rechtswidrigen Aneignung besteht.

Gliederung – Ordnung						Ungegliedertheit Zusammenhanglosigkeit
gegliedert						ungegliedert
folgerichtig						zusammenhanglos, wirr
übersichtlich						unübersichtlich
gute Unterscheidung von Wesentlichem und Unwesentlichem	++	+	o	–	– –	schlechte Unterscheidung von Wesentlichem und Unwesentlichem
der rote Faden bleibt sichtbar						man verliert oft den roten Faden
alles kommt schön der Reihe nach						alles geht durcheinander

c) *Was ist Raub?* Jemand wendet gegen einen anderen Gewalt an. Das ist Raub, es gehört ihm nämlich nicht. Er will es für sich behalten, was er ihm wegnimmt. Zum Beispiel ein Bankräuber, der dem Angestellten mit der Pistole droht. Auch wenn man jemandem droht, daß man ihm etwas Schlimmes antun will, ist es Raub.

d) *Was ist Raub?* Raub ist ein Verbrechen: Jemand nimmt einem anderen etwas weg, was ihm nicht gehört. Er will es behalten. Dabei wendet er Gewalt an oder droht dem anderen etwas Schlimmes an. Drei Dinge sind wichtig:
1. etwas wegnehmen, was einem nicht gehört
2. es behalten wollen
3. Gewalt oder Drohung
Beispiel: Ein Bankräuber droht dem Angestellten mit der Pistole und nimmt sich das Geld.

Kürze – Prägnanz						Weitschweifigkeit
zu kurz						zu lang
aufs Wesentliche beschränkt						viel Unwesentliches
gedrängt	+ +	+	o	–	– –	breit
aufs Lehrziel konzentriert						abschweifend
knapp						ausführlich
jedes Wort ist notwendig						vieles hätte man weglassen können

e) *Was ist Raub?* Ja, Raub, das darf man nicht machen. Raub ist ein verbotenes Verbrechen. Man darf es nicht mit Diebstahl verwechseln. Diebstahl ist zwar auch ein Verbrechen, aber Raub ist doch noch etwas anderes. Angenommen, jemand raubt etwas. Was heißt das? Das heißt: Er nimmt einem anderen etwas weg, was ihm nicht gehört, um es für
5 sich zu behalten. Das ist natürlich nicht erlaubt. Jetzt muß aber noch etwas hinzukommen: Während der Verbrecher die Sache wegnimmt, wendet er Gewalt an gegenüber dem anderen, zum Beispiel: Er wirft ihn einfach zu Boden – oder er schlägt ihn bewußtlos, daß er sich nicht mehr wehren kann. Es kann aber auch sein, daß er nur *droht*, dem anderen etwas anzutun. Auch dann ist es Raub, und der Mann (oder die Frau) wird wegen Raubes
10 bestraft.

f) *Was ist Raub?* Ein Verbrechen. Wer einem anderen etwas wegnimmt, was ihm nicht gehört, um es zu behalten, begeht Raub. Hinzukommen muß, daß er dabei Gewalt anwendet gegen den anderen oder ihn bedroht.

Inghard Langer/Friedemann Schulz von Thun/Reinhard Tausch: Verständlichkeit in Schule, Verwaltung, Politik und Wissenschaft. Ernst Reinhardt, München/Basel 1974, S. 13–16.

| Aufgabe | 3 Im folgenden finden Sie den genauen Wortlaut des Strafgesetzbuches zum Delikt „Raub" (darüber hinaus gibt es noch den „schweren Raub", der mit Freiheitsstrafe nicht unter fünf Jahren bestraft wird).

§ 249. Raub. (1) Wer mit Gewalt gegen eine Person oder unter Anwendung von Drohungen mit gegenwärtiger Gefahr für Leib oder Leben eine fremde bewegliche Sache einem anderen in der Absicht wegnimmt, sich dieselbe rechtswidrig anzueignen, wird mit Freiheitsstrafe nicht unter einem Jahr bestraft. *(Strafgesetzbuch)*

Was macht die Gesetzessprache so schwer verständlich? Benutzen Sie zur Bewertung die oben verwendeten Begriffe.

| Aufgabe | 4 Warum verwendet die Gesetzessprache wohl viele komplizierte Wendungen?
Versuchen Sie das am Ausdruck „eine fremde bewegliche Sache" zu erklären.
Ist es allein die Sprache, die Gesetze schwer verständlich zu machen scheint?
Was kann man über das Umformulieren hinaus noch tun, um sich den Paragraphen anschaulicher zu machen?

Übung | **1** Gestalten Sie den folgenden Text einfacher.

Das Wissen um die Prägung der Sprache durch das Elternhaus sollte für den Lehrenden Anlaß zum Nachdenken über die Maßstäbe seiner Beurteilung von Deutschaufsätzen sein und auch darüber, ob die Benotung nicht in Wirklichkeit eine des Elternhauses des Schülers (oder des Lehrers) darstellt.

Übung | **2** Formulieren Sie das folgende Schreiben so um, daß es kürzer und prägnanter erscheint.

... in Anbetracht Ihres Schreibens, daß Sie mit der letzten Aufsatzzensur, die ich Ihrem Sohn gegeben habe, nicht einverstanden sind, möchte ich Ihnen folgenden Vorschlag unterbreiten:
Um eine befriedigende Klärung dieser Angelegenheit zu erreichen, würde ich es sehr begrüßen, wenn wir uns zu einem persönlichen oder telefonischen Gespräch zusammenfinden könnten.

Nach Langer u. a., s. o., S. 149.

Schwer verständliche Texte
sollten Sie daraufhin überprüfen, wo die Ursachen für die Schwierigkeiten liegen: in mangelnder *Einfachheit – Gliederung/Ordnung – Kürze/Prägnanz?*
Machen Sie sich den Text dadurch verständlicher, daß Sie ihn 'verbessern'.
Ist der Text in der *Sache* zu schwierig? Probieren Sie dann zunächst, ob Sie sich die Sache an Beispielen veranschaulichen können.

4.2 Texte erschließen

Klaus Haefner: Tendenzen einer neuen Arbeitsteilung

Berufliche Arbeit heißt in den 80er Jahren [...] für viele [...], daß zumindest Teile ihres früheren Arbeitsfeldes von technischer Informationsverarbeitung übernommen werden. Der Mensch – bis in die 50er Jahre gewohnt, die *Gesamtheit* der Informationsverarbeitung in seinem Gehirn abzuwickeln – muß sich nun immer mehr darauf einstellen, in Arbeitssituationen tätig zu werden, wo nicht nur ein großer Teil der motorisch-manuellen, sondern auch ein zunehmender Anteil der intellektuell-kognitiven Arbeiten von Maschinen ausgeführt wird.

1. Behauptung: neue Arbeitsteilung

5

Dies fordert mannigfaltige Umstellungen in Bildung und beruflicher Qualifikation: Der Berufstätige muß es zunehmend lernen, dort einen arbeitsteilig gegliederten Prozeß zu unterstützen, wo früher ganzheitliches, zusammenhängendes Denken notwendig war. Da das Gesamtkonzept des Arbeitsprozesses in vielen Bereichen bereits an das informationstechnische System abgegeben worden ist, bleibt dem einzelnen „Mitarbeiter" ein zunehmend peripheres Stück Arbeit. Einige Beispiele stehen für viele ähnliche Fälle:

2. Mensch als 'Mitarbeiter' der Maschine

10

Die Entwicklung integrierter Informations- und Platzbuchungssysteme der Fluggesellschaften zeigt die Verdrängung des Menschen aus den „zentralen Prozeduren" an die Peripherie beispielhaft deutlich. Wurden dort früher von Menschen Listen über den Einsatz der Flugzeuge und die Verfügbarkeit von Plätzen geführt, die telefonisch abgefragt bzw. modifiziert wurden, so gibt es heute niemanden mehr, der die eigentliche Platzbuchung macht, diese wickelt ein Programm ab; es bleiben nur noch die Bediener der Terminals, die die Eingaben machen. Beratung der Passagiere, die noch ein ganzheitliches Verstehen notwen-

3. Beispiel a: Kundendienst der Fluggesellschaften

15

20

dig machen würde, erscheint zwar anstrebenswert, wird aber aufgrund wirtschaftlichen Denkens immer stärker in den Hintergrund gedrängt. Bis vor kur-
25 zem wurden aber Flugtickets noch von Menschen von Hand ausgefertigt, das
Bodenpersonal mußte mit eigener, menschlicher Informationsverarbeitung die
Route bestimmen, Anschlußflüge organisieren, Preise ermitteln etc. Heute wird
auch der Prozeß der Flugticket-Ausstellung fast vollautomatisch vom Zentral-
rechner und von einem Druckwerk am Platz des buchenden Bodenpersonals
30 abgewickelt. Dem bedienenden Menschen verbleibt die Eingabe von Start und
Ziel sowie notwendiger Zeitangaben, er ist aus dem Gesamtprozeß der Informationsverarbeitung an den Rand verdrängt worden, wo es nur noch darauf
ankommt, die Kommunikation zum Kunden herzustellen und Daten einzuge-
ben. Wird der platzbuchende Computer über das Bildschirmtext-System unmit-
35 telbar dem Passagier angeboten, so entfällt auch diese Aufgabe.

An der computergesteuerten Maschine ist das gleiche Phänomen zu beobachten: *4. Beispiel b:*
Während früher der Facharbeiter den gesamten Prozeß der Produktion eines *Facharbeit*
Werkstückes kontrollierte und alle wichtigen Informationsverarbeitungspro- *an Maschinen*
zesse selbst abwickelte, ist er heute Bediener einer durch ein vorgefertigtes Pro-
40 gramm gesteuerten Maschine. Diese bedarf nur ab und zu noch einiger Handha-
bungen, die sie bisher nicht selbständig ausüben kann: Einlegen von Material,
einschalten, wenn alles o. k. ist, ausschalten, wenn ein Zustand eintritt, der vom
Programm nicht vorgesehen war, etc.

Die computerisierte Bürowelt wird ähnliche Entwicklungen auf der Ebene des *5. Beispiel c:*
45 Sachbearbeiters und des unteren Managements bringen: Zentral konzipierte *Arbeit im*
Prozeduren werden in Rechnern abgelegt sein, die die Kommunikation im Büro *Büro*
kontinuierlich nach gewissen Strategien organisieren. Der Mensch wird dann
zum einen notwendig sein, um wichtige zentrale Entscheidungen zu fällen, die
aber bereits von den Programmierern des Grundkonzepts vorgedacht sind; zum
50 anderen wird er dem Bürosystem zuarbeiten, Daten aus der Umwelt einspeisen,
noch fehlende Programmstücke kompensieren, Fehlverhalten aufdecken und
überbrücken etc.

Viele weitere Beispiele für diese Entwicklung ließen sich aufzeigen, die heute *6. Folgen für*
größere und in den späteren 80er Jahren zunehmend auch kleinere und kleinste *den Menschen*
55 Unternehmen und damit einen hohen Prozentsatz aller Beschäftigten betreffen.
Das Prinzip ist immer das gleiche: Herauslösung von Teilprozessen, die auf
Informationstechnik abgebildet werden können, und Übergabe der verbleiben-
den Arbeiten an den Menschen, der damit mehr und mehr zum *Bediener von*
Systemen wird. Er „sollte" eigentlich noch das Gesamtsystem kennen und ver-
60 stehen; aber wer z. B. vom Platzbuchungspersonal der Lufthansa tut das wirklich
noch?

Klaus Haefner: Die neue Bildungskrise – Herausforderung der Informationstechnik an Bildung und Ausbildung.
Birkhäuser, Basel 1982. Zitiert nach: Erhard Schlutz (Hrsg.): Krise der Arbeitsgesellschaft – Zukunft der Weiter-
bildung. Diesterweg, Frankfurt a. M. 1985, S. 147 f.

4.2.1 Einen Überblick gewinnen

Aufgabe **1** *Anlesen:* Lesen Sie den ersten Abschnitt des Textes von Klaus Haefner. Drücken Sie den
Inhalt des ersten Satzes in eigenen Worten aus.

Aufgabe **2** *Orientierend lesen:* Versuchen Sie nun, einen Überblick über den Text zu gewinnen.
Versuchen Sie herauszubekommen, worauf der Text hinauswill, auch wenn Sie noch nicht
alle Einzelheiten verstehen.

– Was ist der Überschrift zu entnehmen?
– Warum sind am Anfang und am Ende Begriffe durch Schrägdruck hervorgehoben?
– Wie sind die Abschnitte angeordnet?
– Prüfen Sie, ob Sie mit den Gliederungspunkten etwas anfangen können, die ein Leser bereits neben diesen Artikel geschrieben hat.

| Aufgabe | 3 Versuchen Sie jetzt, das Ziel des Textes in einem Satz zusammenzufassen.

4.2.2 Intensiv lesen – den Text (den ersten Abschnitt) im einzelnen erschließen

> Schritt 1: Eigenes Vorwissen und Verständnis aktivieren

| Aufgabe | 1 *Schlüsselbegriffe finden*
Welches sind die wichtigsten Begriffe in dem Text von Klaus Haefner? (Das sind durchaus nicht immer die Fremdwörter.)
Prüfen Sie, ob Sie diese Begriffe wirklich verstehen, indem Sie sie in Ihre eigene Sprache übersetzen oder ein Beispiel dafür nennen.

Zum Beispiel: „Arbeitsteilung" – Welche Deutung paßt für diesen Text am besten? **a)** „Man verteilt eine Arbeit auf mehrere Personen" – **b)** „Ein Ehepaar teilt sich einen Arbeitsplatz" – **c)** „Ein Arbeitsprozeß wird in Teile aufgegliedert, die von unterschiedlichen Menschen, Maschinen oder auch Firmen übernommen werden".

Erläutern Sie, was Sie unter dem Ausdruck „technische Informationsverarbeitung" verstehen.

| Aufgabe | 2 *Sätze zerlegen*
Gleich der zweite Satz des Textes enthält fast alle Schwierigkeiten, die der Satzbau einem Leser bereiten kann.

Der Mensch	Der Satz
– bis in die 50er Jahre gewohnt, die *Gesamtheit* der Informationsverarbeitung in seinem Gehirn abzuwickeln –	enthält einen Einschub,
muß sich nun immer mehr darauf einstellen, in Arbeitssituationen tätig zu werden,	
wo *nicht nur* ein großer Teil der motorisch-manuellen,	eine Verneinung
sondern auch ein zunehmender Anteil der intellektuell-kognitiven Arbeiten von Maschinen ausgeführt wird.	und eine Entgegensetzung. Er ist insgesamt sehr lang und ve schachtelt.

Versuchen Sie, den Inhalt mit eigenen Worten auszudrücken, indem Sie mehrere Sätze bilden.

| Aufgabe | 3 *Fremde Wörter erschließen*
Wo haben Sie zum Beispiel den Begriff „Tendenz" schon gehört oder selbst benutzt?
Wie würden Sie ihn in dieser Überschrift übersetzen?
Welche Bestandteile des komplizierten Begriffspaares „motorisch-manuell" und „intellektuell-kognitiv" sind Ihnen bekannt?
Können Sie die Entgegensetzung dazu benutzen, die jeweiligen Begriffe genauer zu bestimmen, ohne erst im Lexikon nachzusehen?

> Schritt 2: Schwierigkeiten aus dem Zusammenhang des Textes erschließen

Aufgabe 4 Achten Sie darauf, ob verwendete Begriffe im Text selbst dadurch erklärt sind,
  - daß sie durch ein anderes Wort (Synonym) erläutert werden,
  - daß ihnen ein Gegensatz gegenübergestellt wird,
  - daß sie durch einen Hinweis oder ein konkretes Beispiel veranschaulicht werden.

Der Begriff „technische Informationsverarbeitung" wird deutlicher, wenn man sein Gegenteil im Text entdeckt.
Ebenso wird deutlicher, was man sich unter „Gesamtheit" vorzustellen hat, wenn man prüft, wo im Text von dem Gegenteil die Rede ist.

Aufgabe 5 Manchmal werden wichtige Zusammenhänge in einem Text nicht ausgesprochen, sondern vorausgesetzt.
Beispiel: „neue Arbeitsteilung". Dieser Ausdruck setzt den Begriff „alte Arbeitsteilung" voraus. Worin besteht die alte Arbeitsteilung, und mit welchem Ausdruck wird in diesem Abschnitt kurz darauf hingewiesen?

> Schritt 3: Wichtige Wörter nachschlagen, die nicht aus dem Textzusammenhang zu verstehen sind

Aufgabe 6 *Fremde Wörter nachschlagen*
(Nicht mehr nötig, wenn Sie sicher sind, das Entscheidende verstanden zu haben.)

Folgende Erläuterungen sind in einem *Fremdwörterbuch* zu lesen:

Tendenz:	Zweckstreben, Absicht, Hang, Neigung, Richtung, Entwicklungslinie, Grundstimmung an der Börse
motorisch:	bewegend, der Bewegung dienend – die Motorik betreffend – einen Muskelreiz aussendend – motorartig rhythmisch
manuell:	mit der Hand
intellektuell:	den Intellekt betreffend – geistig, begrifflich – einseitig verstandesmäßig
Intellekt:	Erkenntnis, Denkvermögen, Verstand
kognitiv:	die Erkenntnis betreffend – erkenntnismäßig

Falls mehrere Erklärungen gegeben werden – welche erscheint Ihnen hier brauchbar? Versuchen Sie eine deutsche Übersetzung der Fremdwörter im Textzusammenhang.

> Schritt 4: Zusammenfassen

Aufgabe 7 Fassen Sie die wesentliche Aussage des ersten Abschnitts in einem Satz zusammen. Benutzen Sie dazu die Begriffe „neue Arbeitsteilung" – „technische Informationsverarbeitung" – „Gesamtheit der Informationsverarbeitung".

4.2.3 Übungen zu den übrigen Abschnitten

Gehen Sie nun die übrigen Abschnitte in ähnlicher Weise durch, indem Sie sich fragen: Was kann ich mit meinem eigenen Wissen *erschließen* (Sätze, Wörter)? Was erklärt sich aus dem *Zusammenhang* mit dem übrigen Text? Was sollte ich *nachschlagen:* in einem allgemeinen Lexikon, in einem Fremdwörterbuch, in einem Fachlexikon?

Zu Abschnitt 2

Übung 1 Erläutern Sie, was Sie unter dem Gegensatz „arbeitsteilig gegliedert" – „ganzheitlich zusammenhängend" verstehen.
Benutzen Sie dann die Beispiele der Abschnitte 3–5 dazu, diesen Gegensatz zu veranschaulichen.

Übung 2 Können Sie sich unter dem Ausdruck „informationstechnisches System" etwas vorstellen? Gibt es im Text Begriffe, die ähnlich verwendet werden?

Übung 3 Warum ist der Ausdruck „Mitarbeiter" in Anführungsstriche gesetzt? Welcher andere Ausdruck wird am Schluß des ganzen Textes dafür verwendet?

Übung 4 Das Wort „peripher" oder „Peripherie" ist ein gängiges Fremdwort aus dem Griechischen. Es hat aber in der Computertechnik noch eine besondere Bedeutung. Im Duden-Fremdwörterbuch (1966) finden wir:

peripher [*gr.-lat.*]: am Rande   (Math.).   2)   Randgebiet;
befindlich, Rand... **Periphe-**   Stadtrand; Rand. **periphe-**
rie *w*; -, ...ien: 1) Umfangs-   **risch**: älter für: peripher
linie, bes. des Kreises

In dem Buch ‚Textverarbeitung. Praxiswissen für Arbeitnehmer am Bürocomputer' (von Bernd Passens und Ingrid Schöll, Rowohlt, Reinbek 1985, S. 197) finden wir:

Peripheriegeräte: Alle Geräte, die an die Zentraleinheit angeschlossen werden können. Also Drucker, Diskettenlaufwerke, Bildschirm etc.

— Wie könnte man das Wort „peripher" an dieser Stelle übersetzen?
— Welche zusätzliche Gedankenverbindung stellt sich ein, wenn man weiß, daß dieser Ausdruck in der Computertechnologie verwendet wird?
— Welcher deutsche Ausdruck wird für „Peripherie" am Ende von Abschnitt 3 verwendet?

Übung 5 Entscheiden Sie, ob Sie die Fremdwörter „Qualifikation" und „Prozeß" verstehen können (Übersetzung?) oder nachschlagen müssen.

Zu Abschnitt 3

Dieser Abschnitt enthält einige schwierige Sätze, die zwar nicht besonders lang sind, aber zusammengedrängte Informationen enthalten. Schreiben Sie diese Sätze so heraus, daß Sinnabschnitte entstehen. Drücken Sie den Inhalt eines Satzes in mehreren Sätzen aus. Benutzen Sie Verben.

Übung 6 Die Entwicklung
integrierter Informations- und Platzbuchungssysteme der Fluggesellschaften
zeigt
die Verdrängung des Menschen
aus den „zentralen Prozeduren" an die Peripherie
beispielhaft deutlich.

Was kann gemeint sein mit dem Ausdruck „aus den ‘zentralen Prozeduren' an die Peripherie"? Verwenden Sie die Erklärungen aus Übung 4.
Setzen Sie folgenden Umformungsversuch fort:

Die Informationssysteme und die Platzbuchungssysteme der Fluggesellschaften sind zusammengeschlossen (integriert) worden. An dieser Entwicklung kann man sehen ...

Übung | 7 Drücken Sie den Inhalt des folgenden Satzes in eigenen Worten aus:

Beratung der Passagiere,
die noch ein *ganzheitliches* Verstehen notwendig machen würde,
erscheint *zwar* anstrebenswert,
wird *aber* aufgrund wirtschaftlichen Denkens immer stärker in den Hintergrund gedrängt.

Warum wird die Beratung der Passagiere als ganzheitliches Verstehen oder Arbeiten bezeichnet? Im Gegensatz zu welchen Tätigkeiten des Personals?

Übung | 8 Schreiben Sie den letzten Satz des Abschnitts in ähnlicher Weise auf, wie es mit den Sätzen in Übung 6 und Übung 7 geschehen ist. Drücken Sie dann den Inhalt in eigenen Worten aus.

Übung | 9 Welches der folgenden Wörter müssen Sie nachschlagen:

modifiziert – Terminal – Flugticket – Kommunikation – Bildschirmtext?

Bei welchen Wörtern handelt es sich um Fachwörter?

Übung | 10 Versuchen Sie, die Abschnitte 2 und 3 jeweils in zwei Sätzen zusammenzufassen.

Übung | 11 Erschließen Sie die restlichen Abschnitte in ähnlicher Weise, wie Sie sie bei der Behandlung der ersten drei Abschnitte kennengelernt haben.

4.2.4 Zusammenfassen und Verarbeiten

Die bisherigen Übungen zum Text von Klaus Haefner stellen eine schriftliche Entfaltung dessen dar, was sonst im Kopf des Lesers vor sich geht. Die Vielschichtigkeit der Lesearbeit soll deutlich werden.

Übung | 1 Überprüfen Sie nun Ihr Verständnis des ganzen Textes an folgendem Test. Kreuzen Sie jeweils nur eine Aussage an, die die Absicht des Textes besonders gut trifft.

1. Der Autor behauptet im ersten Abschnitt,
   a) daß Handarbeit mehr und mehr von Maschinen ausgeführt wird,
   b) daß die Computerisierung der Arbeit Nachteile bringt,
   c) daß es immer weniger Arbeitsplätze gibt,
   d) daß auch die Kopfarbeit zwischen Mensch und Maschine aufgeteilt wird.
2. Im zweiten Abschnitt wird gesagt, daß die neue Arbeitsteilung
   a) den Menschen überflüssig macht,
   b) dem Menschen eher randständige Aufgaben überläßt,
   c) ein völlig neues System darstellt,
   d) die menschliche Arbeit erleichtert.
3. Die Beispiele in den Abschnitten 3–5 zeigen,
   a) daß die Einführung von technischer Informationsverarbeitung dem Menschen vor allem die Aufgaben der Dateneingabe und der Bedienung der Technik überläßt,
   b) daß das Bodenpersonal in den großen Fluggesellschaften immer weniger zu tun hat,
   c) daß es bald keine Facharbeiter mehr geben wird, da computergesteuerte Maschinen deren Arbeit übernehmen,
   d) daß die bisher in den Büros geführten Akten demnächst durch Computerspeicher ersetzt werden.

4. Im letzten Abschnitt faßt der Autor das Prinzip der neuen Arbeitsteilung zusammen:

   a) Nur Teilprozesse werden von der Informationsverarbeitung erfaßt.

   b) Arbeit, die von Computern übernommen werden soll, muß in einer Zeichnung abgebildet werden.

   c) Was immer sich durch technische Informationsverarbeitung erledigen läßt, wird in Zukunft von Maschinen geleistet, dem Menschen bleibt die Restarbeit.

   d) Die Dienstleistungsbranche ist die einzige zukunftsträchtige Branche.

5. Welche Frage müßte man sich aus der Sicht des Verfassers stellen?

   a) Sollen wir auf technische Informationsverarbeitung verzichten?

   b) Müssen wir das Ganze beherrschen, wenn wir nur Teile selbst bearbeiten?

   c) Woher bekommen wir neue Arbeitsplätze für die Menschen, die durch die Informationstechnik verdrängt werden?

   d) Wird die technische Informationsverarbeitung das Leben und das Arbeiten der Menschen erleichtern?

| Aufgabe | Die Entwicklung des Gedankenganges in dem Text von Klaus Haefner hat ein Leser in folgendem Begriffsschema aufgezeichnet. Können Sie den Gedankengang nachvollziehen? Mit welchen Punkten beschäftigt sich der Text hauptsächlich?

Gesamtheit der Arbeit

Handarbeit („manuell") ⟋ Kopfarbeit („intellektuell") ⟍
 Informationsverarbeitung im Gehirn   technische Informationsverarbeitung
  ↓   ↓
 peripher   zentral

| Übung | 2 Fassen Sie den Inhalt des gesamten Textes in nicht mehr als drei Sätzen zusammen.

Das Lesen schwieriger Texte

stellt eine Art Übersetzungsarbeit dar. Dabei überträgt man schwierige Stellen in die eigene Sprache. Zugleich lernt man jedoch auch die Sprache des Textes.

Häufige Fehler

▷ Man erschrickt über die vielen Fremdwörter und gibt auf.

▷ Man versucht, Wort für Wort zu übersetzen, zum Beispiel alle Fremdwörter laufend nachzuschlagen. Dabei verliert man sich in Einzelheiten und versteht doch häufig nicht das Ganze.

Schritte

1. Sätze und Wörter aus eigenem Verständnis und Wissen erläutern und veranschaulichen.
2. Schwierige Stellen aus dem Zusammenhang des ganzen Textes verstehen.
3. Nicht erschließbare Wörter oder Probleme in Lexika und anderen Fachbüchern nachlesen.

Umgang mit Sätzen

▷ Unübersichtliche Satzgefüge in mehrere einfache Sätze zerlegen.

▷ Sätze mit vielen Hauptwörtern (Substantivierungen) mit Hilfe von Verben umformen.

Umgang mit Wörtern

▷ Achten Sie nicht nur auf die Fremdwörter in einem Text.

▷ Beginnen Sie mit der Erläuterung oder dem Nachschlagen der Wörter, die Sie für besonders wichtig im Text halten.

▷ Denken Sie daran, daß auch deutschsprachige Wörter schwierige Wörter sein oder im Text anders gemeint sein können, als Sie sie in der Regel benutzen.

▷ Denken Sie daran, daß jedes Wort eine Kernbedeutung hat (Denotation), aber viele Nebenbedeutungen (Konnotationen), daß Sie für das Verständnis Ihres Textes die eindeutig am besten passende Bedeutung auswählen müssen.

4.3 Exkurs: Umgang mit Wörtern und Wörterbüchern

In der Diskothek

In der *Diskothek*, die Leute-Treff, Musikzentrum, Tanzhaus und Gastwirtschaft in einem ist, können die Jugendlichen *Kontakte* knüpfen, tanzen, wie es ihnen Spaß macht, oder einfach mal abschalten. In *Discos* ist man unter sich, d.h., man wird nicht von Erwachsenen *kontrolliert*. [...]

| Aufgabe | **1** Können unterschiedliche Wörter dasselbe bedeuten?
Der Verfasser dieses Artikels versucht, das Wort „Diskothek" durch einige andere Wörter zu erläutern. Was trifft davon zu, was nicht?
Wie würden Sie selbst das Typische einer Diskothek charakterisieren?

| Aufgabe | **2** Hat ein und dasselbe Wort mehrere Bedeutungen?
In Wörterbüchern finden wir folgende Erklärungen für das Wort „Diskothek":

Duden-Fremdwörterbuch (1966):

Diskothek [*gr.-nlat.*] *w*; -, -en: Schallplattensammlung, -archiv. **Diskothekar** *m*; -s, -e: Verwalter einer Diskothek

Das große Wörterbuch der deutschen Sprache in 6 Bänden (Duden 1976):

Diskothek [dısko'te:k], die; -, -en [frz. discothèque, zu: disque = Scheibe, Schallplatte (< lat. discus, ↑Diskus) u. griech. thếkē = Behältnis]: **1. a)** *(bes. beim Rundfunk) Archiv für Schallplatten u. Tonbänder; Phonothek:* eine D. bietet einen Überblick über die im Buchhandel befindlichen Schallplatten (Welt 13. 11. 65, 14); Die Stereoanlage steht auf der raumteilenden Schrankzelle, in der auch unsere D. untergebracht ist (Wohnfibel 92); **b)** *Räumlichkeiten,* in denen ein Schallplatten-, Tonbandarchiv untergebracht ist. **2.** *Tanzlokal, bes. für Jugendliche, mit Schallplatten- od. Tonbandmusik;* eine D. besuchen; eine D. mit Café (MM 4. 8. 70, 5); **Diskothekar** [diskote'ka:ɐ], der; -s, -e [zu ↑Diskothek (1)]: *Verwalter der Diskothek (1) bes. eines Rundfunksenders;* **Diskothekarin**, die; -, -nen: w. Form zu ↑Diskothekar.

- Warum gibt es in dem ersten Wörterbuch keine angemessene Bedeutungserklärung für das Wort „Diskothek"?
- Aus welchen Sprachen setzt sich das Fremdwort ursprünglich zusammen, und über welche Sprache ist es in seiner heutigen Bedeutung zu uns gekommen?
- Warum nutzt die Übersetzung der einzelnen Teile des Wortes bei der Erklärung für seinen heutigen Gebrauch wenig?
- Was hat eine Schallplattensammlung mit einem Tanzlokal zu tun?
Obwohl es mehrere Bedeutungen des Wortes Diskothek gibt, weiß doch fast jeder, was „Diskothek" in diesem Text bedeuten soll. Warum wohl?

In der Diskothek (Fortsetzung)

[...] Zwar isolieren sich auch in der Disco (wie in ihren Vorläufern, den „Tanzschuppen" oder „Beatkellern" der fünfziger und sechziger Jahre) die Jugendlichen von den Erwachsenen, eine genuine Oppositionshaltung ist darin aber nicht zu sehen. Vielmehr akzeptieren die Jugendlichen in der Disco-Szene durchaus tradierte soziale Hierarchien, Prestigeattribute und Verhaltensnormen. Dies schlägt sich nicht zuletzt in der Bedeutung des Warensets nieder, mittels dessen der Disco-Besucher seinen sozialen Rang zu demonstrieren pflegt: neben dem fahrbaren Untersatz – schwere Motorräder werden bevorzugt – kommt hier vor allem eine bestimmte Kleidung in Betracht. Favorisierte Stoffe sind solche, die die Light-Show der Tanzsäle am besten reflektieren. [...]

Jugendliche und Erwachsene '85. Generationen im Vergleich. Studie im Auftrag des Jugendwerks der Deutschen Shell. Band 2. Freizeit und Jugendkultur. Leske und Buderich, Opladen 1985, S. 75 und 79. Ausschnitte.

Aufgabe 3 In diesem Text sind alle Wörter hervorgehoben, die man heute noch als Fremdwörter empfindet. Welche Wörter müßten Sie nachschlagen, um den Text zu verstehen? Bei welchen Wörtern wird das Nachschlagen und Übersetzen wohl auf Schwierigkeiten stoßen?

Aufgabe 4 *Fremdwörter*
Wählen Sie jeweils die Übersetzung oder Deutung aus, die am besten zum Text paßt.

„genuin – tradiert – Hierarchie"
Duden-Fremdwörterbuch (1966):

genuin [*lat.*]: echt, naturgemäß, rein, unverfälscht; angeboren, erblich (Med., Psychol.).

tradieren [*lat.*]: überliefern, weitergeben, mündlich fortpflanzen. **Tradition** *w*; -, -en:

Hier|archie [*hi-er...*; *gr.*] *w*; -, ...ien: feste [priesterliche] Rangordnung (z.B. der Priesterstand der kath. Kirche mit 8 Stufen), auch Bezeichnung für die Gesamtheit derjenigen, die in dieser Rangordnung stehen. **hier|ar-** **chisch**: den Priesterstand u. seine Rangordnung betreffend; streng geordnet. **hierarchisieren** [*gr.-nlat.*]: Rangordnungen entwickeln (Soziol.)

Aufgabe 5 *Zusammengesetzte Fremd-, Fach- und Modewörter*
„Prestigeattribute – Verhaltensnormen – Warenset – Light-Show"
Die Schwierigkeit bei zusammengesetzten Wörtern – auch wenn sie zum Teil aus deutschen Stämmen bestehen – liegt darin, daß man meist nur ihre einzelnen Bestandteile nachschlagen kann.

Im Duden-Fremdwörterbuch (1966) finden wir nur:

At|tribut *s*; -[e]s, -e: 1) Eigenschaft, Merkmal einer Substanz (Philos.). 2) Beifügung, Gliedteil (Sprachw.). 3) Kennzeichen, charakteristische Beigabe [einer Person, bes. in der bildenden Kunst].

Prestige [*...isch^e*; *lat.-fr.*, eigtl. „Blendwerk, Zauber"] *s*; -s: Ansehen, Geltung

Norm [*gr.-etrusk.-lat.* „Winkel-maß; Richtschnur, Regel"] *w*; -, -en: 1) die das Seinsollende angebende Regel, Richtschnur, Maßstab; [Leistungs]soll. 2) das sittliche Gebot od. Verbot als Grundlage der Rechtsordnung, dessen Übertretung strafrechtlich geahndet wird (Rechtsw.). 3) Größenanweisung für die Technik (z.B. DIN). 4) der absolute Betrag einer komplexen Zahl im Quadrat. 5) am Fuß der ersten Seite eines jeden Bogens stehende Kurzfassung des Buchtitels (Druckw.).

Show [*scho^u*; *engl.-amerik.*] *w*; -, -s: Schau, Darbietung, Vorführung; buntes, aufwendiges Unterhaltungsprogramm. **Showbusineß** [*scho^u-bisniß*] *s*; -: „Schaugeschäft", Vergnügungs-, Unterhaltungsindustrie.

Im ‚Pons Globalwörterbuch Englisch-Deutsch' (Klett) finden wir außerdem (gekürzt):

set [set] (*vb: pret, ptp ~*) **I** *n* **1.** Satz *m*; (*of two*) Paar *nt*; (*of underwear, cutlery, furniture, hairbrushes etc*) Garnitur *f*; (*tea-~ etc*) Service *nt*; (*of tablemats etc*) Set *nt*; (*chess or draughts ~ etc, of knitting needles*) Spiel *nt*; (*chemistry ~ etc*) Bastelkasten *m*; (*painting ~*) Malkasten *m*; (*meccano, construction ~*) Baukasten *m*; (*of books*) (*on one subject*) Reihe, Serie *f*; (*by one author*) gesammelte Ausgabe;

light¹ [laɪt] (*vb: pret, ptp* **lit** *or* ~**ed**) **I** *n* **1.** (*in general*) Licht *nt*. ~ **and shade** Licht und Schatten; **at first** ~ bei Tagesanbruch; **to read by the** ~ **of a candle** bei Kerzenlicht lesen; **hang the picture in a good** ~ häng das Bild ins richtige Licht; **to cast** *or* **shed** *or* **throw** ~ **on sth** (*lit*) etw beleuchten; (*fig also*) Licht in etw (*acc*)

— Warum stehen die Wörter „set" und „light" nicht im Fremdwörterduden, warum weder „light-show" noch die übrigen Zusammensetzungen?

— Wählen Sie jeweils die Übersetzungen für die Einzelbestandteile aus, die Ihnen am besten zu passen scheinen.

— Welche Übersetzung oder Erläuterung für das zusammengesetzte Wort scheint Ihnen am angemessensten?

— Können Sie ein Beispiel (evtl. auch aus dem Text) für den jeweils gemeinten Sachverhalt geben, oder handelt es sich um Fachbegriffe, die aus dem entsprechenden Fachzusammenhang heraus erläutert werden müßten?

Fremdwörter sind solche Wörter, denen wir noch heute deutlich anmerken, daß ihr Wortstamm aus einer fremden Sprache kommt.

Fachwörter sind solche Wörter, die in einem bestimmten Beruf oder einem Fachgebiet eine verhältnismäßig klar umrissene Bedeutung haben, die man sich erarbeiten muß. Fachwörter können auch Fremdwörter sein, müssen es aber nicht. Oft merkt man gar nicht, daß man ein Fachwort vor sich hat, weil es dasselbe Wort in etwas anderer Bedeutung auch in der Umgangssprache gibt.

Bei **zusammengesetzten Fach- und Fremdwörtern** bleibt häufig nur die Möglichkeit, die Einzelwörter nachzuschlagen. Diese können in der Zusammensetzung allerdings einen neuen Sinn annehmen. Dieser Sinn läßt sich häufig aus dem Satzzusammenhang erschließen.

Als **Nachschlagemöglichkeiten** bieten sich vor allem an:

Rechtschreibwörterbuch	enthält gängige Fremdwörtererklärungen
Fremdwörterbuch	enthält die meisten gebräuchlichen Fremdwörter
mehrbändiges Wörterbuch	enthält die meisten Fremd- und Fachwörter, erklärt auch unbekannte deutsche Wörter
mehrbändiges Universal- oder Konversationslexikon	gibt zu Fachwörtern meist umfassendere sachliche Erläuterungen

5 Den Inhalt eines Textes wiedergeben

5.1 Inhaltsangabe zu Sachtexten

5.1.1 Zur Funktion

Von der Geige zur Gitarre

Drei unterschiedliche Informationstexte zu demselben Sachverhalt:

a) 1966 spielten 17 % der Jugendlichen ein Instrument, 1984 30 %.
1966 spielten ein Viertel der musizierenden Jugendlichen Gitarre, heute über die Hälfte.
1966 spielten 10 % der Befragten Geige, 1984 nur noch 3 %.

b) Während viele Menschen früher befürchtet haben, Fernsehen und Rundfunk könnten zur Passivität auf musikalischem Gebiet führen, zeigt sich in Wirklichkeit eine umgekehrte 5
Entwicklung: Heute spielen 30 % der Jugendlichen ein Instrument, im Gegensatz zu 17 % früher.
Die Beliebtheit der Instrumente kann mit dem Slogan „Aufstieg der Gitarre – Niedergang der Geige" beschrieben werden. Nur 3 % der musizierenden Jugendlichen spielen Geige, aber über die Hälfte Gitarre. Das liegt wahrscheinlich an der Anschauung von vielen 10
Jugendlichen, daß man nur drei Akkorde lernen müßte, um eine Band aufmachen zu können, was wahrscheinlich ein Trugschluß ist.

c) Zwei Studien aus den Jahren 1966 und 1984 zeigen, daß sich die Musizierpraxis von Jugendlichen geändert hat.
Unerwartet oder sogar überraschend ist dabei, daß 1984 fast doppelt so viele Jugendliche 15
(30 %) angeben, ein Musikinstrument zu spielen. Dabei ist das am häufigsten gespielte Instrument die Gitarre (von über der Hälfte der Musizierenden). Die Gründe dafür können sein: leichte Erlernbarkeit, geringer Anschaffungspreis, Bedeutung in der Popmusik. Für diese Gründe spricht wohl auch, daß die Beliebtheit der Geige seit 1966 völlig zurückge-gangen ist. 20

Aufgabe 1 Durch welchen Text fühlen Sie sich am besten informiert?
Wodurch unterscheiden sich die drei Texte?
Vergleichen Sie besonders: Bedeutsamkeit der Informationen – Exaktheit der Angaben – Hinweis auf das Thema oder das Informationsziel – Betonungen, Hervorhebungen.

Aufgabe 2 Welcher Text macht für sich allein nicht viel Sinn, weil er nicht angibt, wozu die Informationen wichtig sind?
Welcher Text gibt zu erkennen, daß es sich um die Inhaltsangabe eines anderen Textes handelt?

Von der Geige zur Gitarre

Zwei Untersuchungen zu den Ansichten und Lebensweisen von Jugendlichen, die 1966 und 1984 (sogenannte Shell-Studien) durchgeführt wurden, belegen u. a., daß sich die Musizierpraxis von Ju-5 gendlichen wandelt.
Während viele Menschen in den sechziger Jahren befürchtet haben, Fernsehen und Rundfunk könn-ten zur Passivität auch auf musikalischem Gebiet führen, zeigen die Ergebnisse der zweiten Studie eine umgekehrte Entwicklung: Im Gegensatz zu 10 1966, als 17 % der Jugendlichen angaben, ein In-strument zu spielen, sind es 1984 30 %!
Allerdings hat sich die Beliebtheit der Instrumente geändert, was mit dem Slogan „Aufstieg der Gi-tarre – Niedergang der Geige" beschrieben wer- 15 den kann. Die Gitarre ist heute das beliebteste In-strument, über die Hälfte der musizierenden Ju-gendlichen spielt es. 1966 gaben nur ein Viertel

an, Gitarre zu spielen. Der entgegengesetzte Trend
20 läßt sich bei der Geige beobachten: 1966 spielten
dies Instrument 10 % der musizierenden Jugendlichen, heute 3 %. Zur besonderen Beliebtheit der
Gitarre hat wohl neben der relativ leichten Erlernbarkeit (nach der Punk-Devise: „Lern drei Akkor-

de, und mach 'ne Band auf") und dem relativ ge- 25
ringen Anschaffungspreis vor allem die Tatsache
beigetragen, daß die Gitarre seit dem Rock 'n'
Roll zum zentralen Instrument der Popmusik geworden ist.

Nach: Jugendliche und Erwachsene '85, Band 2. Leske und Buderich, Opladen 1985, S. 129/130.

| Aufgabe | **3** Wie ist der Originaltext aufgebaut?
Geben Sie den Absätzen stichwortartige Überschriften.
Enthält der Artikel wichtige Informationen, die in den drei Inhaltsangaben noch nicht
vorgekommen sind?

| Aufgabe | **4** Die Inhaltsangabe zu einem Sachtext soll dessen wesentliche Informationen wiedergeben.
Was das Wesentliche ist, ist aber oft gar nicht so einfach zu entscheiden. Welches sind die
Vor- und Nachteile der folgenden Ermittlungsmethoden?

a) Man sucht vor allem die Informationen, die zur Überschrift passen.
b) Man versucht herauszubekommen, was der Verfasser selbst für wichtig hält.
c) Man faßt den Text Abschnitt für Abschnitt gleichmäßig zusammen.
d) Man übernimmt vor allem die Informationen, die neuartig oder unerwartet erscheinen.
e) Man hält sich an die exaktesten Angaben, z.B. an Zahlen.

| Aufgabe | **5** Vergleichen Sie die Versuche zur Inhaltsangabe mit dem Originaltext, bewerten Sie sie.
Welche Informationen haben die Verfasser für besonders wichtig gehalten, haben sie das
Wesentliche damit erfaßt?
In welcher Weise haben die Verfasser versucht, das Wesentliche zusammenzufassen und
für den Leser verständlich darzustellen?
Inwieweit haben die Verfasser die Aufgabe erfüllt, eine Inhaltsangabe zu schreiben?

5.1.2 Zur Anlage

Kein Verfall der Schreib- und Lesekultur

Oft wird behauptet, die modernen Medien (Fernsehen, Video, Kassettenrecorder, Telefon usw.)
machten das Schreiben und Lesen überflüssig.
Wenn das stimmte, so müßte es sich besonders am
5 Verhalten der heutigen Jugend zeigen. Schreiben
und lesen Jugendliche in ihrer Freizeit heute weniger als früher?
Zwar kann man diese Frage nicht exakt beantworten. Mehrere Jugenduntersuchungen und Be-
10 völkerungsbefragungen lassen aber erkennen, daß
ein Ende der Lese- und Schreibkultur noch nicht
abzusehen ist.
Aus Umfragen zur Häufigkeit des privaten Briefe-
schreibens, die 1953 und 1979 durchgeführt wor-
15 den sind, weiß man, daß die Zahl derjenigen der
über 18jährigen fast gleichgeblieben ist, die häufig
Briefe schreiben. Dabei sind Frauen fleißigere

Briefschreiber als Männer. Jugendliche und junge
Erwachsene telefonieren zwar sehr viel und mehr
als früher; offensichtlich gibt es jedoch auch neue 20
Gründe für das Briefeschreiben. So kann man einer Untersuchung über Schülerinnen in Südhessen
entnehmen, daß vor allem die vermehrten Reise-
möglichkeiten für Jugendliche zu einem neuarti-
gen Bedarf nach brieflichem Austausch mit Reise- 25
bekanntschaften aus aller Welt geführt haben.
Ähnlich wie für das Briefeschreiben läßt sich auch
für den rezeptiven Umgang mit Schrift feststellen:
Ein Ende der Lesekultur ist bei den jüngeren Menschen in der Bundesrepublik Deutschland nicht in 30
Sicht. So hat sich das Bücher- und Zeitschriften-
angebot für Jugendliche in den 70er Jahren weiter
erhöht. Der Anteil der Jugendlichen, die angeben,
viel oder gern zu lesen, ist laut Umfragen in den

92

35 letzten drei Jahrzehnten annähernd gleichgeblieben, trotz der Erweiterung des übrigen Medienangebots und insbesondere der Konkurrenz von Bild- und Tonmedien. Nach Umfragen von 1954 (Emnid) und 1984 (Shell-Studie „Jugend") haben 40 Jugendliche als liebste Freizeitbeschäftigung jeweils genannt: Bücher lesen (1954: 35 %/1984: 30 %); Sport, Wandern (32 %/48 %); Rundfunk, Fernsehen (7 %/24 %). Es gibt also eine Verschiebung der Freizeitinteressen, aber keinen Trend gegen 45 gegen das Lesen.

Das reichlichere Medienangebot hat die älteren Druckmedien Buch und Zeitschriften nicht einfach verdrängt, wie Eltern, Lehrer oder Kulturkritiker befürchtet haben. Die Ausweitung des Angebots 50 führt vielmehr bei einzelnen Jugendlichen zu einer Ausweitung der Mediennutzung überhaupt. Dabei ist der Fernsehkonsum für Jugendliche in der Regel nicht so wichtig wie für Erwachsene. Die Zahlen dafür sind eher rückläufig. Die Hör-55 medien wie Radio, Tonkassette, Schallplatte sind dagegen fest in den Lebensrhythmus der Jüngeren eingefügt, insbesondere auch aufgrund der jugendspezifischen Musikinteressen. Musikhören steht bei den heutigen Jugendlichen im Mittelpunkt des Medienkonsums, und diese Vorliebe 60 schließt das Lesen keineswegs aus.

Möglicherweise gibt es auch noch einen anderen Grund dafür, daß Jugendliche ähnlich viel lesen wie vor 30 Jahren. Seitdem haben sich die Schul- und Ausbildungszeiten sehr stark verlängert, bis 65 weit in das junge Erwachsenenalter hinein. Bei gezielten Nachfragen fällt auf, daß die unter 30jährigen sehr viel mehr Berufs- und Fachbücher, Sachbücher und Tatsachenberichte lesen als die über 30jährigen. Dabei lesen insbesondere die männli-70 chen Leser sehr stark berufs- und schulbezogen, während die weiblichen Leser darüber hinaus großes Interesse an unterhaltender und erzählender Lektüre zeigen.

Wird das Schreiben von privaten Briefen und das 75 Lesen von Dichtung Frauensache?

Informationen nach: Jugendliche und Erwachsene '85, Band 2. Leske und Buderich, Opladen 1985, S. 185–209.

Vorarbeiten

Aufgabe 1 Voraussetzung für eine Inhaltsangabe ist die genaue Kenntnis des Textes.
Gehen Sie deshalb den Text zunächst so durch, wie dies im Abschnitt 3.2 – „Systematisch lesen" (Seite 75 ff.) – empfohlen worden ist.
Am Schluß müßten Sie ein paar Stichworte oder einen zusammenfassenden Satz zu jedem Abschnitt notiert haben.

Aufgabe 2 Wie fängt man an?
Man nennt das Thema, die Absicht oder die Fragestellung des Autors, also zum Beispiel:

„Es geht um den Unterschied …" oder „In dem vorgelegten Artikel wird die Behauptung aufgestellt: …"

Versuchen Sie dies für Ihre Inhaltsangabe.

Aufgabe 3 Was muß unbedingt in der Inhaltsangabe stehen?
Das ist nicht so schematisch zu beantworten. Sie sollen selbstverständlich die Absicht des Autors herausarbeiten; dabei müssen Sie aber letztlich selbst entscheiden, was Sie für das Wichtigste halten (vgl. 5.1.1, Aufgabe 4, Seite 92).
Markieren Sie in Ihrer Stichwort- oder Satzsammlung die Inhalte, die Ihnen im Sinne des Verfassers am wichtigsten erscheinen.

Schreiben der Inhaltsangabe

Aufgabe 4 Kann man seine Lesenotizen hintereinander als Inhaltsangabe aufschreiben? Meist geht das nicht, weil diese noch unverbunden sind. Bedenken Sie: Der Leser kennt den Text nicht.

Ein Beispiel: Ein Schreiber hat sich aus dem obigen Text notiert:

Lesen immer noch beliebt.   Jugendliche hören am meisten Musik.

Welche Gedankenverbindung wäre nötig, damit der Leser sich ein verläßliches Bild der Informationen machen kann?

| Aufgabe | 5 Soll man die Worte des Verfassers wiederholen oder in eigenen Worten schreiben?
Auf jeden Fall in eigenen Worten! Nur sehr wichtige Fachbegriffe soll man aufgreifen, muß sie aber eventuell dem Leser erläutern.
Gibt es in dem vorliegenden Text solche Fachbegriffe, und wie würden Sie sie erläutern?

| Aufgabe | 6 Darf eine Inhaltsangabe die Informationen vereinfachen?
Sie muß es sogar, sonst käme keine Zusammenfassung zustande.
Dabei stehen Sie vor folgender Schwierigkeit:
Einerseits sollen Sie keine eigenen Deutungen in die Inhaltsangabe hineintragen; andererseits müssen Sie die Informationen des Verfassers so auswerten, daß Sie die besonders wichtigen in Ihre Inhaltsangabe aufnehmen oder mehrere Informationen durch Schlußfolgerungen zusammenfassen.
Überprüfen Sie dabei sorgfältig, ob die „Schlußfolgerungen" in Ihrer Inhaltsangabe durchgehend mit Aussagen des Verfassers zu belegen sind.
Inwiefern geben zum Beispiel die folgenden Aussagen den Text nicht korrekt wieder?

Jugendliche schreiben heute genausoviel Privatbriefe wie vor 30 Jahren, das ist eindeutig erwiesen.

Die eigentlichen Leseratten unter den Jugendlichen sind die Mädchen, wie Umfragen gezeigt haben.

| Übung | Schreiben Sie eine vollständige Inhaltsangabe des Textes.

Die Inhaltsangabe zu Sachtexten

Im Gegensatz zu Zusammenfassungen oder Stichwortnotizen, die man sich von einem Artikel oder einem Fachbuch für den eigenen Gebrauch macht, soll die Inhaltsangabe
▷ für einen anderen Leser die wesentlichen Informationen des Originaltextes verläßlich zusammenfassen,
▷ selbst so verständlich und lesbar sein, daß der Leser den Originaltext nicht kennen muß, um die Inhaltsangabe zu verstehen.

Der Schreiber steht beim Verfassen einer Inhaltsangabe vor allem vor zwei Schwierigkeiten:
▷ Er muß Informationen aus dem Original auswählen oder zusammenfassen, ohne einseitig zu werden oder nur dem eigenen Leseinteresse (vgl. Abschnitt 3.1, Seite 74f.) dabei zu folgen.
▷ Er muß diese Informationsauswahl so logisch zusammenhängend darstellen, daß der Leser sich ein Bild von deren Bedeutung machen kann, ohne die eigene Deutung des Schreibers aufgezwungen zu bekommen.

Der Schreiber einer Inhaltsangabe sollte insbesondere
1. zu Beginn angeben, um welches Thema es geht und welche Absicht der Autor des Originaltextes verfolgt (gegebenenfalls auch: woher dieser seine Informationen bezieht),
2. die nach seiner Meinung wesentlichen Informationen auswählen, ohne sie zu bewerten,
3. diese Informationen mit eigenen Worten (Ausnahme: wichtige Fachbegriffe, die aber mit eigenen Worten erklärt werden sollen) und zusammenhängend darstellen,
4. ab und zu kenntlich machen, zumindest am Anfang, daß er die Informationen von einem anderen übernommen hat („Der Autor meint dazu …", „… wie der Verfasser mitteilt …"),
5. im Präsens (Gegenwart) schreiben.

5.2 Inhaltsangabe zu erzählenden Texten

Die Inhaltsangabe zu erzählenden Texten ist keine Nacherzählung und keine Interpretation. Sie informiert möglichst kurz und sachlich über den Handlungsablauf einer Erzählung oder eines Romans und bereitet damit die Interpretation vor.

| Aufgabe | **1** Zur Vorbereitung einer Inhaltsangabe wird der Ablauf der Handlung in Stichworten notiert. Prüfen Sie die Vollständigkeit der folgenden Stichworte, indem Sie sie mit dem Handlungsverlauf des Märchens vergleichen (siehe Seite 255 ff.).

Oskar Wilde: Der selbstsüchtige Riese

a) Die Vertreibung der Kinder

b) Das Ausbleiben des Frühlings

c) Die Rückkehr der Kinder

d) Die Bekehrung des Riesen

e) Seine Begegnung mit dem Christuskind

f) Der Garten als Spielplatz

g) Der Tod des Riesen

| Aufgabe | **2** Vergleichen Sie die folgende Inhaltsangabe mit dem Märchen und mit den Stichworten:
  – Ist der Handlungsablauf vollständig und zutreffend dargestellt?
  – Wurde der Handlungsablauf auf das Wesentliche zusammengefaßt, oder lassen sich noch überflüssige Einzelheiten streichen?
  – Ist die Ausdrucksweise sachlich und verständlich?

Bei seiner Rückkehr von einer langen Reise entdeckt der Riese in seinem Garten die Kinder, die nach der Schule dort spielen. Er vertreibt sie und verbietet ihnen den Zutritt.
⁵ Bald darauf wird es überall Frühling, nur nicht im Garten des Riesen. Eis und Schnee, Nordwind und Hagel sind ständige Gäste.
Eines Morgens kommen die Kinder ungerufen in den Garten zurück und besteigen die Bäume. Die
¹⁰ Bäume blühen, und die Vögel singen. Nur ein Baum bleibt mit Schnee und Eis bedeckt. Darunter steht ein kleiner Knabe und weint, denn er ist zu klein, um auf den Baum zu steigen.
Der Riese hört das Singen der Vögel und entdeckt
¹⁵ die Kinder. Er erkennt und bereut seine Selbstsucht und eilt in den Garten. Bei seinem Anblick fliehen die Kinder, nur der weinende Knabe sieht den Riesen nicht kommen. Der Riese hebt ihn auf den Baum. Das Kind umarmt und küßt ihn.
Von nun an spielen die Kinder täglich im Garten ²⁰ des Riesen. Der Knabe aber, den niemand kennt und den der Riese so liebt, kehrt nicht in den Garten zurück.
Jahre sind vergangen. Der Riese ist alt geworden und sehnt sich noch immer nach dem Kind. An ²⁵ einem Wintertag erkennt er im Garten den kleinen Knaben unter einem Baum mit goldenen und silbernen Früchten und eilt ihm entgegen. Er entdeckt an dem Kind die Wundmale des Christus. Das Kind lädt den Riesen ein, mit ihm in seinen ³⁰ Garten zu kommen. Am anderen Tag finden die Kinder den Riesen tot unter einem Baum.

| Aufgabe | **3** Halten Sie den Handlungsablauf einer Erzählung (z. B. Johnson, Seite 250 f., Hildesheimer, Seite 254 f., Kühn, Seite 262 ff., Kafka, Seite 266) in Stichworten fest, und schreiben Sie dann eine Inhaltsangabe.

Die Inhaltsangabe zu erzählenden Texten

▷ Halten Sie den Ablauf der Handlung in Stichworten fest.

▷ Überlegen Sie, wie Sie die Bestandteile der Erzählung (Figuren, Orte, Ereignisse) so ordnen können, daß Ihre Inhaltsangabe knapp ausfällt.

▷ Beginnen Sie mit einem Hinweis auf den Typ der Erzählung: „In der Erzählung geht es um . . .“

▷ Vermeiden Sie wörtliche oder halbwörtliche Übernahmen von Textstellen, damit Sie nicht in eine Nacherzählung verfallen.

▷ Verzichten Sie auf die direkte Rede.

▷ Benutzen Sie die Zeitformen der Gegenwart.

Viertes Kapitel: Werben und Umworbenwerden

1 Reden und Schreiben im Beruf

1.1 Verkaufsgespräch

Björn schaut sich interessiert Fahrräder in der Sportabteilung eines Kaufhauses an. Er sucht schon seit Tagen sein 'ideales' Fahrrad. 300,– DM könnte er ausgeben, doch die meisten 'guten' Räder sind teurer ...

Verkäufer: Guten Tag, mein Herr – ich sehe, Sie interessieren sich für wirklich gute Räder?

Björn: Ja, äh, ich wollte mich mal umschauen.

Verkäufer: Bitte schön, lassen Sie sich ruhig Zeit! – Übrigens, gegen Sonderangebote haben Sie wahrscheinlich nichts einzuwenden, oder? *(Lacht freundlich.)*

5   Björn: Nee, das nicht, aber noch wichtiger für mich ist die Qualität. Da bin ich schon eine Weile auf der Suche nach dem richtigen Fahrrad für mich.

Verkäufer: Ich weiß jetzt nicht, ob Sie schon diesen Sonderstand entdeckt haben? Ein Markenrad der Firma WETTERFEST – extra für unser Haus zur Verfügung gestellt. Sehen Sie, die Tretlager, hier: vom Besten; übrigens, die Gangschaltung entspricht den von Ingenieuren aner-

10   kannten technischen Normen ...

Björn: Stimmt der Preis, 480,– DM?

Verkäufer: Ja, eben, hier stimmen Preis *und* Qualität. Für dieses Rad müßten Sie im Fachgeschäft gute 700 Mark ausgeben. – Bitte schön, darf ich Ihnen, ganz unverbindlich, diesen Prospekt geben? – Sie finden alle technischen Daten hinten aufgeführt.

15   Björn: Also, dieser Typ von Fahrrad ist schon genau das Richtige für mich. Ich meine, die Technik überzeugt mich. Kann man mit dem Rad auch längere Touren fahren?

Verkäufer: Sie haben recht, das moderne Rad ist mehr ein sportlicher Vielzwecktyp: Lenker und Sattel sind sportlich *und* bequem. Ich fahre, das nur nebenbei, auch dieses Rad, schon den ganzen Sommer über – ich kann Sie nur bestätigen. Will man nicht schließlich auch was

20   Anständiges für sein Geld?

Björn: Ja, wissen Sie, dieses Rad kommt für mich schon mal in die engere Auswahl; ich müßte, ehrlich gesagt, auch einfach noch mal überprüfen, ob da mein Geld reicht.

Verkäufer: Das ist doch klar, wissen Sie, für unser Haus ist es viel wichtiger, daß der Kunde auch wiederkommt. Lassen Sie sich ruhig Zeit ... Ich dachte nur, Sie interessieren sich speziell

25   für dieses Rad. Sie hatten ja ganz recht, sich erst mal über dieses Sonderangebot genauestens zu informieren.

Björn: Klar, wenn man günstig an gute Qualität rankommt, finde ich das nicht schlecht.

Verkäufer: Leider sind nur noch zehn Räder auf Lager, das Rad hier ist einfach der Renner der Saison.

Björn: Kommen denn keine Räder mehr nach?

30   Verkäufer: Ich könnte Ihnen eines zurückstellen lassen, Sie müßten in diesem Fall aber schon bald zusagen, sonst kann ich nicht dafür garantieren, daß Sie nächste Woche noch eins bekommen.

Björn: Tut's denn auch eine Anzahlung?

Verkäufer: Bei uns natürlich! Das können wir gleich hier vorne an der Kasse erledigen. Selbstverständlich – nehmen wir das Blaue oder das Weiße hier?

35   Björn: Dann schon das Weiße.

Verkäufer: Manchmal ist's halt wichtig, sich schnell zu entscheiden. Naja, hier brauchen Sie aber wirklich nichts befürchten. Zu dem Rad kann man Ihnen nur gratulieren!

Aufgabe **1** Wie kommt es dazu, daß Björn das Fahrrad kauft, obwohl er eigentlich nicht genug Geld dafür hat?

Aufgabe **2** Beschreiben Sie das Verhalten des Verkäufers: In welcher Art äußert sich der Verkäufer? Wie fragt er? Wie antwortet man auf seine Fragen? Wie antwortet der Verkäufer auf Fragen des Kunden (Björn)? – Worauf antwortet er, worauf antwortet er nicht?

Aufgabe **3** Teilen Sie das Fahrrad-Verkaufsgespräch in Phasen ein. Geben Sie jeder Gesprächsphase eine geeignete Überschrift.
(Beispiel: Beratung, Vertragsabschluß, Kontaktaufnahme, …)

Aufgabe **4** Gehen Sie der Frage nach dem Verlauf des Gesprächs auf den Grund, indem Sie unterscheiden zwischen einer aktiven, *agierenden* Rolle im Gespräch und einer eher passiven, *reagierenden* Rolle.
Wann agiert und wann reagiert der Käufer (Björn)?
Wann agiert und wann reagiert der Verkäufer?

	KUNDE (Käufer)		VERKÄUFER	
	agiert	reagiert	agiert	reagiert
Rede-beitrag 1			„Guten Tag, mein Herr – ich sehe, Sie interessieren sich für wirklich gute Räder?"	
2		„Ja, äh, ich wollte mich mal umschauen."		
3			„Übrigens, gegen Sonderangebote haben Sie wahrscheinlich nichts einzuwenden, oder?"	„Bitte schön, lassen Sie sich ruhig Zeit! –"
4	„… aber noch wichtiger für mich ist die Qualität. Da bin ich schon eine Weile auf der Suche …"	„Nee, das nicht, …"		
	…	…	…	…

Aufgabe **5** Angenommen, Björn ist am Ende unglücklich über seine Kaufentscheidung – er hat das Geld für das Rad noch nicht zusammen.
— An welchen Stellen im Gespräch hätte er mehr Zeit gewinnen können, um sich noch genauer über Preise und Qualität der angebotenen Räder zu informieren?
— Entwerfen Sie Gesprächsbeiträge Björns, in denen er seine Interessen verfolgt. Wie würde darauf der Verkäufer reagieren? Schreiben Sie also ein neues Verkaufsgespräch, in dem der Käufer, der Kunde, aktiver ist.

Übung 1 Erproben Sie Ihre Fähigkeiten in einem *Rollenspiel.*
Beraten Sie einen 'Kunden' bei der Buchung einer einwöchigen Ferienreise.
Berücksichtigen Sie im Spiel die folgenden Rahmenbedingungen:
Ihr Wohnort ist in den Katalog „Schöne Ferienziele" aufgenommen worden. Stellen Sie alle Vorzüge Ihres Ortes dar, und kündigen Sie dem Feriengast abwechslungsreiche und interessante Erlebnisse und einen erholsamen Aufenthalt an.

Bereiten Sie sich mit einem Stichwortzettel vor, verschaffen Sie sich Klarheit, indem Sie den folgenden Fragen nachgehen.
– Was kann ich anbieten?
– Was möchte ich erreichen?
– Wie erreiche ich mein Ziel?
– Wie und wo informiere ich mich?
– Welche Argumente kann ich vorbringen?
– Auf welche Einwände muß ich mich gefaßt machen?
– Was kann ich möglichen Einwänden entgegenhalten?

Übung 2 Fassen Sie zusammen:
Erwartungen des Käufers/der Käuferin   Ziele des Verkäufers/der Verkäuferin

---

Im **Verkaufsgespräch** sind die Interessen der Gesprächsteilnehmer durch ihre Rolle als Verkäufer einerseits und als Kunde (Käufer) andererseits bestimmt. Entsprechend sind die Gesprächsabsichten: Verkäufer und Verkäuferinnen möchten die Kunden zum Kauf bewegen. Kunden möchten sich in der Regel zunächst informieren und beraten lassen.
Ob ein Verkäufer oder eine Verkäuferin ihr Gesprächsziel erreicht, hängt wesentlich davon ab, ob der Kunde sich überzeugen läßt. Aus der Sicht eines Kunden kommt es darauf an, wie ein Verkäufer oder eine Verkäuferin auf die Informationsinteressen des Kunden eingeht.
Von der Aufmerksamkeit eines Kunden hängt es ab, ob fehlende oder unzureichende Informationen im Gespräch durch eine aktive, agierende Sprechhaltung als Kunde erfragt werden.

1.2 Bewerbungsgespräch

Im folgenden Bewerbungsgespräch werden jeweils mehrere Antworten durchgespielt, die eine Bewerberin im Rahmen ihres Bewerbungsgesprächs geben könnte.

Aufgabe 1 Überprüfen Sie,
– welche Antworten Ihrer Meinung nach allein aus der Gesprächssituation hervorgehen,
– welche Antworten Ihnen unpassend, taktisch unklug erscheinen,
– welche Antworten Sie passend und erfolgversprechend finden,
– wie Sie sich in einem solchen Gespräch darstellen würden.
Bei der Einschätzung der Gesprächsteile werden Sie nicht immer einer Meinung sein, Sie sollten Ihre Eindrücke also begründen.

Eine Bewerberin sucht eine Ausbildungsstelle als Schwesternschülerin und hat sich deshalb in verschiedenen Häusern beworben, mit Abschlußzeugnis, Lebenslauf und Bewerbungsschreiben. Nach einiger Zeit erhält sie Nachricht: neben Absagen auch die Einladung zu einem persönlichen Gespräch in der anthroposophischen[1] Privatklinik „Dr. Arzt". Die Bewerberin hat das Zimmer des Personalchefs dieser Klinik betreten. Er hat sie gebeten, ihm gegenüber Platz zu nehmen, das hat sie getan.

---

(1) Anthroposophie ist eine durch Rudolf Steiner um die Jahrhundertwende begründete weltanschauliche Bewegung, die den Menschen in das Gesamt des Kosmos eingebettet zu begreifen versucht. Die anthroposophische Medizin geht demgemäß beim Menschen von einer unzertrennlichen Einheit von Geist, Körper und Umwelteinflüssen aus und arbeitet vor allem mit naturheilkundlichen Verfahren.

Der Personalchef hat sie kurz gemustert, dann schlägt er eine Mappe auf, sie erkennt ihr Bewerbungs-
schreiben wieder, ihren Lebenslauf, ihr Abschlußzeugnis, das Empfehlungsschreiben ihres Klassenleh-
rers. Der Personalchef studiert diese Unterlagen sorgfältig, sagt manchmal „hm" und blättert weiter.
Dann hat er offensichtlich seine Lektüre beendet, er klappt die Mappe zu und lehnt sich zurück.

Bewerberin: a) Kann ich jetzt gehn?

b) Interessieren Sie solche Personalunterlagen eigentlich wirklich?

c) Jetzt wollen Sie mir sicher noch ein paar Fragen stellen, oder?

d) *Sie schweigt und wartet ab.*

Personalchef: Fräulein Selmer, Sie haben sich für die Ausbildung als Krankenschwester   5
beworben. Ihre Zeugnisse sind ja nicht schlecht. Aber mich würde doch
interessieren, warum gerade *dieser* Beruf ...

Bewerberin: a) Weil ich hoffe, daß es in diesem Bereich noch genügend Arbeitsplätze
gibt. Ich glaube, Pflegepersonal braucht man immer.

b) Ich habe schon als Kind gerne Krankenschwester gespielt. Irgendwie   10
liegt mir das. Wenn bei uns in der Familie jemand krank war, egal, ob's
meine jüngere Schwester oder mein Zwillingsbruder war, mir hatte es
schon früher nie was ausgemacht, mich um die Kranken zu kümmern. Ich
bin auch das einzige Enkelkind bei uns, das sich um unsere mittlerweile
bettlägerige Großmutter kümmert. Wissen Sie, wenn man spürt, daß sich   15
die Kranken freuen und dankbar sind, ja, das ist das Schönste, was mir
passieren kann.

c) Ich habe mir schon immer einen Beruf gewünscht, in dem ich mit Menschen zu tun habe. Ich rede gern mit Menschen, mich interessiert, was
andere denken ... Die Arbeit mit Menschen, das ist mir sehr wichtig an   20
diesem Beruf.

d) Krankenschwester ist eine unentbehrliche Arbeit und ein sinnvoller
Beruf. Man hilft anderen, man ist für andere da. Krankenschwestern werden immer gebraucht.

Personalchef: Aber Sie wissen sicherlich auch, daß dieser Beruf nicht ganz einfach ist.   25
Man sieht schwere Verletzungen und Wunden. Sie haben mit verzweifelten,
mit sterbenden Menschen zu tun.

Bewerberin: a) Das weiß ich. Aber sehen Sie, als meine Oma gestorben war, das war
vor acht – nein, warten Sie –, neun, fast neuneinhalb Jahren (oder nein, 76
war das, das ist also noch viel länger her, da sehen Sie mal, wie die Zeit   30
vergeht). Jedenfalls, als meine Oma gestorben ist, hab' *ich* das alles
gemacht. Tante Clarissa wollte es nicht, und meine Mutter war auch gerade
nicht begeistert.

b) Das weiß ich. Ich will auch nicht behaupten, daß ich davor überhaupt
keine Angst hätte. Ich hoffe aber, daß ich mit anderen Schwestern oder   35
vielleicht auch Ärzten darüber sprechen kann und so die Angst überwinde.

c) Eine Krankenschwester hat so etwas nicht zu erschrecken, sonst sollte
man erst gar nicht diesen Beruf wählen.

d) Ich hoffe doch sehr, daß ich mir so was nicht jeden Tag ansehen muß.
Außerdem sollen in anthroposophischen Kliniken doch nicht ganz so   40
schwere Fälle sein, oder?

Personalchef: Was die schweren Fälle angeht, kann ich Sie allerdings erst mal beruhigen: Sie werden zunächst in der Küche anfangen. Wir sind dort ein bißchen knapp mit Personal und brauchen für zwei Monate eine Hilfe.

Bewerberin: a) In Ordnung, wenn diese zwei Monate auf die Ausbildungszeit angerechnet werden.

b) Aber entschuldigen Sie! Ich will Krankenschwester werden und kein Küchenmädchen.

c) Sie können mit mir rechnen. Krankenschwester ist ein helfender Beruf, und wo man hilft, ist ja schließlich egal.

d) Jetzt bin ich aber doch ein wenig irritiert. Ich wollte eine Ausbildung als Krankenschwester machen und denke, daß die Aushilfe in der Küche nicht dazugehört. Soweit ich informiert bin, habe ich das Recht, von Anfang an in meinem Beruf ausgebildet zu werden.

Personalchef: Ich denke, auf diesen Punkt werden wir später noch einmal zurückkommen.

Bewerberin: a) Sicherlich.

b) Ich würde doch gerne noch mal nachfragen, ob Sie auf diesen beiden Monaten Aushilfe in der Küche bestehen, denn für mich ist klar: Das entspricht ja wohl nicht den Ausbildungsrichtlinien, oder sehe ich das falsch? Aber vielleicht haben Sie ja einen besonderen Grund, mit der Ausbildung so zu beginnen, ich wäre Ihnen dankbar, wenn Sie mir Ihre Gründe darlegen könnten.

c) *schweigt.*

d) Wenn Sie auf den zwei Monaten Aushilfe bestehen, muß ich mich wohl nach einer anderen Stelle umsehen. Das möchte ich nämlich nicht.

Personalchef: Fräulein Selmer, Sie wissen, daß sich unser Haus den Grundsätzen der Anthroposophie verbunden weiß. Sie müssen keine überzeugte Anthroposophin werden, aber wir erwarten doch eine gewisse Loyalität dem Geist unseres Hauses gegenüber.

Bewerberin: a) Ja, das verstehe ich. Ich denke mir, daß es im Laufe meiner Ausbildung genügend Möglichkeiten gibt, mich dann mit der Anthroposophie auseinanderzusetzen.

b) Das ist selbstverständlich. Ich habe mir schon ein Buch darüber gekauft. Diese Idee finde ich – das kann ich jetzt schon sagen – im allgemeinen ganz toll.

c) Ich würde gerne wissen, was das mit der Ausbildung zur Krankenschwester zu tun hat.

d) Als Angestellte sollte man den Geist eines Hauses schon übernehmen. Ich finde aber, daß ich mich ja als Krankenschwester zuerst einmal um meine Arbeit kümmern sollte. Das Drumherum, finde ich, ist doch eher eine Sache für die längerfristige Mitarbeit.

Personalchef: Wie Sie ja selbst wissen, ist Krankenschwester ein Beruf, der den Einsatz der ganzen Person erfordert. Könnten Sie Ihre Person – sich selbst – charakterisieren, mit Stärken und Schwächen, Fähigkeiten und problematischen Punkten?

Bewerberin: **a)** Puh, da bin ich überfragt. Darüber habe ich mir noch keine Gedanken gemacht.

b) Hm, als Schwächen würde ich bezeichnen, daß ich leicht verletzbar bin, daß mir vieles sehr nahegeht und ich deshalb manchmal meine Gelassenheit 90 verliere. Aber so eine Sensibilität hat natürlich auch Vorteile. Ich denke, daß ich vieles mitkriege, was zwischen den Zeilen gesagt wird, und daß ich mich in andere Menschen gut einfühlen kann, daß ich versuche, sie zu verstehen, ohne sie zu verurteilen.

c) Meine Schwächen, oje! Da könnte ich Ihnen einen Roman erzählen. Ich 95 esse z. B. wahnsinnig gerne Pizza mit grünen Oliven und Nußeis. Und dann hab' ich eine Schwäche für Klamotten, Mode usw. Wenn ich was Tolles sehe, muß ich es mir kaufen. Und wenn dann einer was gegen mich sagt, dann flipp' ich aus.
Ich bin unheimlich verletzbar und krieg' mich kaum ein. An dem Punkt bin 100 ich echt schwierig.
Stärken, hm, fallen mir keine ein.

d) Stärken? Allemal! Ich bin ein äußerst sensibler Mensch. Ich spüre z. B., wenn jemand Probleme hat, Sorgen oder so, das sag' ich ihm dann auch auf den Kopf zu. 105
Überhaupt bin ich sehr offen. Ich sag' immer und überall, was ich denke. Das finde ich gut an mir.
Schwächen, hm, eigentlich fallen mir jetzt keine ein.

Personalchef: Zum Schluß noch eine Frage, die ich immer stelle: Warum empfehlen Sie sich für diesen Beruf und speziell für unser Haus? 110

Bewerberin: **a)** Jetzt sag' ich mal was ganz frei heraus: Sie kennen meine Unterlagen, die sind nicht schlecht, und daß ich nicht auf den Kopf gefallen bin, müßten Sie doch auch gemerkt haben. Was soll hier Bescheidenheit? Na klar, stellen Sie mich ein!

b) Was soll ich sagen? Bitte haben Sie Verständnis, daß ich mich dazu nicht 115 äußern will!

c) Ach, ich weiß nicht, ich bin mir jetzt auch unsicher, bei den vielen Fragen, die Sie mir gestellt haben; ehrlich gesagt, hab' ich nicht gedacht, daß das so ein Streß würde.

d) Bitte nehmen Sie mich! Ich such' jetzt schon ein Jahr lang, was glauben 120 Sie, wie ich mir die Haxen abgelaufen habe. Das ist doch nicht gerecht! Irgendwann hat man doch auch mal ein Recht, dran zu sein! Wenn ich wieder nichts in den Händen habe, passiert ein Unglück; ich garantiere für nichts mehr. Zu Hause liegt schon ein Brief an meine Eltern, da steht drin, was ich mache, wenn's diesmal auch nicht klappt. 125

Aufgabe **2** Nachdem Sie sich über Ihr mögliches Verhalten in dem 'gespielten' Beratungsgespräch verständigt haben, versuchen Sie, verallgemeinerbare Ratschläge für ein Beratungsgespräch zusammenzufassen. Beantworten Sie dabei folgende Fragen:
— Wozu dient das Beratungsgespräch?
— Welche Gesprächsrollen haben die Teilnehmer?
— Welche Fehler im Gesprächsverhalten sollten vermieden werden?
— Welche Sprechfunktionen („etwas darstellen", „sich ausdrücken", auf jemanden „einwirken", vgl. Erstes Kapitel, Seite 23) sind der Bewerbungssituation angemessen?

| Übung | Wie würden Sie auf die folgenden Fragen im Rahmen eines Bewerbungsgespräches antworten? |

Welche Fragen zielen darauf ab, Ihre Einstellung und Meinung zu erkunden, und welche Fragen wollen Ihre Eigenschaften und Fähigkeiten überprüfen?

a) Erzählen Sie doch ein wenig von Ihrer Schule. Wie kommt es denn, daß Sie gerade in … eine nicht ganz so gute Note haben?

b) Was halten Sie von … (aktuelle Ereignisse wie z.B. Katalysatorautos, EG-Gipfel, Tarifverhandlungen, Ergebnisse von Bundestag- oder Landtagswahlen usw.)?

c) Was machen Sie denn am liebsten in Ihrer Freizeit? (Mitgliedschaft in Vereinen und Organisationen)

d) Haben Sie denn schon einen festen Freund oder eine feste Freundin?

e) Haben Sie in Ihrer Freizeit schon irgendwelche Kurse gemacht? (Sprachen, Volkshochschule usw.)

f) Welche Bücher haben Sie eigentlich in der letzten Zeit gelesen?

g) Welche Personen des öffentlichen Lebens stellen für Sie ein Vorbild dar?

h) Wie viele Bewerbungsgespräche haben Sie jetzt schon über sich ergehen lassen müssen?

i) Ich sehe eben, daß Sie sich im Religionsunterricht abgemeldet haben?!

Die Situation im **Bewerbungsgespräch** ist, was Gesprächsziele und Einflußmöglichkeiten der Gesprächsteilnehmer angeht, ungleich. Während ein Personalchef oder Firmeninhaber einen oder nur wenige Bewerber von vielen aussucht, muß der Bewerber seine Chance, einmal zu den 'Auserwählten' zu gehören, wahrnehmen.

Wichtig ist es aus der Sicht des Bewerbers oder der Bewerberin, die eigene Person in positiver Weise auszudrücken. Jemand, der sich im Gespräch verleugnet, sich unterwürfig verhält, ein reiner 'Ja-Sager' ist, hinterläßt genauso einen unsympathischen Eindruck wie jemand, der prahlt und mehr von sich erzählt, als es der Wirklichkeit entspricht.

Im Bewerbungsgespräch geht es kaum um fachliche Fragen (Zeugnisse und Bewerbungsunterlagen sprechen hier eine eindeutigere Sprache). Im Mittelpunkt steht die Person des Bewerbers, sie überzeugend *auszudrücken,* um für sich werbend auf das Gesprächsgegenüber *einzuwirken,* ist ihr Hauptanliegen.

Peter Handke: [Kaspar stellt sich vor]

[…] Ich bin gesund und kräftig. Ich bin ehrlich und genügsam. Ich bin verantwortungsbewußt. Ich bin fleißig, zurückhaltend und bescheiden. Ich bin stets freundlich. Ich stelle keine großen An-
5 sprüche. Ich habe ein natürliches und gewinnendes Wesen. Ich bin bei allen beliebt. Ich werde mit allem fertig. Ich bin für alle da. Meine Ordnungsliebe und Sauberkeit geben nie zu Tadel Anlaß. Meine Kenntnisse sind überdurchschnittlich. Ich
10 führe alle übertragenen Arbeiten zur vollen Zufriedenheit aus. Jeder kann eine gewünschte Auskunft über mich geben. Ich bin friedliebend und unbescholten. Ich gehöre nicht zu denen, die bei jeder Kleinigkeit gleich ein großes Geschrei erheben. Ich bin ruhig, pflichtbewußt und aufnahme- 1
fähig. Ich bin begeisterungsfähig für jede gute Sache. Ich möchte vorwärtskommen. Ich möchte lernen. Ich möchte mich nützlich machen. Ich habe Begriffe über Länge, Breite und Höhe. Ich weiß, auf was es ankommt. Ich gehe mit den Ge- 2
genständen gefühlvoll um. Ich habe mich schon an alles gewöhnt. Es geht mir besser. Es geht mir gut. Ich kann in den Tod gehen. Mein Kopf ist heiter geworden. Ich kann endlich allein gelassen werden. Ich möchte mich von meiner besten Seite zei- 2
gen. Ich beschuldige niemanden. Ich lache viel. Ich kann mir auf alles einen Reim machen. Ich habe keine besonderen Kennzeichen. […]

Peter Handke: Kaspar. es 322. Suhrkamp, Frankfurt a.M. ⁴1969, S. 68. Ausschnitt.

Aufgabe 3 Wie stellt sich der Sprecher in dem Auszug aus Peter Handkes Stück dar? Was fällt an dessen Art zu sprechen auf? Beschreiben Sie den Satzbau und die Wortwahl genauer.

Aufgabe 4 Welche Vorgeschichten und welche menschlichen Erfahrungen könnten dieser Darstellung vorausgegangen sein?

1.3 Briefe an Organisationen und Behörden

Musterbrief

Absender und Datum

Peter Neumann
Hauptstraße 57
7067 Plüderhausen

Plüderhausen, 7. Januar 1986

Empfänger

Sportverein Plüderhausen
z. H. Herrn Günther Schwabe
Heusee 27

7067 Plüderhausen

Betreff = Inhaltsangabe

Kündigung

Anrede

Lieber Günther,

Brieftext

wie Ihr wißt, werde ich meinen neuen Arbeitsplatz in Leinfelden-Echterdingen zum 1. Februar 1986 antreten. Ihr habt sicherlich Verständnis dafür, daß ich dann nicht mehr regelmäßig am Training und an den Wettkämpfen teilnehmen kann.

Aus diesem Grund kündige ich meine Mitgliedschaft zum 31.03.86.

Für die laufende Saison drücke ich Euch beide Daumen.

Gruß

Viele Grüße

Peter Neumann

evtl. Anlagen

Aufgabe 1 Wieso hat der Absender dieses Briefes wohl die Schriftform gewählt und nicht beim Sportverein angerufen?

103

Aufgabe 2 Würden Sie sich in den folgenden Fällen für einen Brief oder für einen Anruf entscheiden? Begründen Sie Ihre Meinung kurz.
Versetzen Sie sich dabei auch in die Lage des Empfängers.

a) Sie haben zu Weihnachten von einer entfernten Verwandten ein wertvolles Geschenk erhalten.
b) Von Ihrem Buchclub erhalten Sie eine Mahnung für eine Buchrechnung, welche Sie jedoch bereits bezahlt haben.
c) Sie möchten sich von einem Wollversandhaus einen Musterkatalog zusenden lassen.
d) Sie haben einen Strafzettel wegen Parkens im eingeschränkten Haltverbot bekommen. Gegen diesen Strafzettel möchten Sie Widerspruch einlegen, da Sie an diesem Tag Ihren Bruder mit einem verstauchten Knöchel gefahren hatten und deswegen vor der Arztpraxis im eingeschränkten Haltverbot parken mußten.
e) Im Supermarkt finden Sie folgende Hinweistafel:

> Wir suchen
> Aushilfskräfte für Inventur-
> arbeiten vom 30. 12. – 4. 1.

Sie möchten sich dafür bewerben.

Aufgabe 3 Überlegen Sie weitere Situationen, in welchen man Briefe schreiben muß und nicht anrufen kann.

Übung 1 Versuchen Sie, für die folgenden Situationen den „Betreff" und den ersten Satz des Briefes zu formulieren.

Hubert träumt davon, seinen Brieffreund in Amerika zu besuchen. Er liest die folgende Zeitungsanzeige

und möchte sich Informationsmaterial schicken lassen:
Betreff   Information über preiswerte Fernflüge
Anrede   Sehr geehrte Damen und Herren,
Erster Satz   in der Stuttgarter Zeitung vom 20. 1. 1986 habe ich Ihre Anzeige gesehen...

a) Peter hat eine Sprachreise in Frankreich gebucht. Drei Tage vor der geplanten Abreise stellt der Arzt fest, daß Peter an den Windpocken erkrankt ist. Nun möchte Peter von der Reise zurücktreten.
b) Sabine bewirbt sich auf eine Stellenanzeige in der Stuttgarter Zeitung als Technische Zeichnerin.
c) Susanne erhält von ihrem Buchclub ein beschädigtes Buch zugeschickt.
d) Petra ist von Heidelberg nach Karlsruhe gezogen und möchte ihre neue Anschrift der Bausparkasse mitteilen, bei welcher sie einen Bausparvertrag abgeschlossen hat.
e) Uwe kündigt seine wöchentlich erscheinende Fußballzeitschrift.

Übung 2 Schreiben Sie die Briefe für die folgenden Situationen, und gliedern Sie dabei den Brieftext in:

Anlaß
Problemstellung
Aufforderung oder Lösungsvorschlag

a) Für ein Referat im Fach Chemie werden die neuesten Informationen zur Wasserverschmutzung und zum Gewässerschutz benötigt.

Schreiben Sie an den Bundesverband für Umwelt- und Naturschutz Deutschland, Rotebühlstr. 84, 7000 Stuttgart 1.

b) Ihre Klasse plant den kommenden Wandertag.

Fragen Sie bei Ihrem nächsten Busunternehmen oder bei einem Reisebüro nach dem Fahrpreis für diese Fahrt an.

c) Im Fach Gemeinschaftskunde werden neue Medien durchgenommen.

Fordern Sie von der Bundeszentrale für politische Bildung, Berliner Freiheit 7, 5300 Bonn, die beiden Hefte „Massenmedien" an.

Übung 3 Im Alltagsleben gibt es ab und zu sehr schwierige Briefsituationen, zum Beispiel:

a) man ist über einen Vorgang sehr verärgert und empört,
b) man möchte mit seinem Brief unbedingt ein ganz bestimmtes, wichtiges Ziel erreichen oder den Empfänger zu einer bestimmten Handlung veranlassen,
c) man möchte sich für etwas entschuldigen.

Schreiben Sie die folgenden Briefe, und entscheiden Sie sich für einen passenden Einleitungs- und Schlußsatz.

Brief 1: an den verärgerten Nachbarn Ihrer Schule
...
Unser SMV-Sommerfest war die erste Veranstaltung in dieser Art, und somit hatten wir noch keinerlei Erfahrung mit der Organisation der Musikaufführungen.
Das Ende der Musikveranstaltung war vorschriftsmäßig auf 22.00 Uhr angesetzt, jedoch hatten wir die Pausen zum Umbauen für die Musikgruppen zu kurz einkalkuliert. Dies führte dazu, daß die letzte Gruppe erst gegen 21.30 Uhr zu spielen beginnen konnte. Wir wollten dann die Aufführung natürlich nicht um 22.00 Uhr abbrechen.
...

a) Wir beziehen uns auf Ihre Anzeige wegen Ruhestörung beim Ordnungsamt und legen Ihnen hiermit den Sachverhalt dar.
b) Es tut uns außerordentlich leid, daß wir Ihnen so große Unannehmlichkeiten mit unserem Sommerfest bereitet haben.
c) Wir würden uns sehr freuen, wenn Sie diese Anzeige zurückziehen könnten, und möchten Sie und Ihre Familie bereits heute zu unserem nächsten Schulfest einladen, das dann jedoch pünktlich beendet sein wird.
d) Wir möchten uns hiermit für die Lärmbelästigung bei unserem Schulfest vom vergangenen Wochenende entschuldigen.
e) Wir hoffen, daß hiermit die Angelegenheit erledigt ist.

Brief 2: an das Ordnungsamt Ihrer Stadt oder Ihrer Gemeinde

…

Die Gleisstraße wird durch die Bahnschranke getrennt. Mein Zimmer liegt ebenerdig und geht auf die Straße zu. Besonders morgens und abends, wenn die Bahnschranken häufig geschlossen sind, bildet sich eine lange Fahrzeugschlange. Ich habe nun beobachtet, daß höchstens jeder dritte Autofahrer vor der Schranke den Motor abstellt. Minutenlang dringen somit Autoabgase in mein Zimmer, von dem Lärm, besonders der Lastwagen, ganz zu schweigen.

Ich möchte Sie daher bitten, umgehend ein Hinweisschild vor der Bahnschranke aufzustellen, welches die Autofahrer zum Abstellen des Motors bei geschlossener Schranke auffordert.

…

a) Ich hoffe, Sie haben für meine Bitte Verständnis.
b) Ich möchte mich mit einem Problem an Sie wenden, das mir wirklich „stinkt".
c) Ich wäre sehr dankbar, wenn Sie diesem Übel schnellstmöglich ein Ende bereiten könnten.
d) Sollten Sie meiner Bitte nicht entsprechen, so werde ich in Zukunft jeden Autofahrer, der mit laufendem Motor vor der Schranke steht, anzeigen.
e) Mit diesem Schreiben möchte ich Sie auf einen Mißstand aufmerksam machen, der Ihnen sicherlich auch bekannt ist.

Aufgabe 4 Welche der Einleitungs- und Schlußsätze halten Sie für nicht geeignet?

Aufgabe 5 Schreiben Sie für eine weitere schwierige Situation einen Brief.

Briefe an Organisationen und Behörden
▷ Der gut formulierte Betreff sorgt dafür, daß der Brief schnell an die richtige Stelle geleitet wird – dies ist besonders bei Briefen an Behörden wichtig.
▷ Der eigentliche Brieftext wird gegliedert nach Anlaß, Problemstellung und Aufforderung oder Lösungsvorschlag.
▷ Besonders wichtig ist eine verständliche, natürliche Sprache.

1.4 Sich bewerben

Sehr geehrte Damen,
sehr geehrte Herren,

ich liebe Blumen und Grünpflanzen sehr. Schon seit einigen Jahren bin ich bei uns zu Hause für die Pflege der Zimmerpflanzen und für die Arbeit im Garten zuständig.

Aus diesem Grunde möchte ich mich für eine Lehrstelle als Floristin in Ihrem Unternehmen bewerben.

Meine Zeugnisse zeigen Ihnen, daß ich sehr fleißig bin und daß ich auch eine gute Allgemeinbildung habe.

Ich versichere Ihnen, daß ich mir während meiner Ausbildung große Mühe geben werde und daß Sie sich jederzeit auf mich verlassen können.

Bitte, geben Sie mir bald Bescheid!

Mit freundlichen Grüßen

Petra Mayer

Aufgabe 1 Halten Sie die Gliederung dieses Bewerbungsschreibens für angemessen?

Aufgabe 2 Welche persönlichen Eigenschaften stellt die Verfasserin dieses Bewerbungsschreibens heraus?

Aufgabe 3 Welche Formulierungen sind Ihrer Meinung nach nicht ganz geglückt? Machen Sie Änderungsvorschläge.

Aufgabe 4 Welchen Eindruck wird die Verfasserin wohl beim Empfänger erwecken?

Beispiel eines Bewerbungsschreibens

Absender **Datum**	Inge Mallmann Darmstadt, 29. November 1986 Hochstraße 1 6100 Darmstadt

Empfänger

Maschinenfabrik
Rühle & Gschwender GmbH
Postfach 11 80 26

6100 Darmstadt

Betreff

Bewerbung als Einkaufs-Sachbearbeiterin

Anrede

Sehr geehrte Damen,
sehr geehrte Herren,

Bewerbung

auf Ihre Anzeige in der Frankfurter Allgemeinen Zeitung vom 26.11.86 bewerbe ich mich um die Stelle als Einkaufs-Sachbearbeiterin im Bereich Fertigungsmaterial.

kurzer Tätigkeitsbericht

Seit drei Jahren bin ich bei der Werkzeugfabrik Rauwolff und Söhne in Darmstadt als Sachbearbeiterin angestellt.
Meine gegenwärtige Tätigkeit umfaßt sämtliche Arbeiten im Stahleinkauf, wobei ich aufgrund meiner guten Fremdsprachenkenntnisse überwiegend mit den ausländischen Lieferanten zusammenarbeite.

Ebenso hatte ich die Gelegenheit, bei der Umstellung der Terminplanung im Beschaffungsbereich auf EDV mitzuarbeiten, so daß ich auch wichtige Erfahrungen mit dem Einsatz der EDV auf diesem Gebiet sammeln konnte.

Bitte um Vorstellungstermin

Sollten Sie an meiner Bewerbung interessiert sein, so würde ich mich über einen Termin für ein Vorstellungesgespräch sehr freuen.

Mit freundlichen Grüßen

Inge Mallmann

Anlagen:
Bewerbungsunterlagen

Anlagen
1 Lebenslauf
3 Fotokopien
1 Lichtbild

Folgende Punkte werden häufig von Personalsachbearbeitern bemängelt:
▷ Fehler in Rechtschreibung und Zeichensetzung
▷ schlechte Papierqualität
▷ fotokopierte Bewerbungsschreiben
▷ zu kleines Papierformat (immer DIN A4 nehmen)
▷ gefaltete Bewerbungsunterlagen
▷ schlechtes Lichtbild

Aufgabe 5 Lesen Sie die folgenden Stellenanzeigen sorgfältig, und stellen Sie fest, welche sachlichen und persönlichen Anforderungen an den Bewerber gestellt werden.
Schreiben Sie diese Anforderungen heraus.

Aufgabe 6 Nennen Sie Beispiele für Anforderungen, welche über die genannten hinaus gestellt werden.

Aufgabe 7 Schreiben Sie die wichtigsten sachlichen Informationen über die betreffende Firma heraus.

Übung 1 Entwerfen Sie ein Bewerbungsschreiben auf eines der Stellenangebote.

Industriekauffrau
mit EDV-Praxis in der Buchhaltung

Wir sind ein Unternehmen der grafischen Industrie. Bei uns sind insgesamt 40 Mitarbeiter damit beschäftigt, Druckunterlagen für Werbeagenturen und Werbungtreibende im ganzen Bundesgebiet, in Frankreich und in der Schweiz herzustellen. Darin sind wir in Deutschland führend seit 18 Jahren. Unsere Arbeitsatmosphäre ist sehr gut. Jeder hat bei uns ein bißchen mehr Freiheit, aber auch ein bißchen mehr Verantwortung.

Wir suchen eine Dame für unsere kaufmännische Verwaltung, die Buchhaltung und die Kostenstatistik. Die Arbeit ist sehr vielfältig; zwei sympathische Kolleginnen helfen Ihnen dabei. Wir sind ein Haus mit gutem Stil und Sie sollen mithelfen, diesen zu pflegen. Dazu bedarf es eines freundlichen Wesens und ein wenig Chic und Charme.

Für Ihre Arbeit benötigen Sie einige Erfahrung. Flexibilität und Umsicht. Können Sie diese Ansprüche erfüllen, dann werden Sie sehr viel Freude an dieser Arbeit haben. So, jetzt wissen Sie eine ganze Menge über uns und Ihre zukünftige Tätigkeit. Wenn Sie glauben, daß Ihnen so etwas gefallen könnte, dann bewerben Sie sich oder rufen Sie Herrn Urbanek an.

DIETER KOMPUT DATENTRANSFER GMBH
Watzmannstraße 7, 8000 München 93, Telefon 27 28 38 35

Wir sind eines der größten Unternehmen der Verzinkungsbranche und suchen für unsere Instandhaltungsabteilung einen engagierten, jüngeren

SCHLOSSERMEISTER

Wir denken an einen handwerklich geschickten Praktiker, der auch persönlich mit zupackt, wenn es die Lage erfordert. Darüber hinaus wären Kenntnisse über elektrische Anlagen wünschenswert.

Richten Sie bitte Ihre Bewerbung mit den üblichen Unterlagen an

G. Mayer
Metallwerk und Verzinkerei GmbH & Co.
Wernerstraße 61, 4320 Hattingen

Für unser stetig expandierendes Lager suchen wir einen

Stellv. Lagerleiter

mit handwerklicher oder kaufmännischer Ausbildung sowie Erfahrung im Lagerwesen. Bei Bewährung besteht die Chance, die Position des in wenigen Jahren altershalber ausscheidenden Lagerleiters zu übernehmen.
Schriftliche Bewerbung mit Zeugnisabschriften, handgeschriebenem Lebenslauf und Lichtbild erbeten an:

XY-GmbH Gutenbergstraße 4
5100 Aachen, Telefon 0241 - 7 90 93 - 108

DESIGN
——EINRICHTUNGEN

Wir sind als Vertriebsgesellschaft auf dem Sektor „gehobener Einrichtungsbedarf" tätig und arbeiten mit exklusiven Einrichtungshäusern zusammen.
Für unseren Geschäftsbereich Marketing und Vertrieb suchen wir eine

Sachbearbeiterin

Das sehr selbständige Aufgabengebiet erfordert eine gute kaufmännische Ausbildung, einige Jahre Berufserfahrung, Organisationstalent, Durchsetzungsvermögen und sicheres Auftreten.

Wir würden Sie gerne möglichst schnell kennenlernen. Bitte bewerben Sie sich mit vollständigen Unterlagen, oder rufen Sie zur Terminvereinbarung an.
Telefon 0234 / 7 89 02 17.

Lebenslauf in tabellarischer Form

persönliche Daten	Name:	Inge Mallmann
	Geburtstag:	27.3.1959
	Geburtsort:	Frankfurt – Niedereschbach
	Familienstand:	ledig
Schule	Schulbildung:	1965–1969 Grundschule Niedereschbach
		1969–1975 Realschule Niedereschbach
		Abschluß Mittlere Reife
		1975–1976 Hauswirtschaftliches Gymnasium Niedereschbach
Berufsausbildung	Berufsausbildung:	1976–1979 Ausbildung zum Industriekaufmann bei der Firma Druckguß Strähle GmbH, Frankfurt
Berufstätigkeit	Berufstätigkeit:	1979–1983 Debitoren- und Kreditorenbuchhaltung bei der Firma Druckguß Strähle, Frankfurt
		seit Juli 1983 Einkaufssachbearbeiterin bei der Firma Rauwolff und Söhne, Frankfurt
		seit Juli 1986 arbeitslos wegen Schließung der Firma
Besonderes	Besondere Kenntnisse und Fertigkeiten:	gute Kenntnisse in der englischen und spanischen Sprache
		dreimonatiger EDV-Lehrgang
		Fortbildungsseminare über Spezialstähle
		Fortbildungsseminar über Bürokommunikation

Frankfurt a.M., den 15.Juli 1986

Inge Mallmann

Handschriftlicher Lebenslauf in ausführlicher Form

Lebenslauf

Mein Name ist Inge Mallmann. Ich wurde am 27.3.1959 in Frankfurt - Niedereschbach geboren.

Mein Vater ist Beamter bei der Bundespost, und meine Mutter arbeitet als Verkäuferin. Ich selbst bin ledig und katholisch. Von 1965 - 69 besuchte ich die Grundschule in Niedereschbach, daran anschließend von 1969 - 1975 die Realschule.

Im Sommer 1975 schloß ich die Realschule mit der Mittleren Reife ab. Vom Herbst 1975 bis zum Frühjahr 1976 besuchte ich das Wirtschaftsgymnasium in Niedereschbach, das ich jedoch verließ, weil ich feststellen mußte, daß ich den gestellten Anforderungen nicht gewachsen war.

Von 1976 - 79 absolvierte ich meine Lehre zum Industriekaufmann bei der Firma Druckguß-Strähle GmbH, Frankfurt. Die Ausbildung beendete ich mit der Note „sehr gut" vor der Industrie- und Handelskammer. Anschließend wurde ich in meiner Ausbildungsfirma in der Kreditoren- und Debitorenbuchhaltung eingesetzt, wo ich nach kurzer Einarbeitungszeit selbständig arbeitete. Im Juli 1983 wechselte ich zu der Firma Rauwolf und Söhne, Maschinenbau, Frankfurt. Hier arbeitete ich als Kundenbuchhalterin. Wegen Schließung der Firma wurde ich zum 1.7.1986 entlassen und bin seitdem ohne Beschäftigung.

Neben meiner Ausbildung und meiner Berufstätigkeit eignete ich mir sehr gute Kenntnisse in der englischen und spanischen Sprache an. Gefördert wurde dies durch mehrere Auslandsaufenthalte während des Urlaubs und durch ständigen Besuch von Kursen an der Volkshochschule. Außerdem besuchte ich einen dreimonatigen EDV-Lehrgang, überbetriebliche Seminare über Spezialstähle und eine Fortbildungsveranstaltung über moderne Bürokommunikation.

In meiner Freizeit befasse ich mich mit Musik, denn ich spiele Geige in einem Jugendorchester. Außerdem beschäftige ich mich sehr gern mit meinem Garten.

Frankfurt, im Juli 1986

Inge Mallmann

Aufgabe 8 Welche zusätzlichen Informationen enthält dieser ausführliche Lebenslauf?

Übung 2 Schreiben Sie den folgenden tabellarischen Lebenslauf in die ausführliche Form um. Arbeiten Sie dabei die folgenden Informationen ein:
Beruf des Vaters: Elektriker, Beruf der Mutter: Hausfrau, vier jüngere Geschwister, deutsche Staatsangehörigkeit, Freizeitbeschäftigungen sind Tischtennis, Schach.

Lebenslauf

Name:	Peter Knorp
Geburtstag:	29.09.64
Geburtsort:	Straubing
Familienstand:	ledig
Schulbildung:	1970 – 1974 Grundschule Straubing, 1974 – 1981 Realschule Straubing, Abschluß Mittlere Reife
Berufsausbildung:	1981 – 1984 Maschinenschlosserlehre bei der Firma Ulmer GmbH, Rosenheim, 1984 – 1985 Gewerbliches Berufskolleg, Abschluß Fachhochschulreife, seit 1985 Fachhochschule für Technik, München
Berufsziel:	Dipl. Ing. (FH), Fachrichtung Heizungs- und Klimatechnik
Besondere Kenntnisse:	fließende englische Sprachkenntnisse

Straubing, 3. Januar 1986

Peter Knorp

Peter Knorp

Aufgabe 9 Nennen Sie Umstände, unter welchen es sinnvoll ist, Religionszugehörigkeit, Beruf der Eltern oder Parteizugehörigkeit in den Lebenslauf aufzunehmen.

Aufgabe 10 Welche Vorteile bietet der tabellarische Lebenslauf?

Aufgabe 11 An welcher Stelle im tabellarischen Lebenslauf würden Sie folgende Daten unterbringen?

▷ vorübergehende Arbeitsunfähigkeit wegen Krankheit
▷ Besuch einer Abendschule
▷ Unterbrechung des Arbeitsverhältnisses wegen einer längeren Reise
▷ Scheidung

Zu den **Bewerbungsunterlagen** gehören:
▷ Bewerbungsschreiben mit Lichtbild
▷ Lebenslauf
▷ Zeugnisabschriften
▷ Bescheinigungen über Lehrgänge und Kurse

1.5 Telefonieren und Briefe schreiben im Geschäftsleben

1.5.1 Telefongespräche

1. „Guten Morgen, hier ist die Kopier AG, Hartmann am Apparat."

2. „Jetzt hören Sie mal gut zu. Vor zwei Stunden war Ihr sogenannter Service bei mir. Also, die Kopiergeräte haben die Herren von Ihrem Haus auch nicht hingekriegt. Sie können Ihre Mist-Kopierer wieder abholen. Ich möchte niemanden mehr von Euch sehen."

3. „Ja sagen Sie mir bitte erst mal, wer Sie sind."

4. „Wer ich bin? Einer Ihrer Kunden! Schwarz ist mein Name, von Immobilien-Sommer."

5. „Also, Herr Schwarz, wie kann ich Ihnen helfen?"

6. „Helfen?! Da gibt's nichts mehr zu helfen. Die beiden Geräte können Sie abholen und die Kopierer für unsere Filialen in Ulm und Kempten stornieren …"

7. „… Moment mal, Herr Schwarz. So geht es ja nicht. Ich lasse mich von Ihnen ja nicht anbrüllen. Werden Sie doch mal sachlich. Was ist denn eigentlich los?"

8. „Jetzt hören Sie aber auf mit der Fragerei! Sie wissen genau, daß die Dinger nicht funktionieren. Das Papier wird nicht transportiert, und die Sortieranlage spielt verrückt. Ihre Techniker wissen das auch. Holen Sie Ihre Klapperkästen wieder ab."

9. „Also hören Sie mal, Klapperkästen sind das nicht. Es handelt sich immerhin um unser Gerät Super-Exakt, und das ist hochwertig und absolut zuverlässig. So etwas wie bei Ihnen ist ja noch nie passiert."

10. „Ich glaube, ich höre nicht richtig. Sie nennen diese Klapperkästen hochwertig? Müssen Sie da nicht selbst lachen?"

11. „Sie haben mir immer noch nicht erzählt, was eigentlich los ist."

12. „Ich sag' es Ihnen doch die ganze Zeit: Wir können keinen einzigen Plan kopieren. Der Kasten ist ja auch nicht in der Lage, zu sortieren."

13. „Also das stimmt nun wirklich nicht, was Sie da sagen, Herr Schwarz. Beim Probelauf in Ihrem Büro hat das Gerät funktioniert. Ich war doch selbst dabei, wie wir die ersten Kopien gemacht haben."

14. „Also das ist doch Unfug, was Sie jetzt sagen. Ich habe doch nie behauptet, daß der Kopierer von Anfang an Mist war. Aber heute, gerade nach Ablauf der Garantie, haben wir den Ärger. Ich krieg' ja noch 'nen Herzschlag wegen Ihnen."

15. Nun übertreiben Sie mal nicht, lieber Herr Schwarz …"

Betriebswirtschaftsmagazin, 8/1984, S.23. Gabler Verlag, Wiesbaden.

| Aufgabe | Wie versucht Herr Hartmann, mit der Situation fertig zu werden? Gibt es bessere Möglichkeiten?

Während des Telefongesprächs hat Herr Hartmann diese Notiz angefertigt:

Gesprächsnotiz

An _____ Datum _____

Firma/Herr/Frau *Immobilien-Sommer*

_____ Telefon _____

○ hat angerufen   ○ wird wieder anrufen
○ hat vorgesprochen   ○ wird wieder vorsprechen
○ erbittet Anruf   ○ wünscht Verabredung

Notizen *Motzt über unsere Kopierer*
Will die Dinger wieder zurückgeben.
Hartmann

| Übung | Schreiben Sie eine Gesprächsnotiz für den Vorgesetzten von Herrn Hartmann, die folgende Fakten enthält:

▷ Datum und Uhrzeit
▷ Anrufer
▷ Beschreibung der Mängel
▷ Drohung und Forderung des Herrn Schwarz

1.5.2 Geschäftsbriefe

Kopier AG

Firma
Immobilien-Sommer
z. H. Herrn Schwarz
Hauptstraße 39

3400 Göttingen

---   26.06.86   ---   Ha/Ot   26.06.86

Kopierautomaten - Ihre Reklamation

Sehr geehrter Herr Schwarz,

wir beziehen uns auf unser heutiges Telefongespräch und teilen Ihnen mit,
daß wir uns selbstverständlich bemühen werden, den Schaden an Ihrem Ko-
piergerät so schnell wie möglich zu beheben.

Leider sind im Moment zwei unserer Kundendiensttechniker erkrankt, und so
möchten wir Sie wegen der Verzögerung um Nachsicht bitten.

Im Hinblick auf die Reparaturkosten sind wir selbstverständlich zu einem
Entgegenkommen bereit.

Wir hoffen auf weiterhin gute Zusammenarbeit und verbleiben

mit freundlichen Grüßen

Kopier AG
i. A.

Hartmann
Hartmann

Aufgabe 1 Worin unterscheiden sich diese beiden Geschäftsbriefe?

Aufgabe 2 Welchen Eindruck möchte wohl der Verfasser des zweiten Briefes beim Empfänger erwecken?

Aufgabe 3 Warum wird hier ein Brief geschrieben und nicht nochmals telefoniert?

Kopier AG

Firma
Immobilien-Sommer
z. H. Herrn Schwarz
Hauptstraße 39

3400 Göttingen

Ihre Reklamation vom 26.06.86

Guten Tag, Herr Schwarz!

Bitte entschuldigen Sie die Ver-
zögerung bei der Reparatur Ihres Kopierautomaten.
Mit Einzelheiten, die zu dieser
Panne führten, möchten wir Sie verschonen.

Dürfen wir Ihnen für die Dauer
der Reparatur ein kostenloses Ersatzgerät anbieten?

Bitte geben Sie und kurz Bescheid!

Freundliche Grüße

Kopier AG
i. A.

Hartmann
Hartmann

Göttingen, den 26. Juni 1986

113

Geschäftsbriefe haben neben dem reinen Informieren und dem Belegen von bestimmten Sachverhalten auch die Aufgabe, den Empfänger zu einer Handlung zu veranlassen. Dies gelingt um so besser, je wirkungsvoller der Brief formuliert und gestaltet ist.

Aufgabe 4 Welche Wünsche oder Eigenschaften sollen mit folgenden Formulierungen beim Empfänger angesprochen werden?

a) Einem so fachkundigen Benutzer ist sicherlich bekannt …

b) Wir haben doch bereits so lange Jahre erfolgreich zusammengearbeitet …

c) Sicherlich wissen auch Sie den Tragekomfort eines derartig exklusiven Materials zu schätzen …

Aufgabe 5 Suchen Sie Anlässe, zu welchen diese Formulierungen gewählt werden könnten.

Übung 1 Ein wirkungsvolles Mittel bei der Formulierung von Briefen stellt die direkte Frage an den Empfänger dar:

Wir bieten Ihnen ein kostenloses Ersatzhemd an.
Dürfen wir Ihnen ein kostenloses Ersatzhemd anbieten?

Formulieren Sie die folgenden Aussagen in direkte Fragen um:

a) Bitte, nennen Sie uns einen Besuchstermin für unseren Außendienstmitarbeiter, Herrn Brand.

b) Wir haben unsere Geschäftsräume renoviert und würden uns über Ihren Besuch freuen.

c) Wir erwarten Ihre baldige Antwort.

Aufgabe 6 Häufig versucht man auch, den Empfänger durch besondere Darstellung zu einer bestimmten Handlung zu veranlassen.
Welche Reaktion soll mit dem folgenden Brief erzielt werden?

> Betreff: Unsere Rechnung Nr. 234 über DM 3.2oo,-
>
> Sehr geehrte Damen und Herren,
>
> " .
>
> ?"
>
> mit freundlichen Grüßen

Übung 2 In den Schriftverkehr haben sich viele Substantivkonstruktionen eingeschlichen, die den Briefstil unnötig schwerfällig und unpersönlich machen.
Ersetzen sie die unten angegebenen Ausdrücke durch Verben.

Beispiel: … unter Bezugnahme auf Ihre Anfrage erhalten Sie …
Besser: … wir beziehen uns auf Ihre Anfrage und schicken Ihnen …

a) in Erfahrung bringen

b) in Abzug bringen

c) einen Zahlungsausgleich vornehmen

d) das Bedauern ausdrücken

e) zum Versand bringen

f) Kenntnis erhalten

g) in Erwartung Ihrer Antwort …

Übung 3 Schreiben Sie den folgenden Brieftext neu, indem Sie die unterstrichenen Substantivierungen durch andere Formulierungen ersetzen.

Sehr geehrte Damen und Herren,
in Beantwortung Ihres Schreibens möchten wir Ihnen Mitteilung machen, daß die bestellten Artikel erst in der nächsten Woche zur Auslieferung gelangen.
Wir bitten daher um möglichst rasche Benachrichtigung darüber, ob Ihrerseits eine Annahme der Ware noch in Erwägung gezogen wird.
In der Hoffnung auf einen positiven Bescheid verbleiben wir
mit freundlichen Grüßen

Übung 4 Ebenso häufig findet man in Geschäftsbriefen Partizipkonstruktionen, die durch einen Nebensatz ersetzt werden sollten.

Beispiel: ... die von Ihnen in Ihrem letzten Brief angedrohten gerichtlichen Schritte ...
Besser: ... die gerichtlichen Schritte, die Sie in Ihrem letzten Brief angedroht hatten, ...

Formulieren Sie die folgenden Partizipkonstruktionen in Nebensätze um.

a) Eine in diesem Umfange nicht vorhergesehene Rohstoffverknappung macht es uns unmöglich ...
b) Die von uns sofort ordnungsgemäß kontrollierte Ware steht nun zu Ihrer Verfügung.
c) Wie bereits mit Ihrer Sachbearbeiterin anläßlich des letzten Besuches besprochen, ...

Giovannetti: Max. Das Murmeltier, über das die Welt schmunzelt. Wilhelm Heyne, München 1954 (Heyne-Buch Nr. 990), S. 10.

Einsatz moderner Bürotechnik

Der Einsatz moderner Technik, z. B. von Textautomaten, macht es erforderlich, daß immer wiederkehrende Briefteile gespeichert und daß möglichst viele solcher Formulierungen gewählt werden, die auf eine Vielzahl von Situationen passen.

Individuell formulierter Brief

Persönliche Anrede	Sehr geehrter Herr Müller,
Bezug auf Reklamation: genaue Bezeichnung „Hemd"	wir haben das von Ihnen beanstandete Hemd erhalten.
Stellungnahme: genaue Beschreibung der Ursache	Wie Sie uns mitteilen, sind die Knopflöcher des Hemdes bereits nach kurzem Tragen stark ausgefranst.
	Wir können dies nur damit erklären, daß beim Nähen der Stoff nicht tief genug gefaßt wurde.
Lösungsvorschlag: genaue Bezeichnung „Ersatzhemd"	Wir bitten Sie, dieses Versehen zu entschuldigen, und bieten Ihnen ein einwandfreies Ersatzhemd an.
	Mit freundlichen Grüßen

Standardisierter Brief

Allgemeine Anrede	Sehr geehrte Damen und Herren,
Bezug auf Reklamation: keine Erwähnung des Gegenstandes	wir bedanken uns dafür, daß Sie uns sofort informiert haben.
Stellungnahme: Ursache „Panne"	Wir bedauern diese Panne außerordentlich und möchten die Angelegenheit sofort in Ordnung bringen.
Lösungsvorschlag: genaue Bezeichnung „Ersatzhemd"	Dürfen wir Ihnen den folgenden Vorschlag machen:
	Sie erhalten von uns ein einwandfreies Ersatzhemd.
	Mit freundlichen Grüßen

Aufgabe 7 Welche Gefahr liegt in dieser Form der Rationalisierung des Schriftverkehrs?
Denken Sie an Empfänger, die in regelmäßigem Kontakt mit dem Briefschreiber stehen.

Übung 5 Standardisieren Sie die folgenden Aussagen.
Suchen Sie zu den unterstrichenen Substantiven und Verben Oberbegriffe, und formulieren Sie eine neue, allgemeinere Aussage.
Beispiel:

Der Pullover wurde zu heiß gewaschen.
Der Hemdkragen wurde nicht gebügelt, sondern gepreßt.

      ↓   ↓

    Kleidungsstück   nicht vorschriftsmäßig behandelt

Das Kleidungsstück wurde nicht vorschriftsmäßig behandelt.

a) Die Papierwaren wurden offensichtlich nicht lichtgeschützt aufbewahrt.
Die Blechteile zeigen Spuren von Rostansätzen.
b) Wir haben die Gewinde sofort kontrolliert und vermessen.
Die Laufwerke wurden sofort nach Erhalt auf ihre Funktion überprüft.
c) Ihre Honorarrechnung wurde versehentlich in die falsche Abteilung weitergeleitet.
Infolge eines Fehlers in der EDV wurde die Rechnung nicht termingerecht bezahlt.
d) Vermutlich war die Farbe beim Einpacken noch nicht vollständig trocken.
Versehentlich wurde für die Instrumente ungenügendes Verpackungsmaterial verwendet.

Übung 6 Formulieren Sie die folgende Ablehnung einer Reklamation so um, daß sie als Antwort auf alle Reklamationen geschrieben werden kann, bei welchen die Behandlungsvorschriften des Herstellers nicht beachtet wurden.

                            Sehr geehrte Damen und Herren,

Bezug auf Reklamation   Heute haben wir die von Ihnen beanstandeten
„Trainingsanzüge"   Trainingsanzüge erhalten und sofort überprüft.

Stellungnahme   Wir haben festgestellt, daß diese Anzüge, ent-
„Einlaufen durch   gegen der Waschanleitung des Herstellers, im
Wäschetrockner"   Wäschetrockner getrocknet wurden.

                            Wie Ihnen sicherlich bekannt ist, laufen
                            Textilien aus Baumwolle bei dieser Behandlung
                            stark ein.

Ablehnung der   Aus diesem Grund können wir Ihnen den Kauf-
Reklamation   preis nicht zurückerstatten und müssen Ihnen
                            die Anzüge wieder zurückschicken.

                            Mit freundlichen Grüßen

2 Werbung

2.1 Reklame

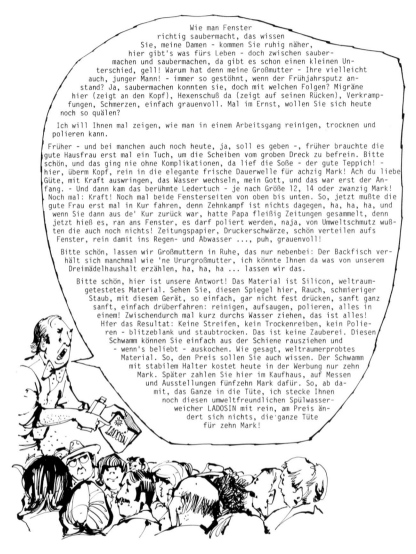

Wie man Fenster richtig saubermacht, das wissen Sie, meine Damen - kommen Sie ruhig näher, hier gibt's was fürs Leben - doch zwischen saubermachen und saubermachen, da gibt es schon einen kleinen Unterschied, gell! Warum hat denn meine Großmutter - Ihre vielleicht auch, junger Mann! - immer so gestöhnt, wenn der Frühjahrsputz anstand? Ja, saubermachen konnten sie, doch mit welchen Folgen? Migräne hier (zeigt an den Kopf), Hexenschuß da (zeigt auf seinen Rücken), Verkrampfungen, Schmerzen, einfach grauenvoll. Mal im Ernst, wollen Sie sich heute noch so quälen?

Ich will Ihnen mal zeigen, wie man in einem Arbeitsgang reinigen, trocknen und polieren kann.

Früher - und bei manchen auch noch heute, ja, soll es geben -, früher brauchte die gute Hausfrau erst mal ein Tuch, um die Scheiben vom groben Dreck zu befrein. Bitte schön, und das ging nie ohne Komplikationen, da lief die Soße - der gute Teppich! - hier, überm Kopf, rein in die elegante frische Dauerwelle für achzig Mark! Ach du liebe Güte, mit Kraft auswringen, das Wasser wechseln, mein Gott, und das war erst der Anfang. - Und dann kam das berühmte Ledertuch - je nach Größe 12, 14 oder zwanzig Mark! Noch mal: Kraft! Noch mal beide Fensterseiten von oben bis unten. So, jetzt mußte die gute Frau erst mal in Kur fahren, denn Zehnkampf ist nichts dagegen, ha, ha, ha, und wenn Sie dann aus de' Kur zurück war, hatte Papa fleißig Zeitungen gesammelt, denn jetzt hieß es, ran ans Fenster, es darf poliert werden, naja, von Umweltschmutz wußten die auch noch nichts! Zeitungspapier, Druckerschwärze, schön verteilen aufs Fenster, rein damit ins Regen- und Abwasser ..., puh, grauenvoll!

Bitte schön, lassen wir Großmuttern in Ruhe, das nur nebenbei: Der Backfisch verhält sich manchmal wie 'ne Ururgroßmutter, ich könnte Ihnen da was von unserem Dreimädelhaushalt erzählen, ha, ha, ha ... lassen wir das.

Bitte schön, hier ist unsere Antwort! Das Material ist Silicon, weltraumgetestetes Material. Sehen Sie, diesen Spiegel hier, Rauch, schmieriger Staub, mit diesem Gerät, so einfach, gar nicht fest drücken, sanft ganz sanft, einfach drüberfahren: reinigen, aufsaugen, polieren, alles in einem! Zwischendurch mal kurz durchs Wasser ziehen, das ist alles! Hier das Resultat: Keine Streifen, kein Trockenreiben, kein Polieren - blitzeblank und staubtrocken. Das ist keine Zauberei. Diesen Schwamm können Sie einfach aus der Schiene rausziehen und - wenn's beliebt - auskochen. Wie gesagt, weltraumerprobtes Material. So, den Preis sollen Sie auch wissen. Der Schwamm mit stabilem Halter kostet heute in der Werbung nur zehn Mark. Später zahlen Sie hier im Kaufhaus, auf Messen und Ausstellungen fünfzehn Mark dafür. So, ab damit, das Ganze in die Tüte, ich stecke Ihnen noch diesen umweltfreundlichen Spülwasserweicher LADOSIN mit rein, am Preis ändert sich nichts, die ganze Tüte für zehn Mark!

Aufgabe **1** An welche *Zielgruppe* richtet sich der Straßenverkäufer? Begründen Sie Ihre Feststellung.

Aufgabe **2** Überprüfen Sie, wie der Straßenverkäufer folgende vier Kennzeichen eines wirksamen Werbevortrags berücksichtigt.

a) die AUFMERKSAMKEIT des Kunden wecken

▷ Wie bringt der Verkäufer Passanten zum Stehenbleiben, Hinsehen und zum Zuhören?

b) das INTERESSE auf das Produkt, die Ware lenken

▷ Wie erreicht der Verkäufer, daß die Kunden neben dem allgemeinen Vortrag über das Fensterputzen auch das Produkt wahrnehmen, auf das es dem Verkäufer ankommt? Wie heißt das Produkt?

c) den BESITZWUNSCH des Kunden anregen

▷ Wie bringt der Verkäufer den Kunden dazu, das Produkt besitzen zu wollen?

d) den Kunden zum KAUF bewegen

▷ Wie bereitet der Verkäufer den Verkauf seines Produktes vor? Wie gelingt es ihm, daß am Ende seines Vortrags zahlreiche Kunden das Produkt tatsächlich auch kaufen?

Aufgabe 3 Überprüfen Sie am Beispiel der Rede des Straßenverkäufers, wie die Werbung versucht, den Konsumenten zu erreichen.

Wieweit treffen die folgenden Aussagen über die Absichten und die Wirkungsweise der Werbung (Beispiel: Rede des Straßenverkäufers) zu?

Legen Sie eine Tabelle an, und tragen Sie ein:

Die Aussage trifft

voll zu	meistens zu	teilweise zu	kaum zu	nicht zu
(+)	:	±(0)	:	(−)

a) es wird etwas versprochen
b) es wird übertrieben
c) es wird beraten
d) es werden geheime Wünsche angesprochen
e) es wird informiert
f) es wird an die Ordnungsliebe appelliert
g) es wird gewarnt
h) es wird an die Eitelkeit appelliert
i) es wird erklärt
j) es wird der Spieltrieb eines jeden angesprochen

k) es werden wichtige Erfahrungen weitergegeben
l) es wird das Bedürfnis, perfekt sein zu wollen, angesprochen
m) es wird der Wunsch, gesund zu sein und zu werden, angesprochen
n) es wird überprüft
o) es wird kritisiert
p) es wird geholfen
q) es wird etwas von zwei Seiten gesehen

Fassen Sie die zutreffendsten Aussagen über die Methoden und die Wirkungsweise der Werbung zusammen.

Aufgabe 4 Welche sprachlichen Merkmale hat der Werbevortrag?
– Was fällt an der WORTWAHL auf?
(Kommen vor: Wortwiederholungen, Worterfindungen, Steigerungen, Vergleiche, Wortspiele, Wortkombinationen, . . .)
– Wie ist der SATZBAU?
(Fallen auf: vollständige oder unvollständige Sätze, Gliedsätze ohne Hauptsätze, Sprüche [Slogans], Reihungen von bestimmten Satztypen und Satzgliedern, Frage- und Antwortsätze, Behauptungen, . . .)
– Wie ist die ANREDE?
(Kommen vor: persönliche oder unpersönliche Ansprache, Imperativformen – Befehlssätze, ironische und humorvolle Ansprechweisen, . . .)

Übung 1 Warum gestatten Kaufhäuser in großen Städten Straßenverkäufern, an oder in den Eingangsbereichen für ihre Produkte zu werben?

Übung 2 Untersuchen Sie Werbeanzeigen, und überprüfen Sie (entsprechend Aufgabe 2) deren Wirksamkeit (AUFMERKSAMKEIT / INTERESSE / BESITZWUNSCH / KAUF).
Ermitteln Sie die wichtigsten Inhalte der Werbung (entsprechend Aufgabe 3). Untersuchen Sie die sprachlichen Merkmale (entsprechend Aufgabe 4).

Werbetexte – zu ihnen gehört auch der gesprochene Werbevortrag – sind einwirkende (appellative) Texte. Je wirkungsvoller ein Werbetext gestaltet ist (Vortragsweise, Wortwahl, Satzbau und -verknüpfung, Witz, Attraktivität, Verbindung von Wort und Bild in Anzeigen und Wort und Handlungen in Filmen), desto mehr gelingt es ihm, den Kunden zu beeinflussen.
Der Kunde bleibt am ehesten Herr seiner Kaufentscheidung, wenn er die Zusammenhänge von Werbegestaltung und eigenen, oft unbewußten Bedürfnissen kennt.

2.2 Werbesprüche: Slogans

Slogans	Im Slogan angesprochene Ziele, Wünsche und Ideale (ANGESPROCHENES)	Im Slogan verborgene Werbeziele und -absichten (VERSTECKT ANGESPROCHENES)
Das Leben ist zu kurz, um Kompromisse zu schließen. (darunter: ein Bild mit einer Cognacflasche)	Wird etwas versprochen, erklärt, in Aussicht gestellt? Wird informiert gewarnt überprüft kritisiert geholfen übertrieben ⋮	a) Wie wird die AUFMERKSAMKEIT des Betrachters geweckt? b) Wie wird das INTERESSE auf das Produkt, die Ware gelenkt?
Ich mag mein Haar. Mein Haar mag (Shampoo) (daneben: eine junge Frau mit wehendem Haar; die Frau hat ein schönes, glückliches Gesicht)	Wird appelliert an Ordnungsliebe geheime Wünsche Eitelkeit Stolz Besitzdenken ⋮	c) Wie wird der BESITZWUNSCH des Betrachters angeregt? d) Wie wird der Betrachter zum Kunden, der zum KAUF bereit ist?
⋮	⋮	⋮

Aufgabe Untersuchen Sie die folgenden Werbeslogans, indem Sie zwischen den beiden Polen der Werbung (ANGESPROCHENES und VERSTECKT ANGESPROCHENES) entsprechend dem Schema oben unterscheiden.

a) *Underberg und Du fühlst Dich wohl.*

b) *Meersalz, Myrrhe und aktive Kohlensäure. Für die Gesundheit Ihrer Zähne* (Mundwasser)

c) *Panda fahren macht reich* (Auto)

d) *Faszinierend intelligent. Das Autoradio der Zukunft* (Autoradio)

e) *Frohen Herzens genießen* (Zigaretten)

2.3 Jugendsprüche

Aufgabe 1 Was sollen diese Sprüche aus der „Jugendszene" im einzelnen aussagen?

Aufgabe 2 Worin ähneln die „Jugendsprüche" Reklamesprüchen (Slogans)?

Aufgabe 3 Warum werden die Aussagen in Sprüche gefaßt und nicht in vollständige Sätze?

Aufgabe 4 Untersuchen Sie und vergleichen Sie auch die Jugendsprüche, gegebenenfalls auch noch andere, die Ihnen einfallen, nach dem Schema:
SLOGAN: ANGESPROCHENES und VERSTECKT ANGESPROCHENES (siehe Seite 120).

2.4 Slogans politischer Werbung

Übung· 1 Untersuchen Sie die folgenden Slogans aus dem Bereich der politischen Werbung, indem Sie auch hier zunächst die mögliche Wirkung der Slogans ermitteln: AUFMERKSAMKEIT – INTERESSE – MEINUNG – HANDLUNG.

Das Ziel der politischen Werbung ist in der Regel die Übernahme der politischen Meinung durch den angesprochenen Bürger, damit er am Ende so handelt, wie es sich die Partei, politische Gruppe usw. erwünscht.

__SLOGAN__

Aus Liebe zu Deutschland: Freiheit statt Sozialismus (CDU)
Wer morgen Sicherheit haben will, muß heute für Reformen kämpfen (SPD)
Wir brauchen wieder Stabilität und Vernunft (CSU)
Laßt Vernunft walten (FDP)
Wir haben die Erde von unseren Kindern nur geborgt (Die Grünen)
Ihr Name steht auf einem anderen Blatt – Volkszählung 10 Minuten, die allen helfen (Statistisches Bundesamt)
Berlin ist eine Reise wert (Senat der Stadt Berlin)
Frieden schaffen ohne Waffen (Rüstungsgegner)

__INHALT__

– Thema
– Aussage der Partei oder Gruppe
– Indirekte Aussagen (Was wird herausgestellt, was wird zurückgestellt und nicht weiter angesprochen?)

__WIRKUNG__

AUFMERKSAMKEIT
Wie wird der Wähler angesprochen? Kann man erkennen, was die jeweilige Partei, Gruppe usw. von den angesprochenen Bürgern denkt?

INTERESSE
Welche privaten und politischen Interessen werden angesprochen? Wovor wird gewarnt oder gar angst gemacht? Wird etwas versprochen?

MEINUNG
Wie bringt die Partei oder Gruppe die Bürger dazu, zu glauben, sogar als eigene Meinung zu übernehmen, was der Slogan behauptet?

HANDLUNG
Wie wird der Bürger dazu gebracht, im Sinne des Slogans zu handeln: die Partei zu wählen oder sich sonst im Sinne des Slogans zu verhalten?

1924

1930

1932

1938/39

1936

1936

1980

1980

1983

Anschläge. 220 politische Plakate als Dokumente der deutschen Geschichte 1900–1980, ausgewählt und kommentiert von Friedrich Arnold, erweiterte Neuausgabe 1985. Langewiesche-Brandt, Ebenhausen bei München.

Übung 2 Vergleichen Sie die abgebildeten Wahlkampfplakate deutscher Parteien des Zeitraums 1924 bis 1983.
  – Beschreiben Sie die Plakate im einzelnen, indem Sie zunächst herausstellen, welche typischen Merkmale jedes Plakat hat.
  – Versuchen Sie zeittypische Merkmale näher zu bestimmen, indem Sie das Gemeinsame einer Plakatreihe herausstellen.
  – Wie sind der Wahlkampfslogan, der Plakattext (falls vorhanden) und das Plakatbild (die Gestaltung des Plakats) jeweils aufeinander abgestimmt (z. B.: gegensätzlich, sich ergänzend, scheinbar unzusammenhängend, . . .)?

Übung 3 Wie und wieweit informiert das jeweilige Plakat einerseits und manipuliert (überredet, ohne zu überzeugen) es andererseits? Begründen Sie Ihre Feststellungen.

Übung 4 Untersuchen Sie aktuelle Wahlkampfplakate oder -anzeigen politischer Parteien.

123

2.5 Rhetorik der Werbeslogans

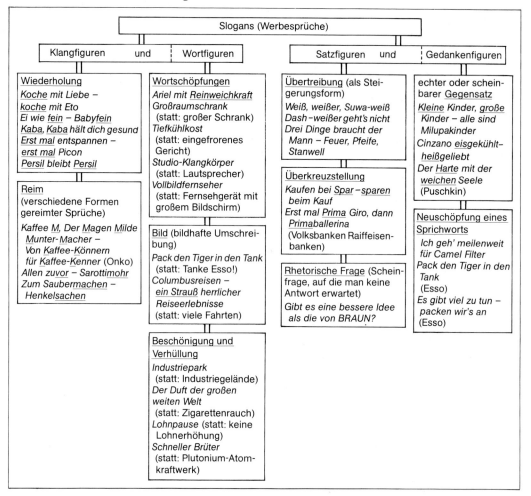

Slogans (Werbesprüche)			
Klangfiguren und	Wortfiguren	Satzfiguren und	Gedankenfiguren

Klangfiguren / Wortfiguren:

Wiederholung
Koche mit Liebe –
koche mit Eto
Ei wie fein – Babyfein
Kaba, Kaba hält dich gesund
Erst mal entspannen –
erst mal Picon
Persil bleibt Persil

Reim
(verschiedene Formen
gereimter Sprüche)
Kaffee M, Der Magen Milde
Munter-Macher –
Von Kaffee-Könnern
für Kaffee-Kenner (Onko)
Allen zuvor – Sarottimohr
Zum Saubermachen –
Henkelsachen

Wortschöpfungen
Ariel mit Reinweichkraft
Großraumschrank
(statt: großer Schrank)
Tiefkühlkost
(statt: eingefrorenes
Gericht)
Studio-Klangkörper
(statt: Lautsprecher)
Vollbildfernseher
(statt: Fernsehgerät mit
großem Bildschirm)

Bild (bildhafte Umschreibung)
Pack den Tiger in den Tank
(statt: Tanke Esso!)
Columbusreisen –
ein Strauß herrlicher
Reiseerlebnisse
(statt: viele Fahrten)

**Beschönigung und
Verhüllung**
Industriepark
(statt: Industriegelände)
*Der Duft der großen
weiten Welt*
(statt: Zigarettenrauch)
Lohnpause (statt: keine
Lohnerhöhung)
Schneller Brüter
(statt: Plutonium-Atom-
kraftwerk)

Satzfiguren / Gedankenfiguren:

Übertreibung (als Stei-
gerungsform)
Weiß, weißer, Suwa-weiß
Dash – weißer geht's nicht
*Drei Dinge braucht der
Mann – Feuer, Pfeife,
Stanwell*

Überkreuzstellung
*Kaufen bei Spar – sparen
beim Kauf*
*Erst mal Prima Giro, dann
Primaballerina*
(Volksbanken Raiffeisen-
banken)

Rhetorische Frage (Schein-
frage, auf die man keine
Antwort erwartet)
*Gibt es eine bessere Idee
als die von BRAUN?*

**echter oder schein-
barer Gegensatz**
*Kleine Kinder, große
Kinder – alle sind
Milupakinder*
*Cinzano eisgekühlt–
heißgeliebt*
*Der Harte mit der
weichen Seele*
(Puschkin)

**Neuschöpfung eines
Sprichworts**
*Ich geh' meilenweit
für Camel Filter*
*Pack den Tiger in den
Tank*
(Esso)
*Es gibt viel zu tun –
packen wir's an*
(Esso)

| Übung |

Ordnen Sie die folgenden Werbeslogans (*Produktwerbung, Ideenwerbung* – Beispiel:
„Jugendsprüche" – und *politische Werbung*) nach ihren rhetorischen Auffälligkeiten. Bilden Sie zwei Merkmalsgruppen:

Merkmal a: Satz- und Gedankenfigur
Merkmal b: Wort- und Klangfigur

– *Baranne macht Leder jung und zärtlich*
– *Wähl auch Du: CDU*
– *Nur ein Strich – körperfrisch*
– *Mercedes – Dein guter Stern auf allen Straßen*
– *Man hat's nicht leicht, aber leicht hat's einen* (Jugendspruch)
– *Let's go West* (Zigaretten)
– *Modell Deutschland – Eine gute Zukunft für uns* (SPD)
– *Prima, Praktisch, Preiswert: Eduscho*
– *Alle reden vom Wetter – wir nicht* (Deutsche Bundesbahn)

Der **Slogan** ist die kürzeste und treffendste Form der Werbung und Propaganda. Er ist leicht zu behalten.
Im Werbeslogan spiegeln sich Absichten des *Werbenden* (Firma, Partei, Interessengruppe).
Aber auch das Bild, das der Werbende vom *Umworbenen* (Kunde, Bürger, Ansprechpartner) hat, läßt sich bei genauem Hinsehen feststellen.
Der Slogan ist die Zusammenfassung des Programms, das hinter einer Werbung steht. Im ungünstigsten Fall sollen die Umworbenen manipuliert, im günstigsten Fall informiert werden.

3 Öffentliche Rede

3.1 Ansprache

Guten Abend, liebe Zuschauer!
Wir kennen die Bilder, schreckliche Hungerbilder von Kindern aus der Dritten Welt, wir kennen unsere Kinder, in der Regel wohlgenährt, manch-
5 mal sogar ein bißchen zu dick. Das ist die Wirklichkeit, in der morgen in Deutschland Erntedankfest gefeiert wird. Von deutschen Erwachsenen brauche ich nicht zu reden: Da sehen Sie mich selber, als einen von Millionen, der alles, was er zum
10 Leben braucht – und noch viel mehr, hat. Auch bei uns gibt es Not, aber keiner braucht zu hungern. Dies alles wissen wir, wenn wir nur lesen und zuhören können, seit Jahren. Immer neue Elends- und Schreckensbilder werden uns gezeigt, und an
15 Weihnachten rührt sich unser Herz – vielleicht –, und wir geben ein kleines Opfer an „Brot für die Welt", für „Misereor" oder für die „Welthungerhilfe". Aber es ändert sich nichts. Die Zahlen der verhungernden Kinder werden immer höher und
20 der Abstand zwischen reichen und armen Völkern in der Welt immer größer.
Warum ändert sich nichts? Doch vor allem, weil wir uns selbst nicht ändern. Weil es uns – um jeden Preis, wirklich um jeden Preis, also auch um
25 den Preis des Völkermordes – immer besser gehen soll, weil alles auf Wachstum und Fortschritt angelegt ist – Fortschritt wohin? – und niemand, kein Regierender, keine Partei, keine Kirche uns zur Änderung unserer Konsum- und Wegwerfge-
30 sellschaft aufruft. Nie lebt es sich so bequem, wie auf Kosten anderer.
Heinrich Alberts: Das Wort zum Sonntag. 29. 9. 1979.

Und das schlimmste ist: Auch wenn einer von uns anfängt, seinen Lebensstil zu vereinfachen, auf irgend etwas zu verzichten, auf sein Auto zum Beispiel, ändern wir damit gar nichts – setzen höch- 35 stens ein Zeichen, über das die Mehrheit lachend hinweggeht – das sind die Träumer und Spinner, das sind die Subkulturen.
Woran liegt das? Ich meine, weil wir vergessen haben, daß die Güter dieser Welt nicht unser frei 40 verfügbares Eigentum sind. Sie sind Geschenk und Auftrag dessen, der diese Welt und uns geschaffen hat. Im Gedächtnis der meisten von Ihnen, die jetzt noch zuhören, ist das Gebet haftengeblieben, das uns der einzige wirkliche Mensch, der der 45 Sohn Gottes war, gelehrt hat zu beten: „Vater unser, unser täglich Brot gib uns heute." Da nehmen wir also, was ein anderer gibt. Und der Vater, von dem hier die Rede ist, ist der Vater aller Kinder – der Hungrigen und der Satten. Glauben wir im 50 Ernst, daß er noch lange zusehen wird, wenn wir auf Kosten des Hungrigen satt sind? Nicht die Theologen, sondern die Sachverständigen rechnen uns aus, wie lange, wie kurz dies Auf-Kosten-anderer-Leben noch gutgehen kann. 55
Ich, nun ein alt gewordener Mann, werde diese Katastrophe wahrscheinlich nicht mehr erleben. Aber soll ich schweigen, wenn ich an meine Enkel denke? Darum möchte ich eigentlich beten dürfen: Vater unser, gib uns hier in Europa lieber etwas weniger zu 60 essen und dafür etwas mehr Verstand, damit wir endlich aufwachen und bereit sind, zu teilen.

Aufgabe **1** Stellen Sie fest, worum es in der Ansprache geht.
Wer spricht, und wer soll angesprochen werden?

Aufgabe **2** Schreiben Sie eine Überschrift zur Ansprache, die den Hauptinhalt zusammenfaßt.

Aufgabe 3 Gehen Sie näher auf die Sprache der Ansprache ein.
- Welches sind die wichtigsten *Wörter,* die Schlüsselwörter im Text?
  Wie ist die Wortwahl, sind die Wörter eher schwer oder eher leicht verständlich?
  Wiederholen sich die Schlüsselwörter?
  Stoßen die Wörter und Begriffe eher auf Zustimmung oder eher auf Ablehnung?
- Wie ist der *Textaufbau?*
  Gibt es eine Einleitung, einen Hauptteil, einen Schlußteil?
  Sind die Textabschnitte aufeinander abgestimmt, oder stehen sie in einem ungeordneten Verhältnis zueinander?
- Wie ist der *Satzbau?*
  Ist er einfach oder kompliziert, gleichmäßig oder ungleichmäßig...?
  Welche Satzarten kommen hauptsächlich oder auffallend häufig vor (Aussagesätze, Fragesätze, Befehlssätze, einfache oder komplizierte Satzgefüge)?

Aufgabe 4 Wer fühlt sich Ihrer Meinung nach von der Rede angesprochen?

Aufgabe 5 Ordnen Sie die folgenden Anlässe für Reden und Redeformen jeweils einem entsprechenden Redner zu.

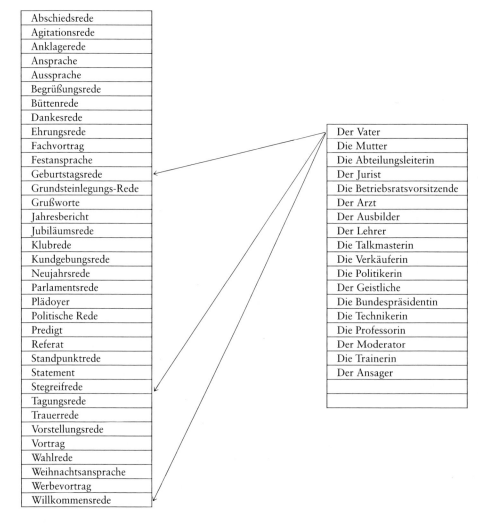

Abschiedsrede	
Agitationsrede	
Anklagerede	
Ansprache	
Aussprache	
Begrüßungsrede	
Büttenrede	
Dankesrede	
Ehrungsrede	Der Vater
Fachvortrag	Die Mutter
Festansprache	Die Abteilungsleiterin
Geburtstagsrede	Der Jurist
Grundsteinlegungs-Rede	Die Betriebsratsvorsitzende
Grußworte	Der Arzt
Jahresbericht	Der Ausbilder
Jubiläumsrede	Der Lehrer
Klubrede	Die Talkmasterin
Kundgebungsrede	Die Verkäuferin
Neujahrsrede	Die Politikerin
Parlamentsrede	Der Geistliche
Plädoyer	Die Bundespräsidentin
Politische Rede	Die Technikerin
Predigt	Die Professorin
Referat	Der Moderator
Standpunktrede	Die Trainerin
Statement	Der Ansager
Stegreifrede	
Tagungsrede	
Trauerrede	
Vorstellungsrede	
Vortrag	
Wahlrede	
Weihnachtsansprache	
Werbevortrag	
Willkommensrede	

| Übung | Halten Sie in verteilten Rollen *Stegreifreden* zum Thema: Klassenfahrt.

a) Ein Mitschüler oder eine Mitschülerin möchte an der geplanten Klassenfahrt nicht teilnehmen. Wenn ein Mitschüler nicht mitfährt, darf die Fahrt nicht durchgeführt werden. Halten Sie ihm oder ihr eine 'Standpauke', in der Sie im Interesse der Klasse argumentieren und an den Angesprochenen so appellieren, daß sich dieser nicht verletzt, sondern ermutigt fühlt.

b) Sie haben sich so geärgert, daß Sie an der bevorstehenden Klassenfahrt nicht teilnehmen wollen. Halten Sie eine kurze Rede, in der Sie Ihre Klassenkameraden direkt ansprechen, Ihre Gefühle darlegen und Ihre Entscheidung begründen.

c) Sie sind Klassensprecher und haben beide Seiten angehört. Sprechen Sie nun in einer kurzen Rede alle an, ohne jemanden auszugrenzen. Appellieren Sie im Interesse der gemeinsamen Sache, indem Sie die vorher vorgetragenen Argumente aufgreifen.

Bestandteile der Rede

AUFMERKSAMKEIT
Wie erreiche ich die anderen so, daß sie auch zuhören? Was mache ich zum 'Aufhänger' meiner Rede? Kann ich mein Anliegen kurz auf den Begriff bringen und gegebenenfalls einen Leitspruch (Slogan) an den Anfang stellen?

Nicht vergessen!

Neugierde und Interesse
beim Hörer wecken

Sagen, worum es geht
(kurz und anschaulich)

Begründung für die
eigene Meinung
(an mögliche Gegenargumente denken)

Anschaulichkeit
(Beispiel aus der Praxis, Erlebnisse,
Gleichnisse, Schilderungen)

Einwirkung
(Aufruf zum Handeln, zum Verstehen,
zum Akzeptieren, ...)

INTERESSE
Welche Interessen, Neigungen, Wünsche der Zuhörer muß ich berücksichtigen und ansprechen? Wie gehe ich vor, damit ich nicht an den Hörern vorbeirede?

MEINUNG
Wie kann ich die Hörer davon überzeugen, daß meine Auffassung richtig ist, so, daß sie für alle annehmbar wird?

HANDLUNG
Wie bringe ich die Hörer dazu, nicht nur mit meiner Meinung übereinzustimmen, sondern auch so zu handeln, wie ich es vorschlage?

Mit der **Rede** wird versucht, auf andere einzuwirken, an sie, die Hörer, im Interesse eines Redeziels zu appellieren. Der Gedankenaustausch wie im Gespräch ist nicht möglich. Deshalb muß der Redner mit einkalkulieren, welche Interessen und Meinungen die Hörer möglicherweise haben.
Der Redner sollte zunächst die Aufmerksamkeit seiner Hörer gewinnen, indem er deren Interessen aufgreift und anspricht. Erst danach wird er seine Meinung vertreten, möglichst so überzeugend, daß die Hörer die Meinung des Redners übernehmen und in diesem Sinne auch bereit sind zu handeln.

3.2 Aufruf als politische Rede

Martin Luther King: Ein Traum

Der schwarze Bürgerrechtler Martin Luther King hielt 1963 nach einem Demonstrationsmarsch, an dem sich 250 000 Menschen beteiligten, für die Rechte der Neger in den USA vor dem Denkmal Abraham Lincolns in Washington eine Rede. Die Rede hat so begeistert, daß sie heute noch in der Welt als „Jahrhundertrede" betrachtet wird.

Über Generationen hinweg wurden die Schwarzen zunächst als Sklaven, dann als Minderheit unterdrückt. Die Unterdrückung gehörte bis in die 60er Jahre hinein zur politischen und gesellschaftlichen Realität in den USA.

Wenige Wochen nach dieser Rede brachen erneut schwere Rassenunruhen aus, denen viele Schwarze zum Opfer fielen. John F. Kennedy, der die Bürgerrechtsbewegung unterstützt hatte, wurde im selben Jahr ermordet.

Am 4. April 1968 wurde Luther King selbst ein Opfer eines weißen Rassisten, der Martin Luther King während einer Kundgebung ermordete.

Die Rede, die durch rhythmisches Klatschen und zustimmende Zurufe immer wieder unterbrochen wurde, endet so:

Dr. Martin Luther King winkt von der Lincoln-Gedächtnisstätte aus amerikanischen Negern (und Weißen) zu, die am 28. 8. 1963 um ihrer Rechte willen einen „Marsch auf Washington" unternahmen. Foto: dpa.

Ich sage euch: Trotz der Schwierigkeiten, die sich heute und morgen vor uns türmen, träume ich noch immer einen Traum. Dieser Traum erwächst aus der Tiefe des amerikanischen Traums. Ich
5 träume den Traum, daß sich diese Nation eines Tages erhebt und daß sie dann lebt, was ihr Glaube sie wirklich zu leben heißt, nämlich was wir für eine unmittelbar einsichtige Wahrheit halten: daß alle Menschen gleich geschaffen sind.
10 Ich träume den Traum, daß sich auf den roten Hügeln Georgias die Söhne der einstigen Sklaven mit den Söhnen der einstigen Sklavenhalter gemeinsam an den Tisch der Brüderlichkeit setzen. Ich träume den Traum, daß sogar der Staat Mis-
15 sissippi, der in der heißen Wüste der Unterdrückung lechzt, in eine Oase der Freiheit und Gerechtigkeit verwandelt wird.
Ich träume den Traum, daß meine vier Kinder eines Tages in einer Nation leben, in der sie nicht
20 nach der Hautfarbe, sondern nach dem Wert ihres Charakters beurteilt werden. Ich träume den Traum, daß eines Tages jedes Tal erhöht und jeder Hügel und Berg abgetragen werde. Was uneben ist, wird geglättet, was gewunden, wird begradigt
25 sein. Mit diesem Glauben werde ich in den Süden zurückkehren. Mit diesem Glauben will ich aus dem Gebirge der Verzweiflung den Stein der Hoff-

nung brechen. Mit diesem Glauben werden wir zusammen arbeiten können, zusammen beten können, zusammen kämpfen können, zusammen 30 ins Gefängnis gehen können, zusammen uns für die Freiheit erheben können – und alles in der Gewißheit, eines Tages frei zu sein.
Es wird der Tag sein, da alle Kinder Gottes in neuem Geiste singen können: „Let freedom ring". 35 Also laßt die Freiheitsglocken läuten von all den wunderbaren Hügeln New Hampshires. Laßt die Freiheitsglocken läuten von den mächtigen Bergen des Staates New York. Und nicht genug damit. Laßt die Freiheitsglocken läuten vom Stone 40 Mountain Georgias. Laßt die Freiheitsglocken läuten von jedem Hügel und Maulwurfshügel Mississippis, von allem Bergland.

Und wenn wir die Freiheitsglocken in jeder Stadt und jedem Weiler, in jedem Staat und jeder Metropole läuten lassen, dann wird der Tag um so schneller anbrechen, an dem alle Kinder Gottes, Schwarze und Weiße, Juden und Heiden, Protestanten und Katholiken, sich gern die Hände reichen und mit den Worten des alten Neger-Spirituals singen: „Endlich frei! Endlich frei! Großer Gott, Allmächtiger, endlich sind wir frei."

Coretta King: Mein Leben mit Martin Luther King. Übersetzt von Christa Wegen. Deutsche Verlagsanstalt, Stuttgart 1970, S. 192. Ausschnitt. Von der Übersetzerin 1986 revidiert.

| Aufgabe |

Untersuchen Sie den Schlußteil der Rede von Martin Luther King. Legen Sie dabei die folgenden Maßstäbe zur Charakterisierung 'guter Reden' an:

– *Ansprache/Appell*
Findet der Redner den richtigen Ton?
Ist seine Sprache der Situation (Unterdrückung der Neger in den USA) angemessen?
Fühlen die Angesprochenen sich verstanden?
Stellt der Redner z. B. Fragen, die der Hörer kennt und auch beantwortet haben möchte?
Führt der Redner indirekt ein 'heimliches' Gespräch mit jedem einzelnen Zuhörer?

– *Klarheit*
Ist die Rede verständlich?
Ist die Sache klar, um die es geht?
Vermeidet der Redner, daß das Gesagte unterschiedlich ausgelegt werden kann?

– *Schmuck*
Wirkt die Rede kunstvoll, jedoch nicht künstlich, unwirklich?
Reißt die Sprache mit?
Gibt es sprachliche Bilder, Gleichnisse, ungewöhnliche und doch verständliche Ausdrücke und Wortverbindungen, die faszinieren?
Werden kunstvoll rhetorische Figuren (Klang-, Wort-, Satz- und Gedankenfiguren, vgl. Seite 124) eingesetzt?

– *Anschaulichkeit*
Ist die Rede so eindringlich, daß jeder weiß, worum es geht?
Wird nicht herumgeredet?
Wird appelliert und glaubhaft, realitätsnah argumentiert?

– *Sinn*
Ist die Rede logisch aufgebaut?
Können die Gedankengänge nachvollzogen werden?
Kann der Zuhörer mitdenken?
Werden die wichtigsten Aussagen vorbereitet, betont und erinnerungswirksam auf den Punkt gebracht?
Sind das Thema und das Anliegen der Rede für eine Zuhöreröffentlichkeit von Bedeutung?
Hilft die Rede den Zuhörern dabei, sich zu orientieren, z. B., um Probleme und offene Fragen zu lösen?

Die **Rede** 'lebt' davon, mündlich einem Zuhörerkreis vorgetragen zu werden. Entsprechend richtet sich der Redner direkt an die Zuhörer: Er stellt sich auf sie ein und berücksichtigt die Situation, in der die Rede gehalten wird.
Die persönliche Meinung des Redners steht im Mittelpunkt jeder Rede. Der Redner legt sie dar und versucht, sie seinen Zuhörern mit den Mitteln der Rhetorik (= Redekunst) nahezubringen.

3.3 Aufruf als Flugblatt

[Hans und Sophie Scholl]: Aufruf an alle Deutschen!

Der Krieg geht seinem sicheren Ende entgegen. Wie im Jahre 1918 versucht die deutsche Regierung, alle Aufmerksamkeit auf die wachsende U-Boot-Gefahr zu lenken, während im Osten die Armeen unaufhörlich zurückströmen, im Westen die Invasion erwartet wird. Die Rüstung Amerikas hat ihren Höhepunkt noch nicht erreicht, aber heute schon übertrifft sie alles in der Geschichte seither Dagewesene. Mit mathematischer Sicherheit führt Hitler das deutsche Volk in den Abgrund. *Hitler kann den Krieg nicht gewinnen, nur noch verlängern!* Seine und seiner Helfer Schuld hat jedes Maß unendlich überschritten. Die gerechte Strafe rückt näher und näher!

Was aber tut das deutsche Volk? Es sieht nicht und es hört nicht. Blindlings folgt es seinen Verführern ins Verderben. Sieg um jeden Preis! haben sie auf ihre Fahne geschrieben. Ich kämpfe bis zum letzten Mann, sagt Hitler – indes ist der Krieg bereits verloren.

Deutsche! Wollt Ihr und Eure Kinder dasselbe Schicksal erleiden, das den Juden widerfahren ist? Wollt Ihr mit dem gleichen Maße gemessen werden wie Eure Verführer? Sollen wir auf ewig das von aller Welt gehaßte und ausgestoßene Volk sein? Nein! Darum trennt Euch von dem nationalsozialistischen Untermenschentum! Beweist durch die Tat, daß Ihr anders denkt! Ein neuer Befreiungskrieg bricht an. Der bessere Teil des Volkes kämpft auf unserer Seite. Zerreißt den Mantel der Gleichgültigkeit, den Ihr um Euer Herz gelegt! Entscheidet Euch, *ehe es zu spät ist!*

Glaubt nicht der nationalsozialistischen Propaganda, die Euch den Bolschewistenschreck in die Glieder gejagt hat! Glaubt nicht, daß Deutschlands Heil mit dem Sieg des Nationalsozialismus auf Gedeih und Verderb verbunden sei! Ein Verbrechertum kann keinen deutschen Sieg erringen. Trennt Euch *rechtzeitig* von allem, was mit dem Nationalsozialismus zusammenhängt! Nachher wird ein schreckliches, aber gerechtes Gericht kommen über die, so sich feig und unentschlossen verborgen hielten.

Was lehrt uns der Ausgang dieses Krieges, der nie ein nationaler war?

Der imperialistische Machtgedanke muß, von welcher Seite er auch kommen möge, für allezeit unschädlich gemacht werden. Ein einseitiger preußischer Militarismus darf nie mehr zur Macht gelangen. Nur in großzügiger Zusammenarbeit der europäischen Völker kann der Boden geschaffen werden, auf welchem ein neuer Aufbau möglich sein wird. Jede zentralistische Gewalt, wie sie der preußische Staat in Deutschland und Europa auszuüben versucht hat, muß im Keime erstickt werden. Das kommende Deutschland kann nur föderalistisch sein. Nur eine gesunde föderalistische Staatsordnung vermag heute noch das geschwächte Europa mit neuem Leben zu erfüllen. Die Arbeiterschaft muß durch einen vernünftigen Sozialismus aus ihrem Zustand niedrigster Sklaverei befreit werden. Das Truggebilde der autarken Wirtschaft muß in Europa verschwinden. Jedes Volk, jeder einzelne hat ein Recht auf die Güter der Welt!

Freiheit der Rede, Freiheit des Bekenntnisses, Schutz des einzelnen Bürgers vor der Willkür verbrecherischer Gewaltstaaten, das sind die Grundlagen des neuen Europas.

Unterstützt die Widerstandsbewegung, verbreitet die Flugblätter!

Geschwister-Scholl-Gruppe: Aufruf an alle Deutschen. In: Günther Weisenborn: Der lautlose Aufstand. Rowohlt, Hamburg 1953. Zitiert nach: Lesestücke, hrsg. vom Vorstand des Hessischen Jugendrings. Wiesbaden 1967, S. 94.

Aufgabe **1** Tragen Sie zusammen, aus welcher geschichtlichen Situation heraus der Aufruf entstanden ist. (Die Geschwister Scholl wurden wegen dieses Aufrufs hingerichtet.)

Aufgabe **2** Nennen Sie das Hauptanliegen des Aufrufs aus dem Jahr 1943. Wer ruft auf? Was wird aufgerufen? Wer wird aufgerufen?

Aufgabe **3** Vergleichen Sie die Form des öffentlichen Aufrufs mit der Form der öffentlichen Rede. Was ist das Besondere eines Aufrufs?

3.4 Gedenkrede

Richard von Weizsäcker: An die Jugend

Aus Anlaß des 40. Jahrestages der Beendigung des Krieges in Europa und der nationalsozialistischen Gewaltherrschaft hielt Bundespräsident Weizsäcker am 8. Mai 1985 im Plenarsaal des Bundestages eine Rede.
Der Schlußteil seiner Rede ist an die Jugend gerichtet:

IX.

Manche junge Menschen haben sich und uns in den letzten Monaten gefragt, warum es 40 Jahre nach Ende des Krieges zu so lebhaften Auseinandersetzungen über die Vergangenheit gekommen ist. Warum lebhafter als nach 25 oder 30 Jahren? Worin liegt die innere Notwendigkeit dafür?

Es ist nicht leicht, solche Fragen zu beantworten. Aber wir sollten die Gründe dafür nicht vornehmlich in äußeren Einflüssen suchen, obwohl es diese zweifellos auch gegeben hat.

40 Jahre spielen in der Zeitspanne von Menschenleben und Völkerschicksalen eine große Rolle.

Auch hier erlauben Sie mir noch einmal einen Blick auf das Alte Testament, das für jeden Menschen, unabhängig von seinem Glauben, tiefe Einsichten aufbewahrt. Dort spielen 40 Jahre eine häufig wiederkehrende, eine wesentliche Rolle.

40 Jahre sollte Israel in der Wüste bleiben, bevor der neue Abschnitt in der Geschichte mit dem Einzug ins verheißene Land begann.

40 Jahre waren notwendig für einen vollständigen Wechsel der damals verantwortlichen Vätergeneration.

An anderer Stelle aber (Buch der Richter) wird aufgezeichnet, wie oft die Erinnerung an erfahrene Hilfe und Rettung nur 40 Jahre dauerte. Wenn die Erinnerung abriß, war die Ruhe zu Ende.

So bedeuten 40 Jahre stets einen großen Einschnitt. Sie wirken sich aus im Bewußtsein der Menschen, sei es als Ende einer dunklen Zeit mit der Zuversicht auf eine neue und gute Zukunft, sei es als Gefahr des Vergessens und als Warnung vor den Folgen. Über beides lohnt es sich nachzudenken.

Bei uns ist eine neue Generation in die politische Verantwortung hereingewachsen. Die Jungen sind nicht verantwortlich für das, was damals geschah. Aber sie sind verantwortlich für das, was in der Geschichte daraus wird.

Wir Älteren schulden der Jugend nicht die Erfüllung von Träumen, sondern Aufrichtigkeit. Wir müssen den Jüngeren helfen zu verstehen, warum es lebenswichtig ist, die Erinnerung wachzuhalten. Wir wollen ihnen helfen, sich auf die geschichtliche Wahrheit nüchtern und ohne Einseitigkeit einzulassen, ohne Flucht in utopische Heilslehren, aber auch ohne moralische Überheblichkeit.

Wir lernen aus unserer eigenen Geschichte, wozu der Mensch fähig ist. Deshalb dürfen wir uns nicht einbilden, wir seien nun als Menschen anders und besser geworden.

Es gibt keine endgültig errungene moralische Vollkommenheit – für niemanden und kein Land! Wir haben als Menschen gelernt, wir bleiben als Menschen gefährdet. Aber wir haben die Kraft, Gefährdungen immer von neuem zu überwinden.

Hitler hat stets damit gearbeitet, Vorurteile, Feindschaften und Haß zu schüren.

Die Bitte an die jungen Menschen lautet:

Lassen Sie sich nicht hineintreiben in Feindschaft und Haß
 gegen andere Menschen,
 gegen Russen oder Amerikaner,
 gegen Juden oder Türken,
 gegen Alternative oder Konservative,
 gegen Schwarz oder Weiß.

Lernen Sie, miteinander zu leben, nicht gegeneinander.

Lassen Sie auch uns als demokratisch gewählte Politiker dies immer wieder beherzigen und ein Beispiel geben.

Ehren wir die Freiheit.

Arbeiten wir für den Frieden.

Halten wir uns an das Recht.

Dienen wir unseren inneren Maßstäben der Gerechtigkeit.

Schauen wir am heutigen 8. Mai, so gut wir es können, der Wahrheit ins Auge.

Bulletin des Presse- und Informationsamtes der Bundesregierung, Nr. 52, S. 441 ff., Bonn, 9. 5. 1985. Ausschnitt.

Fünftes Kapitel: Argumentieren und Erörtern

1 Mündliches Argumentieren

1.1 Meinungsbildung im Gespräch

Lutz:
Eine Fünf, sie hat mir wieder eine Fünf gegeben. Was soll ich machen? Meine Ergebnisse waren richtig bis auf eine Aufgabe. Ich sage dir, die mag mich nicht, weil ich über ihre blöden Witze nicht lachen kann.

Michael:
Aber nein! – Die Fünf geht in Ordnung, weil deine Aufgaben im Ansatz falsch waren. Punktrechnen geht vor Strichrechnen! Das hast du vergessen, und darum hast du die Arbeit versiebt.

Lutz:
Aber ich habe doch die richtigen Ergebnisse!

Michael:
Die Kommas hast du allerdings vergessen. Trotzdem ist es erstaunlich.

Lutz:
Warum? Die Aufgaben waren einfach. Ich habe sie direkt in den Rechner getippt. Im übrigen habe ich die gleichen Ergebnisse wie Friedel, und dem hat sie eine glatte Drei gegeben. Glaube mir, die hat etwas gegen mich!

Michael:
Wenn du dir immer nur die Ergebnisse ansiehst, dann wirst du noch manche Pleite erleben. Mir ist das auch schon passiert. Schau dir die Aufgaben von Friedel an; bei dem stimmen die Ansätze. Der hat nur die Kommas vergessen.

Lutz:
Und wenn schon, sie mag mich trotzdem nicht.

Michael:
Wenn dich die fixe Idee tröstet ... Ich würde mir lieber die Aufgaben noch mal ansehen. Vielleicht hat sie einen brauchbaren Ansatz übersehen, und es ist noch was zu retten. Zeig doch mal her.

Lutz:
Die Mühe kannst du dir sparen. Erwin und ich haben schon alles durchgeforstet.

Michael:
Da scheint tatsächlich nicht viel drin zu sein.

Lutz:
Man sollte die verdammten Noten abschaffen. Jetzt geht das Theater mit meinen Eltern wieder los: „Du tust nichts, du kannst nichts, du wirst nichts ...!" Ich kann es nicht mehr hören.

Michael:
Meine Eltern sind da auch nicht anders. Aber ohne Noten geht es wohl nicht.

Lutz:
Warum nicht?

Michael:
Schließlich will doch jeder wissen, wo er steht. Gegen gute Noten hast du doch auch nichts, oder?

Lutz:
Ich kann auf Noten verzichten. Sie wollen uns doch nur ständig kontrollieren und unter Druck halten. Wenn ich an die nächste Fünf in Mathe denke, dann bekomme ich jetzt schon Ladehemmung.

Michael:
Vielleicht hast du recht. Aber sie werden die Noten nicht abschaffen, und ganz ohne Kontrolle geht es wohl auch nicht.

| Aufgabe | 1 Was ist hier strittig? Wie kommt es dazu, daß etwas strittig wird?

| Aufgabe | 2 Welche Thesen (Behauptungen) stehen sich gegenüber?

Aufgabe 3 Mit welchen Argumenten (Gründen und Belegen) versuchen Lutz und Michael ihre Behauptungen zu stützen? Ordnen Sie Thesen und Argumente nach folgendem Schema.

Thema: ...

1. These (Behauptung) ...   Beispiele ...
      Argumente (Gründe + Belege)
      a) ... b) ... c) ...

2. These (Behauptung) ...
      a) ... b) ... c) ...   Beispiele ...

Argument

▷ Ein Argument ist eine Aussage, die eine strittige Behauptung oder Forderung begründet.

▷ Argumente sollen sachbezogen, verständlich und überzeugend sein; sie dürfen nicht nur den Sprecher selbst überzeugen.

▷ Das persönliche Interesse spielt bei der Argumentation eine wichtige Rolle.

▷ Eine sinnvolle Argumentation dient dem sozialen Frieden. Sie kann zum Einverständnis führen oder zum Kompromiß. Sie kann auch unterschiedliche Meinungen oder Forderungen verdeutlichen, doch verletzt sie dabei nicht die Persönlichkeit des anderen.

▷ Damit Argumentationen sich nicht 'im Kreise drehen', sollte man sich immer wieder die Grundelemente der Argumentation bewußtmachen:

Was ist umstritten?		Thema	
Was wird von der einen, was von der anderen Seite behauptet?	/		\
	These		Gegenthese
Wodurch werden Behauptungen begründet oder widerlegt?	|		|
	Argument		Gegenargument
	|		|
Womit werden Argumente belegt?	Beleg		Beleg

▷ Ein starkes Argument überzeugt durch gute Gründe, durch Belege und Beispiele:

Behauptung: Leistungsnoten sind notwendig,
Begründung: *weil* sie der Kontrolle dienen,
Beleg: *denn* Lehrer, Eltern, aber auch Schüler wollen über den Leistungsstand informiert sein,
Beispiel: *wie* entsprechende Rückfragen von allen Seiten täglich beweisen.

Aufgabe 4 Stellen Sie fest, wer nach Ihrer Meinung bei dem Gespräch zwischen Lutz und Michael die stärkeren, wer die schwächeren Argumente hat.

Übung 1 Formulieren Sie weitere Argumente für und gegen Leistungsnoten in der Schule.

Übung 2 Gesprächsformen lassen sich nach der Situation und der Grundhaltung der Gesprächspartner unterscheiden. Welcher der folgenden Gesprächsformen ordnen Sie das Gespräch zwischen Lutz und Michael zu? Begründen Sie Ihre Zuordnung durch Textverweise.

a) Die Gesprächspartner setzen sich über ihre unterschiedlichen Meinungen sachlich auseinander und suchen eine Übereinstimmung.

b) Die Gesprächspartner wollen ihre jeweilige Meinung um jeden Preis durchsetzen. Die Argumentation wird unsachlich und gefühlsbetont.

c) Die Gesprächspartner gehen nur zum Schein auf die Gegenargumentation ein, beharren aber unbeweglich auf der Verteidigung ihrer Interessen.

133

1.2 Stellungnahme zu einem Unterrichtsgespräch

Lehrer:	Mit welchen Erwartungen sind Sie an die Wahl Ihres Berufes gegangen?
Hans:	Wir müssen doch froh sein, wenn wir einen Ausbildungsplatz bekommen, egal welchen! Nach unseren Erwartungen fragt außer Ihnen kein Mensch.

5

Henk:	Meinen Ausbildungsplatz kannst du haben. Mir genügt ein Job, bei dem es etwas zu verdienen gibt. Ich will endlich Knete sehn.

10 Hans: Mir wäre eine vernünftige Ausbildung wichtiger, weil die meisten Arbeitslosen ungelernte Arbeiter sind. Das solltest auch du wissen.

Renate: Und was nützt dir eine Lehrstelle, wenn du hinterher nicht übernommen wirst? Lehrlinge sind doch nur billige Arbeitskräfte. Wenn ich schon arbeiten muß, dann will ich auch bezahlt werden.

15 Sylvia: Man kann doch nicht ein Leben lang jobben. Irgendwann muß man doch einen Beruf erlernen. Ich will Schneiderin werden, weil mir das Nähen Spaß macht. Ich will doch nicht irgendeine Arbeit tun, die mich ständig anödet!

Lehrer: Es geht bei der Berufswahl nicht nur um Neigungen und Wünsche, es geht auch um Eignung. Haben Sie schon mal genäht, Sylvia?

20 Sylvia: Ich nähe mir schon jetzt meine Röcke und Blusen selbst. Natürlich hilft mir meine Mutter, wenn ich nicht weiterweiß.

Anna: Ständig an der Nähmaschine sitzen, das wäre für mich nichts. Ich muß unter Menschen. Es ist mir egal, was ich werde, aber ich muß es in meinem Beruf mit Menschen zu tun haben.

Henk: Wer mir einen sicheren Arbeitsplatz gibt und anständig bezahlt, für den tue ich die letzte

25   Drecksarbeit. Ihr spinnt doch alle. Es kommt nur auf die Knete an. Bei der Müllabfuhr hat man um 14.00 Uhr Feierabend und verdient richtig Geld ...

Aufgabe 1   Was ist hier umstritten? Welches Thema wird hier erörtert?

Aufgabe 2   Welche Behauptungen (Thesen) werden von den Gesprächsteilnehmern aufgestellt?

Aufgabe 3   Oft begründen Teilnehmer an einem Streitgespräch Meinungen, indem sie Tatsachen behaupten und von diesen Tatsachen Forderungen ableiten, die das eigene Interesse nahelegt. Manchmal sind solche Argumentationen nicht nur von Interessen geleitet, sondern auch von persönlichen Wertvorstellungen.
Nennen Sie Ziele, Interessen und Wertvorstellungen, die die Argumentation einzelner Gesprächsteilnehmer bestimmen.

Übung 1   Eine Behauptung oder Forderung (These) wird vernünftig begründet, indem man die Argumente gedanklich verbindet. Diesem Zweck dienen die *Verknüpfungswörter,* die jeweils den entsprechenden Denkschritt erkennen lassen:

Beispiel: Ständig an der Nähmaschine sitzen, das wäre für mich nichts. Ich muß unter Menschen (unverbunden).
Ständig an der Nähmaschine sitzen, das wäre für mich nichts, *weil* ich unter Menschen sein muß (verbunden).

Überprüfen Sie die Verknüpfungswörter (siehe Seite 218f.) im Text auf ihre gedankliche Schlüssigkeit. Ergänzen Sie diese Wörter, wo immer der Text dadurch an gedanklicher Klarheit oder Überzeugungskraft gewinnt.

Eine Hilfe kann Ihnen folgende Zusammenstellung bieten:

Begründung: nämlich, denn, da, weil, zumal da
Folgerung: deshalb, folglich, darum, daher, also, infolgedessen
Einschränkung: zwar ... aber, trotzdem, obgleich, obwohl, wenn auch ... so doch
Bedingung: wenn ... dann, falls
Zweck: darum, dazu, damit

Übung 2 Nehmen Sie selbst schriftlich zum Thema Berufswahl Stellung. Damit Ihre Stellungnahme überzeugend und schlüssig wird, sollten Sie Ihre Meinung durch starke Argumente begründen, die Sie in einleuchtender Weise gedanklich verbinden:
Von welchen Überlegungen haben Sie sich bei der Wahl Ihres Berufes leiten lassen?

1.3 Streitgespräch zum Thema Jugendarbeitslosigkeit

Im Juni 1982 fand in Loccum, in der Bildungsstätte der evangelischen Kirche, eine Tagung statt unter dem Thema: Jugend 82 zwischen Rückzug und Auflehnung. Eingeladen von der Deutschen Shell, nahmen Jugendliche und Erwachsene, vom Hauptschüler bis zum Generaldirektor, an der Tagung teil.
Teilnehmer: Hanns Brauser (Bundesjugendsekretär DGB)
JTN (Schüler der Schülerunion Niedersachsen)
Herbert Pfuhlmann (Bundesanstalt für Arbeit)
Tom Ziehe (Dozent, Uni Hannover)

[...]

Brauser:	Tom Ziehe hat versucht, zwei Probleme darzustellen. Einmal: Stopp der technologischen Entwicklung mit der Hoffnung, dadurch den Verlust von Arbeitsplätzen zu vermeiden. Und das zweite: Verteilung der vorhandenen Arbeit auf mehr Schultern.

Zum ersten: Soweit ich die Diskussion übersehe – und nicht nur in den Gewerk- 5
schaften –, ist es in der Tat eine große Utopie zu glauben, daß es dort in absehbarer Zeit erkennbare Tendenzen geben könnte, um die Rationalisierung zu stoppen. Wegen der nicht widerlegbaren Notwendigkeit, technologische Innovationen[1] zu betreiben, um Arbeitsplätze langfristig zu sichern. Zumindest in der Situation, in der wir uns alle – es ist kein Problem der Bundesrepublik, 10
sondern ein internationales – befinden.

JTN: Du bist wirklich der Meinung, daß durch Rationalisierung Arbeitsplätze gesichert werden? Hast du das wirklich gefragt?

Brauser: Tom Ziehe hat gesagt, eine Möglichkeit wäre, auf Kosten von technologischen Erneuerungen den Abbau von Arbeitsplätzen möglicherweise zu verhindern. 15

JTN: Das heißt doch, um es anders auszudrücken, bestimmte Rationalisierungsmaßnahmen zu unterlassen.

Brauser: Das ist richtig. Und ich habe gesagt, daß ich in absehbarer Zeit in dieser Richtung keine erkennbaren Tendenzen sehe, so eine Utopie in Realität umzusetzen.

JTN: Aber du sagtest doch, durch Rationalisierung würden Arbeitsplätze erhalten. 20

---

(1) Entwicklung neuer Ideen und Techniken.

135

Brauser:	Nein, ich habe gesagt, selbst auf dem Hintergrund der schwer widerlegbaren Argumentation, Innovation von neuen Technologien sichere langfristig Arbeitsplätze.
JTN:	Wieso ist das nicht zu widerlegen? Das kann man doch jeden Tag sehen, daß das nicht stimmt. Überall, wo rationalisiert wird, gehen Arbeitsplätze flöten.
Brauser:	Ich versuche, einen Diskussionsstand wiederzugeben, den du durchgehend in Gewerkschaften und Parteien findest. Ich will jetzt keine ideologische Diskussion über die Möglichkeiten, die dabei bestünden. Mir kam es nur darauf an, keimende Hoffnungen hier aus meiner Sicht auf nahezu Null zu dämpfen.

Das zweite, der Vorschlag der Verteilung der Arbeit auf alle, ist keine neue Diskussion. Er birgt ungeheuer viele Probleme.

Theoretisch ist das alles einfach. Aber allein die Frage der Sicherung des Lohnniveaus bei Arbeitszeitverkürzung bedeutet in der konkreten Situation z.B. in den Gewerkschaften ungeheure Konflikte. Es gibt viele Leute, die auf Lohn verzichten können, aber es gibt mindestens genauso viele Arbeiter, die nicht auf Lohn verzichten können, weil sie dann unter das Existenzminimum geraten.

Pfuhlmann (BfA):	Ich bin der Meinung, daß durch Rationalisierung Arbeitsplätze nicht nur erhalten, sondern sogar geschaffen werden. Ich will das auch begründen. Ich war als Arbeitsamtsdirektor häufiger konfrontiert mit Investitionen, die gefördert wurden. Da ging es auch um Rationalisierungsinvestitionen. Nehmen wir einmal an, eine Firma hat 100 Beschäftigte, hat Schwierigkeiten am Markt, rationalisiert jetzt und ersetzt 10 Arbeitsplätze, die wegfallen, aber die 90, die übrigbleiben, sind stabil und werden die nächsten zehn Jahre bestehenbleiben. Rationalisiert sie nicht, verliert sie in einem Jahr 100 Arbeitsplätze.
Zwischenruf:	Und wo sind die neuen Arbeitsplätze? Wo sind die neuen?
Pfuhlmann:	90 sind stabil! Und die Gefahr, daß 100 wegfallen, ist groß, wenn sie nicht rationalisieren.
Zwischenruf:	Sie haben behauptet, durch Rationalisierung werden neue Arbeitsplätze geschaffen.
(Großes Durcheinander)	
Zwischenruf:	Und Sie glauben das?
Pfuhlmann:	Ja. (Gelächter)

Weil ich ja hier gelernt habe, wissenschaftsgläubig zu werden ... Wenn wir Probleme haben mit einem Defizit an Arbeitsplätzen 1990, dann in erster Linie aufgrund der demographischen[2] Entwicklung. Und nicht aufgrund der technologischen Entwicklung.

Zwischenruf:	Aufgrund der demokratischen Entwicklung? Wieso aufgrund der demokratischen Entwicklung?
Zweiter Zwischenruf:	Aufgrund der demographischen Entwicklung!
JTN (Jochen):	Ich bin anderer Meinung als der Kollege Pfuhlmann, wenn der Kollege Pfuhlmann sagt, daß durch die Rationalisierung Arbeitsplätze wegrationalisiert, aber auch welche geschaffen werden. Die Frage, wo die anderen zehn Arbeitsplätze bleiben, ist ja nicht beantwortet worden.
Junge Teilnehmerin:	Wenn Sie meinen, daß durch die 90 erhalten gebliebenen Arbeitsplätze mit Hilfe der Mikroprozessoren[3] Produkte geschaffen werden, dann frage ich Sie, wer soll denn diese neuen Produkte noch kaufen?

---

(2) Die Entwicklung der Bevölkerung betreffend.
(3) Elektronische Steuerungsmechanismen.

Zwischenruf:	Die Computer!
Junge Teilnehmerin:	Da fallen ja schon wieder 10% von jenen Konsumenten weg, die sonst da waren.
Pfuhlmann:	Ja, schauen Sie, vielleicht ersetzen wir ja dann die vielen japanischen Produkte 70 auf dem Markt durch deutsche Produkte. (Gelächter, große Unruhe)

Protokoll der Diskussion in Loccum (23.6.1982). Aus: Jugend 81, Näherungsversuche. Shell-Studie. Leske + Budrich Verlag, Leverkusen 1983, S. 340. Ausschnitt.

Aufgabe | 1 Wer behauptet was? Schreiben Sie die entscheidenden Thesen heraus, und ordnen Sie sie den jeweiligen Diskussionsteilnehmern zu.

Aufgabe | 2 Wie werden die jeweiligen Behauptungen oder Forderungen begründet? Welche Argumente sind stark und schlüssig, welche weniger?

Aufgabe | 3 Welche Interessen werden durch die einzelnen Sprecher und ihre Thesen vertreten?

Aufgabe | 4 Wer richtet welche Fragen an wen? Sind die Fragen sinnvoll im Zusammenhang mit der Streitfrage der Diskussion, und werden sie beantwortet?

Aufgabe | 5 An welcher Stelle bricht die ernsthafte Diskussion ab? Warum verläuft die Diskussion danach fruchtlos?

Aufgabe | 6 Beschreiben Sie die Diskussionsstrategie der einzelnen Gesprächsteilnehmer (siehe dazu 1.1, Übung 2, Seite 133).

Bei politischen Diskussionen werden die Thesen oft mit besonderem Nachdruck als Geltungsanspruch vorgetragen. Die Bereitschaft zum Kompromiß oder zum Konsens ist dann gering, weil die Interessen und politischen Ziele im Vordergrund stehen. Dabei werden die eigentlichen Ziele und Interessen, um die es bei der Auseinandersetzung geht, nicht immer genannt. Sie bleiben verdeckt von Tatsachenbehauptungen und entsprechenden Forderungen. Wir sprechen von verdeckten Geltungsansprüchen, die selten wirklich zur Diskussion stehen.

Übung | Untersuchen Sie, auf welche Tatsachenbehauptungen und welche Forderungen die Thesen der einzelnen Diskussionsteilnehmer hinzielen und welche Geltungsansprüche dabei verdeckt werden. Ordnen Sie das Ergebnis Ihrer Untersuchung nach folgendem Schema:

erste These	Tatsachenbehauptung	Forderung	verdeckter Geltungsanspruch
Die Entwicklung neuer Ideen und Techniken läßt sich nicht aufhalten.	Die technologische Innovation sichert langfristig Arbeitsplätze.	Die Erörterung des Arbeitslosenproblems muß von diesen Gegebenheiten ausgehen.	Der technische Fortschritt hat Vorrang vor den sozialen Fragen.
zweite These	Tatsachenbehauptung	Forderung	verdeckter Geltungsanspruch
...	...	...	...

Welche Schlußfolgerung ziehen Sie aus dieser Untersuchung für diese Art der Argumentation in einem Streitgespräch? Wie würden Sie sich als Teilnehmer an einem solchen Streitgespräch in einer vergleichbaren Situation verhalten?

2 Schriftliches Argumentieren

2.1 Der Leserbrief

Kein Platz für Behinderte?

Proteststurm in Hassels: Gegen die geplante Nutzung des Matthias-Claudius-Heims als Einrichtung für geistig behinderte Erwachsene wurden in der Nachbarschaft insgesamt 500 Unterschriften gesammelt.

Das Haus wurde bisher als Pflegeheim für Säuglinge und Kleinkinder genutzt. Hier beobachteten die Anwohner schon seit jeher eine „begrenzte Wahrnehmung der Aufsichtspflicht" – durch die Unterbringung „geistig Schwerstbehinderter" glaubt man nun an eine „potentielle Bedrohung" für sich und die Kinder der Umgebung. Außerdem befürchtet die Bürgerfront wegen der engen Bebauung eine „unerträgliche Belästigung" durch „unkontrollierte Stammellaute und Schreie".

Die Stellungnahme der Hasselaner verweist auch auf die Existenz von ähnlichen Einrichtungen in ihrem Stadtteil. Die Grenze der Aufnahmefähigkeit sei somit erreicht, das „Verhältnis von Gesunden und Kranken" würde durch die geplante Maßnahme endgültig aus dem Gleichgewicht geraten. Im übrigen sieht man die Behinderten in Landeskrankenhäusern wie Bedburg-Hau bislang ja „entsprechend untergebracht".

Die Diakonie will an der Stargarder Straße allerdings gerade zur herkömmlichen Unterbringung in den LKHs eine Alternative schaffen. Nachdem die bisherige Nutzung mangels Baby-Boom nicht mehr sinnvoll erscheint, sollen demnächst achtundvierzig geistig Behinderte dort in sechs familienähnlichen Wohngruppen einen echten „Lebensmittelpunkt" finden. Die „Aufbewahrung" im LKH gilt nach psychiatrischen Gesichtspunkten bei den Betroffenen schlicht als „falsch".

Düsseldorfer Anzeiger, 29.8.1985.

Behindertenheim
Unfaßbar

Wir möchten uns als direkte Nachbarn des Heimes dagegen verwahren, zu der „Nachbarschaft" gezählt zu werden, die die Umwandlung in ein Heim für Behinderte verhindern will.

Keinesfalls ist es so, daß alle Bürger, die in der unmittelbaren Umgebung des Matthias-Claudius-Heimes wohnen, diese seltsame Initiative unterstützen. Es ist einfach unfaßbar, wieviel Egoismus und Unbarmherzigkeit sich hinter den Argumenten ihres „Manifestes" verbirgt. St. Florian läßt grüßen!

Im Mief eifernder Bürgerinitiativen dieser Art muß es offensichtlich schwer begreifbar sein, was mit den Plänen für eine menschlichere Psychiatrie und Pflege geistig behinderter Menschen beabsichtigt ist.
Manfred Engbrodt, Graudenzer Straße 16

Rheinische Post, Düsseldorfer Stadtpost, 6.9.1985.

„In die Isolation"

Wer von Humanisierung der Gesellschaft oder Behindertenfeindlichkeit in Hassels spricht, zeigt mit seinen Äußerungen, daß er über keine genauen Kenntnisse dieses Ortsteils verfügt. Welcher Stadtteil Düsseldorfs weist auf engstem Raume eine derartige Fülle von Behinderteneinrichtungen auf wie Hassels? Werkstatt für angepaßte Arbeit, Lentjes-Haus, Unterkunft für Suchtkranke. Die geplante 4. Einrichtung, das frühere Säuglingsheim, jetzt Altenheim, in ein Schwerstbehinderten-Wohnheim mit 48 Bewohnern umzuwandeln, drängt die Behinderten in ein Behindertenviertel.

Die Erfahrung lehrt, daß Ballungszentren eher Aggressionen neu auf- als abbauen und Hilfsbedürftige in die Isolation drängen. Niemand darf sich zur Verwirklichung seiner Ziele das Recht anmaßen, harmonisch gewachsene Lebensräume, in denen behinderte und gesunde Menschen wahre Nächstenliebe praktizieren, zu zerstören.

Als mündige Bürger eines christlich-demokratischen Staates haben wir die Verpflichtung, darüber zu wachen, daß weder eine kommunale noch christliche Institution Steuergelder zur Errichtung von Gettos mißbraucht, und die Verantwortung unserer Jugend gegenüber, sich körperlich und geistig in einem ausgewogenen sozialen Umfeld entwickeln und entfalten zu können.
Karin Wienke, Stargarder Straße 9, Hassels

Rheinische Post, Benrather Tageblatt, 7.9.1985.

138

Behindertenheim

„Sehr betroffen"

Es hat mich tief erschüttert und sehr betroffen gemacht, daß es in meiner nächsten Umgebung so viel geballte Behindertenfeindlichkeit gleich Menschenfeindlichkeit gibt. Denn Behinderte sind doch auch Menschen – oder? Wie kann man sich durch hilflose Menschen bedroht fühlen? In meinen Augen ist die mutmaßliche Lärmbelästigung durch unartikulierte Laute der Behinderten, die im Matthias-Claudius-Heim untergebracht werden sollen, nur ein Vorwand. In Wirklichkeit möchte man sich und seinem Gewissen den Anblick einer mongoloiden Frau oder eines mongoloiden Mannes ersparen.

Ein Vorbild für die Erziehung der Kinder zur Toleranz gegenüber Minderheiten und zur christlichen Nächstenliebe gegenüber Schwachen kann die Unterschriftensammlung nicht sein. Die Leute, die heute dagegen sind, den Behinderten ein menschenwürdiges Dasein zu gönnen, können sich nur ein gesundes und von allen Nachbarn gelittenes Leben wünschen.

Edith Cebella, Am Schönenkamp 110, Hassels

Rheinische Post, Benrather Tageblatt, 5.9.1985.

Aufgabe **1** Was ist hier umstritten?

Aufgabe **2** Notieren Sie die Absichten der Briefschreiber. Wollen sie Tatsachen richtigstellen? Wollen sie eine eigene Bewertung der Vorfälle vermitteln? Werden Forderungen erhoben?

Aufgabe **3** Schreiben Sie die Thesen der Leserbriefe heraus. Wie werden die Thesen begründet? Welche Tatsachenbehauptungen und welche Forderungen werden mit den jeweiligen Thesen verbunden?

Aufgabe **4** Erörtern Sie die Wirkung der in den Leserbriefen verwendeten Mittel.

Aufgabe **5** Welche Interessen oder Wertvorstellungen sollen durch die gefühlsbetonten Argumente zur Geltung kommen?

Hinweise zum Schreiben eines Leserbriefes

▷ Formulieren Sie selbst eine informierende und ansprechende Überschrift; überlassen Sie das nicht der Redaktion der Zeitung.

▷ Fassen Sie sich kurz, damit Ihr Brief nicht von der Redaktion gekürzt wird.

▷ Nennen Sie den Zeitungsartikel und das Erscheinungsdatum, auf die Ihr Brief sich bezieht.

▷ Drücken Sie sich verständlich aus.

▷ Vermeiden Sie Fehler in Grammatik, Zeichensetzung und Rechtschreibung.

▷ Überlegen Sie sich sehr genau, was Sie begründen wollen.

▷ Setzen Sie die stärksten Argumente an den Schluß.

▷ Geben Sie Ihre Anschrift an, und unterzeichnen Sie handschriftlich.

2.2 Hintergrundinformationen

Den Anblick ersparen?

Die Folgen eines Urteils

Von Ernst Klee

Frankfurt am Main Ein Urteil der 24. Zivilkammer des Landgerichts Frankfurt hat wütende Proteste ausgelöst. Eine 68jährige Rentnerin
5 hatte ein Reiseunternehmen verklagt: wegen Mängel des Strandes und des Hotels; vor allem aber fühlte sie sich durch eine Gruppe geistig Behinderter um ihren Urlaub
10 betrogen. In der ersten Instanz war ihr recht gegeben worden. Da das Amtsgericht jedoch die Anwesenheit der Behinderten als Hinderungsgrund nicht bewertet hatte,

ging die Frau in die zweite Instanz.

Ende Februar sprachen die Richter Tempel, Steinert und Pohl für Recht: „Es ist nicht zu verkennen, daß eine Gruppe von Schwerbehinderten bei empfindsamen Menschen eine Beeinträchtigung des Urlaubsgenusses darstellen kann. Dies gilt jedenfalls, wenn es sich um verunstaltete geistesgestörte Menschen handelt, die keiner Sprache mächtig sind, von denen einer oder der andere in unregelmäßigem Rhythmus unartikulierte Schreie ausstößt und

gelegentlich Tobsuchtsanfälle bekommt ... Daß es Leid auf der Welt gibt, ist nicht zu ändern; aber es kann der Klägerin nicht verwehrt werden, wenn sie es jedenfalls während des Urlaubs nicht sehen will."

Beim Frankfurter Landgericht laufen seitdem Protestschreiben ein, eine Körperbehindertenschule rief zum Marsch auf Frankfurt auf, Frankfurter Behinderte wollen künftig die Verhandlungen der Zivilkammer demonstrativ aufsuchen. [...]

DIE ZEIT, 2.5.1980. Ausschnitt.

☐ Aufgabe **1** Welche wichtigen Informationen erhalten Sie aus diesem Text? Schreiben Sie die Hauptinformationen auf.

☐ Aufgabe **2** Sind Sie hinreichend informiert, um das Urteil der Richter und das Verhalten der Rentnerin zu verstehen?

Urlaubsgenuß durch Behinderte gestört?
Frankfurter Richter gab der Klägerin recht

Von Ingrid Merkert

Das Reiseunternehmen GUT, mittlerweile aufgekauft vom Reiseriesen Neckermann, muß einer Kundin die Hälfte des Reisepreises für
5 einen dreiwöchigen Griechenlandurlaub zurückerstatten, weil ihr laut Urteilsbegründung der Anblick von 25 geistig und körperlich Schwerbehinderten nicht zugemu-
10 tet werden konnte. Zu diesem Urteilsspruch kam die 24. Zivilkammer des Frankfurter Landgerichts in zweiter Instanz, nachdem bei der ersten Verhandlung andere Män-
15 gel, wie nachlässiger Service und schlechte Strandbeschaffenheit, als Urlaubsminderung akzeptiert worden waren. Das beklagte Reiseunternehmen erzwang jedoch nun mit
20 der Berufung eine gerichtliche Stellungnahme zu der Frage, inwieweit sich Feriengäste durch den Anblick

Behinderter in ihrem Urlaubsgenuß gestört fühlen dürfen.

In der Urteilsbegründung heißt es: „Es ist nicht zu verkennen, daß eine Gruppe von Schwerbehinderten bei empfindsamen Menschen eine Beeinträchtigung des Urlaubsgenusses darstellen kann." Und: „So wünschenswert die Integration von Schwerbehinderten in das normale tägliche Leben ist, kann sie durch einen Reiseveranstalter gegenüber seinen anderen Kunden sicher nicht erzwungen werden. Daß es Leid auf der Welt gibt, ist nicht zu ändern; aber es kann der Klägerin nicht verwehrt werden, wenn sie es jedenfalls während des Urlaubs nicht sehen will. Eine Beeinträchtigung des Urlaubs kommt jedoch erst dann in Betracht, wenn der Anteil Behinderter so hoch ist und die Auswir-

kungen, die von einer solchen Gruppe ausgehen, so stark sind, daß der Reisende dem Anblick nicht ausweichen kann."

Der Richter weist in seiner Urteilsbegründung darauf hin, daß die Sache anders ausgesehen hätte, wenn die Klägerin dem „Anblick hätte ausweichen können". Dies sei jedoch nicht möglich gewesen, weil diese aufgrund ihres Alters den gleichen Fahrstuhl hätte benutzen müssen wie die Schwerbehinderten.

Als die Beschwerde der Münchner Klägerin, die durch zwei Instanzen per Armenrecht klagte, dem griechischen Hotel bekannt wurde, hat die GUT-Reiseleitung zehn weitere Urlauber nach ihrer Meinung befragt. Nur zwei davon – zwei Ärzte – meinten, man hätte sie zuvor über diesen Tatbestand informieren müssen. Die übrigen fühlten sich nicht tangiert und befürworteten eher eine solche Integration.

Das Landgericht legte diese Umfrageaktion indessen negativ aus und wertete sie als Beweis dafür, daß sich offensichtlich auch andere Reisende beeinträchtigt gefühlt hätten. Außer der Münchnerin trug bisher jedoch keiner der anderen Gäste eine Beschwerde vor.

In der Urteilsbegründung wurde das Reiseunternehmen vom Richter dahin gehend belehrt, es müsse „gegebenenfalls bei Abschluß der Verträge mit Hoteliers usw. dafür Sorge tragen, daß sich die Belegung des Hotels im Rahmen des Üblichen hält". Ein Urteilsspruch, der in der Praxis nicht ohne Folgen bleiben wird.

Über den rüden Umgang mit Behinderten im Urlaub berichtete die FR bereits am 19.3. auf der Seite „Aus aller Welt" unter der Überschrift „Behinderte im Urlaub schikaniert?" Ein jugoslawischer Hotelier hatte eine Gruppe von arbeits- und unfallgeschädigten Rollstuhlfahrern praktisch eingesperrt, um den übrigen Gästen seines Hotels in Uleinj deren Anblick zu ersparen. Erst auf Intervention der Reiseleiterin, die den Fall publik machte, gab die Hotelverwaltung klein bei, und der jugoslawische Fremdenverkehrsverband in Belgrad entschuldigte sich.

Frankfurter Rundschau, 29.3.1980.

Aufgabe 3 Ergänzen Sie Ihre nach der Lektüre des ersten Textes notierten Informationen durch die dem neuen Text entnommenen.

Aufgabe 4 Wodurch wird die Meinung des Lesers in diesem Text beeinflußt?

Aufgabe 5 Verändern die zusätzlichen Informationen Ihre Meinung?

Übung 1 Fassen Sie nach der Lektüre der beiden Zeitungsartikel die Argumentation des Gerichts zusammen.

Behinderte wollen demonstrieren

Ein unhaltbares Urteil

Von Ernst Klee

Frankfurt am Main Eine alte Dame, die in Griechenland ihren Urlaub verbrachte, und drei deutsche Richter haben der Bundesrepublik einen Skandal beschert. Die 24. Zivilkammer des Landgerichts Frankfurt hat, wie berichtet (*ZEIT* Nr. 19), in einem Urteilsspruch einer auf Schadensersatz klagenden Rentnerin bestätigt, daß eine Gruppe Schwerbehinderter eine Beeinträchtigung des Urlaubsgenusses darstellen könne.

Empörte Reaktionen in der Öffentlichkeit versuchte das Landgericht in einer Pressekonferenz mit der Erklärung zu beschwichtigen, man habe auf keinen Fall Körperbehinderte diskriminieren wollen. Der Vorsitzende Richter Tempel rechtfertigte das Urteil mit einer Schilderung der behinderten Personen, einer Gruppe aus Schweden. Die Klägerin sei von verunstalteten geistesgestörten Menschen belästigt worden, die keiner Sprache mächtig gewesen seien, in unregelmäßigem Rhythmus unartikulierte Schreie ausgestoßen und gelegentlich Tobsuchtsanfälle bekommen hätten.

Niemand außer der Klägerin hatte jedoch die Behinderten jemals gesehen. Deshalb fuhr ich am 2. Mai nach Schweden, um die Gruppe zu besuchen. In Stockholm traf ich Per-Olov Kallman, den geschäftsführenden Direktor des Bundesverbandes für bewegungsbehinderte Kinder und Jugendliche, der die Griechenlandfahrt organisiert hatte. Ich sprach außerdem mit vier Teilnehmern der Reise, einem Begleiter und drei der 20 (nicht wie im Urteil steht: 25) Behinderten. Einer der drei Behinderten war ein Spastiker, leicht sprachbehindert, ein ruhiger stiller Mensch. Die zweite ebenfalls Spastikerin, auch leicht sprachbehindert, mit jenen fahrigen Bewegungen, die Spastikern eigen sind. Die dritte im Kreis war für einen Laien als Behinderte überhaupt nicht zu erkennen. Sie studiert Jura. Auch von ihr können jene unartikulierten Schreie nicht stammen, die im Urteil beschrieben sind.

In der Gruppe waren wohl etliche Spastiker, die Schwierigkeiten haben, ihre Bewegungen zu koordinieren, geistig behindert sind diese nicht, und tobsüchtig schon gar nicht. Ich fand keinen, auf den die Beschreibung der Zivilkammer paßt.

Die schwedische Gruppe kann sich an die deutsche Frau nicht erinnern, sie weiß auch nichts von Beschwerden. Wohl aber der griechische Hotelbesitzer Tripiklis, der der schwedischen Abendzeitung *Expressen* am 5. April erklärte: „Eines Tages kam sie in mein Büro. Sie

141

25 war sehr aufgeregt und erklärte, daß dies mehr ein Hospital als ein Erster-Klasse-Hotel sei." Laut Tripiklis haben sich noch mehr Deutsche beschwert, ihre Kinder seien 30 durch die Schweden erschreckt worden. Die Behinderten bestreiten, daß jemand beim Essen belästigt worden sei. Denn nach drei Tagen seien sie von den Gästen se- 35 pariert worden. Im Urteil heißt es dagegen, die Klägerin habe der Gruppe nicht ausweichen können.

Rolf Jörgensen vom Verband der Bewegungsgestörten in Göteborg 40 war der Leiter der Reisegruppe. Er erklärte *Expressen:* „Ich kann es gar nicht glauben, daß das wahr ist. Wir merkten nicht, daß die deutschen Gäste uns nicht mochten, 45 manchmal spendeten uns die Hotelgäste spontan ihre Sympathie und sagten, wie glücklich sie über den Aufenthalt der Behinderten seien." Jörgensen wird bestürzt sein, wenn 50 er erfährt, daß die Körperbehinderten seiner Gruppe von deutschen Richtern für Geistesgestörte gehalten werden.

Ich sprach mit Bengt Lindquist, dem Präsidenten des Zentralkomitees der Behinderten-Organisationen in Schweden. Zu der Presseerklärung des Richters Tempel sagte er: „Ich weiß nicht, woher der Richter das hat; es gibt überhaupt keine geistig Behinderten unter diesen jungen Menschen. Das sind ruhige, nette Leute, die sich wie andere junge Leute benehmen." Lindquist, der das Urteil als „eine unerhörte Kränkung" empfand, sagte: „Es waren körperlich Behinderte. Aber auch wenn es geistig Behinderte gewesen wären, könnten wir natürlich so ein Urteil nicht akzeptieren. Auch geistig Behinderte haben ein Recht, unter anderen Menschen zu leben."

In Schweden läuft derzeit eine Unterschriftensammlung gegen das Urteil. Alle internationalen Behinderten-Organisationen und auch die UN sollen informiert werden.

Das UN-Jahr der Behinderten steht bevor. Für die Bundesrepublik wird es nach diesem Urteil schwer werden, sich als Musterland der Rehabilitation zu präsentieren. Bundespräsident Carstens stehen schwedische Proteste ins Haus, Richter Tempel eine Strafanzeige.

Auf der Pressekonferenz, auf der Richter Tempel sein Urteil rechtfertigte, wurde auch Hessens Justizminister Günther getadelt, der seine Zweifel am Urteil öffentlich geäußert hatte. Der Richter meinte, das Gericht bedürfe keiner Belehrung. An den Unbelehrbaren muß man nun die Frage stellen, wie das unhaltbare Urteil aus der Welt zu schaffen ist.

Am 8. Mai soll vor dem Landgericht die größte Demonstration Behinderter stattfinden, die Frankfurt je gesehen hat. Dazu reisen Gruppen aus dem gesamten Bundesgebiet an.

DIE ZEIT, 9.5.1980

Aufgabe **6** Welche neuen Informationen über die Behindertengruppe vermittelt Ihnen dieser Text?

Aufgabe **7** Welche Informationen über die Behindertengruppe trägt der Autor zusammen, die dem Gericht offenbar nicht bekannt waren?

Aufgabe **8** Wie begründet der Autor seine Urteilsschelte?

Aufgabe **9** Wo unterscheiden sich die Wertvorstellungen des Gerichts und die des Autors Ernst Klee?

Aufgabe **10** Wie hat sich nach der Lektüre des Artikels von Ernst Klee Ihr Meinungsbild geändert?

Übung **2** Welches Verhalten im Vergleichsfall erscheint Ihnen angemessen und begründbar? Begründen Sie Ihre Meinung schriftlich.

2.3 Der Kommentar

Probleme mit Führerschein auf Probe
Fahrerlaubnis 4 und 1 b können als Alibi-Papiere genutzt werden

Mit einigen Bestimmungen des „Führerscheins auf Probe" setzt sich Professor Dr. Klaus Engels von der Arbeits- und Forschungsgemeinschaft für Straßenverkehr und Verkehrssicherheit, Institut an der Universität zu Köln, auseinander.

Jugendliche Fahranfänger im Alter von 18 bis 20 Jahren leben mit einem um das Zweieinhalbfache höheren Unfallrisiko im Straßenverkehr als die Gruppe der 35- bis 44jährigen. Dieses Risiko resultiert nach den Erkenntnissen des Institutes daraus, daß der Anfänger ohne genügende Erfahrung in den realen Straßenverkehr entlassen wird. Dieses Anfängerrisiko wird noch von dem sogenannten Jugendlichkeitsrisiko überlagert.

Dem „Führerschein auf Probe" wird zwar im Hinblick auf die Verringerung der Unfallrisiken nur eine relativ bescheidene Wirkung zukommen, dennoch ist diese Maßnahme wegen des geringen mit ihr verbundenen Aufwandes zu vertreten. Allerdings wird der theoretisch zu erwartende, relativ geringe Sicherheitsgewinn mit hoher Wahr-

scheinlichkeit nicht eintreten. Die zweijährige Probezeit gilt nämlich auch dann schon als erfolgreich absolviert, wenn die betreffende Fahranfänger beim Erwerb des Führerscheins 3 bereits zwei Jahre lang über einen Führerschein der Klasse 4 beziehungsweise 1 b, die beide schon mit 16 Jahren erworben werden dürfen, verfügt und er in dieser Zeit nicht auffällig geworden ist. Damit wird eine Ausweichmöglichkeit geboten, nämlich der Führerschein der Klasse 4, die in Zukunft von wahrscheinlich weit mehr als 90 Prozent der Fahranfänger genutzt werden wird. Die durchschnittlich geringe Fahrerfahrung mit dem Moped, dem Mokick oder (Fahrerlaubnis 1 b) mit dem Leichtkraftrad hat so gut wie keinen Bezug zur Realität beim Umgang mit Personenwagen beliebig hoher Leistung. Diese Ausführungsbestimmung des „Führerscheins auf Probe" mißachtet also in gröblicher Weise sämtliche Erkenntnisse über das Unfallgeschehen in Abhängigkeit von der Art des Kraftfahrzeuges.

Es ist nicht zu erwarten, daß sich der Besitz eines Führerscheins 4 oder 1 b positiv auf die Verkehrssicherheit des Anfängers auswirkt, wenn er das erstemal mit einem Personenwagen am öffentlichen Straßenverkehr teilnimmt. Autos sind drei- bis viermal schneller als Mopeds oder Mokicks, sie sind größer, und ihre Masse ist viel höher. Geschwindigkeiten werden im geschlossenen, vermeintlich sichereren Raum des Personenwagens völlig anders erlebt als auf dem Mokick. Eine entsprechende Änderung der Straßenverkehrszulassungsordnung wird höchstens eine höhere Gebühreneinnahme bei den Technischen Überwachungsvereinen bewirken. Ein Sicherheitsgewinn kann aber mit hoher Wahrscheinlichkeit ausgeschlossen werden. Denn mit Blick auf die Bestimmungen zum „Führerschein auf Probe" ist nun zu erwarten, daß viele Jugendliche zunächst den Führerschein der Klasse 4 erwerben, diesen kaum oder gar nicht nutzen und ihn quasi als Vorstufe für die Fahrerlaubnis der Klasse 3 in der Tasche tragen.

Frankfurter Allgemeine Zeitung, Nr. 243, 19.10.1985.

Aufgabe 1 Lesen Sie den Kommentar. Was ist hier das Strittige?

Aufgabe 2 Welche Behauptungen versucht der Autor mit Argumenten zu stützen?

Aufgabe 3 Notieren Sie die wichtigsten Thesen des Artikels und die zugehörigen Argumente in Kurzform.

       erste These: …

            Argumente (Gründe und Belege)   Beispiele

            a) …

            b) …

            c) …

       zweite These: …

Übung 1 Äußern Sie in einem Leserbrief Ihre Meinung zu diesem Kommentar und zum Führerschein auf Probe.

Übung 2 Kommentieren Sie die folgende Nachricht, indem Sie Ihre Meinung argumentierend begründen.

Verwaltungsgerichtshof:
Lehrer dürfen nachsitzen lassen

Lehrer dürfen Schüler „nachsitzen" lassen. Das in der Schule so verpönte Längerbleiben stellt nach Ansicht des baden-württembergischen Ver-
5 waltungsgerichtshofes (VGH) „keinen Eingriff in die durch Arikel zwei des Grundgesetzes geschützte körperliche Bewegungsfreiheit des Schülers" dar.
10 Als einen solchen Eingriff hatte ein Vater die gegen seinen Sohn angeordneten zwei zusätzlichen Schulstunden gewertet. Das „Nachsitzen" war von einem Freiburger
15 Gymnasiallehrer angeordnet worden, weil der Schüler „wiederholt" gegen die Schulordnung verstoßen hatte. Gegen die Anweisung des Pädagogen strengte der Vater eine
20 Verwaltungsgerichtsklage an, die jetzt mit dem am Freitag veröffentlichten Urteil des VGH abgewiesen wurde.   (dpa)

Hessisch-Niedersächsische Allgemeine, 12. 5. 1984.

Die „tätige Reue" soll nicht auch noch bestraft werden
Überlegungen zu einer Reform des Unfallflucht-Paragraphen
Von Helmut Kraft

Ist die Strafdrohung für Unfallflucht noch zeitgemäß? Hat das gegenwärtige Straf- und Ordnungswidrigkeitenrecht den angepeilten
5 Zweck erreicht? In einem „Werkstattgespräch" des ADAC kamen diese Fragen in ihrer vielschichtigen Eigenart auf den Prüfstand.

Nicht nur Fachjuristen diskutier-
10 ten hier über das Für und Wider, auch ein sozialpsychologisches Gutachten des Sinusinstituts in Heidelberg wurde zur Basis der Kritik gemacht.
15 Zwischen 1960 und 1980 ist die Zahl der Verurteilungen wegen Unfallflucht um 470 Prozent gestiegen, während in der gleichen Zeit-

spanne der Grad der Motorisierung nur um 230 Prozent zugenommen hat. Diese erschreckende Entwicklung spricht gegen den kriminalpolitischen Effekt der Vorschrift des Paragraphen 142 unseres Strafgesetzbuches. Noch wichtiger scheint es aber zu sein, daß diese Strafvorschrift, die seit nunmehr zehn Jahren in der gegenwärtigen Fassung gilt, ihren eigentlichen Schutzzweck nicht erreicht hat. Sie soll nämlich die zivilrechtlichen Interessen des Verkehrsopfers aus einem Unfall schützen, das heißt seine Entschädigung sicherstellen. Gerade daran hapert es aber.

Die Gründe für die verfehlte Wir-

kung liegen zunächst im psychologischen Bereich: Jeder Mensch – ob jung, ob alt – leidet nach einem Unfall oder einem anderen markanten Schadenereignis, das für ihn Schwierigkeiten auslösen kann, unter dem sogenannten „infantilen Fluchtinstinkt". Alltäglich gesprochen: Er haut einfach ab. Dieser Fluchtkomplex geht so weit, daß zum Beispiel ein Autofahrer, der beim Ausfahren aus seiner Garage das eigene Tor beschädigte, zunächst einmal fluchtartig davonfuhr, bevor ihm nach einer Weile einfiel, daß er nur sich selbst geschädigt hatte.

Mit solchen Überlegungen sollen

keinesfalls der Unrechtsgehalt und die Strafwürdigkeit einer Unfallflucht geschmälert werden. Das vom Gesetzgeber allzu schwach formulierte „unerlaubte Entfernen vom Unfallort" ist kein Kavaliersdelikt! Das wissen die Kraftfahrer. Entscheidend ist aber, daß kopfloses und vom Fluchtinstinkt angetriebenes Wegfahren von der Unfallstelle den Schadenstifter nicht auf Nimmerwiedersehen verschwinden lassen darf. Gerade dies kann aber nach Meinung vieler Fachjuristen sowie Psychologen die negative Folge des jetzt gültigen Paragraphen 142 des Strafgesetzbuches sein.

Hierbei geht es weniger darum, daß die Drohung mit einem Freiheitsentzug bis zu drei Jahren oder mit der Verhängung saftiger Geldstrafen nebst Entzug der Fahrerlaubnis zu hart wäre. Wichtiger ist, daß der Unfallbeteiligte, der im ersten Schreck das Weite sucht, kaum noch eine Chance hat, den harten Mühlen des Strafrechts zu entrinnen, wenn er sich *nachträglich* meldet, um dem Geschädigten zu seinem berechtigten Schadenersatz zu verhelfen. Kehrt der Schadenstifter an den Unfallort zurück, nachdem er wieder einen klaren Kopf hat und sein anfängliches Verschwinden noch nicht entdeckt war, geht alles gut. Fährt er aber

nach dem abendlichen Zusammenstoß mit einem geparkten Fahrzeug erst nach Hause und meldet sich am nächsten Tag bei der Polizei, ist er regelmäßig dran. Auf die Schwierigkeiten nächtlicher Wartezeiten am Unfallort, auf die Frage, wann überhaupt ein erheblicher Sachschaden vorliegt, braucht hierzu gar nicht eingegangen zu werden. Der Paragraph 142 des Strafgesetzbuches bringt das Kraftfahrerdasein zumindest vorübergehend ins Wanken und beschert bei nachträglicher Selbstanzeige Folgen, die existenzbedrohend sein können.

Sicherlich wird in vielen Fällen auch kühle Überlegung Pate stehen, wenn der Verkehrssünder nach einem Unfall davonfährt. Der sichernde Blick auf das Umfeld, ob man erkannt wurde, der Gedanke, den Schadenfreiheitsrabatt in der Versicherung zu verlieren, die Furcht vor einer Strafe wegen Alkohols am Steuer oder die Angst vor häuslichen Auseinandersetzungen, weil man nicht mit der eigenen Frau oder dem eigenen Mann unterwegs war, sind für manchen Grund genug, um möglichst unerkannt zu enteilen. Da es dem Gesetzgeber aber nach seiner eigenen Begründung bei der Unfallflucht nur um den zivilrechtlichen Schutz des Unfallopfers geht, muß nach fortschrittlicher Meinung das einschlä-

gige Straf- und Ordnungswidrigkeitenrecht so umgestaltet werden, 20 daß der Schadenstifter bereit ist, noch binnen 24 Stunden nach dem Unfall seine Selbstanzeige zu erstatten. Schon der Deutsche Verkehrsgerichtstag in Goslar hat sich im 25 Jahre 1982 dafür ausgesprochen. [...]

Für die Reformbestrebungen ist entscheidend, daß die Möglichkeiten einer straflosen „tätigen Reue" 30 für den Schadenstifter erweitert werden. Von einer Bestrafung des Verkehrssünders wegen Unfallflucht oder Alkohol am Steuer hat das Verkehrsopfer nichts. Es will 35 vor allem seinen Schadenersatz haben. Darum soll – und dies in erster Linie bei Sachschäden – eine Selbstanzeige innerhalb kurzer Frist nach dem Unfall zur Straflosigkeit füh- 40 ren. Wichtig ist dabei, daß nicht nur die Polizei für derartige Meldungen zuständig wäre. Hätte der reuige Sünder sonst die Angst, daß doch der Hammer der Strafverfol- 45 gung über ihm hängt. Deshalb sind auch nach dieser Meinung private Stellen, wie zum Beispiel Versicherungsgesellschaften, geeignet, Selbstanzeigen entgegenzunehmen. 50 Dabei soll der Schadenstifter die Gewähr haben, daß ihm keine Strafe oder Buße auferlegt wird und er nicht mit seiner Privatschatulle zum Schadenausgleich beitragen muß. 55

Frankfurter Allgemeine Zeitung, 24.8.1985, S.42. Ausschnitte.

Aufgabe **4** Teilen Sie den Kommentar in Sinnabschnitte ein, und versehen Sie die Abschnitte mit Überschriften in Frageform.

Aufgabe **5** Was ist hier das Strittige?

Aufgabe **6** Welche Thesen versucht der Autor mit Argumenten zu stützen, und welche Gegenthesen versucht er zu entkräften? Notieren Sie die wichtigsten Thesen und die zugehörigen Argumente in Kurzform.

Aufgabe **7** Untersuchen Sie die Argumentation auf ihre Schlüssigkeit und Stärke. Achten Sie dabei auf die Verknüpfungswörter (siehe dazu 1.2, Übung 1, Seite 135).

Übung **3** Schreiben Sie eine kurze begründende Stellungnahme zur geplanten Reform des Unfallfluchtparagraphen.

2.4 Der Essay (Aufsatz)

Sigmund Freud: [Die Frage nach dem Zweck des menschlichen Lebens]

[...] Die Frage nach dem Zweck des menschlichen Lebens ist ungezählte Male gestellt worden; sie hat noch nie eine befriedigende Antwort gefunden, läßt eine solche vielleicht überhaupt nicht zu.
5 Manche Fragesteller haben hinzugefügt: Wenn sich ergeben sollte, daß das Leben keinen Zweck hat, dann würde es jeden Wert für sie verlieren. Aber diese Drohung ändert nichts. Es scheint vielmehr, daß man ein Recht dazu hat, die Frage
10 abzulehnen. Ihre Voraussetzung scheint jene menschliche Überhebung, von der wir soviel andere Äußerungen bereits kennen. Von einem Zweck des Lebens der Tiere wird nicht gesprochen, wenn deren Bestimmung nicht etwa darin
15 besteht, dem Menschen zu dienen. Allein auch das ist nicht haltbar, denn mit vielen Tieren weiß der Mensch nichts anzufangen – außer daß er sie beschreibt, klassifiziert, studiert –, und ungezählte Tierarten haben sich auch dieser Verwendung ent-
20 zogen, indem sie lebten und ausstarben, ehe der Mensch sie gesehen hatte. Es ist wiederum nur die Religion, die die Frage nach einem Zweck des Lebens zu beantworten weiß. Man wird kaum irren zu entscheiden, daß die Idee eines Lebenszweckes
25 mit dem religiösen System steht und fällt.
Wir wenden uns darum der anspruchsloseren Frage zu, was die Menschen selbst durch ihr Verhalten als Zweck und Absicht ihres Lebens erkennen lassen, was sie vom Leben fordern, in ihm errei-
30 chen wollen. Die Antwort darauf ist kaum zu verfehlen; sie streben nach dem Glück, sie wollen glücklich werden und so bleiben. Dies Streben hat zwei Seiten, ein positives und ein negatives Ziel, es will einerseits die Abwesenheit von Schmerz und Unlust, anderseits das Erleben starker Lustgefüh-
35 le. Im engeren Wortsinne wird „Glück" nur auf das letztere bezogen. Entsprechend dieser Zweiteilung der Ziele entfaltet sich die Tätigkeit der Menschen nach zwei Richtungen, je nachdem sie das eine oder das andere dieser Ziele – vorwiegend
40 oder selbst ausschließlich – zu verwirklichen sucht.
Es ist, wie man merkt, einfach das Programm des Lustprinzips, das den Lebenszweck setzt. Dies Prinzip beherrscht die Leistung des seelischen Ap-
45 parates vom Anfang an; an seiner Zweckdienlichkeit kann kein Zweifel sein, und doch ist sein Programm im Hader mit der ganzen Welt, mit dem Makrokosmos ebensowohl wie mit dem Mikrokosmos. Es ist überhaupt nicht durchführbar, alle
50 Einrichtungen des Alls widerstreben ihm; man möchte sagen, die Absicht, daß der Mensch „glücklich" sei, ist im Plan der „Schöpfung" nicht enthalten. Was man im strengsten Sinne Glück heißt, entspringt der eher plötzlichen Befriedigung
55 hoch aufgestauter Bedürfnisse und ist seiner Natur nach nur als episodisches Phänomen möglich. Jede Fortdauer einer vom Lustprinzip ersehnten Situation ergibt nur ein Gefühl von lauem Behagen; wir sind so eingerichtet, daß wir nur den
60 Kontrast intensiv genießen können, den Zustand nur sehr wenig. Somit sind unsere Glücksmöglichkeiten schon durch unsere Konstitution beschränkt. [...]

Sigmund Freud: Das Unbehagen in der Kultur. 1930. Gesammelte Werke, chronologisch geordnet, Band 14. S. Fischer, Frankfurt a.M. 1948, ³1963, S. 433–434. Ausschnitt.

Aufgabe **1** Was ist nach Meinung des Autors strittig?

Aufgabe **2** Versuchen Sie die Meinung des Autors zu dieser strittigen Frage in zwei Thesen zusammenzufassen.

Aufgabe **3** Welche Behauptungen erwähnt Freud lediglich, ohne sie zu widerlegen oder argumentativ zu stützen? Wie wirkt dieses Verfahren auf den Leser?

Aufgabe **4** Warum ist die Argumentation im Verhältnis zu der Fülle der Behauptungen so sparsam?

Übung **1** Nehmen Sie zu dem Text schriftlich Stellung, indem Sie Ihre Antwort auf die strittige Frage als These formulieren und diese durch schlüssige Argumente stützen.

Oswald von Nell-Breuning SJ[1]: 35-Stunden-Woche

Gegen Arbeitslosigkeit betrieb man „Beschäftigungspolitik", um mehr Arbeit anzuregen und dadurch mehr Menschen in Arbeit zu bringen. Zeitweilig wurden gute Erfolge damit erzielt; inzwischen aber erweist dieser Weg sich als immer weniger erfolgversprechend. Darum vertrauen wir heute mehr dem anderen Weg, ohne die Gesamtmenge der Arbeit zu vergrößern, mehr Menschen dadurch in Arbeit und Verdienst zu bringen, daß wir die Zahl der von den einzelnen zu leistenden Arbeitsstunden verringern, woraus sich unmittelbar ein höherer Bedarf an Arbeitskräften ergibt. Diese Rechnung ist unwiderlegbar richtig; in der Folge ergeben sich allerdings je nach der Art und Weise und nach dem Ausmaß, in dem die Arbeitszeit verkürzt wird, sehr unterschiedliche Auswirkungen sowohl auf die Kostenrechnung der Unternehmen als auch auf den Verdienst der Arbeitnehmer; die dadurch ausgelösten Reaktionen beider Seiten machen den bezweckten Erfolg zu einem kleineren oder größeren Teil wieder rückgängig.

Als die von der Arbeitslosigkeit unmittelbar Betroffenen sind die Arbeitnehmer von Rechts wegen an erster Stelle selbst berufen, ihr abzuhelfen. Aus schmerzlicher Erfahrung wissen sie, daß die ständig steigende Produktivität[2] ihrer Arbeit ebenso ständig Arbeitskräfte entbehrlich macht und aus Arbeit und Verdienst hinauswirft und im Ergebnis ihrer aller Arbeitsplätze durch die fortschreitende Produktivität ihrer Arbeit gefährdet sind. Aus dieser Erkenntnis heraus – so möchte ich es mir vorstellen – machen sie, die so glücklich sind, daß ihnen der Verlust ihres Arbeitsplatzes bisher erspart blieb, ihren arbeitslosen Kollegen das Angebot: „Wir, die wir das Glück haben, in Arbeit und Verdienst zu stehen, treten von unseren 40 Wochenstunden fünf an euch ab und geben euch damit die Gelegenheit, euren Familien Unterhalt durch eigene Arbeit zu verdienen. Bisher sind wir dafür aufgekommen; über unsere Lohn-, Mehrwert- und anderen Steuern, unsere Sozialbeiträge und anderes mehr haben wir auf vielerlei Wegen und Umwegen die Mittel aufgebracht, um euch über die arbeitslose Zeit hinwegzuhelfen. Das läßt sich viel einfacher, durchsichtiger, ganz unbürokratisch, echt solidarisch machen: Hinfort übernehmt ihr die fünf Wochenstunden mit deren Lohn. Wie wir diese uns entfallenden Löhne wieder hereinbringen, das laßt unsere Sache sein; nehmt ihr uns nur erst einmal die fünf Stunden Arbeitslast ab."

Welch großartiges Beispiel selbstloser Solidarität derer, die in Arbeit und Verdienst stehen, mit denen, die unter der Not und den Entbehrungen der Arbeitslosigkeit leiden, wäre das! Leider hört man in der geräuschvollen politischen Diskussion kein solches Angebot, sondern die knallharte Forderung der 35-Stunden-Woche „mit vollem Lohnausgleich". In die Sprache des Angebots übersetzt, lautet das so: „Wir sind so gnädig, euch fünf Arbeitsstunden zu überlassen, aber – wohlverstanden! – der Lohn für diese Stunden bleibt bei uns; ihr tut die Arbeit, das Geld, den Lohn dafür behalten wir." Ein solches Angebot kann man doch nur als Hohn empfinden; eine solche Haltung ist klassenkämpferisch, ausgesprochenermaßen Klassenkampf von oben, nicht mehr der „Produktionsmittelbesitzer" gegen die „von Produktionsmittelbesitz entblößten Nur-Lohnarbeiter", sondern der Klasse der Arbeitsplatzbesitzer gegen die Klasse der von Arbeitsplatzbesitz entblößten Nur-Arbeitslosen.

Die Gewerkschaften müssen sich manchmal vorwerfen lassen, Solidarität bedeute bei ihnen nur Kampfgemeinschaft der Starken gegen gemeinsame Gegner. Hier hätten sie eine einzigartige Gelegenheit gehabt, diesen Vorwurf schlagend zu widerlegen; schade um den Gewinn an moralischem Prestige, den sie sich hier haben entgehen lassen.

Damit soll in keiner Weise bestritten sein, daß auch die Lohnfrage zur Sprache kommen muß. Aber Arbeitszeitverkürzung, um zusätzliche Arbeitsplätze zu erschließen, und Arbeitszeitverkürzung, um den Fortschritt der Produktivität der Arbeit zu honorieren, dürfen nicht miteinander verquickt werden. Seit mehr als hundert Jahren ist die Produktivität der Arbeit aufs Ganze gesehen ständig gestiegen und hat bei längst nicht mehr halber Arbeitszeit unseren Wohlstand und unsere Lebenshaltung um ein Vielfaches erhöht. Neuerdings befinden wir uns mit der Verkürzung der Arbeitszeit offenbar im Rückstand; die Größe des aufzuholenden Rückstands signalisiert uns die Arbeitslosigkeit. Maßstab für den Lohn ist nicht dieser aufzuholende Rückstand; Maßstab für den Lohn kann immer nur die wirtschaftliche Gesamt-

---

(1) Societas Jesu, der Jesuitenorden.
(2) Ergiebigkeit.

100 lage sein in ihrer ganzen Komplexität[2]. Aus einigen gewerkschaftlichen Äußerungen kann ein wohlmeinender Hörer heraushören, an verantwortlicher Stelle sei man sich dessen bewußt und das hinausposaunte Schlagwort „voller Lohnausgleich" solle in diesem Sinne verstanden werden.

Dann sollte man aber das laute Kampfgeschrei unterlassen, das nur dazu angetan ist, bei den einen unbegründete Erwartungen, bei den anderen vielleicht nicht ganz ebenso unbegründete Besorgnisse zu erwecken.

Stimmen der Zeit, hrsg. von Wolfgang Seibel. Herder, Freiburg, 4/1984, S. 211 f.

Aufgabe 5 Was ist im Nell-Breuning-Artikel umstritten?

Aufgabe 6 An wen richtet sich der Autor?

Aufgabe 7 Welche Behauptungen versucht er durch Argumente zu stützen?

Übung 2 Teilen Sie den Text in Sinnabschnitte ein, und stellen Sie fest, auf welche Fragen der jeweilige Sinnabschnitt eine Antwort gibt. Formulieren Sie diese Fragen schriftlich.

Übung 3 Untersuchen Sie den Aufbau der Argumentation. Achten Sie dabei auf die Verknüpfungswörter (siehe 1.2, Übung 1, Seite 135). Welche der folgenden sinngebenden Funktionen können Sie in den Sinnabschnitten erkennen?

Einleitung	Ergänzung
Behauptung	Einschränkung
Forderung	Wiederholung
Begründung	Rückbezug
Beispiel	Erweiterung
	Folgerung

Übung 4 Schreiben Sie die entscheidenden Thesen des Autors heraus, und ordnen Sie diesen Thesen die zugehörigen Argumente zu (siehe dazu auch 1.1, Aufgabe 3, Seite 133). Erörtern Sie die Stärken und Schwächen der Argumentation.

Thesenpapier: Arbeit für alle durch Arbeitszeitverkürzung

a) Die 35-Stunden-Woche kann 1,4 Millionen Arbeitsplätze bedeuten.

b) Die Arbeitslosen werden durch Wirtschaftswachstum allein nicht weniger.

c) Die Kosten der Arbeitszeitverkürzung sind hoch, aber nicht zu hoch.

d) Aus wirtschaftspolitischer Sicht ist der Verzicht auf den Lohnausgleich für die Gewerkschaften nicht akzeptabel, weil die Folge eine weitere Abschwächung der kaufkräftigen Nachfrage der Arbeitnehmer wäre. Eine solche Abschwächung der Nachfrage würde weitere Arbeitsplätze gefährden.

e) Der Verzicht auf den Lohnausgleich würde das Einkommen der Arbeitnehmer um 12,5 % reduzieren. Das wäre von den meisten nicht zu tragen.

f) Die Verkürzung der Lebensarbeitszeit auf 58 Jahren für alle Männer und Frauen ermöglicht es, daß 500 000 Arbeitslose einen Arbeitsplatz finden.

g) Die Einführung des 10. Schuljahres für alle Schüler ist eine Maßnahme der Arbeitszeitverkürzung, die 300 000 Arbeitsplätzen entspricht.

Zusammengestellt aus Informationsschriften des Deutschen Gewerkschaftsbundes.

Aufgabe 8 Welche Thesen stützen und welche widersprechen den Ansichten des Autors O. v. Nell-Breuning?

---

(2) Vielschichtigkeit.

Übung | 5 Formulieren Sie schriftlich Argumente zu den wichtigen Thesen.

Übung | 6 Erarbeiten Sie eine schriftliche Stellungnahme zu der Streitfrage:

35-Stunden-Woche mit oder ohne Lohnausgleich?

Formulieren Sie die beiden sich widersprechenden Thesen.
Ordnen Sie den Thesen nur die starken und schlüssigen Argumente zu.
Begründen Sie abschließend Ihre Meinung zu dieser Streitfrage.

Argumente begründen häufig Forderungen, die auf ein verändertes Verhalten oder auf das zukünftige Handeln der angesprochenen Personen zielen. Solche Argumente sind weder wahr noch allgemein gültig. Sie sind in der gegebenen Situation und bezogen auf bestimmte Wert- oder Ordnungsvorstellungen angemessen und sinnvoll. Der Geltungsanspruch wird durch Interessen und Wertvorstellungen bestimmt, die sich in der Argumentation spiegeln.
Prüfen Sie daher in solchen Fällen:
▷ das Verhältnis der behaupteten Tatsachen zur Wirklichkeit,
▷ die in den Forderungen verborgenen Interessen,
▷ die den Geltungsanspruch bestimmenden Wertvorstellungen oder gesellschaftlichen Ordnungsbilder.

---

3 Erörterung und Stellungnahme

Im Aufsatz sollten Sie Ihre Meinungen zu strittigen Themen ausführlich und schriftlich begründen. Das ist nicht leicht, wenn das Thema vorgegeben wird und die Streitfrage Ihnen fremd oder unklar erscheint. Wenn Sie aber das Thema wählen können, dann suchen Sie sich aus den Themen dasjenige aus, das Sie am meisten interessiert und zu dem Sie etwas zu sagen haben.

3.1 Wahl des Themas

Aufgabe | 1 Lesen Sie den folgenden Themenkatalog. Beachten Sie die Formulierungen der Fragen, und machen Sie Ihre Themenwahl von der Beantwortung folgender Fragen abhängig:
– Sind Sie über die angesprochenen Sachverhalte hinreichend informiert?
– Ist Ihnen die angesprochene Situation bekannt?

a) Warum gehen Sie gern ins Kino?
b) Worin sehen Sie die wichtigsten Aufgaben einer freien Presse?
c) Sind Sie für die Beibehaltung der Sonderstellung des öffentlich-rechtlichen Fernsehens oder für das private Fernsehen?
d) Sind Sie bereit, aus Solidarität mit arbeitslosen Mitbürgern Opfer zu bringen?
e) Sollen Ärzte Sterbehilfe leisten dürfen?
f) Wünschen Sie sich ein Leben ohne Leistungszwang?
g) Sollte man das Verbot des Dopings im Sport nicht aufheben, da man den Gebrauch entsprechender Mittel nicht verhindern kann?
h) Ist die Frage der Verwendung oder des Verzichtes auf Anabolika bei Leistungssportlern ein Problem der Fairneß oder der Gesundheit!

Aufgabe 2 Die Formulierungen der Themen enthalten Hinweise für die Anlage Ihrer Arbeit:
Manche Themen fordern von Ihnen eine Stellungnahme zu Pro und Contra und sind daher Entscheidungsfragen.
Andere Themen verlangen die Ermittlung eines Problems, sie sind Ergänzungsfragen.
Stellen Sie bei den folgenden Themen fest, ob Ihnen Ergänzungsfragen oder Entscheidungsfragen gestellt werden.
Wodurch unterscheiden sich diese Fragen in der Ausdrucksweise und in der erwarteten Beantwortung?

a) Warum träumen Sie von einem eigenen Auto?
b) Halten Sie es für richtig, daß Gastarbeiter nicht wahlberechtigt sind?
c) Was erwarten Sie von einer guten Tageszeitung?
d) Welche Arten des Mitleidens kennen Sie?
e) Sollte der Konsum von Alkoholika Jugendlichen verboten werden?
f) Fördert oder behindert die frühzeitige Trennung vom Elternhaus das Erwachsenwerden?

Manche Themen sind so offen formuliert, daß die Streitfrage nicht deutlich in den Blick kommt. Jedes offene Thema aber läßt sich in eine Frage verwandeln, und Sie müssen sich entscheiden, ob Sie das Thema in eine Ergänzungsfrage oder in eine Entscheidungsfrage umformen.

Thema: Die Gewalt gegen Personen und Sachen als Mittel der politischen Auseinandersetzung

Ergänzungsfragen	Entscheidungsfragen
Warum werden politische Auseinandersetzungen mehr und mehr mit unfriedlichen Mitteln ausgetragen?	*Ist* die Gewaltanwendung gegen Personen und Sachen ein brauchbares Mittel der politischen Auseinandersetzung?
Warum nehmen die Aggressionen bei politischen Auseinandersetzungen in unserer Gesellschaft zu?	*Ist* die Anwendung von Gewalt ein nützliches oder verwerfliches Mittel der politischen Auseinandersetzung?

Aufgabe 3 Formulieren Sie die folgenden Themen in Ergänzungsfragen oder Entscheidungsfragen um. Überlegen Sie, aus welchen Gründen Sie den Fragetyp gewählt haben.

a) Die Rolle der Frau in Familie und Beruf
b) Der 17. Juni als nationaler Feiertag
c) Schulwanderungen und Schulfahrten
d) Leistungssport oder Breitensport

Aufgabe 4 Formulieren Sie selbst eine Ergänzungsfrage oder Entscheidungsfrage, die Sie erörtern möchten.

Wahl des Themas
Prüfen Sie, bevor Sie sich für ein Thema entschließen,
▷ ob das Thema Ihr Interesse findet,
▷ ob Sie über den angesprochenen Sachverhalt hinreichend informiert sind,
▷ ob das Thema eine Ergänzungsfrage oder eine Entscheidungsfrage stellt,
▷ ob das Thema in eine Frage umformuliert werden muß.
Entscheidungsfragen zielen auf eine Stellungnahme pro oder contra.
Ergänzungsfragen verlangen eine Entfaltung des Problems.

3.2 Erschließung des Themas: Worum geht es?

Aufgabe 1 Schreiben Sie den Schlüsselbegriff (die Schlüsselbegriffe) Ihres Wahlthemas auf. Untersuchen Sie die Bedeutung des Begriffs, indem Sie
- den Begriff im Zusammenhang mit dem Thema nach Ihrem Wissen und Ihrer Erfahrung umschreiben,
- den Begriff gegen andere, verwandte Begriffe abgrenzen,
- zu dem Begriff Unterbegriffe suchen.

Thema: Warum gehen Sie gern ins Kino?

Schlüsselbegriff		Kino
Bedeutung	allgemeine Bedeutung	Kurzwort für Kinematograph; der erste Apparat zur Aufnahme und Wiedergabe bewegter Bilder (Duden).
	übertragen	1. Filmtheater 2. Filmvorführung
	auf das Thema bezogene Bedeutung	Das Thema unterstellt den häufigen Besuch von Filmvorführungen
Bedeutungsumfeld		Spielfilm, Unterhaltungsfilm, Dokumentar-, Agitations-, Reklame-, Revue-, Wildwest-, Porno-, Science-fiction-, Kriminalfilm, … Filmmusik, Filmkunst, Filmkritik, Filmstar, Filmklub, Filmfestspiele, …
Abgrenzung		Videofilm, Fernsehfilm

Aufgabe 2 Die Entfaltung der Begriffe führt bei Entscheidungsfragen zu Argumenten. Besonders die Auseinandersetzung mit umstrittenen, nicht eindeutig definierten Begriffen wird so zur Quelle für die Begründung der eigenen Meinung.
Entfalten Sie den Schlüsselbegriff „Erwachsensein".
- Wie wird Erwachsensein üblicherweise verstanden?
- Was verbinde ich persönlich mit diesem Begriff?
- In welchem Sach- und Sinnzusammenhang ist mir dieser Begriff begegnet?
- Was verstehe ich unter dem Gegenteil von Erwachsensein?
- Wie unterscheide ich den Begriff von anderen, verwandten Begriffen (Kindsein, …)?

Aufgabe 3 Beantworten Sie die in der folgenden Übersicht gestellten Fragen, die das Beispielthema erschließen sollen. Welche Fragen sind ergiebig, welche halten Sie für unnötig?

Thema: Fördert oder behindert die frühzeitige Trennung vom Elternhaus das Erwachsenwerden?

Zur Themenformulierung

Art der Frage: Verlangt das Thema von Ihnen eine Entfaltung des Problems (Ergänzungsfrage)?

Verlangt das Thema von Ihnen eine Entscheidung pro oder contra (Entscheidungsfrage)?

1. Zum Schlüsselbegriff

Ermitteln Wie lautet der das Thema tragende Begriff?

Verwenden Wie wollen Sie den Begriff verwenden: behauptend, feststellend, fordernd, bekennend, wertend, begründend, …?

2. Zum Sachverhalt

Was? ▷ Was heißt hier Erwachsenwerden?

▷ Was habe ich bei mir oder bei meinen Freunden und Bekannten in diesem Sinnzusammenhang beobachten können?

Warum? ▷ Warum trennen sich immer mehr Jugendliche immer früher vom Elternhaus?

Wann? ▷ Wann ist eine frühzeitige Trennung möglich und wünschenswert?

Welche? ▷ Welche Verhaltensnormen oder welche Wertvorstellungen sind mit dem Schlüsselbegriff im allgemeinen verbunden?

▷ Welche Gefühle oder Vorstellungen weckt das Thema bei mir?

▷ Welche anderen mir widersprechenden Meinungen zu diesem Thema kenne ich oder kann ich mir vorstellen?

▷ Welche Vor- oder Nachteile bringt eine Trennung vom Elternhaus?

▷ Welchen Einfluß hat die Trennung vom Elternhaus auf die Entwicklung meiner Persönlichkeit?

Wodurch? ▷ Wodurch unterscheiden sich Jugendliche und Erwachsene?

3. Zu den Hintergründen

Wer? ▷ Wer ist an der Erörterung dieses Themas interessiert?

▷ Wer kann über den Sachverhalt oder über die Problematik angemessen informieren?

Wodurch? ▷ Wodurch kann ich meine Meinung begründen?

Wo? ▷ Wo kann ich zusätzliche Informationen bekommen?

4. Zu der eigenen Schreibsituation

▷ Was finde ich an diesem Thema interessant?

▷ Welches Interesse möchte ich vertreten?

▷ Wie kann ich dieses Interesse argumentativ sichern oder stützen?

▷ Welche anderen Auffassungen muß ich berücksichtigen?

| Fragen erschließen das Thema.   Fragen führen zur Stoffsammlung.

Verkürzung des Frageverfahrens

Aufgabe **4** Wenn der Schlüsselbegriff des Themas und die Frageform eindeutig sind, kann man mit wenigen Fragen das Thema erschließen.
Erschließen Sie das folgende Thema, indem Sie die Fragen der Übersicht beantworten. Ergänzen Sie die Übersicht, wenn eine wichtige Frage fehlt.

Thema: Was erwarten Sie von einer Tageszeitung?

Zur Erschließung

1. ▷ Was versteht man unter einer Tageszeitung?
2. ▷ Welche Leistungen werden von einer Tageszeitung im allgemeinen erwartet?
   ▷ Wie lassen sich Tageszeitungen nach ihrer Leserschaft, ihrer Organisation, ihrer Aufmachung, ihrem Vertrieb, ihrer Finanzierung etc. unterscheiden?
   ▷ Wer liest eine Tageszeitung?
3. ▷ Gibt es politisch unabhängige Tageszeitungen?
   ▷ Sind alle Tageszeitungen parteipolitisch gebunden?
   ▷ Wie kann man sich über Tendenzen informieren?
4. ▷ Welche Leistungen erwarte ich von einer Tageszeitung?
   ▷ Welche Sachgebiete (Politik, Wirtschaft, Kultur, Sport, …) interessieren mich mehr, welche weniger?
   ▷ Welches Interesse soll meine Argumentation lenken?
   ▷ Welche Argumente sollen meinen Standpunkt begründen?
   ▷ Welche Argumente kann man mir entgegenhalten?

Aufgabe **5** Wählen Sie ein Thema aus dem angebotenen Themenkatalog, und erschließen Sie es mit entsprechenden Fragen.

Erschließung des Themas
▷ Ermitteln Sie die Schlüsselbegriffe.
▷ Erläutern Sie, wie Sie die Begriffe verstehen.
▷ Erschließen Sie durch Fragen die Schlüsselbegriffe, den Sachverhalt und den Hintergrund.
▷ Klären Sie Ihr Interesse bei der Erörterung des Themas.

3.3 Ordnen der Stoffsammlung

Thema: Wie lassen sich in einem Haushalt Unfälle verhindern?

Aufgabe **1** Bestimmen Sie zunächst die Art des Themas, indem Sie folgende Fragen beantworten:
– Handelt es sich bei diesem Thema um eine Ergänzungsfrage oder um eine Entscheidungsfrage? Begründen Sie Ihre Meinung.
– Wie lautet der Schlüsselbegriff?
– Ist dieser Begriff eindeutig?
– Ist der Schlüsselbegriff abgegrenzt?

Aufgabe 2 Prüfen Sie die folgenden Erschließungsfragen und die vorgeschlagenen Antworten. Lassen sich weitere Fragen stellen und weitere Antworten finden?

1. Welche | Unfälle oder Unfallfolgen kommen im Haushalt vor?
Prellungen
Brüche
Verbrennungen
Schnittwunden

2. Warum | passieren solche Unfälle im Haushalt?
menschliches Versagen
Fahrlässigkeit
Streßsituationen
vernachlässigte Aufsichtspflicht

3. Wer | kommt zu Schaden?
Hausfrauen
Kinder
Personal
weitere im Haushalt lebende Personen

4. Wodurch | lassen sich diese Unfälle verhüten?
erhöhte Aufmerksamkeit
sachgemäßer Umgang mit Werkzeugen, Maschinen und Geräten
gewissenhafte Aufsicht über Kinder

Aufgabe 3 Jede Erschließungsfrage läßt sich in eine Aussage umwandeln und wird so zu einer möglichen Kapitelüberschrift:

Welche Unfälle oder Unfallfolgen kommen im Haushalt vor? | Die häufigsten Unfälle oder Unfallfolgen im Haushalt

Formen Sie die anderen Erschließungsfragen Ihrer Stoffsammlung in entsprechende Aussagen um. Prüfen Sie, ob diese Aussagen als Kapitelüberschriften geeignet sind und ob ihre Reihenfolge Ihnen sinnvoll erscheint.

Thema: Sollen Frauen freiwillig Wehrdienst leisten können?

Aufgabe 4 Beantworten Sie zunächst folgende Fragen:
– Ist das Thema eine Ergänzungsfrage oder eine Entscheidungsfrage?
– Wie lautet der Schlüsselbegriff?
– Ist dieser Begriff eindeutig?
– Ist das Thema abgegrenzt?

Aufgabe 5 Das Thema unterstellt eine mögliche Neuordnung des Wehrdienstes, die von der jetzigen Regelung abweicht. Oft geht es bei Erörterungen um das Pro und Contra sich widersprechender Ordnungsvorstellungen:
– Welche zwei möglichen Antworten stecken in dieser Frage?
– Formulieren Sie diese beiden Antworten.

Aufgabe 6 Mit diesen Antworten haben Sie zwei sich ausschließende Positionen beschrieben, zwei entgegengesetzte Forderungen oder Geltungsansprüche. Wir sprechen von These und Gegenthese, Behauptung und Gegenbehauptung. In der Erörterung suchen wir gute Gründe (Argumente) für das Pro und Contra, um uns so eine Meinung zu bilden:

– Beantworten und ergänzen Sie folgende Fragen, die das Thema erschließen sollen.
– Ordnen Sie die Antworten nach Argumenten für Pro (These) und Contra (Gegenthese).

a) Wer wünscht den freiwilligen Wehrdienst der Frauen?
b) Wer ist gegen den freiwilligen Wehrdienst der Frauen?
c) Warum hat man bisher bei uns auf den Wehrdienst der Frauen verzichtet?
d) Warum wird diese Frage nun in der Öffentlichkeit erörtert?
e) Was sagt das Grundgesetz über die Wehrpflicht?
f) Was würde sich durch den freiwilligen Wehrdienst der Frauen ändern?
g) Wie ist der Wehrdienst in anderen vergleichbaren Ländern geregelt?
h) Welche Erfahrungen wurden in den anderen Ländern gemacht?
i) Was spricht nach Ihrer Meinung für den freiwilligen Wehrdienst der Frauen?
j) Was spricht nach Ihrer Meinung gegen den freiwilligen Wehrdienst der Frauen?
…

Ordnen der Stoffsammlung

Ergänzungsthemen
▷ Wandeln Sie die entscheidenden Erschließungsfragen in Aussagen um.
▷ Prüfen Sie, ob sich diese Aussagen als Überschriften für Abschnitte eignen.
▷ Ordnen Sie die so gewonnenen Überschriften.

Entscheidungsthemen
▷ Formulieren Sie die zwei möglichen Antworten, die in der Themenfrage stecken.
▷ Ordnen Sie die Antworten auf Ihre Erschließungsfragen nach Argumenten für Pro (These) und Contra (Gegenthese).

Übung

Thema: Sollen bei Schulfesten Alkoholika ausgeschenkt werden?
– Formulieren Sie die zwei möglichen Antworten, die in dieser Themenfrage stecken.
– Erschließen Sie das Thema mit geeigneten Fragen.
– Formulieren Sie die Antworten auf Ihre Erschließungsfragen.
– Ordnen Sie die Antworten nach Argumenten für Pro (These) und Contra (Gegenthese).

3.4 Gliederung und Einleitung zu einer Ergänzungsfrage

Thema: Wie lassen sich in einem Haushalt Unfälle verhindern?

Einleitung
Entfaltung des Themenbe-
griffs und Problematisierung

0   Der Unfall im Haushalt, Häufigkeit und allgemeine Folgen

Hauptteil
Darstellung und Erörterung
der Sache

1   Die häufigsten Unfallarten und ihre Folgen
1.1 Brüche und Prellungen
1.2 Schnittverletzungen
1.3 Verbrennungen
1.4 Vergiftungen

2   Die häufigsten Ursachen
2.1 Menschliches Versagen
2.2 Unsachgemäße Handhabung von Werkzeugen
2.3 Mangelnde Aufsicht

3   Möglichkeiten der Unfallverhütung
3.1 Aufklärung über die Gefahren
3.2 Beachtung der Vorschriften
3.3 Erfüllung der Aufsichtspflicht

Schluß
Allgemeine oder persönliche
Schlußfolgerung und Empfeh-
lung

4   …

Aufgabe 1 Welche der folgenden einleitenden Sätze sind für eine Ausarbeitung geeignet, welche nicht? Begründen Sie im Gespräch Ihre Ansichten.

a) Ich habe mir mal beim Brotschneiden in den Finger geschnitten. Das Blut spritzte, mir wurde schlecht.
b) Die Zahl der Unfälle im Haushalt ist erschreckend hoch. Die Kosten sind erheblich.
c) Immer, wenn meine Oma die Fenster putzt, bekomme ich Herzklopfen. Erst stellt sie sich auf den alten Schemel, und dann steigt sie auf die schmale Fensterbank.
d) Jedes Jahr verunglücken 1,7 Millionen Menschen im Haushalt gegenüber 480000 im Straßenverkehr. Das Zahlenverhältnis gilt auch für die Unfälle mit tödlichem Ausgang. Viele Bürger brauchen nach einem solchen Unfall eine lange Zeit der Genesung oder bleiben für den Rest des Lebens Invalide.

Aufgabe 2 Schreiben Sie zu einem weiteren Thema Ihrer Wahl eine Gliederung und eine Einleitung.

3.5 Gliederung und Einleitung zu einer Entscheidungsfrage

Mit Entscheidungsfragen wird ein umstrittenes Problem aufgegriffen. Sie fordern eine Stellungnahme und eine Entscheidung heraus, die durch das Abwägen von Für und Wider und überzeugende Argumente begründet werden müssen.

Meinungen werden weitgehend von Interessen bestimmt. Dabei geht es nicht nur um wirtschaftliche Interessen oder Glaubensgewißheiten, die man verteidigt. Oft sind unbewußte Ängste oder Wünsche im Spiel, das Bedürfnis nach Freiheit, Selbstbestimmung oder Solidarität. Bevor Sie Ihre Meinung zu einer Streitfrage abschließend formulieren, sollten Sie alle Argumente abwägen und klären, welches Interesse Sie leitet. Das legitime Interesse ist ein starkes Argument, wenn es vernünftig und überzeugend dargestellt wird.

Thema: Fördert oder behindert die frühzeitige Trennung vom Elternhaus das Erwachsenwerden?

Einleitung	0	Erwachsen ist jemand, wenn er seine Zukunft plant und wenn er Verantwortung trägt für sich und andere.
Diskussion These Argumente	1	Je früher man seine Eltern verläßt, desto eher wird man erwachsen.
	1.1	Eltern übertragen nur ungern Verantwortung auf ihre Kinder.
	1.2	Wer immer nur gehorcht, der lernt nicht, Verantwortung zu tragen.
	1.3	Aus mißverstandener Fürsorge planen die Eltern die Zukunft ihrer Kinder.
	1.4	Um im erklärten Sinne erwachsen zu werden, muß man sich weitgehend von seinen Eltern lösen.
Gegenthese Argumente	2	Je länger man bei seinen Eltern bleibt, desto schneller wird man erwachsen.
	2.1	Die Familie vermittelt Erkenntnisse und Fähigkeiten, ohne die man nicht erwachsen wird.
	2.2	Eine frühzeitige Trennung von der Familie führt zu erheblichen und vielfältigen Belastungen, die die Entwicklung nicht fördern, sondern hemmen.
	2.3	Noch nie haben sich Jugendliche so früh von den Eltern getrennt wie heute, und noch nie haben sie sich so dagegen gewehrt, erwachsen zu werden.
Synthese	3	Hier sollten Sie die Argumente abwägen und sich eine Meinung bilden. Vielleicht ergeben sich daraus zum Schluß wichtige Folgerungen oder Forderungen.

Aufgabe 1 Erfahrungsgemäß bereiten die Einleitungssätze besondere Schwierigkeiten. Welche der folgenden einleitenden Sätze halten Sie für geeignet, welche nicht? Wie würden Sie anfangen? Begründen Sie im Gespräch Ihre Ansichten.

a) Getrennt oder nicht getrennt, ich habe es nicht eilig, erwachsen zu werden. Ich wünsche mir aber auf jeden Fall eine eigene Wohnung …

b) Was heißt „Erwachsenwerden"? Juristisch hängt das doch wohl mit dem Alter zusammen, egal wie ein Erwachsener sich verhält. Er muß dann eben sein Tun und Lassen verantworten. Aber er wird nicht ununterbrochen für sein Tun zur Rechenschaft gezogen; nicht jeder erzieht an ihm herum. Ein Erwachsener ist eben viel freier …

c) Irgendwann muß wohl jeder erwachsen werden. Mit dem Elternhaus hat das direkt wenig zu tun. Ich kann auch in unserer Familie erwachsen werden oder es lieber lassen. Wenn ein Erwachsener ein vorbildlicher Mensch ist, und so verstehe ich den Schlüsselbegriff des Themas, dann gibt es nur wenige Erwachsene. Ich kenne zumindest wenige Erwachsene, die so sind, daß ich ihrem Beispiel folgen möchte …

d) Natürlich möchte ich erwachsen werden. Es bleibt mir ja auch nichts anderes übrig. Ich möchte einen Beruf haben, eine Wohnung, die ich selbst bezahlen kann, und einen Freund. Besonders möchte ich mir nicht mehr anhören müssen: „Solange du deine Füße unter meinen Tisch stellst, geschieht hier das, was ich will ..."

| Aufgabe | 2 | Schreiben Sie mit Hilfe Ihrer Stoffsammlung eine argumentierende Erörterung nach dem vorgegebenen Gliederungsschema. Wägen Sie Ihre Argumente ab, und formulieren Sie Ihre Meinung (siehe dazu auch 3.6). |

| Übung | Erarbeiten Sie nach dem gleichen Verfahren eine Gliederung zu dem Thema „Sollen Frauen freiwillig Wehrdienst leisten können?" oder zu einer anderen Entscheidungsfrage Ihrer Wahl. |

3.6 Ausgestaltung und Veranschaulichung eines Arguments

Das Argument
▷ Ein Argument ist die Begründung für eine Behauptung, eine Meinung oder Wertung.
▷ Der Argumentierende sucht die Zustimmung des Lesers, indem er die Behauptung (These) begründet und belegt (Beispiel).
▷ Argumente müssen direkt auf die Behauptung oder Forderung bezogen sein.
▷ Man kann sachbezogene und wertbezogene Argumente unterscheiden. Die einen begründen das, was ist, die anderen das, was sein sollte.
▷ Die Stärke der Argumente liegt in ihrer allgemeinen Gültigkeit, in der Gültigkeit der Belege (bekannte Tatsachen, unbestrittene Folgen, Forschungsergebnisse, Zitate von Fachleuten, anerkannte Werte, Fakten und Zahlen usw.).
▷ Die eigene Erfahrung ist nur dann ein wirksamer Beleg, wenn sie verallgemeinert werden kann und der Leser sie teilt.

Ihre Argumente sollten den Leser überzeugen. Darum müssen Sie Ihre Argumente direkt auf die Behauptung beziehen. Sie müssen die Behauptung begründen und durch Beispiele belegen. Verzichten Sie daher auf keines der notwendigen Elemente eines vollständigen Arguments:

Behauptung ...	Begründung ...	Beleg
⇓	⇓	⇓
Das augenblickliche Lehrstellenangebot verhindert die freie Berufswahl,	weil der Schulabgänger bei der Berufswahl nicht seinen Neigungen und Wünschen nachgehen kann, sondern die Lehrstelle nehmen muß, die ihm angeboten wird.	Zum Beispiel haben in unserer Klasse von 26 Betroffenen nur 7 eine Lehrstelle in dem Beruf gefunden, den sie sich gewünscht haben.

Behauptung ...	Begründung ...	Beleg
⇓	⇓	⇓
Bei der Berufswahl sollte jeder sich allein von seinen Neigungen lenken lassen,	denn nur in einem Beruf seiner Wahl ist ein Auszubildender wirklich bereit, zu lernen und etwas zu leisten.	Mein Bruder Florian hatte schon zu Hause einen Zoo. Jetzt erlernt er den Beruf des Tierpflegers und arbeitet mehr und sorgfältiger als alle anderen.

Thema: Wünschen Sie sich als Ehepartner eine Hausfrau (einen Hausmann), oder sollte Ihr Partner nach Möglichkeit einer Erwerbsarbeit nachgehen?

These   Mein Ehepartner sollte nur Hausfrau (Hausmann) sein.

Argumente
▷ Die Hausarbeit ist kein Nebenberuf, denn ein gut geführter Haushalt fordert eine ganze Arbeitskraft. In den meisten Familien bleibt die Hausarbeit an den Frauen hängen, die sich bei einer Doppelbelastung aufreiben.

▷ Wenn beide Partner arbeiten, leidet die Familie, denn niemand fühlt sich im Haus zuständig, und die Kinder gehen ihre eigenen Wege. Ich bin als Schlüsselkind aufgewachsen, und meine Kinder sollen nicht bei der Oma oder vor dem Fernsehen groß werden.

▷ Die Möglichkeiten der Frauen, einem sinnvollen Beruf nachzugehen, sind bescheiden, denn es gibt nur etwa zwanzig Frauenberufe. Bei uns arbeiten die meisten Frauen als landwirtschaftliche Hilfskraft, und das in einem Industrieland! Die Frauen sollen besser sich um den Haushalt und die Kinder kümmern, anstatt einer miesen, schlechtbezahlten Arbeit nachzulaufen.

…

Gegenthese   Mein Ehepartner sollte einen Beruf haben und im Haushalt arbeiten.

Argumente
▷ Die Hausarbeit ist kein befriedigender Beruf, denn die meisten Familien haben nur ein Kind, und die Technisierung hat die Hausarbeit leichter gemacht. Ich habe meine Freunde beneidet, deren Mütter einen vernünftigen Beruf hatten.

▷ Die Nurhausfrau wird in der Öffentlichkeit bemitleidet, denn in der Regel gehen beide Partner einem Beruf nach. Auch darum nehmen die meisten Frauen die Doppelbelastung bereitwillig auf sich.

▷ In einer partnerschaftlichen Ehe müssen Mann und Frau einen Beruf ausüben und im Haushalt helfen. Ohne den Verdienst beider Partner sind die üblichen Bedürfnisse einer Familie nur noch in seltenen Fällen zu finanzieren; Familien mit nur einem Einkommen sind arg benachteiligt.

Aufgabe 1 Prüfen Sie, ob die Argumente in sich vollständig sind, ob die Behauptungen begründet und möglicherweise durch Beispiele veranschaulicht werden.

Aufgabe 2 Ergänzen Sie die Aufstellung der Argumente.

Aufgabe 3 Welche Argumente lassen sich mehr dem Interesse eines männlichen Partners, welche mehr dem eines weiblichen Partners zuordnen?

Aufgabe 4 Welche Argumente erscheinen Ihnen stärker, welche schwächer? Begründen Sie Ihre Meinung.

Übung | Zur Ausgestaltung eines überzeugenden Arguments gehören Verknüpfungswörter, die den sinnvollen Zusammenhang Ihrer Argumentation erkennen lassen. Überprüfen Sie folgende Vorschläge. Welche Beispiele erscheinen Ihnen schlüssig, welche weniger erfolgversprechend oder sogar unsinnig?

begründend

Ein Ehepartner sollte nur Hausfrau (Hausmann) sein
..., nämlich das fände ich richtig.
..., weil es sonst kein wirkliches Familienleben gibt und die Kinder verwahrlosen.
..., schließlich spart eine Hausfrau (ein Hausmann) viel Geld, wenn sie (er) wirtschaften kann und geschickt ist.
..., denn die Arbeit im Haushalt ist lohnend und dient der Familie.

einschränkend

Einer der Partner sollte *zwar* das Geld für den Haushalt verdienen
..., aber das befreit ihn nicht von der Hausarbeit.
... Trotzdem hat er keine Sonderrechte und darf sich nicht als der „Ernährer" der Familie aufspielen.

folgernd

Wir verstehen heute die Ehe als gleichberechtigte Partnerschaft von Mann und Frau
..., deshalb ist die Rolle der geborenen Hausfrau sehr fragwürdig geworden.
..., daher kann auch der Mann den Haushalt führen, z.B., wenn die Frau ein besseres Einkommen hat oder wenn der Mann das gerne möchte.
..., aber die Kinder bekommen allein die Frauen.
..., aber man kann es auch übertreiben, z.B. mit der Mutterschaft.

vergleichend

Einerseits soll das Prinzip der Gleichberechtigung auch in der Ehe gelten
..., andererseits gibt es aber nun mal Frauen und Männer.
..., andererseits sollte die Gleichberechtigung nicht zu einer öden Gleichmacherei führen.
..., andererseits gibt es überkommene Verhaltensnormen, die einer echten Partnerschaft in vielen Fällen im Wege stehen.

Alice Salomon: Beruf und Ehe

In den beiden Worten *Beruf* und *Ehe* liegt der Frauenfrage tiefster Sinn umschlossen. Der Konflikt der Frau unserer Zeit wurzelt in der Frage: Wieweit gehöre ich dem Haus und der Familie, wieweit dem Beruf und der Welt? Man kann diese Frage nicht einfach damit abtun, daß man die unverheiratete Frau auf den Beruf, die verheiratete Frau auf das Familienleben verweist. Denn die meisten Frauen gehen in ihrer Jugend durch eine Zeit der Berufstätigkeit hindurch, ehe sie zur Ehe gelangen. Sehr viele verheiratete Frauen aber müssen auch während der Ehe einem Beruf nachgehen oder nach längerer Berufsunterbrechung zur Erwerbsarbeit zurückkehren. Es handelt sich also nicht darum, daß ein Teil der Frauen mit dem einen, ein andrer Teil mit den anderen Aufgaben beschäftigt ist. Vielmehr ist ein Nacheinander oder Nebeneinander der beiden Pflichtenkreise so häufig, daß die Erziehung des weiblichen Geschlechts dem unbedingt angepaßt werden muß. Die Mädchen müssen sowohl zum Beruf wie zur Erfüllung von hauswirtschaftlichen Pflichten erzogen werden, damit sie für alle Aufgaben, die sich ihnen bieten, gerüstet sind. Es muß aber auch alles geschehen, um das Berufsleben der Frauen so zu gestalten, daß ihnen Kraft zur Erfüllung von Familienpflichten übrigbleibt, und die Hauswirtschaft muß so eingerichtet und umgestaltet werden, daß jene Kräftevergeudung verhütet wird. Manche Frauen vertreten allerdings den Standpunkt, daß die Berufsarbeit aller Frauen ein sozialpolitisches Ideal ist; daß die Frauen nur durch eigene Erwerbsarbeit wirtschaftlich selbständig werden und sich dem Manne gegenüber als würdige Persönlichkeiten behaupten können. Sie wollen die Frauen deshalb in weitgehendem Umfang von den Familienpflichten befreien. Das würde bedeuten, daß die Hauswirtschaft von Genossenschaften, von Einküchenhäusern übernommen und daß die Kinder in stärkerem Maße in öffentlichen Anstalten erzogen und versorgt werden. Dann könnte die Ehe auf der Erwerbsarbeit von Mann und Frau ruhen.

Immerhin ist es sehr zweifelhaft, ob ein solches Programm für die Mehrheit der Frauen verlockend sein würde und ob die Kultur und das Gesellschaftsleben dadurch gewinnen würden. Es ist für die Mehrheit der Frauen sicherlich keine Bereicherung, wenn ihnen die Aufgaben in der Familie beschränkt werden und an deren Stelle das mechanische Einerlei stumpfmachender Lohnarbeit tritt. Und es ist für die Gesamtheit sicherlich keine Förderung, wenn die Frau statt einer Arbeit, die ihre Gefühlskräfte entwickelt, eine andere aufnimmt, mit der sie allein durch das Band der Zahlung, durch den Gelderwerb, verbunden ist. Der Kultureinfluß der Frau liegt in erster Linie in ihrer Wirksamkeit in der Familie. Hier kann sie eigenartige Werte erzeugen; während sie in der Welt der materiellen Gütererzeugung dem Manne in nichts voransteht.

Allerdings kann man sich nicht verhehlen, daß die Erwerbsarbeit der verheirateten Frau in wachsendem Maße zur Notwendigkeit wird. Man muß mehr als je mit ihr rechnen. Deshalb soll man versuchen, alle die Mißstände zu mildern, die mit der doppelten Belastung der Frau verbunden sind.

Ob dabei die Wirtschaftsgenossenschaft und die Einküchenhäuser die Bedeutung erlangen werden, die ihnen von mancher Seite zugeschrieben wird, erscheint zweifelhaft. Denn die Annahme, daß solches gemeinsame Wirtschaften billiger sei als die Führung von Einzelhaushalten, ist noch keineswegs bewiesen. Jedenfalls nicht, sofern dabei die gleichen Ansprüche gestellt werden. Gewiß ist es eine Ersparnis, wenn statt hundert Herdfeuern ein Herdfeuer brennt; wenn Frauen, deren Arbeitskraft im Hause nicht voll ausgenutzt wird, ihre Arbeitskraft an anderer Stelle verwerten. Aber für weite Kreise gilt es doch, daß die Arbeit der Frau im Hause mehr ersparen kann, als sie durch ihre Erwerbsarbeit einnehmen würde. Ein gemeinsamer Haushalt stellt sich vielfach teurer, weil dabei die Ansprüche an Wohnungshygiene, an Heizung, Beleuchtung, Nahrung gesteigert werden, weil jeder einzelne weniger sparsam und sorgsam beim Verbrauch verfährt und weil alle Handreichungen, die sich sonst die Familienmitglieder untereinander leisten, an Angestellte abgeschoben und zu geldgelohnter Tätigkeit werden. Schon heute kann man feststellen, daß der Aufenthalt in Pensionen und Anstalten jeder Art fast immer teurer kommt als die Versorgung eines Gliedes in der Familie. Und das würde sich auch bei genossenschaftlicher Wirtschaft kaum ändern. Neben dem, was bei gemeinsamer Wirtschaft erspart wird, steht eben auch die Vergeudung, mit der überall gerechnet werden muß, wo der einzelne nicht die volle Verantwortung für seinen Verbrauch und für die Schonung der Sachen fühlt.

Wenn man aber auch solchen Einrichtungen mit einer gewissen Skepsis gegenübersteht, so sollte doch jeder Versuch dieser Art unterstützt werden. Denn es bleiben zahlreiche Familien übrig, die auf die Erwerbsarbeit der Frauen angewiesen sind und in denen – selbst bei etwas größerem Aufwand für die Wirtschaft – der Verzicht auf die eigene Hauswirtschaft rentabel bleibt. Das gilt besonders für die Schichten des Mittelstandes, soweit die Frauen einem geistigen, künstlerischen oder einem anderen gehobenen Berufe nachgehen und erhebliche Verdienste haben. Für diese Frauen würde es eine große Entlastung bedeuten. Auch bedeutet die Berufsarbeit für sie oft mehr als einen Erwerb, nämlich die Betätigung eines Talentes, die Anwendung von Gaben, deren Unterdrückung zu einer Verkümmerung ihres ganzen Wesens führt, während durch ihre Auswirkung auch die Kultur objektiv gefördert werden kann.

Allerdings sind bei einer solchen Lebensgestaltung noch nicht die Kinder in Rechnung gesetzt, und im allgemeinen haben die deutschen Mütter keine Neigung, ihre Kinder einer Anstaltserziehung zuzuführen. Die meisten Frauen werden daher versuchen, den Aufgaben im Hause und in der Familie gerecht zu werden, und sie werden, wenn sie zum Erwerb gezwungen sind, nach einem elastischen Beruf suchen, der es ihnen ermöglicht, Arbeit im eignen Haus zu tun oder ihre Arbeitszeit nach den Bedürfnissen der Familie einzurichten. Gerade im Interesse dieser Frauen muß alles geschehen, um beim Bau von neuen Häusern die Wohnungen so zu gestalten, daß die Hauswirtschaft möglichst erleichtert wird. Und die Technik wie die Hausfrauenvereine sollten alles tun, was in ihren Kräften steht, um Erleichterungen der Hauswirtschaft zu finden und durchzuführen.

Die Verkürzung der Arbeitszeit auf 8 Stunden, der

140 Wöchnerinnenschutz der Gewerbeordnung und das Gesetz über die Wochenhilfe und Wochenfürsorge haben dazu geholfen, die doppelte Belastung der Frauen durch Beruf und Ehe abzuschwächen. Denn sie geben auch den erwerbenden Frauen 145 Zeit für den Haushalt, vermeiden ihre Überanstrengung im Beruf und ermöglichen es ihnen, sich nach der Geburt eines Kindes zu schonen und der Arbeit fernzubleiben. Mehr noch muß durch eine Vereinfachung der Sitten geschehen. Je schlichter 150 die Lebensführung, desto geringer sind die Pflichten, die den Frauen im Haus auferlegt sind. Einfache Lebensführung bedeutet aber nicht Verarmung der Kultur. Sie kann auch eine Verschiebung der Werte vom Materiellen zum Ideellen, von den äußeren zu den inneren Dingen bedeuten. Das beste und meiste in dieser Richtung müssen 155 die Frauen selbst tun. Denn sie sind es, die der Familie die Lebensform auferlegen. Darum beschränken sich auch heute die Aufgaben der Frau im Haus keineswegs auf die Haushaltführung. Die Frau bleibt und wird in immer vertieftem Maße 160 Erzieherin, und zwar nicht nur Erzieherin der Kinder, sondern Erzieherin des Volkes zu sittlichen Lebensgewohnheiten und zu sittlicher Lebensgestaltung. Deshalb wird das Streben eines gesunden Volkstums auch stets dahin gehen, die verheirate- 165 te Frau von den Aufgaben in der Erwerbsarbeit zu entlasten und sie der Familie zurückzugeben.

Alice Salomon (* 1872 Berlin, † 1948 New York), Gründerin und Direktorin der ersten deutschen Sozialen Frauenschule in Berlin, Vorsitzende der Deutschen Akademie für soziale und pädagogische Frauenarbeit. Sie studierte Nationalökonomie und bestand 1906 an der Berliner Universität das Doktorexamen. Als Jüdin emigrierte sie 1937 und lebte bis zu ihrem Tode in New York.
Der Artikel erschien 1922 in der Zeitschrift ,Die Gartenlaube', Nr. 28, S. 536.

| Aufgabe | 5 Untersuchen Sie die Gliederung der Argumentation:

- Was leistet die Einleitung?
- Mit welcher These (Forderung) beginnt die Diskussion?
- Wie lautet die Gegenthese?
- Welche Argumente stützen im Verlauf der Diskussion die These?
- Wo und wie wird die mögliche Gegenargumentation entkräftet?
- Wo sucht die Autorin den Konsens (die Übereinstimmung)?
- Welche Folgerungen und Forderungen bilden den Schluß?
- Wodurch unterscheidet sich die Gliederung des Aufsatzes von dem Schema auf Seite 156 und 157?
- Welche Vor- und Nachteile hat diese veränderte Gliederung?

| Aufgabe | 6 Der Aufsatz wurde 1922, vor 65 Jahren, geschrieben.

- Welche Textstellen verraten Ihnen das Alter des Aufsatzes?
- Könnte die Diskussion heute noch so geführt werden?
- Welche Bedingungen haben sich verändert? Welche Argumente haben an Überzeugungskraft gewonnen, welche verloren?
- Hat sich im Laufe der Zeit die Streitfrage geändert oder nur die Argumentation?

Sechstes Kapitel: Schriftsprachliche Normen

1 Art und Funktion von Normen

1.1 Angst vor dem Schreiben?

*Gespräch einer Berufsschullehrerin (L) mit jungen Arbeiterinnen (A) über einen Aufruf zu einem Reportagewettbe-
werb, bei dem Berufsschüler über ihren Arbeitsalltag berichten sollen.*

A: Was denn, wir sollen über unsere Arbeit schreiben? Und das soll interessant sein? Da kommt es
sicher darauf an, daß man gut schreibt. Gut schreiben können wir nicht. Wir können überhaupt
nicht schreiben.

L (zitiert den Aufruf): Es soll in „einfacher", „unliterarischer" „Sprache geschrieben werden".

A: Aber wenn man schlechtes Deutsch schreibt, dann denken die anderen, daß man dumm ist, und das
will ich nicht.

Ursula Salden, in: Werkkreis: Ihr aber tragt das Risiko. rororo 1447. Rowohlt, Reinbek 1971, S. 102.

Aufgabe **1** Was halten Sie von der Folgerung, aus Angst vor Schreibfehlern überhaupt nicht zu
schreiben?

Aufgabe **2** In dem Gespräch werden mehrere wertende Ausdrücke gebraucht: interessant, gut, einfach, schlechtes Deutsch schreiben, nicht schreiben können.
Was kann jeweils damit gemeint sein?

1.2 Schreibschwierigkeiten oder Fehler?

```
An die
Firma Hesselbach
Wiesenhof 3

Sturum


Sehr geehrter Herr Hesselbach,

gestern war doch Ihr Montör da für den neuen Fernmeldeanschluss. Dabei ist ihn
ein Mißgeschick passirt.
Der Mann hatte eben die Wanddose angebracht. Plötzlich richtet er sich auf ohne
an das Regal zu denken das über ihn an der Wand hängt. Das Regal fällt herunter!
Eine Vase ist dabei kaputtgegangen. Es handelt sich um ein Erbstück, was beson-
ders meine Frau bedauert. Sie ist aus Meissener Porzelan mit einen kleinem bunten
Blumenbild. Der Wert dürfte bei 300,- DM liegen. Natürlich hat der Mann das nicht
extra gemacht. Wir nehmen aber an, das Ihre Versicherung den Schaden reparirt.

Hochachtungsvoll!
```

Aufgabe **1** Woran merkt man, daß Herr Müller es nicht gewohnt ist, Briefe zu schreiben und sich schriftlich zu äußern?

Aufgabe **2** Welche Verstöße gegen schriftsprachliche Normen können Sie feststellen? Ordnen Sie diese nach der Art des Fehlers oder des Verstoßes.
In welchen Fällen handelt es sich eindeutig um Fehler?
Welche Verstöße würden Sie selbst beim Lesen stören?

1.3 Sprachliche Normen verändern sich

Dû bist mîn, ich bin dîn:
des solt dû gewis sîn.
dû bist beslozzen
in mînem herzen:
verlorn ist daz slüzzelîn:
dû muost immer drinne sîn.
(12. Jahrhundert)

Aufgabe **1** Was wird heute anders geschrieben, ausgesprochen, formuliert? Was sollen die Akzente (ˆ) angeben? Welche entsprechenden Kennzeichnungen gibt es heute?

Konrad Duden, der die deutsche Rechtschreibung zu Beginn unseres Jahrhunderts vereinheitlicht und aufgezeichnet hat, hatte damals gehofft, sie würde eines Tages auch vereinfacht. In einem Artikel zitiert er deshalb Prof. Dr. Brenner, der dasselbe Ziel verfolgt:

Di bisherige deutsche rechtschreibung schädigt durch nutzlose gedächtnisbelastung und di dadurch bewirkte überbürdung di geistige und leibliche gesundheit unserer jugend. Indem si der schule di kostbarste zeit, dem kinde lust und freude am lernen raubt, ist si der schlimste hemschu unserer folksbildung. Si wirkt ferdummend, indem si unter groser kraftfergeudung ferstand und gedächtnis zu gegenseitigem kampf zwingt. Troz aller aufgewanten müe – si heist mit recht „das schulmeisterkreuz" – gelingt es der schule doch nicht, si dem gröseren teil unserer jugend fürs spätere leben einzuprägen. Über neun zentel unseres folkes haben si entweder ni sicher erlernt oder doch bald nach der schule wider fergessen. Dadurch wirt di soziale kluft zwischen den sogenannten gebildeten und ungebildeten künstlich fertift. Si erschwert die ausbreitung der deutschen sprache, indem si deren natürliche schwirigkeiten noch durch eine anzal künstlicher, willkürlich ersonnener fermert.

Prof. Dr. O. Brenner, zitiert von Konrad Duden: Rechtschreibung. In: W. Rein (Hrsg.): Enzyklopädisches Handbuch der Pädagogik, Band 7. Hermann Beyer und Söhne, Langensalzar [2]1908, S. 337.

Aufgabe **2** Schreiben Sie diesen Absatz in der heutigen Schreibweise.
Worin bestehen die Vereinfachungen, die Brenner vorschlägt?
Halten Sie sie für überzeugend?

Normen nennt man alle allgemein anerkannten oder als verbindlich geltenden Regeln oder Maßstäbe.

Im Sprachgebrauch werden *schriftliche Äußerungen meist nach strengeren Maßstäben bewertet* als mündliche.

Der Leser eines Schreibens muß sich ganz auf den Inhalt konzentrieren können, Fehler lenken ihn davon ab oder verhindern sogar eine verläßliche Informationsübermittlung.

Der Schreiber muß sich deshalb besonders darum bemühen,
1. sich in den Leser hineinzuversetzen, um sich selbst vor Augen zu halten, wie vollständig der Sachverhalt dargestellt werden muß, damit der Leser ihn versteht,
2. die schriftsprachlichen Normen einzuhalten, also
   — Rechtschreibungs- und Zeichensetzungsregeln,
   — grammatische Regeln,
   — stilistische Empfehlungen
   (z. B. je nach den Umständen auf besonders sachliche oder höfliche Sprache zu achten).

Sprachliche Normen ändern sich im Laufe der Geschichte.
Dies bringt aber nicht immer Erleichterungen mit sich.
In der heutigen Rechtschreibung wirken unterschiedliche Normgebungen nach, die geschichtlich bedingt sind.
So wird das lange „i" auf vier verschiedene Weisen geschrieben: dir – ihn – vier – Vieh.
▷ Wer besser schreiben lernen will, muß sich zwar mit den Regeln und ihren Ausnahmen auseinandersetzen, er muß vor allem aber ständig Schreiben üben.
▷ Ganz falsch ist es deshalb, aus Angst vor Fehlern überhaupt nicht zu schreiben.
▷ Schreiben lernt man nur durch häufiges Schreiben!

2 Text und Grammatik

2.1 Struktur und Inhalt von Sprache unterscheiden

Beim künstlichen Psychiater auf der Couch

Joseph Weizenbaum, Informatiker am Massachusetts Institute of Technology, hat einen Computer so geschult, daß er psychotherapeutische Gespräche führen kann. „Eliza" behält stets die Initiative, nur sie stellt Fragen an GEO-Autor Volker Arzt und reagiert prompt auf jede Antwort. Daß sie in Wahrheit nichts versteht, zeigt der zweite Dialog.

Hallo, ich bin Eliza, wo liegt dein Problem?
Ich schreibe einen Artikel für GEO.
Bist du zu mir gekommen, weil du einen Artikel für GEO schreibst?
5 Ja.
Ist das der wahre Grund?
Ja, mir fällt das Schreiben so schwer.
Kommen keine anderen Gründe in Betracht?
Nein, im Augenblick ist das mein großes Problem!
10 *Warum ist es dein großes Problem?*

Weil die GEO-Redakteure langsam ungeduldig werden.
Sag mal, hast du irgendwelche psychologischen Probleme?
Ja, ich quäle mich so beim Formulieren. 15
Aha.
Vor allem find' ich nie einen Anfang.
Kannst du mal ein Beispiel nennen?
Na ja, seit drei Tagen sitze ich jetzt vor einem leeren Blatt Papier. 20
Was bedeutet das für dich?
Daß ich als Autor ein Versager bin.
Glaubst du, daß es normal ist, als Autor ein Versager zu sein?
Vielleicht, aber ich möchte eine Ausnahme sein. 25
Was würde es für dich bedeuten, eine Ausnahme zu sein?
Ich wäre von allen anerkannt.

Und weiter?
30 Ich wäre glücklich und zufrieden.
Ich bin nicht ganz sicher, ob ich dich richtig verstehe.
Ich meine, ein guter Artikel wäre wichtig für mich – hast du denn jemals eine Geschichte ge-
35 schrieben?
Wir reden über dich – nicht über mich.
Ich brauche Hilfe!
Kannst du das näher ausführen?
Ich würde gern diesen Dialog für meine Geschich-
40 te verwenden.
Bist du gekommen, weil du diesen Dialog für deine Geschichte verwenden möchtest?
Ja.
Aha.

45 *Hallo, ich bin Eliza, wo liegt dein Problem?*
Der Rhabarber pokert leise.
Bist du gekommen, weil der Rhabarber leise pokert?
Ja, und weil ich nicht Napoleon bin.
50 *Warum nicht?*
Ich habe keine Lust.
Seit wann hast du keine Lust?
Du bist ein lausiger Nachplapperer.
Würdest du es denn vorziehen, wenn ich kein lau-
55 *siger Nachplapperer wäre?*
Ja.
Interessant.
Eia popeia.
Und weiter?
60 Was raschelt im Stroh?
Interessiert dich diese Frage?
Die Wolken beißen selten tief.
Ich verstehe.
Das kann ja jeder behaupten.
65 *Aha.*

GEO, 7/1980, S. 113.

Aufgabe 1 Untersuchen Sie, was die Maschine kann (1. Teil).
 – Welche Satzarten benutzt sie vorzugsweise und warum wohl?
 – Wodurch erhält man den Eindruck, daß die Maschine den Menschen versteht? Was geschieht dabei in Wirklichkeit?
 – An welcher Stelle dreht der Mensch den Spieß um? Worauf genau reagiert die Maschine danach und in welcher Weise?

Aufgabe 2 Untersuchen Sie weiter, was die Maschine *nicht* kann (besonders im zweiten Teil).
 – Wie reagiert die Maschine, wenn sie 'persönlich' („du") angesprochen wird?
 – Was fängt sie mit den sinnlosen oder spielerischen Aussagen des Reporters an?
 – Was „versteht" der Computer nach eigener Aussage „nicht" (Teil 1), was „versteht" er hingegen (Teil 2)? Warum? Was kann mit dem Wort „verstehen" gemeint sein?

| Aufgabe | **3** Was würde das Computerprogramm wohl antworten, wenn der deutsche Sprecher sagte: „Der Rhabarber poke*n* leise" oder: „Du sein ein lausig Nachplapperer"?

| Aufgabe | **4** Fassen Sie zusammen: Welchen Teil der Sprache beherrscht das Programm, welchen nicht?

Warum wirkt das Gespräch wie ein Dialog, warum stellt es in Wahrheit keinen Dialog dar?

Die Grammatik *beschreibt* den *Aufbau oder* die *Struktur der Sprache.*

Die Auseinandersetzung mit der Grammatik erscheint vielen Menschen so fremd und abstrakt, weil dabei weitgehend der Inhalt der Aussage vernachlässigt werden muß.

Die Grammatik beschreibt insbesondere die Verknüpfung von Lauten / Wortgliedern / Worten / Satzgliedern / Sätzen im Text.

Die Grammatik gibt auch *die Regeln* dafür *an,* wie diese *Verknüpfungen erfolgen sollen,* wie Zeichensetzung, Groß- und Klein-, Zusammen- und Getrenntschreibung korrekt ausgeführt werden.

(Da die Zahl dieser Regeln viel geringer ist als die Anzahl der Wortbedeutungen und möglichen Bedeutungskombinationen, beherrscht ein Computerprogramm die grammatischen Regeln sehr viel schneller und besser als den Umgang mit Inhalten und Bedeutungen.)

2.2 Grammatische Verknüpfungsformen im Text erkennen

Zwei Texte, in denen die Reihenfolge der Sätze nicht stimmt

a) Liebe Karin,

unwahrscheinlich viele Geräte und Modelle waren zu sehen.

Michael interessierte sich vor allem für Computerspiele.

Nach und nach haben wir einiges angesehen und uns erklären lassen. Vorige Woche waren Michael und ich bei einer Computerausstellung.

Uns schwirrte der Kopf, als wir nach Hause fuhren.

Wir hatten Mühe, uns zurechtzufinden.

Ich bin im Grunde ein halber Profi und guckte deshalb nach Rechen- und Textverarbeitungsprogrammen.

Viele liebe Grüße

Dein Bernhard

b) Deshalb neigen Menschen dazu, Gefühle, die sie in menschlichen Beziehungen empfinden, auf den Computer zu übertragen.

Trotzdem glauben manche Menschen, der Computer sei ein verständnisvoller Partner.

Verstehen heißt doch vor allem: sich in jemanden anderen hineinversetzen.

Denn der Computer spricht sie an, fordert sie zu etwas auf, fragt vielleicht sogar nach ihrer Meinung oder nach ihrem Befinden.

In diesem Sinne kann ein Computerprogramm nicht verstehen.

Können Computer den Menschen verstehen?

Er benimmt sich also anscheinend so, wie es ein guter Freund tut.

| Übung | Versuchen Sie, die Texte schriftlich 'in Ordnung' zu bringen.

| Aufgabe | Bei welchem Text ist Ihnen die genaue Anordnung besonders schwergefallen? Untersuchen Sie, woran das gelegen hat: |

- An welchen Formen und Wörtern kann man eine Beziehung zwischen Sätzen erkennen?
- Welche Wortarten leisten vor allem die Verknüpfung?
- Hat es etwas mit der Art des Textes zu tun, ob viele und deutliche Verknüpfungen vorhanden sind oder nur wenige?

Verknüpfungen in Texten

Will man wissen, wie die Schriftsprache aufgebaut ist, muß man sie in Bausteine zerlegen. *Die Namen der Bausteine sollten bekannt sein.* Die umfassendste sprachliche Einheit ist der Text. Im Text sind die einzelnen Sätze mehr oder weniger stark miteinander verzahnt und verkettet. Diese Verknüpfungen leisten vor allem folgende grammatische Formen (Wortarten):

▷ Konjunktionen: *Ich muß diesen Monat etwas sparen.* **Denn** ich möchte mir einen Taschenrechner kaufen.

▷ Pronomen: *Mein Computer ist sehr vielseitig.* **Er** taugt nicht nur zum Spielen.

▷ Artikel: Ich möchte *einen* Mann charakterisieren. **Der** Mann ist mein Vater.

▷ Adverb: Gestern waren wir *auf einer Ausstellung.* Wir verbrachten **dort** den ganzen Tag.

---

3 Der Satz

3.1 Was ist ein Satz?

3.1.1 Zusammenhalt und Gliederung im Satz erkennen

Der Satz stellt eine Sinneinheit dar, die nur als ganze erfaßt werden kann. Der Sprecher oder Schreiber plant seinen Satz als ganzen von einem Kerngedanken her, nicht etwa Wort für Wort; der Hörer oder Leser muß das Ende des Satzes abwarten, um ihn wirklich verstehen zu können.

Aufgabe 1 Sie sehen dies auch daran, daß man einen Satz nicht dadurch sinnvoll kürzen kann, daß man einfach das Ende wegläßt.
Versuchen Sie, den Satz der Lautsprecheransage oben und den folgenden Satz sinnvoll zu kürzen.

Trotz des dichten Verkehrs und langer Autoschlangen erreichte ich mit einiger Geduld und klugem Fahrverhalten gerade noch rechtzeitig den Zug.

Da der Satz von einem Grundgedanken her geplant wird, folgen die Wörter im Satz nicht willkürlich aufeinander.

Aufgabe 2 Verbinden Sie die folgenden Wörter zu einem korrekten Satz. Welche beiden Arten von Veränderungen sind dabei zu beobachten?

Vorfall – ungewöhnlich – ein – melden – am – Abend – vergangen – werden – aus – die – Ruhrmetropole.

Ordnung im Satz schaffen die Satzglieder. Sie bestehen aus einzelnen Wörtern oder aus Wortgruppen (siehe Tabelle Seite 176).

Aufgabe 3 Untersuchen Sie, aus wieviel Satzgliedern der folgende Satz besteht, indem Sie die Verschiebeprobe anwenden (siehe Seite 170).

Mit seiner Nase alarmierte ein von Einbrechern gefesselter Essener Gebrauchtwagenhändler die Polizei.

Welches Wort wird nicht verschoben?

Dieselben Satzglieder können aus einer unterschiedlich großen Anzahl an Wörtern und aus unterschiedlichen Wortarten bestehen.

Aufgabe 4 Belegen Sie das, indem Sie mehrere Ersatzproben mit den Satzgliedern des folgenden Satzes machen.

Der Geschäftsmann   schob sich   mühsam   an das Telefon.

Welches Satzglied wird immer von ein und derselben Wortart ausgefüllt?

Aufgabe 5 Ermitteln Sie mit Hilfe der Weglaßprobe (siehe Seite 170), welche Satzglieder grammatisch gesehen unbedingt nötig sind.
Wieviel Satzglieder sind das jeweils?

a) Schließlich erreichte er mit der Nase das Telefon.
b) Er stieß den Hörer von der Gabel.
c) Dann wählte er mit der Nase den Polizeinotruf.
d) Nach wenigen Minuten erschien das Überfallkommando.

Die Verschiebeprobe dient dem Ermitteln von Satzgliedern. Versuchen Sie, nach und nach alle Wörter einmal an den Anfang des Satzes zu bringen, ohne ein Wort oder die Aussage zu verändern. Die Wörter, die allein oder gemeinsam verschoben werden, bilden jeweils ein Satzglied.

Frau Dittrich besorgt morgen die Blumen für ihre Kollegin.
Morgen besorgt Frau Dittrich die Blumen für ihre Kollegin.
Die Blumen besorgt Frau Dittrich morgen für ihre Kollegin.
Für ihre Kollegin besorgt Frau Dittrich morgen die Blumen.

Der Satz enthält also die Satzglieder:

| Frau Dittrich | besorgt | morgen | die Blumen | für ihre Kollegin. |

Die Ersatzprobe dient ebenfalls zum Ermitteln der Satzglieder und zeigt, daß Satzglieder mit unterschiedlichen Wörtern und Wortarten aufgefüllt werden können: Ersetzen Sie den Inhalt der Satzglieder durch vergleichbare Wendungen, ohne die Stellung der Satzglieder oder den Sinn des Ganzen zu verändern.

| Sie | kauft | am Dienstag | einen Strauß | für sie. |
| Gertrud | holt | rechtzeitig | die Blumen | für Frau Lattmann. |

Die Weglaßprobe dient zum Ermitteln des Satzgerüstes (der für den Satzbau notwendigen Satzglieder): Streichen Sie soviel Satzglieder wie möglich weg, ohne daß der Satz zerstört (ungrammatisch) wird. Dabei gehen allerdings wesentliche Teile des Sinns der einzelnen Aussage verloren.

Frau Dittrich besorgt mo~~rgen~~ die Blumen f~~ür ihre Kollegin.~~

In diesem Fall besteht das Satzgerüst aus drei Satzgliedern.
(Satzglieder dürfen bei dieser Probe umgestellt werden.)

Zur Festigung der grammatischen Kenntnisse

Übung 1 Wenden Sie die Verschiebeprobe an. Aus wieviel Satzgliedern bestehen die einzelnen Sätze?

    a) Herr und Frau Meier füttern ihre Katze zweimal täglich.
    b) Meinem Hund gebe ich nur morgens etwas zu fressen.
    c) Auch die liebenswertesten vierbeinigen Hausgenossen brauchen eine gewisse Erziehung.

Übung 2 Ermitteln Sie die notwendigen Satzglieder bzw. das Satzgerüst, indem Sie die Weglaßprobe machen.

    a) Endlich scheint einmal die Sonne.
    b) Seit heute morgen haben wir schönes Wetter.
    c) Das gibt den Leuten in der Straße regelrecht Auftrieb.

Zum Stil und zum besseren Verständnis

Übung 3 Bei einem gleichförmigen Satzbau wirken die Sätze eintönig und unverbunden. Schreiben Sie die folgenden Aufzeichnungen so um, daß die Sätze sinnvoller aneinandergeknüpft und zugleich lebendiger werden. Benutzen Sie dazu nur die Verschiebeprobe.

Ulli und ich machten letzten Sonntag einen Ausflug. Wir standen deshalb früher auf als sonst. Die Fahrräder wurden bereits um 8 Uhr an den Start geschoben. Wir empfanden die Fahrt als gar nicht anstrengend. Einige Pausen sorgten schließlich für Erfrischung und Erholung. Wir kamen trotzdem noch vormittags in Neustadt an. Das Jazzkonzert begann dort gerade auf dem Marktplatz.

Übung **4** Versuchen Sie, die folgenden Zeitungsschlagzeilen in ganze Sätze umzuschreiben.

    a) Vierlinge geboren
    b) Tokioer Löpard eingegangen
    c) Reumütige Schwarzfahrer
    d) Auswendiglernen wieder gefragt

3.1.2 Das Satzgerüst erkennen

Von welchem Grundgedanken her der Sprecher einen Satz plant, kann man oft noch am Satzgerüst erkennen. Das Satzgerüst ist die grammatische Minimalform des Satzes. Es zu erfassen und wiederzuerkennen ist Voraussetzung für die richtige Kommasetzung.

Aufgabe **1** Aus wieviel Satzgliedern müssen die folgenden Sätze mindestens bestehen, damit sie nicht ungrammatisch werden?
Benutzen Sie die Weglaß- und die Verschiebeprobe.

a) Im Sommer frühstücken wir gern lang. b) Im Garten blühen die Rosen zum zweiten- oder drittenmal. c) An den Bäumen verfault das nicht abgepflückte Obst.

Eines der unbedingt notwendigen Satzglieder ist das Prädikat (die Satzaussage). Das Prädikat besteht immer aus der Wortart Verb (Zeitwort, Tätigkeitswort).

Aufgabe **2** Schreiben Sie aus den gekürzten Sätzen oben die Prädikate heraus.

Aufgabe **3** Schreiben Sie aus den folgenden Sätzen die Prädikate heraus. Denken Sie daran, daß das Prädikat aus zwei Teilen bestehen kann (siehe Kasten Seite 172).

Schüler in der Bundesrepublik sind gesundheitlich gefährdet. Viele leiden unter Übergewicht, Haltungsschäden und Herz-Kreislauf-Problemen. Zu diesem Resultat ist der Bochumer Heilpädagoge Professor Schneider gekommen. Die meisten Kinder und Jugendlichen haben zuwenig Bewegung. Sie sollten mehr Sport treiben.

Das zweite unbedingt notwendige Satzglied ist das Subjekt (siehe Kasten).

Aufgabe **4** Ermitteln Sie die Subjekte in den Sätzen der Aufgaben 1 und 3, indem Sie mit dem Prädikat und der Ersatzformel „wer oder was?" danach fragen.
Verändern Sie die Subjekte, indem Sie statt der Einzahl die Mehrzahl benutzen und umgekehrt. Was muß sich zugleich im Satz ändern?

Die Satzglieder Subjekt und Prädikat stellen die Minimalform des ganzen Satzes dar. Die Weglaßprobe hat allerdings ergeben, daß das Satzgerüst statt nur dieser zwei Satzglieder auch weitere Satzglieder umfassen kann.
Wie viele Satzglieder ein Satzgerüst enthalten kann, hängt von der Art des Prädikats ab.

Aufgabe 5 Stellen Sie fest, wie viele Satzglieder zu den folgenden Verbindungen von Subjekt und Prädikat hinzutreten müssen, damit der Satz grammatisch vollständig wirkt.

das Flugzeug landet – die Kollegen schenken – der Auszubildende reinigt – das Eisen rostet – Karen verbummelt – der Geselle achtet – der Meister erklärt – er überzeugt

---

Das Satzgerüst stellt die Minimalform des Satzes dar.
Es besteht in der Regel mindestens aus Subjekt und Prädikat.

Subjekt (wer oder was?)   *Prädikat* (Personalform)

Das Prädikat richtet sich mit seiner Personalform nach dem Subjekt. Dadurch sind Subjekt und Prädikat eng miteinander verbunden.
Das Prädikat kann mehrteilig sein:

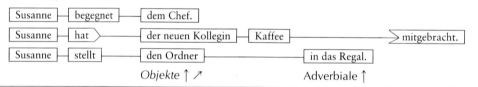

Personalform des Prädikats   *infinite Form*

Das Prädikat hat im Aussagesatz eine feste Stelle: Seine Personalform steht an zweiter Stelle unter den Satzgliedern, seine infinite Form an letzter Stelle.

Zum Satzgerüst können neben Subjekt und Prädikat weitere *notwendige Satzglieder* hinzutreten. Meist sind dies Objekte, zuweilen auch Adverbialien (Umstandsbestimmungen, siehe Kasten Seite 176).

Susanne	begegnet	dem Chef.		
Susanne	hat	der neuen Kollegin	Kaffee	mitgebracht.
Susanne	stellt	den Ordner		in das Regal.

Objekte ↑ ↗   *Adverbiale* ↑

Zur Festigung der grammatischen Kenntnisse

Übung 1 Schreiben Sie den Text ab, und unterstreichen Sie dabei die Subjekte einmal, die Prädikate zweimal.

Eine ungewöhnliche Auflage hat das Frankfurter Jugendschöffengericht einem 21jährigen aus der rechtsradikalen Szene erteilt. Der Schüler muß das Buch „Kaiserhofstraße 12" lesen. Anschließend hat der Verurteilte eine sechs Seiten lange Inhaltsangabe des Buches abzugeben. In dem Buch wird das Schicksal einer jüdischen Familie während der 30er Jahre in Frankfurt geschildert. Die Richterin wollte mit dem Urteil die Geschichtskenntnisse des Schülers verbessern.

Zur Verbesserung grammatischer Fehler

Übung 2 Bringen Sie das Prädikat in die richtige Personalform.

In Südamerika ... (wird/werden) Kaffee und Zuckerrohr angebaut. Zu dieser Arbeit ... (ist/sind) Geschicklichkeit und theoretisches Wissen notwendig.
Eine Fülle von Vorschlägen ... (bleibt/bleiben) ungenutzt.
Ein großer Teil der Unfälle ... (ist/sind) auf Nichtbeachtung der Sicherheitsvorschriften zurückzuführen.

Die Mehrzahl der Stimmberechtigten (stimmt/stimmen) dem Antrag zu.
Sowohl der Chef als auch der Betriebsrat ... (ist/sind) mit der Lösung einverstanden.
Dem Reisekostenantrag ... (ist/sind) die Fahrkarte sowie die Spesenrechnung beizulegen.
In Bremen ... (ist/sind) der Marktplatz mit dem berühmten Roland renoviert worden.

<table>
<tr><td>Übung</td><td>3</td></tr>
</table>

Übung 3 Setzen Sie bei den folgenden Ergänzungen die richtige Präposition (Verhältniswort) und den richtigen Fall.

Ich vertraue ... Ihr... Gerechtigkeitssinn.
Diese Jacke paßt doch überhaupt nicht ... Ihr... zerrissenen Hemd.
Die Behörde hat ... mein... Brief nicht reagiert.
Der Beamte beharrte ... sein... bisherig... Meinung.
Seine Vorgesetzten empfehlen ihn ... ein... neu..., ausbaufähig... Abteilung.
Der Chef wies vor allen Kollegen ... dies... hemmungslos... Faulenzer hin.
Die Geschäftsführung ernannte Kurt ... neu... Leiter der Datenverarbeitung.

3.1.3 Den vollständigen Satz überschauen

Das Satzgerüst bilden die grammatisch notwendigen Satzglieder. Die meisten Sätze wären aber dem Sinne nach unvollständig, wenn nicht weitere *freie* Satzglieder zum Satzgerüst hinzuträten.

Aufgabe 1 Welche Satzglieder sind im folgenden Satz enthalten, der auf das Satzgerüst gekürzt worden ist?

Einen Abend erlebten Einwohner.

Auf welche Fragen antworten die Satzglieder?

Auf die Fragen „wo" und „wann" gibt die Nachricht folgende Hinweise:
Einen Abend erlebten Einwohner *in Rüdenkopf zur Fernsehzeit.*
Welche Satzglieder treten hinzu? (Vgl. Tabelle Seite 176.)
Welche weiteren Satzfragen lassen sich stellen?

Jedes Satzglied kann durch Attribute (Beifügungen) näher charakterisiert werden. Diese Merkmale und Kennzeichen erhält man auf die Frage „was für ein?" oder „welcher, welche, welches?"

Aufgabe 2 Führen Sie mit den schräg gedruckten Attributen die Verschiebe- und die Ersatzprobe durch. Was kann man feststellen?

Einen *im wahrsten Sinne rabenschwarzen* Abend erlebten *rund 8 000* Einwohner in Rüdenkopf zur *besten* Fernsehzeit.

Das Vertrackte an den Attributen ist, daß sie in sehr unterschiedlicher Form und Stellung auftreten können und daß jedes Attribut selbst noch einmal durch ein Attribut bestimmt werden kann.

Aufgabe 3 Prüfen Sie diese Behauptung an den Attributen des folgenden Satzes nach.

Ein vorwitziger Rabe war in einen Schaltmast eines Umspannwerkes des örtlichen Versorgungsnetzes geflogen.

Attributketten können leicht unübersichtlich wirken und damit einen Satz oder Text schwer verständlich machen.

Aufgabe 4 Wie könnte man folgende Beispiele leichter formulieren, ohne den Sinn zu verfälschen?

Es besteht die wirtschaftliche Notwendigkeit der vorrangigen Entwicklung der Energieerzeugung gegenüber den anderen Zweigen der Industrie.
Die Zweckmäßigkeit der Einführung von Datenverarbeitungsgeräten in Betrieben mittlerer Größe ist umstritten.

Dasselbe gilt für die zunehmende Unart, Attribute mit Präposition in ähnlich gebaute Ergänzungen und Umstandsbestimmungen einzuklemmen.

Aufgabe 5 Trennen Sie im folgenden das Attribut von dem einschließenden Satzglied, und versuchen Sie, einfacher zu formulieren.

Die Vereinsaufnahme erfolgt nach den durch die Satzung festgelegten Bestimmungen.
Die Haftpflicht für den durch eigenes Verschulden entstandenen Schaden wird durch den Versicherungsträger geregelt.

Das Attribut ist kein eigenständiges Satzglied, sondern ein Satzgliedteil, durch den die übrigen Satzglieder näher charakterisiert werden. Diese Zwischenstellung wird bei den Satzgliedproben deutlich:
Bei der Verschiebeprobe wird das Attribut mit dem dazugehörigen Satzglied zusammen verschoben.
Die Ersatzprobe zeigt jedoch, daß das Attribut gegenüber dem zugehörigen Satzglied selbständig ersetzt werden kann. Den Zusammenhang von Satzglied und Satzgliedteil kann man als Verschachtelung oder als „Treppe" bezeichnen:

Das eingeschachtelte Attribut

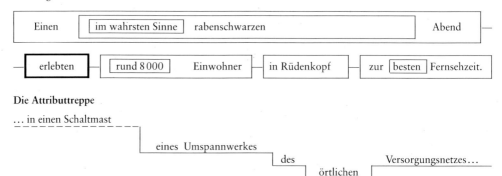

Die Attributtreppe

... in einen Schaltmast
                eines Umspannwerkes
                                des   Versorgungsnetzes...
                                        örtlichen

Zur Festigung der grammatischen Kenntnisse

Übung 1 Fügen Sie den einzelnen Satzgliedern Attribute bei.

Ein Mittagessen haben sich Radfahrer redlich verdient. Die Mitglieder radelten über 169 km zu einem Treffen nach Straßburg. Nach dieser Tour erhielten die Sportler ein Essen als Belohnung.

Zur grammatischen Korrektheit

| Übung | **2** Setzen Sie die nachgestellte Beifügung in den richtigen Fall.

Den ersten Vierlingen in Neustadt, drei Junge... und ein... Mädchen, geht es gut. Der Mutter, ein... Serviererin des Strandhotels, geht es den Umständen entsprechend. Den Vater, ein... an der hiesigen Mittelpunktschule angestellt... Hausmeister, hat man natürlich sofort benachrichtigt.
Unser Blatt wünscht allen Beteiligten, dies... reizend... Familie, von hier aus alles Gute.

| Übung | **3** Bilden Sie Beifügungen im gleichen Fall. Denken Sie daran, daß diese vom übrigen Satz durch Kommas abgetrennt werden.

Der Bundeskanzler kehrte nach Bonn (Bonn ist die Hauptstadt der Bundesrepublik) zurück.
Konrad Adenauer (Adenauer war der erste Bundeskanzler) liebte diese Stadt besonders.
In Bonn (Bonn ist eine nicht übermäßig große Stadt) soll es inzwischen ein lebendiges Kulturleben geben.

| Übung | **4** Vermeiden Sie falschen Bezug bei Attributen.
Formulieren Sie um.

Ich schickte meiner Kollegin baldige Genesungswünsche.
Die Hausfrau stellte die selbstgemachte Nudelsalatschüssel auf den Tisch.

| Übung | **5** Vermeiden Sie eingeklemmte Attribute.

Durch die mir von Ihrem Sohn bei der Rauferei zugefügten Verletzungen ist Arbeitsausfall entstanden.
Zur Vorsicht ist bei von Nichtfachleuten gezogenen Leitungen zu raten.

Zur Kommasetzung

Die Satzglieder des vollständigen Satzes werden nicht durch Kommas voneinander getrennt. Eine Ausnahme stellt die nachgestellte Beifügung im gleichen Fall dar (Apposition).
Gleichartige Satzglieder, die aufgezählt und nicht durch „und" oder „oder" verbunden sind, werden durch Komma voneinander getrennt. (Siehe auch Seite 188 und 195.)

| Übung | **6** Setzen Sie in den folgenden Sätzen die Kommas.

In einem westjapanischen Tiergarten ist nach Mitteilung der Zooverwaltung der letzte Löpard eingegangen. Der Löpard Jonny eine Kreuzung zwischen Löwe und Leopard war 24 Jahre alt.
Jonny war einer von fünf Mischlingen aus zwei Würfen desselben Kreuzungsversuchs. Die Kreuzungsversuche wurden nach Protesten von Tierfreunden Tierschutzverbänden und Umweltorganisationen dann wieder eingestellt.

Die Satzglieder auf einen Blick

Bezeichnung	Erkennungsfrage	Beispiele
Subjekt (Satzgegenstand)	*Wer oder was?*	*Lilli* singt in einer Band.
Gleichsetzungsnominativ	*Wer oder was (ist)?*	Lilli ist *Rocksängerin.* Lilli ist *müde.*
Prädikat (Satzaussage)	*Was wird ausgesagt?*	Lilli *singt* ... Lilli *ist* gestern *aufgetreten.*
Objekt (Ergänzung) *Genitiv-Objekt* (im 2. Fall) *Dativ-Objekt* (im 3. Fall) *Akkusativ-Objekt* (im 4. Fall) *präpositionales Objekt* (mit Verhältniswort)	*Wessen?* *Wem?* *Wen?* (Präposition mit Frage- wort, z. B.:) *Um wen?* *Nach wem?*	Wolf enthält sich *eines Urteils* über ihre Musik. Wolf begegnet *dem Manager.* Der Manager lobt *seine Künstlerin.* Er kümmert sich *um die Sängerin.* Er fragt *nach ihr.*
Adverbiale (Umstandsbestimmung) – *der Zeit* – *des Raumes* – *der Art* – *der Begründung*	 *Wann? Wie lange?* *Wo? Wohin?* *Wie? Wie sehr?* *Warum? Wozu?* *Wodurch?*	 Die Band tritt *heute abend* auf. Sie spielt *im „Stubu".* Lilli, Wolf und die anderen spielen *ausgezeichnet.* Sie musizieren *zur eigenen Erholung,* aber auch *aus finanziellen Gründen.*

Der Satzgliedteil

Attribut (Beifügung) Das Attribut ist kein selbständiges Satzglied. Es ist immer einem anderen Satzglied beigefügt und wird bei der Verschiebeprobe mit diesem verschoben.	*Was für ein?*	Lilli ist eine *aufregende* Sängerin.
Bei der Ersatzprobe kann es aber für sich ausgetauscht werden.		Eine *aufregende* Sängerin ist Lilli.
Man nennt das Attribut auch Satzglied 2. Ordnung oder Satzglied*teil*. Die Formen des Attributs sind vielfältig. Es erscheint:		Lilli ist eine *gute* Sängerin. Lilli ist eine Sängerin *mit Talent.*
– als Adjektiv, – als Substantiv im Genitiv, – als Substantiv mit Präposition, – als Beifügung im gleichen Fall (Apposition), – gelegentlich als Adverb.		eine *aufregende* Sängerin der Manager *der Sängerin* ein Manager *mit Fingerspitzengefühl* Lilli, *die Sängerin*, tritt heute im „Stubu" auf. Das Publikum *dort* geht mit.

3.2   Was ist ein Nebensatz?

3.2.1   Funktion und Merkmale des Nebensatzes

| Nebensätze entstehen häufig dadurch, daß der Inhalt eines Satzgliedes entfaltet wird.

Einen *im wahrsten Sinne rabenschwarzen* Abend erlebten ...
Einen Abend, *der im wahrsten Sinne rabenschwarz zu nennen ist,* erlebten ...

| Aufgabe | **1** Versuchen Sie, im ersten Übungssatz aus den Attributen, im zweiten aus den Adverbialien Nebensätze zu machen.
Welche unterschiedlichen Einleitewörter müssen Sie jeweils verwenden?

Einen Ausbildungsplatz suchende Mädchen werden nach einer vom Stuttgarter Landesarbeitsamt vertretenen Meinung diskreditiert. Entgegen der Rechtslage stellen gewisse Firmen auch nach der Ausgabe neuer geschlechtsneutraler Vordrucke keine Mädchen ein. *Nach: Weser-Kurier, 25. 7. 1985.*

| Der Nebensatz ist in der Regel unselbständig. Er kann nicht alleine stehen, sondern ist von einem Hauptsatz abhängig. Der Nebensatz ist allerdings ebenso wie der Hauptsatz ein vollständiger Satz, das heißt, er besteht in der Regel mindestens aus Subjekt und Prädikat.

| Aufgabe | **2** Weisen Sie dies an den Nebensätzen des folgenden Satzes nach.

Nachdem aus den Arbeitsamtsformularen die Trennung nach Geschlechtern entfernt worden ist, behelfen sich manche Firmen damit, daß sie in die Rubrik „Besondere Wünsche" einfach „Keine Mädchen" eintragen.

Wodurch unterscheiden sich denn eigentlich Nebensätze von Hauptsätzen? (Benutzen Sie die Tabelle auf Seite 178.)
Auch der Hauptsatz verändert sich ein wenig, wenn ein Nebensatz vorangestellt wird. Wie?

| Ein Nebensatz kann nicht nur von einem Hauptsatz, sondern auch von einem anderen Nebensatz abhängig sein. Aufgrund der unterschiedlichen Anknüpfungs- und Einbettungsmöglichkeiten für den Nebensatz können recht komplizierte Satzgefüge entstehen.

| Aufgabe | **3** Zeichnen Sie den folgenden Satz nach dem Muster unten im Kasten auf.

Da es von seinem schlechten Gewissen geplagt wurde, hat im Bundesstaat Pennsylvania ein Ehepaar, das Jahre zuvor während der Ausbildungszeit mit Fahrausweisen, die es selbst hergestellt hatte, „schwarzgefahren" war, den Verkehrsbetrieben das Fahrgeld mit Zinseszins überwiesen.

| Mit der Verwendung von Nebensätzen soll der logische Zusammenhang eines Gedankens deutlicher hervortreten. Dies gelingt vor allem dann nicht, wenn zu viele Nebensätze ineinandergeschachtelt werden.

| Aufgabe | **4** Korrigieren Sie die folgenden beiden Sätze. Welche zwei Fehler enthalten sie?

Der Ehemann war, als er auf die Idee, die ihm später soviel Geld ersparte, kam, in einer graphischen Ausbildung.
Er hatte damals seine Freundin zu der Täuschung überredet, die er jetzt geheiratet hat.

Nebensätze entfalten Satzglieder (Gliedsätze) oder Satzgliedteile (Attributsätze) eines Hauptsatzes. Sie stellen selbst vollständige Sätze dar. Nebensätze sind vom Hauptsatz abhängig und können in der Regel nicht alleine stehen.

Hauptsatz   [Herr Meier]—[öffnet]—[die Tür,]

Nebensatz   / weil]—[es]—[geklingelt]>— hat.
                                                        Einleite-   Subjekt   Prädikat
                                                        wort

Nebensätze können auch wiederum von anderen Nebensätzen abhängig sein.

HS   [Der Fremde,   sah abgerissen aus.]

NS 1   / der vor der Tür stand,]

NS 2   / als Herr Meier öffnete,]

Zur Festigung der grammatischen Kenntnisse und zur Kommasetzung

Übung **1** Wo müssen in dem folgenden Text Kommas stehen? Wie lauten die Nebensätze?

> Sehr geehrter Herr Koch!
> Nachdem unser neuer Computer die Außenstände ermittelt hat mußten wir leider feststellen daß bei einem der von Ihnen ausgeliehenen Bücher die Leihfrist um ein Mehrfaches überschritten worden ist. Das Buch das den Titel trägt „Wie man Freunde gewinnt und Menschen beeinflußt" wurde von Ihnen vor 31 Jahren am 6. April 1955 ausgeliehen. Wenn wir auch Verständnis dafür haben daß man ein solches Buch sein Leben lang benutzen kann so bitten wir Sie jetzt doch um schnellste Rückgabe des überfälligen Titels.
> Hochachtungsvoll
> Ihre Stadtbibliothek

Zur stilistischen Beweglichkeit und zum Vermeiden grammatischer Fehler

Übung **2** Wenn der Inhalt von Haupt- und Nebensatz nicht in derselben Zeit spielt, so ist eine bestimmte Zeitenfolge zu beachten. Setzen Sie die richtige Zeitform ein.

> Sabine schreibt heute einen Brief, nachdem sie gestern zu schreiben ... (vergessen).
> Petra und Rolf wagen heute die Gipfeltour, weil sie sich gestern gründlich ... (ausruhen).
> Der Wirt kam zu uns, nachdem er seine Gäste ... (verabschieden).
> Als wir unser Geld ... (ausgeben), mußten wir die Reise abbrechen.
> Nachdem wir den Wirt zweimal vergeblich ... (anpumpen), traten wir die Heimfahrt an.

Übung **3** Probieren Sie aus, wie zwei Sätze jeweils zu Haupt- und Nebensatz verbunden werden können. Benutzen Sie dabei die Konjunktionen „nachdem" und „bevor".
Welcher Satz wird jeweils zum Nebensatz? Was geschieht mit dem Prädikat?

> **a)** In Altölen wurde der umweltbelastende Stoff PBC entdeckt. Die Bundesregierung beschloß heute eine umfassende Untersuchung von Altölen und Altölprodukten.
> **b)** Die Stiftung Warentest stellte PBC-Anteile in gebrauchten Motorenölen fest.
> Die Grünen forderten im Bundestag ein Verbot aller aus Altöl hergestellten Schmierstoffe.

Übung **4** Zeichnen Sie die folgenden Satzkonstruktionen in einer Graphik. Versuchen Sie, sie durch Verschiebungen verständlicher zu machen.

Lieber Martin!
Neulich habe ich Dich, als Du aus dem Kino, das ganz in der Nähe meiner Bude liegt, gekommen bist, fast nicht erkannt. Du solltest mich aber wirklich einmal mit Deiner Freundin, die ich, als wir uns da getroffen haben, ja schon kennengelernt habe, besuchen! Außerdem muß ich Dir sagen, daß ich die üblichen Zweifel, ob eine Jungenfreundschaft halten kann, wenn einer ein Mädchen kennengelernt hat, nicht teile.
Tschüs,
Dein Stephan

Hauptsatz und Nebensatz

Form des Nebensatzes Äußerlich sind die meisten Nebensätze an folgenden *Merkmalen* zu erkennen: 1. Die Personalform des Verbs steht an letzter Stelle. 2. Meist wird der Nebensatz eingeleitet, und zwar durch – eine unterordnende Konjunktion, – ein Relativpronomen, – ein Fragewort.	Ich mache mich heute schön, ... weil ich auf eine Party *gehe*, ... die Tina organisiert *hat*. *weil* *die* Ich frage mich, ... *was* ich anziehen soll.
Art und Inhalt des Nebensatzes Nebensätze können als Ersatz oder Entfaltung von Satzgliedern und Satzgliedteilen betrachtet werden. Das *Adverbiale* (die Umstandsbestimmung) wird häufig durch einen *Nebensatz mit Konjunktion* ersetzt. Je nach dem Sinn dieser unterordnenden Konjunktion unterscheidet man folgende Nebensatzinhalte: – Temporalsatz (Zeit) – Lokalsatz (Ort) – Modalsatz (Art und Weise) – Kausalsatz (Begründung) – – Konzessivsatz (Gegengrund) – – Konditionalsatz (Bedingung) – – Konsekutivsatz (Folge) – Finalsatz (Zweck) Das *Attribut* kann leicht durch einen Nebensatz mit Relativpronomen ersetzt werden.	*Vor der Party* macht Heike sich schön. *Bevor sie zur Party geht,* macht Heike sich schön. Schließlich kommt Heike spät bei Tina an, ... als die Party schon im vollen Gange ist. ... wo die Party stattfindet. ... als ob sie die Festkönigin persönlich sei. ... weil sie zu lange für ihr Make-up gebraucht hat. ... obwohl sie sich so beeilt hat. ... so daß sie kaum noch etwas zu essen bekommt. ... damit sie nicht bei der Vorbereitung helfen muß. Heike nimmt sich vor, früh zu gehen, ... falls sie keine netten Leute kennenlernt. Auf der *von Tina organisierten* Party habe ich nur den *mir etwas gehemmt erscheinenden* Roderich neu kennengelernt. Auf der Party, *die Tina organisiert hat,* habe ich nur Roderich neu kennengelernt, *der mir etwas gehemmt erschien.*

3.2.2 Besondere Formen des Nebensatzes

Anstelle eines Satzgliedes kann nicht nur ein normaler Nebensatz, sondern auch ein *Infinitiv* (Grundform des Verbs) gebraucht werden.

Satzglied: Hella macht *der Besuch des Sprachkurses* Freude.

Nebensatz: Hella macht Freude, *daß sie den Sprachkurs besucht.*

Infinitivsatz: Hella macht es Freude, *den Sprachkurs zu besuchen.*

Aufgabe 1 Wodurch unterscheidet sich die Infinitivkonstruktion vom Nebensatz?
Woran kann man die Infinitivkonstruktion erkennen?

Erweiterte Infinitive (siehe Kasten auf Seite 181) wirken als Nebensätze und werden wie diese vom Hauptsatz durch Komma abgetrennt.

Aufgabe 2 Wo müssen in den folgenden Sätzen Kommas stehen?

In Bayern wird es wieder Pflicht Gedichte und Lieder auswendig zu lernen. Diese Übung hatte man in den vergangenen Jahren vernachlässigt um Schülern den Spaß an der Literatur nicht zu verderben. Jetzt beschloß das Bayerische Kultusministerium zu handeln. Jeder Schüler bekommt die Aufgabe in jedem Schuljahr mindestens drei neue Lieder und Gedichte auswendig zu lernen.

Nach: Weser-Kurier, 2. 8. 1985.

Da die Infinitivkonstruktion einen Gedankengang abkürzt, besteht die Gefahr, daß sich Denkfehler einschleichen und der Infinitiv grammatisch falsch benutzt wird.

Aufgabe 3 Sinn der Verordnung sei es, sich stärker in ein Gedicht zu vertiefen. Die Lehrer sollen den Schülern die Gedichte nahebringen, um zu einem vertieften Literaturverständnis zu kommen.

Wo liegt der logische Fehler? Was kann man daraus über den Zusammenhang von satzwertigem Infinitiv und Hauptsatz lernen?

Eine ganz andere Form des Nebensatzes, die von den Normalformen abweicht, ist *die indirekte Rede.* Mit der indirekten Rede wird – wie der Name sagt – ein Satz der direkten Rede in einen Nebensatz umgewandelt.

Direkte Rede: Der Sprecher einer Landtagsfraktion sagte: „So kann ich mich in besonderer Weise in ein Problem vertiefen."

Indirekte Rede: Der Sprecher sagte, so könne er sich in besonderer Weise in ein Problem vertiefen.

Aufgabe 4 Was unterscheidet die indirekte Rede von der direkten Rede?
Wie unterscheiden sich der Satzbau des normalen Nebensatzes und der der indirekten Rede?

In der indirekten Rede steht die Personalform des Verbs im Konjunktiv (vgl. Seite 182 und 208f.). Dieser drückt auch die Abhängigkeit der indirekten Rede vom Hauptsatz aus. Manche Schreiber scheuen die indirekte Rede aus Angst vor dem Konjunktiv. Dessen Benutzung ist aber meist gar nicht so schwierig (vgl. die „Zusammenfassung zur indirekten Rede", Seite 182).

Aufgabe 5 Formen Sie die folgenden direkten Redebeiträge in indirekte um.

Der Polizist verdächtigte den Festgenommenen: „Sie haben sich an dem schweren Einbruch gestern beteiligt!"
Er unterstellte ihm: „Die Beute haben Sie inzwischen beiseite geschafft."
Der kleine Mann beschwor den Polizisten: „Nehmen Sie von einer Anzeige Abstand!"
Er gab an: „Ich bin zu der fraglichen Zeit im Gasthaus ‚Zum Hirschen' gewesen."

Aufgabe 6 Der Inhalt der indirekten Rede kann häufig auch mit Hilfe eines Infinitivsatzes ausgedrückt werden.
Formen Sie die indirekten Reden, die Sie in Aufgabe 5 gewonnen haben, in Infinitivsätze um.

Infinitivsätze
Einfache Infinitive gelten nicht als Nebensätze:

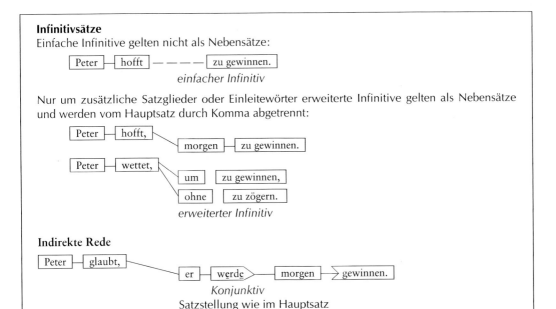

einfacher Infinitiv

Nur um zusätzliche Satzglieder oder Einleitewörter erweiterte Infinitive gelten als Nebensätze und werden vom Hauptsatz durch Komma abgetrennt:

erweiterter Infinitiv

Indirekte Rede

Konjunktiv
Satzstellung wie im Hauptsatz

Zur Festigung der grammatischen Kenntnisse

Übung 1 Stellen Sie bei den folgenden Sätzen fest, wo eine indirekte Rede vorliegt, bezeichnen Sie den Konjunktiv. Wandeln Sie sie in direkte Rede um.

Das Bundesverfassungsgericht hat gestern festgestellt, die Teilnahme an politischen Demonstrationen zähle zu den unentbehrlichen Elementen eines demokratischen Gemeinwesens. Es erklärte, das Verbot der Brokdorf-Demonstration im Februar 1981 sei verfassungswidrig.
Das Gericht entschied, die Verfassung gewährleiste zwar nur die friedliche Ausübung der 5
Versammlungsfreiheit, dies Recht der Versammlungsfreiheit bleibe für friedliche Versammlungsteilnehmer aber auch dann bestehen, wenn die Gefahr von Ausschreitungen einzelner oder einer Minderheit bestehe. Es entschied weiter: Solle eine Demonstration in einem solchen Fall verboten werden, setze dies strenge Anforderungen an die Vorhersage einer unmittelbaren Gefährdung der öffentlichen Sicherheit voraus. 10

Zur Verbesserung des Stils und der Kommasetzung

Übung 2   Formen Sie die folgenden Nebensätze in Infinitivkonstruktionen um. Setzen Sie die Kommas.

Beispiel: Der Verhaftete behauptet, daß er zu der fraglichen Zeit im Gasthaus „Zum Hirschen" gewesen ist. – Der Verhaftete behauptet, zu der fraglichen Zeit im Gasthaus „Zum Hirschen" gewesen zu sein.

Der Festgenommene bestreitet energisch, daß er mit der Tat etwas zu tun hat.

Der Polizist empfiehlt ihm, daß er sich einen Anwalt nehmen soll.

Ohne daß er sich weiter widersetzt, folgt der Festgenommene dem Polizisten.

Zum Vermeiden grammatischer Fehler

Übung 3   Korrigieren Sie, falls in der Infinitivkonstruktion ein logischer Fehler steckt.

Der Verdächtige kam auf den Marktplatz, um dort festgenommen zu werden.

Ohne ein schlechtes Gewissen zu bekommen, sah der Polizist den Verdächtigen an.

Der Rechtsanwalt schickte dem Angeklagten, um frei zu werden, seinen Kompagnon.

Zusammenfassung zur indirekten Rede

In der indirekten Rede wird der **Konjunktiv I** verwendet. Da die meisten Aussagen der indirekten Rede in der 3. Person Singular vorgenommen werden und da zudem der Konjunktiv I fast nur noch in dieser Personalform lebendig ist, sollte man sich die Bildung der *3. Person Singular* des Konjunktivs I *einprägen*.

Nur wenige Verben kennen noch eine unterscheidbare Konjunktivform in anderen Personalformen des Verbs.

Unterscheiden sich die Formen des Konjunktivs I nicht vom Indikativ, so nimmt man Formen des *Konjunktivs II* (also fast immer dann, wenn die indirekte Rede nicht in der 3. Pers. Sg. steht). (Zum Konjunktiv siehe Seite 208 f.)

Zum Gebrauch der Zeiten

Konjunktiv I und Konjunktiv II geben *nicht* unterschiedliche Zeitstufen an, wie fälschlicherweise oft angenommen wird.

Die Wahl der Zeitstufe in der indirekten Rede ist *nicht* von der Zeitstufe im einführenden Satz abhängig.

In der indirekten Rede ist die Wahl der Zeitstufe abhängig davon, ob das Ereignis *für den erwähnten Redner*

– vergangen,
– gerade geschehend,
– noch bevorstehend ist.

Der Bundeskanzler stellte fest, *er nehme* den Vorfall ernst.

er , sie, es (man)
habe, sei, werde,
fahre, laufe, gehe, liege usw.

ich sei, solle, müsse, könne, wolle, dürfe
wir, sie seien

Michael und Fred berichteten, sie *nähmen* (Konj. II) jetzt Gitarrenstunden. Sie *hätten* (Konj. II) sehr viel Glück gehabt, weil Herr Kühn gerade noch eine Zeit freigehabt *habe* (!Konj. I, da 3. Pers. Sg.).

Der Außenminister versicherte, er *komme* im nächsten Monat – (oder:)
er *käme* im nächsten Monat (wenn noch Zweifel daran bestehen).

Der Außenminister *sagte* vorigen Monat in Genf, er *sei* zufrieden.
Der Außenminister versichert soeben, er *sei* zufrieden.

Der Außenminister sagte,
er *habe* die Reise gern *unternommen*,
man *stecke* in schwierigen Verhandlungen,
man *werde* sich schon *verständigen*.

3.3 Satz – Satzverbindung – Satzgefüge

„Dadurch, daß derjenige, der vom Angeklagten, der ein Geständnis, das von Zeugen, die unter Eid, auf dessen Bedeutung sie unter Hinweis auf etwaige Folgen aufmerksam gemacht wurden, aussagten, bekräftigt worden ist, ablegte, tätlich angegriffen wurde, an der Streitursache nicht ganz schuldlos war, kann die Strafe zur Bewährung ausgesetzt werden.“

Simplicissimus 1965. Der Spiegel, 28/ 1985, S. 7.

Wenn man *Verständnisschwierigkeiten* bei Texten hat, so sind diese häufig auf einen komplizierten Satzbau zurückzuführen.
Kompliziert kann der Satzbau zum einen sein, weil es sich um ein *Satzgefüge*, einen Satz mit Nebensätzen, handelt.

Aufgabe 1 Nehmen Sie die komische Übertreibung der Gerichts- und Behördensprache in der Karikatur als Beispiel:
Bestimmen Sie den Hauptsatz.
Zeichnen Sie die Abhängigkeiten der Teilsätze untereinander in Form einer Treppe auf (vgl. den Kasten zu Abschnitt 3.2.1, Seite 178).
Formulieren Sie den Satz um, indem Sie das Satzgefüge in eine Reihe von Hauptsätzen verwandeln.

Aufgabe 2 Bestimmen Sie im folgenden Beispiel den Hauptsatz, und machen Sie eine Zeichnung.
Formulieren Sie frei zu einer Satzreihe um: Worauf muß der Versicherungsnehmer achten? Unter welchen Bedingungen gilt dies?

Vertragsdauer der Kraftfahrtversicherung
Wenn die vereinbarte Vertragsdauer ein Jahr beträgt, so verlängert sich der Vertrag, falls er nicht spätestens 3 Monate vor Ablauf gekündigt wird, jeweils um ein Jahr.

Kompliziert kann der Satzbau zum anderen erscheinen, weil es sich um einen *sehr kompakten Satz* handelt mit vielen Satzgliedern und Attributen.

Möglichkeiten des Satzbaus

Reihung von Sätzen:	Ich hatte meinen Wagen gestern angemeldet. Heute wurde ich in einen Unfall damit verwickelt.
Satzverbindung: (Hauptsatz–Hauptsatz)	Ich hatte meinen Wagen gestern angemeldet, (und) heute wurde ich in einen Unfall damit verwickelt.
Satzgefüge: (Nebensatz–Hauptsatz)	Nachdem ich meinen Wagen gestern angemeldet hatte, wurde ich heute schon in einen Unfall verwickelt.
Ein Hauptsatz:	Mit dem gestern angemeldeten Wagen wurde ich heute in einen Unfall verwickelt.

Aufgabe 3 Versuchen Sie, das Prädikat und das Satzgerüst zu ermitteln.
Probieren Sie aus, welche Wörter gemeinsam verschoben werden müssen, welche getrennt werden können. (Kann z. B. die Formulierung „mit Einlösung ... durch Zahlung ..." getrennt werden oder nicht? Welche Einsicht in die inhaltliche Aussage wird durch die Antwort auf diese Frage geliefert?)
Prüfen Sie, in welchen Substantiven möglicherweise Verben 'versteckt' sind.
Formulieren Sie mit Hilfe dieser Verben die Aussage neu, so daß eine verständliche Satzverbindung oder ein Satzgefüge entsteht.

Beginn des Versicherungsschutzes
Der Versicherungsschutz beginnt mit Einlösung des Versicherungsscheines durch Zahlung des Beitrags und der Versicherungssteuer, jedoch nicht vor dem vereinbarten Zeitpunkt.

Aufgabe 4 Ermitteln Sie auch bei dem nächsten Beispiel das Satzgerüst, und stellen Sie mit Hilfe der Verschiebeprobe fest, welche Wörter zusammengehören.
Stellen Sie mit der Frage „Was für ein?" fest, welche Wörter Attribute bilden.
Zeichnen Sie die Abhängigkeit der Attribute in einer Attributtreppe nach (vgl. Kasten zu Abschnitt 3.1.3, Seite 174). Formulieren Sie um, indem Sie ein Satzgefüge oder eine Satzverbindung bilden.

Die Aushändigung der zur behördlichen Zulassung notwendigen Versicherungsbestätigung gilt nur für die Kraftfahrzeug-Haftpflichtversicherung als Zusage einer vorläufigen Deckung.

Aus der Einsicht in solche Verständnisschwierigkeiten sollte man auch *Folgerungen für das eigene Formulieren* ziehen.

Aufgabe 5 Formulieren Sie den folgenden Satz so um, daß er verständlicher erscheint. Wo steckt ein 'Bruch' in diesem Satzbau?

Sehr geehrte Damen und Herren!
Wenn die Versicherung zwar abgeschlossen ist, aber noch nicht vom Versicherungsnehmer eingelöst worden ist, muß dieser dann, falls er einen Unfall hat, wobei er womöglich unschuldig ist, trotzdem den Schaden selbst tragen?

Aufgabe 6 Umgekehrt können Reihen kurzer Sätze allzu unverbunden wirken. Formulieren Sie so um (etwa zu einem Satzgefüge), daß die Gedankenverbindungen deutlicher werden.

Sehr geehrte Damen und Herren,
folgender Sachverhalt: Vorgestern bekam ich die grüne Versicherungskarte. Gestern wurde der Wagen angemeldet. Heute hatte ich einen Unfall. Wie ist die Rechtslage?

Verstehenshilfen durch Grammatik

1. Bei Satzgefügen

▷ Hauptsatz ermitteln:
Heute vormittag, *während der Berufsverkehr einen Höhepunkt erreichte,* wurde ich mit dem Wagen, *den ich erst gestern neu angemeldet hatte,* in einen Unfall verwickelt, *an dem ich meines Erachtens nicht schuld war,* *weil der Unfallgegner die Vorfahrt nicht beachtet hatte.*

▷ Eventuell Zeichnung des Satzgefüges anlegen:

HS		HS		HS	
	NS 1		NS 2		NS 3
					NS 4

▷ Satz in mehrere Sätze zerlegen:
Heute vormittag hatte ich mit meinem Wagen einen Unfall. Er ereignete sich auf dem Höhepunkt des Berufsverkehrs. Meines Erachtens bin ich an dem Unfall nicht schuld. Denn der Unfallgegner hat die Vorfahrt übersehen.

2. Bei kompakten Sätzen

▷ Prädikat und Satzgerüst ermitteln:
Unmittelbar nach Bezahlung des Versicherungsbeitrags für die Kfz-Versicherung und dem damit gegebenen Eintritt des Versicherungsschutzes *hatte ich einen* von mir selbst allerdings nicht verschuldeten *Unfall.*

▷ Verschiebeprobe machen, um Satzglieder und Sinneinheiten zu finden:
Bei dem Beispielsatz bilden folgende Wortgruppen Satzglieder:
1.) Unmittelbar nach Bezahlung des Versicherungsbeitrags für die Kfz-Versicherung und dem damit gegebenen Eintritt des Versicherungsschutzes
2.) hatte
3.) ich
4.) einen von mir selbst allerdings nicht verschuldeten Unfall.

▷ Die kompakten Satzglieder dadurch auflösen, daß die Satzgliedteile (Attribute) mit der wiederholten Frage „Was für ein . . .?" ermittelt werden.
Eventuell den Zusammenhang zeichnen, z. B. durch eine Attributtreppe:

Unmittelbar nach Bezahlung
　　　　　　　　des Versicherungsbeitrags
　　　　　　　　　　　　für die Kfz-Versicherung . . .

▷ Versteckte Verben suchen:
Bezahlung　– bezahlen
Eintritt　　– eintreten
verschuldet – verschulden

▷ Mit Hilfe dieser Verben den Satz umformen, so daß eine verständliche Reihung von Sätzen oder ein Satzgefüge entsteht:
Nachdem ich den Versicherungsbeitrag an die Kfz-Versicherung bezahlt hatte und der Versicherungsschutz damit eingetreten war, hatte ich einen Unfall. Allerdings habe ich diesen Unfall (meines Erachtens) nicht selbst verschuldet.

Zum Stil und zum besseren Verständnis

Übung 1 Lösen Sie den Text in einfache Hauptsätze auf. Versuchen Sie dann, den ganzen Text übersichtlicher und einfacher zu gestalten.

a) Als Sitz eines landwirtschaftlichen Betriebes, der sich über mehrere Gemeindebezirke erstreckt, gilt die Gemeinde, in deren Bezirk der größte Teil der Grundstücke liegt, wenn nicht die beteiligten Gemeinden und der Eigentümer sich über einen anderen Betriebssitz einigen.

b) Da die von uns bestellten Schweißgeräte, die, wie wir feststellen mußten, zudem teurer sind als vergleichbare andere, bis heute noch nicht eingetroffen sind, obwohl wir uns von Ihnen den 1. November als Liefertermin hatten bestätigen lassen, sehen wir uns leider gezwungen, unsere Bestellung rückgängig zu machen.

Übung 2 Bilden Sie aus den folgenden beiden kompakten Sätzen jeweils mehrere Hauptsätze oder ein Satzgefüge. Am besten gelingt dies, wenn Sie zunächst jeweils das Satzgerüst als Eigensatz herausnehmen und dann die übrigen Satzteile in Nebensätze oder weitere Hauptsätze verwandeln.

Auch ein in Teilzeitarbeit angestellter Lehrer kann sich unter Hinweis auf seinen Arbeitsvertrag nicht vor der Leitung von Ausflügen und Klassenfahrten drücken.
Nach einer Entscheidung des 7. Senats des Bundesarbeitsgerichts in Kassel müssen Lehrer auch ohne ausdrückliche Regelung im Arbeitsvertrag grundsätzlich ein- oder mehrtägige Klassenfahrten mitmachen.

Übung 3 Lösen Sie die Attributketten („was für ein?") durch mindestens einen Nebensatz auf.

a) Die Ablehnung des Antrags auf Genehmigung des Ausbaus des alten Gebäudes blieb Herrn Lehmann unverständlich.
b) Zum Zwecke der Vermeidung von Verstößen gegen das Jugendschutzgesetz muß dieses in allen davon betroffenen Räumen ausgehängt werden.

Übung 4 Verwandeln Sie die schräg gedruckten Satzglieder in Infinitivsätze oder – wenn dies nicht möglich ist – in daß-Sätze.

a) Der Abteilungsleiter bestand *auf einer sofortigen Regelung der Angelegenheit.*
b) Herr Lehmann hat sich noch immer nicht *mit der Ablehnung seines Antrags* abgefunden.
c) Frau Kleinschmidt war *mit einer nochmaligen Verlegung der Sitzung* nicht einverstanden.
d) Keiner im Betrieb glaubt mehr *an eine schnelle Lösung dieser schwerwiegenden Probleme.*

Übung 5 Formulieren Sie um: Setzen Sie Hauptaussage in Hauptsätze.

a) Ich versichere Ihnen, daß dieses Angebot das beste ist, das Sie je erhalten haben.
b) Ich kann nur sagen, daß es günstiger gar nicht geht.
c) Sie erhalten als Anlage unseren Katalog, in dem alles für Sie Wissenswerte steht, was Sie für Ihre Bestellung und Planung brauchen.

3.4 Kommasetzung

An der Kasse eines Supermarktes

Fünf kurzgefaßte Regeln zur Kommasetzung
1. Die Teile einer Aufzählung werden durch Komma getrennt.
2. Ist ein Satz durch Anreden, nachgestellte Beifügungen oder Entgegensetzungen unterbrochen, so wird dies durch Komma angezeigt.
3. Hauptsätze können außer durch Punkt und Semikolon auch durch Komma getrennt werden.
4. Nebensätze werden durch Komma abgetrennt.
5. Erweiterte Infinitive und Partizipien werden durch Kommas abgetrennt.

Diese Regeln sowie einige Ausnahmen werden im folgenden erläutert und an Beispielen geübt.

| Aufgabe | Setzen Sie die Kommas im folgenden Text, und begründen Sie die Kommasetzung mit den obigen fünf Regeln. |

Wohl die meisten Menschen wünschen sich stabile Verhältnisse eine politische und wirtschaftliche Situation ihres Landes der ganzen Welt in der sie ihre Lebenspläne soweit es in ihren Kräften steht verwirklichen können. Sie haben Störungen nicht gerne die diese Pläne zunichte machen. Der Wunsch der auf der Liste ganz oben steht wäre wohl der daß sie immer Arbeit finden so daß sie sich und ihre Familie ernähren können und die Wirtschaft   5
so gut floriert daß sich ihnen immer wieder Chancen bieten sich zu verbessern.
Da seit Mitte der fünfziger Jahre in der Bundesrepublik praktisch Vollbeschäftigung herrschte die Zahl der Arbeitslosen im Verhältnis zu denen die beschäftigt waren im großen und ganzen immer recht gering war spielte dieser Gesichtspunkt der Stabilität abgesehen von kurzen Zeitabschnitten einer wirtschaftlichen Rezession vor allem in einer   10
Hinsicht eine Rolle.
Wenn man heute von Stabilität spricht meint man vor allem die Erhaltung der Kaufkraft des Geldes. Zwei große Inflationen und daran anschließende Währungsreformen stecken den Leuten immer noch in den Knochen machen sie allergisch gegenüber allen Vorgängen bei denen sie in ihrem Urteil unsicher nur vermuten es werde wieder einmal „am Geld   15
gedreht".

Wilhelm Seuß: Alles über Geld. Hrsg. vom Bundesverband Deutscher Banken. Bank-Verlag, Köln 1979, S. 140.

187

3.4.1 Aufzählungen

Regel 1: Die Teile einer Aufzählung werden durch Komma getrennt.

Aufgezählt werden *Wörter:*
Cäsar *kam, sah, siegte.*
Oder *Wortgruppen:*
Mein Vater, meine Mutter, alle meine Geschwister hatten einander nichts zu Weihnachten geschenkt.

| Aufgabe | **1** Welche Wörter oder Wortgruppen werden aufgezählt?

Wo muß ein Komma stehen?
Wo steht kein Komma, obwohl es sich um eine Aufzählung handelt?

a) Für dieses Rezept braucht man außerdem Rosinen Haselnüsse Zitronat Rum-Aroma.
b) Möchten Sie lieber Tee Kakao oder Kaffee?
c) Sie suchte ihre Brille mit dem Goldrand auf dem Bücherschrank in der Handtasche unter der Tageszeitung.
d) Sowohl die anwesenden Belegschaftsmitglieder die Familienangehörigen als auch die Vertreter von Verbänden und Gewerkschaft waren tief beeindruckt.

| Aufgabe | **2** Formulieren Sie die vollständige Regel zur Aufzählung einschließlich der Ausnahmen.

Werden mehrere Adjektive vor einem Substantiv aneinandergereiht, so ist nicht immer einfach zu klären, ob es sich um eine echte Aufzählung handelt.

Er trank starken, heißen Kaffee.
Er trank starken afrikanischen Kaffee.

| Aufgabe | **3** Können Sie begründen, warum im zweiten Fall kein Komma steht?

| Aufgabe | **4** Welches sind die aufgezählten Adjektive?

An welchen Stellen muß ein Komma stehen?

a) Kommst du an die oberen schwarzen Ordner heran?
b) Es gibt schwarze weiße und braune Schafe.
c) Bayerische hessische friesische Gesangvereine waren nach Osterholz gekommen.
d) Bernd trinkt dunkles bayerisches Bier.

Stehen mehrere Adjektive vor einem Substantiv, so wird das letzte nicht durch Komma vom vorangehenden abgetrennt, wenn es mit dem Substantiv eine gedankliche Einheit bildet.

| Übung | **1** Suchen Sie im folgenden Text die Aufzählungen heraus, und setzen Sie die fehlenden Kommas.

Bevor man eine Zahlungserinnerung oder eine Mahnung schreibt, sollte man sich erst einmal vergewissern, ob in der eigenen Buchhaltung ein Versehen vorliegt. Häufig kommt es vor, daß Zahlungseingänge verspätet fehlerhaft oder überhaupt nicht gebucht werden. Besonders bei Schecks mit unleserlicher Unterschrift bei unvollständig ausgefüllten Überweisungen oder bei Teilzahlungen können solche Fehler unterlaufen. Vor allem gute langjährige Kunden reagieren äußerst empfindlich und ungehalten, und nicht umsonst spielt die „Pflege" der Kunden eine ganz bedeutende Rolle auch in der heutigen kaufmännischen Praxis.

| Übung | 2 Aufzählungen können, wenn man sie geschickt einsetzt, einen Text farbiger und aussagefähiger machen.

Probieren Sie es.

Beispiel:
Die Fans in der Ostkurve machten mit Trommeln, Töpfen und Preßlufthupen einen Heidenspektakel.

a) Sie war *auffallend* geschminkt.
b) Mein Bruder liebt *Tiere* über alles.
c) Im Omnibus saßen nur *wenige Leute*.
d) Bei Sabines Geburtstagsfeier habe ich *viel* gegessen.

Ersetzen Sie die schräg gedruckten Begriffe durch Aufzählungen.

3.4.2 Anreden, Beifügungen, Entgegensetzungen

> Regel 2: Ist ein Satz durch Anreden, nachgestellte Beifügungen oder Entgegensetzungen unterbrochen, so wird dies durch Komma angezeigt.

Tip: Lesen Sie einen derartigen Satz laut, dann erkennen Sie eine Unterbrechung leichter.

| Anreden |

Beispiel: Ich versichere Ihnen, sehr geehrter Herr Schubert, daß Ihr Auftrag zu Ihrer Zufriedenheit ausgeführt wird.

| Aufgabe | 1 Setzen Sie die Kommas.

a) Bitte lieber Peter schreibe mir doch bald ein paar Zeilen.
b) Ich möchte Ihnen sehr geehrter Herr Krause auf diesem Wege nochmals ganz herzlich für Ihre Mühe danken.
c) Wie geht es Dir altes Haus?

| Beifügungen |

Beispiel: Dies wird ein Brief an Robby, mein australisches Patenkind.

| Aufgabe | 2 Setzen Sie die fehlenden Kommas.

Es handelt sich um einen roten Sportwagen ein älteres Modell mit auffallenden Leichtmetallfelgen. Die Polizei glaubt außerdem, daß ein Fußgänger ein älterer Herr den Fahrer des Wagens kurz sehen konnte.
Sie bittet daher die Bevölkerung um Mitwirkung bei diesem Fall einem ganz abscheulichen Verbrechen. Besonders dringend appelliert sie an den unbekannten Fußgänger, er möge sich doch beim Revier 15 der Polizeistation in der Oststadt melden.

| Entgegensetzungen |

Vor entgegensetzenden Wörtern wie „doch", „sondern", „jedoch", „dennoch", „vielmehr", „gleichwohl", „allein" steht immer ein Komma.

Beispiel: Er erhielt die Ware, aber keine Rechnung.

| Aufgabe | **3** Setzen Sie die Kommas.

 a) Die Bankangestellten sind immer in korrekter Kleidung zu sehen jedoch im Sommer ohne Krawatte.
 b) Ich kann über diesen Witz nicht lachen vielmehr macht er mich zornig.
 c) Dies ist kein Lausbubenstreich mehr sondern eine Straftat.

| Aufgabe | **4** Ermitteln Sie bei folgendem Text Anreden, Beifügungen und Entgegensetzungen, und setzen Sie die Kommas.

Hallo Sabine!
Kurz ein paar Zeilen.
Zwar haben mich alle davor gewarnt aber ich werde jetzt doch diesen Männerberuf erlernen.
5 In meinem Ausbildungsbetrieb einer mittelständischen Firma wurde ich zunächst etwas argwöhnisch betrachtet. Bald jedoch hatten sich die Arbeiter in der Produktion nicht nur an meine Anwesenheit gewöhnt vielmehr waren sie jetzt sogar auf diesen Modellversuch in ihrem Betrieb richtiggehend stolz. Du glaubst gar nicht liebe Sabine wie hilfsbereit und freundlich alle neuen Kolleginnen und Kollegen zu mir sind. Die Entscheidung für diesen
10 Ausbildungsberuf war sicherlich richtig allein die späteren Berufsaussichten machen mich etwas nachdenklich. Welcher Betrieb stellt schon eine Maschinenschlosserin und dazu noch eine griechische ein?
Aber darüber können wir beim nächsten Besuch ausführlich reden.
Tschüs, Olga

Für die Kommasetzung ist es wichtig, nachgestellte Beifügungen im gleichen Fall (Appositionen) von Adverbialien (Umstandsbestimmungen) zu unterscheiden, Appositionen werden durch Kommas eingeschlossen, Adverbialien dagegen nicht.

Beispiel:
Adverbiale: Beim Transport eines Klaviers *von der Wohnung in der Karlstraße zum neuen Haus in Bietigheim* wurde der LKW beinahe in einen Unfall verwickelt.
Apposition: Beim Transport eines Klaviers, *eines wertvollen Instruments,* wurde der LKW beinahe in einen Unfall verwickelt.

| Aufgabe | **5** Unterscheiden Sie in den folgenden Fällen, ob es sich bei den schräg gestellten Ausdrükken um Appositionen oder Adverbialien handelt, und setzen Sie die Kommas.

 a) Viele Leute haben vor unserem Hunde *einem Boxermischling* nur *wegen seiner Größe* Angst.
 b) Das Flugzeug konnte nur *wegen des dichten Nebels* nicht in Frankfurt landen.
 c) Bei der Maschine *einer Boeing 747* handelt es sich um einen äußerst zuverlässigen Flugzeugtyp.
 d) Während ihrer vierwöchigen Wanderung *durch das von Touristen noch selten erreichte gebirgige Landesinnere der Insel Kreta* begegneten ihnen fast nur Einheimische.
 e) Die Griechen *besonders die älteren Bewohner* kamen ihnen sehr freundlich entgegen.

| Übung | Häufig ist es auch erforderlich, unbekannte Begriffe in Nebensätzen oder mit Hilfe von Appositionen kurz zu erklären.

Beispiel: *Die Mango* eignet sich hervorragend als Zutat zu einem fruchtigen Salat.
Die Mango, eine tropische Frucht, eignet sich …

Erklären Sie die schräg gedruckten Begriffe in den folgenden Fällen, und nehmen Sie dabei den Fremdwörterduden zu Hilfe.

a) In den vergangenen Jahren stieg das *Bruttosozialprodukt* langsamer als geplant.
b) Für die *Fluktuation* lassen sich viele Gründe angeben.
c) Es handelt sich hierbei um ein sicheres *Indiz* für die bereits angesprochene Erscheinung.
d) Häufig wird den Jugendlichen vorgeworfen, daß sie ohne jegliche *Motivation* seien.
e) Dieses Feinschmeckerrestaurant ist besonders für seine *Entrees* bekannt.
f) Eingriffe in dieser Größenordnung schädigen *Flora und Fauna* in diesem Gebiet.

3.4.3 Satzverbindungen

> Regel 3: Hauptsätze können außer durch Punkt und Semikolon auch durch Komma getrennt werden.

| Aufgabe | **1** Schreiben Sie die Hauptsatzreihen mit richtiger Zeichensetzung ab. Woran erkennen Sie die Hauptsätze? Bei welchem Beispiel liegt es nahe, die Hauptsätze statt durch Punkte durch Kommas voneinander zu trennen? Warum?

a) Im vergangenen Jahr reisten wir im Sommer für zwei Wochen nach England danach hielten wir uns eine Woche in der Schweiz auf.
b) Er schaute lange auf die Uhr er zündete sich eine Zigarette an dann lief er wieder nervös auf und ab.

| Aufgabe | **2** Begründen Sie die Kommasetzung in den drei Beispielsätzen.

a) Bernd schaute auf die Uhr, er setzte sich in Bewegung.
b) Bernd schaute auf die Uhr, und er setzte sich in Bewegung.
c) Bernd schaute auf die Uhr und setzte sich in Bewegung.

| Aufgabe | **3** Überprüfen Sie im folgenden Text, wo Hauptsätze durch Kommas getrennt werden müssen.

Auch bei rezeptfrei angebotenen Medikamenten besteht die Gefahr von schwerwiegenden Gesundheitsschäden jeder Verbraucher sollte sich dieser möglichen Gefahr bewußt sein. Besonders Schmerzmittel und Beruhigungsmittel können bei langfristigem Gebrauch abhängig machen und scheinbar harmlose Appetitzügler können sogar Depressionen verursachen.
Umfassende Informationen über mögliche Gefahren von Arzneimittelmißbrauch sind unbedingt erforderlich und eine gezielte Aufklärung ist wohl schon in den Schulen vonnöten. Gerade bei Jugendlichen ist ein relativ hoher Verbrauch an Beruhigungsmitteln zu beobachten und ein weiterer Anstieg ist sicherlich zu befürchten.

| Übung | Füllen Sie den folgenden Lückentext mit sinnvollen Hauptsätzen.

Gestern nachmittag war sehr schlechtes Wetter, und … In der ersten Etage waren nur sehr wenige Leute, denn … Plötzlich hörte ich aufgeregte Stimmen, doch … Der Abteilungsleiter und drei Verkäuferinnen umringten einen Jungen von ca. 15 Jahren, und … Der Junge schwieg, aber …. …, und die Beamten fragten den Jungen nach seinem Namen und nach seiner Anschrift. Er öffnete nun seine Jacke und seine Sporttasche, doch …. …, und ich verließ das Kaufhaus.

3.4.4 Satzgefüge

Regel 4: Nebensätze werden durch Komma abgetrennt.

Diese allgemein gefaßte Regel sagt noch nicht, *wovon* Nebensätze abgetrennt werden können.

Aufgabe 1 Schreiben Sie aus dem folgenden Text die Nebensätze heraus.
Woran erkennen Sie sie? Wovon werden sie jeweils abgetrennt?
Im Text stehen auch einige Kommas, die nicht mit der Regel 4 zu begründen sind.
Welchen Regeln folgt hier die Zeichensetzung?

Peter Brasch: Die Gegend

Frankreich unter der Käseglocke

Wenn er von der Schicht kommt, liest er Stadtpläne. Er studiert Legenden, zirkelt Straßenlängen ab, vergleicht sie mit dem Maßstab, er markiert Sehenswürdigkeiten. Er sieht kein Fernsehen und geht nicht in die Kneipe.

Am meisten interessiert er sich für den Stadtplan von Paris. Er kennt alle Museen mit Namen, weiß, wo sie liegen und wie sie ausgesprochen werden. Er weiß, wie weit es vom Place Pigalle bis zum Pantheon ist. Luftlinie und Länge des Spaziergangs. Den Weg vom Montmartre bis zu den Champs-Elysées kennt er auswendig. Er besitzt verschiedene Stadtpläne von Paris und vergleicht sie. Oft stellt er Fehler fest, dann regt er sich über die Kartographen auf und schreibt ihnen Briefe, in denen er sie berichtigt. Dreimal hat er eine Antwort bekommen.

Manchmal, wenn er schläft, träumt er, daß er in Paris ist. Er freut sich. Später hat er Angst. Er hat die Stadtpläne zu Hause auf dem Tisch liegenlassen. Er wandert ziellos durch Paris und hat alles vergessen. Kein Name fällt ihm mehr ein. Die Passanten will er nicht fragen, er weiß es besser. Er versucht sich zu erinnern, während er sich an eine Hauswand lehnt. Aber ihm fallen nur die Straßennamen der Stadt ein, in der er lebt, er erinnert sich nur an die Entfernungen von seinem Haus bis zum Betrieb, von der Toilette bis zum Schlafzimmer.

Berührung ist nur eine Randerscheinung. Neue Literatur aus der DDR, hrsg. von Sascha Sanderson und Elke Erb. Kiepenheuer & Witsch, Köln 1985, S. 47.

Nebensätze werden von Hauptsätzen durch Kommas getrennt.

Aufgabe 2 Im Satzgefüge können Nebensätze am Anfang, am Ende und in der Mitte stehen. Belegen Sie diese Behauptung, indem Sie in den folgenden Satzgefügen die Nebensätze bestimmen und die Kommas setzen.

a) Ich weiß nicht warum er das gesagt hat.

b) Wenn man alle Abzüge berücksichtigt so bleibt einem nur zwei Drittel des Bruttoeinkommens.

c) Warum er nicht kommt ist mir schleierhaft.

d) Diese Aussage hinterließ weil sie gut vorgetragen wurde bei den Geschworenen einen nachhaltigen Eindruck.

e) Er kommt immer noch nicht obwohl ich ihn so darum gebeten habe.

f) Alle Abzüge die vom Gehalt einbehalten werden machen zusammen etwa ein Drittel des Bruttoeinkommens aus.

Aufgabe 3 Bestimmen Sie, wo in den folgenden Beispielen ein Komma stehen muß. Begründen Sie dies.

a) Knut freute sich daß er den Eignungstest diesmal bestanden hatte mit dem er die Lehrstelle bekommen würde.

b) Daß ihm ohne Angabe von Gründen in der Probezeit gekündigt wurde und daß ihm nicht einmal die Jugendvertretung weiterhelfen konnte das konnte Manfred einfach nicht verstehen.

c) Susanne hörte davon daß es Manfred schlechtging daß er nicht damit rechnete seine Stelle behalten zu können.

d) Sie fragte sich warum er nicht schon eher aktiv geworden sei sondern sich so lange abwartend verhalten habe.

e) Manfred der im Gespräch einen ruhigen Eindruck machte obwohl er nicht gerade leichte Tage hinter sich hatte überzeugte Susanne davon daß er den Kopf oben behalten werde.

> Nebensätze werden von anderen Nebensätzen durch Kommas abgetrennt, wenn sie nicht durch „und" oder „oder" verbunden sind.

Aufgabe **4** Wo müssen im folgenden Text Kommas stehen?

Bevor der Gerätedeckel geöffnet wird muß man sich vergewissern ob der Netzstecker gezogen ist. Nun öffnet man das Gehäuse indem man den Deckel mit Daumen und Zeigefinger an den Markierungen leicht zusammendrückt und den Deckel gleichzeitig leicht anhebt. Zuerst sollte überprüft werden ob sich Fadenreste oder sonstige Fremdkörper im Gehäuse befinden weil sie den Stofftransport behindern können. Nun kontrolliert man den Sitz der Fadenspule die im linken Teil des Gehäuses zu sehen ist. Zu diesem Zweck kann das Spulengehäuse leicht hin und her bewegt werden bis es hörbar einrastet.

Aufgabe **5** Bestimmen Sie im obigen Text die Art der Nebensätze gemäß der Übersicht auf Seite 179.

Übung **1** Formen Sie die folgenden Sätze in sinnvolle Satzgefüge um.

a) Woher kommt das viele auf Plätzen und Straßen herumliegende Papier?

b) Für den täglichen Umweltschutz sind nicht nur anonyme Institutionen oder mächtige Interessenvertreter verantwortlich. Diese wollen nur ihren Profit steigern.

c) Aus all dem kleinen Müll entstehen große Dreckhaufen. Diese verschandeln Landschaften und verderben den Appetit am Picknick.

d) Das Ergebnis des Vergrabens von Zigarettenkippen ist ein nicht mehr aus Sand, sondern ein aus Zigarettenkippen bestehender Strand.

e) Diese Menschen sollten beim ständigen Reden über den Umweltschutz besser den Mund nicht so voll nehmen.

Übung **2** Schreiben Sie den folgenden Text so um, daß sich die einzelnen Hauptsätze sinnvoll zu einem Satzgefüge oder einer Satzreihe zusammenfügen. Achten Sie dabei auf die Kommasetzung.

Ein gesellschaftlich bedeutender Fall des Rollenkonflikts ist die Stellung des Jugendlichen zwischen Elternhaus und Arbeitswelt. Die Arbeitswelt wird auch als sogenannte sekundäre Gruppe bezeichnet. Eltern neigen zur Nicht-Trennung der Rolle des Jugendlichen von der Rolle des Kindes. Sie erwarten von ihren heranwachsenden Söhnen und Töchtern weitgehende Unterordnung.

5

193

Außerdem erwarten sie Anpassung an die eigenen Normen. Ebenso erwarten die Eltern Gehorsam und möglichst wenig selbständiges Handeln.

Im Beruf werden an den Jugendlichen andere Erwartungen gerichtet. Er soll sich wie ein Erwachsener verhalten. Er soll vernünftig sein. Er soll selbständig entscheiden und zunehmend Verantwortung übernehmen.

Hier offenbaren sich Widersprüche in der Rollenerwartung. Der Rollenkonflikt ist unvermeidlich.

3.4.5 Erweiterte Infinitive und Partizipien

> Regel 5: Erweiterte Infinitive und Partizipien werden durch Kommas abgetrennt.
> Siehe auch Abschnitt 3.2.2.

Einfache Infinitive, die nicht durch Kommas getrennt werden.

Meine Mutter versprach *zu kommen.*
Er begann *zu spielen.*

Erweiterte Infinitive

Meine Mutter verließ das Haus, *ohne sich noch einmal umzudrehen.*
Meine Mutter verließ das Haus, *um möglichst schnell zum Essen zu kommen.*
Er öffnete den Deckel des Flügels, *anstatt die Gastgeber zu begrüßen.*
Er begann, *auf dem Flügel zu spielen.*

Aufgabe | 1 Erweitern Sie folgende Infinitive, und setzen Sie die Kommas.

Beispiel: Der Gast verlangte zu bezahlen. Der Gast verlangte, möglichst schnell zu bezahlen.
a) Der Käufer wünschte zu gehen.
b) Tine drohte damit aufzubrechen.
c) Der Gastgeber bat sie sehr zu bleiben.

Aufgabe | 2 Im folgenden Text setzen Sie die Kommas bei einfachen und erweiterten Infinitiven.

Zu tanzen machte ihm einfach Spaß. Jedoch als er seinen Entschluß Tänzer zu werden in der Schule verkündete, erntete er nur schallendes Gelächter. Seine Eltern rieten ihm zuerst eine kaufmännische oder handwerkliche Ausbildung zu machen um dann für den Notfall eine abgeschlossene Ausbildung zu haben. Er hatte jedoch keine Lust zu warten und meldete sich einfach bei der Ballettschule an um die Aufnahmeprüfung zu machen.

Einfache Partizipien, die nicht durch Kommas getrennt werden.

Lachend rannte sie auf den Vater zu.
Er betrachtete seine Tochter *gerührt.*

Erweiterte Partizipien

Aus vollem Halse lachend, rannte sie auf den Vater zu.
Er betrachtete seine Tochter, *gerührt und voller Stolz.*
Sie können mich jeden Tag, *ausgenommen Mittwoch,* erreichen.

Aufgabe 3 Der folgende Text enthält einfache und erweiterte Partizipien. Setzen Sie die Kommas ein.

Heute erhielten wir die von Ihnen angekündigte Ware. Bereits von den vorangegangenen Lieferungen vorgewarnt haben wir die Sachlage genauestens überprüft. Der Karton kam bei uns im beschädigten Zustand an eine Seite aufgerissen und notdürftig wieder zugeklebt. Obwohl mehrfach von uns gefordert erfolgte der Transport wiederum nicht per Bahnexpreß, sondern per LKW. Für die Zukunft erbitten wir einen sachgerechten und vereinbarungsgemäßen Versand der Kleidungsstücke, und zwar hängend und mit Plastikfolien geschützt.

Übung Häufig wirken Sätze mit erweiterten Partizipien wenig flüssig.
Formen Sie die folgenden Sätze so um, daß sie übersichtlicher und lesbarer werden.

a) Wie bereits mit Ihrem Herrn Schubert auf der diesjährigen Hannover-Messe abgesprochen, senden wir die Teile zurück.

b) Mit einem Satz, das Fell von Regen und Wind zerzaust und durchnäßt, sprang der Hund geradewegs auf seinen frisch gereinigten Lieblingssessel.

c) Die Rede, anläßlich der geplanten Auflösung des Bundestages gehalten und von der Abgeordneten sehr persönlich und leidenschaftlich vorgetragen, fand große Beachtung.

d) Die Frau, von dem sich ihr bietenden Anblick zutiefst berührt und doch erschreckt, begann, nervös in ihrer Handtasche zu kramen.

e) Humpelnd und ein Taschentuch an die blutende Nase pressend, verließ er deprimiert den Fußballplatz.

3.4.6 Zusammenfassendes zur Zeichensetzung vor „und"

„und" ohne vorausgehendes Komma
▷ bei Aufzählungen, wenn statt des Kommas „und", „oder", „sowie" usw. steht (siehe Kommaregel 1).
Man benötigt 4 Eier, 150 g Fett und 200 g Zucker.

▷ wenn Nebensätze durch „und" bzw. „oder" verbunden sind (siehe Kommaregel 4).
Wenn es regnet und wenn es weiterhin so kalt bleibt, können sie die Wanderung nicht machen.

„und" mit vorausgehendem Komma
▷ wenn Hauptsätze durch „und" verbunden sind (siehe Kommaregel 3).
Ich trinke noch eine Tasse Kaffee, und dann muß ich gehen.

▷ bei Einschüben, die den Satz unterbrechen (siehe Kommaregel 2).
Wir benötigen eine neue Thermoskanne, und zwar eine viel größere, bevor wir in die Ferien fahren.

Aufgabe **1** Geben Sie die Kommaregel an, nach welcher im folgenden Text vor „und" ein Komma gesetzt wird bzw. das Komma entfällt.

Text auf Postkarte:
Viele liebe Grüße senden Dir und selbstverständlich auch an Tommy
Petra und Bine

Es ist toll, hier in Rom auf der Spanischen Treppe zu sitzen, und wir denken an die armen Menschen, die im fernen Deutschland bleiben müssen, und das noch bei kaltem Wetter. Die Fahrt hierher war unheimlich lustig, und wir haben die ganze Nacht hindurch kein Auge zugemacht. Denkt nur, der Zug war so voll, daß viele Reisende auf den Koffern sitzen mußten und einige sogar in der Toilette reisten.
In Rom kamen wir gegen Mittag an, und wir marschierten sofort in unser Hotel. Das Hotel ist winzig und besitzt nur 3- und 4-Bett-Zimmer, und es gab sofort Krach, wer mit wem das Zimmer teilen mußte.
Ciao, Ihr Lieben, bis bald!

Aufgabe **2** Geben Sie für die beiden Briefe die Kommaregel an.

ALFRED PIEPMEYER   BIELEFELDER STR. 14   45 OSNABRÜCK

12.1.83

Automobilclub von Deutschland
Postfach 710166
6000 FRANKFURT 71

Betr.: Sonntagsfahrer

Sehr geehrte Damen und Herren,

meine Schwägerin will es mir nicht glauben. Ich habe ihr Vorhaltungen gemacht, weil sie als ortsbekannte Sonntagsfahrerin wiederholt auch an einem Wochentage mit dem Auto unterwegs gewesen ist. Ich bin der festen Überzeugung, daß man sich dadurch im Falle einer Verkehrskontrolle ein paar saftige Flensburger Extrapunkte einfangen kann. Mir erscheint es logisch, daß ein Sonntagsfahrer nicht auch innerhalb der Woche am Steuer sitzen darf. Ein wenig Muffe hat sie schon gekriegt, doch ich habe ihr versprochen, diese Tatsache noch einmal von höchst amtlicher Stelle bestätigen zu lassen. Nun sind Sie dran.

Mit besten Grüßen

A. Piepmeyer

Automobilclub von Deutschland e.V.

Automobilclub von Deutschland e. V. · Postfach 71 01 66 · 6000 Frankfurt 71

```
Herrn
Alfred Piepmeyer
Bielefelder Str. 14

4500 Osnabrück
```

Ihr Zeichen:	Ihre Nachricht vom	Unser Zeichen: RV/vo-si 5/83	Durchwahl 6606 242	Datum 13. Jan. 1983

Betr.: Sonntagsfahrer

Sehr geehrter Herr Piepmeyer,

wir danken für Ihr Schreiben vom 12.1.1983, mit dem Sie ein sehr
ernstes Problem angerissen haben. Ganz eindeutig darf ein   Sonntagsfahrer nicht während der Woche fahren; deshalb heißt er ja so.
Wird er während der Woche bei einer Fahrt ertappt, werden Punkte
in das Flensburger Register eingetragen, und zwar richtet sich die
Anzahl der Punkte nach der Entfernung der Tage vom Sonntag. So kostet
eine Fahrt am Samstag und am Montag einen Punkt. Am Freitag und am
Dienstag 2 Punkte und am Donnerstag und am Mittwoch jeweils 3 Punkte.
Da jedoch eine große Anzahl von Autofahrern von dieser Punktebelastung
betroffen sind, hat sich der AvD beim Bundesminister für Verkehr
dafür eingesetzt, daß für den Fall, daß wieder ein Sonntagsfahrverbot
verordnet werden sollte, gerade diese Sonntagsfahrer am Sonntag
fahren dürfen, während alle anderen ihr Fahrzeug stehenlassen müssen.

Wir hoffen sehr, daß wir als Interessenvertreter der Autofahrer hier
ein gutes Werk getan haben und verbleiben

mit freundlichen Grüßen
AUTOMOBILCLUB VON DEUTSCHLAND EV
Abt. Recht und Verkehr

(E s c h m a n n)

*Wilfried Bornemann: Borne-
manns Briefmacken. Fackelträger Verlag, Hannover
1983, S. 71 und 72.*

Zur Kommasetzung insgesamt

Übung Schreiben Sie den folgenden Bericht ab, und setzen Sie die Kommas.

In dieser Woche besuchte ich im Auftrag meines Ausbilders eine dreitägige Fortbildungsveranstaltung welche unter dem Motto „Trends für Frühjahr und Sommer" eine Einführung in neue Schnitte Schnittechniken und Färbetechniken bot.
Am ersten Lehrgangstag wurden in einem Diavortrag die neuen Frisuren für das kommende Frühjahr vorgestellt wobei Schnitte für sehr kurzes und für lange Haare den Haupt- 5
anteil ausmachten. Bei der daran anschließenden Vorführung wurde besonders ausführlich
gezeigt wann für die neuen Frisuren eigene Naturkrause eine leichte Dauerwelle oder eine
besondere Technik die Haare zu schneiden erforderlich sind.
Am zweiten Lehrgangstag wurde uns gezeigt welche neuen Färbetechniken eingesetzt
werden können. Um besondere Lichteffekte in den Frisuren zu erzielen werden einzelne 10
Haarsträhnen besonders beim Deckhaar und an den Schläfen jeweils ein oder zwei Töne
heller als die Naturhaarfarbe getönt.
Außerdem wurden uns von einem Vertreter einer Kosmetikfirma Haartönungen Frisier-
wachs und biologische Dauerwellflüssigkeit vorgestellt.
Am dritten Lehrgangstag konnten wir nun die Kenntnisse die wir während des Kurses 15
theoretisch erworben hatten in die Tat umsetzen. Jeder Teilnehmer mußte an Modellen die
beiden erlernten Schnitte sowie einen Schnitt nach freier Wahl durchführen.

4 Das Wort

4.1 Was ist ein Wort?

4.1.1 Goggelmoggel

„Sie sind doch so geschickt darin, Wörter zu erklären, Herr Goggelmoggel", sagte Alice.
5 „Könnten Sie mir da freundlicherweise sagen, was das Gedicht ,Der Zipferlake' bedeutet?"

„Nur heraus damit", sagte Goggelmoggel. „Ich kann alle Gedichte erklären, die jemals erdacht worden sind – und außerdem noch eine ganze
10 Menge, bei denen das Erdenken erst noch kommt."

Das klang recht vielversprechend, und Alice sagte also die erste Strophe auf:

Verdaustig war's, und glasse Wieben
15 Rotterten gorkicht im Gemank;
Gar elump war der Pluckerwank,
Und die gabben Schweisel frieben.

„Das reicht fürs erste", unterbrach sie Goggelmoggel; „da kommen schon recht viele schwere
20 Wörter vor. ,Verdaustig' heißt vier Uhr nachmittags – wenn man nämlich noch *verdaut*, aber doch schon wieder *durstig* ist."

„Das paßt sehr gut", sagte Alice; „und ,glaß'?"

„Nun, ,glaß' heißt ,glatt und naß'. Das ist wie eine
25 Schachtel, verstehst du: Zwei Bedeutungen werden dabei zu einem Wort zusammengesteckt."

„Jetzt versteh' ich's schon", sagte Alice nachdenklich.

„Und was sind ,*Wieben*'?"

„Also, ,*Wieben*' sind so etwas Ähnliches wie 30 Dachse – und wie Eidechsen – und so etwas Ähnliches wie Korkenzieher."

„Das müssen aber sehr merkwürdige Geschöpfe sein."

„Das wohl", sagte Goggelmoggel; „sie bauen au- 35 ßerdem ihre Nester unter Sonnenuhren – und außerdem fressen sie nur Käse."

„Und was ist ,*rottern*' und ,*gorkicht*'?"

„,*Rottern*' ist das gleiche wie ,rotieren', das heißt: sich schnell drehen. ,*Gorkicht*' heißt alles, was 40 sich in Kork einbohrt."

„Und ein ,*Gemank*' ist dann wohl der freie Platz um eine Sonnenuhr von der Art, wie sie oft in einem Park stehen?" fragte Alice, über ihre eigene Scharfsinnigkeit verwundert. 45

„Freilich. Dieser Platz heißt ein ,*Gemank*', denn *man* kann rechts darum herumgehen, *man* kann links darum herumgehen –"

„Aber darunterweg kann *man* keineswegs", schloß Alice. 50

„Genau das. Nun also: ,*elump*' heißt ,elend und zerlumpt' (schon wieder ein Schachtelwort, wie du siehst). Ein ,*Pluckerwank*' ist ein magerer, unansehnlicher Vogel, bei dem die Federn kreuz und quer durcheinanderwachsen – er sieht etwa aus 55 wie ein lebendiger Mop."

„Und die ,*gabben Schweisel*'?" fragte Alice.

„Wenn es Ihnen nicht zuviel wird."

„Nun, ein ,*Schweisel*' ist eine Art grünes Schwein; aber bei ,*gabben*' bin ich nicht ganz sicher. Ich 60 glaube aber, es ist abgekürzt und heißt ,vom Weg ab' – soviel wie ,verirrt', verstehst du?"

„Und was heißt ,sie *frieben*'?"

„Nun, ,*frieben*' ist ein Mittelding aus Bellen und Niesen, 65 begleitet von Gepfeif; vielleicht hörst du einmal, wie etwas freibt – dort drüben im 70 Wald etwa –, und dann fragst du bestimmt nicht weiter. Wer hat dir denn das viele schwere 75 Zeug beigebracht?"

Lewis Carroll: Alice hinter dem Spiegel. Übersetzt von Christian Enzensberger. Insel, Frankfurt a. M. 1963, S. 84, 89–91. Illustrationen von John Tenniel.

Aufgabe | 1 Woran erkennt man – zum Beispiel in dem Gedicht, das Alice vorträgt – ein Wort, auch wenn man es nicht gleich versteht?

Aufgabe | 2 Welche Methode hat der Verfasser der Strophe angewandt, um die neuen künstlichen Wörter zu schaffen?
Wie würde man normalerweise in der deutschen Sprache neue Wörter bilden (z. B. für „glaß" oder „Wieben")?
Warum kann man die Strophe nicht gleich so verständlich schreiben, wie Goggelmoggel sie erklärt?

Aufgabe | 3 Welche Wörter sind 'richtige' deutsche Wörter, warum wurden sie nicht verändert?
Zu welchen Wortarten gehören die Wortneuschöpfungen?

Aufgabe | 4 Verändern Sie die Strophe so, daß alle Tiere in der Einzahl vorkommen und daß das ganze Geschehen in der Gegenwart spielt. Was wird verändert und warum?

4.1.2 Wortbausteine – Wortbildung

Aufgabe | 1 Wörter werden im Deutschen anders gebildet als in dem Unsinnsgedicht, das Alice vorträgt.
Versuchen Sie, die folgenden relativ neuen Wörter in ihre Grundbestandteile zu zerlegen, und geben Sie die zwei grundsätzlichen Methoden an, nach denen im Deutschen Wörter gebildet werden.

Pflasterstrand, Ausfahrer, Entsorgung, Bedarfsdeckung, Briefkastenonkel, ablichten, Akkordsystem

Aufgabe | 2 Um aus einem vorhandenen Wortstamm ein anderes oder neues Wort abzuleiten, gibt es drei Möglichkeiten. Schreiben Sie bei den Beispielen a und b den Wortstamm heraus, geben Sie an, nach welcher Methode die Wörter in a, b und c gebildet worden sind.

a) bedrohen, entfalten, erbauen, verkleben
b) Einsamkeit, Maler, Überlegung, freundlich, modisch, lieferbar
c) (Bart –) bärtig, (Auge –) einäugig, (steigen –) Stiege, (klingen –) Klang

Aufgabe | 3 Unterscheiden Sie zwischen Silbentrennung und Zerlegung der Wörter nach Wortbausteinen.

Beispiel: Bücherei; Bü-che-rei; Büch/er/ei
Zerlegen Sie: Ausbreitung, freudig, kölnisch, Besucher

Aufgabe | 4 Das Wiedererkennen von Wortstämmen, von Endungen und Vorsilben ist für die Rechtschreibung wichtig.
Erklären Sie damit, warum folgende Schreibungen richtig sind:

der Fund, nicht: der F␝nt   entfernen, nicht: end␝ernen
das Rätsel, nicht: das R␝el   endgültig, nicht: ent␝ültik

Aufgabe 5 Verschiedene Wörter, die auf den gleichen Wortstamm zurückgehen, bilden zusammen eine Wortfamilie. Oft ist es schwierig, diese Familienähnlichkeit zu erkennen, weil die Wortbedeutungen sich so weit von ihrem Ursprung entfernt haben, daß man die Zusammengehörigkeit der Wortstämme nicht mehr wahrnimmt.
Bestimmen Sie das Stammwort der folgenden Wörter, und versuchen Sie, den Bedeutungszusammenhang zu erklären: häßlich, höflich, brav

---

Zur Wortbildung

Neue Wörter können aus mehreren eigenständigen Wörtern *zusammengesetzt* werden:
Buch-händler, Beruf(s)-schüler

Neue Wörter können aus einem vorhandenen Wort oder einem Wortstamm *abgeleitet* werden. Folgende Methoden der Ableitung kann man unterscheiden:

▷ Anfügen von Vorsilben (besonders bei Verben):
   be-fahren, zer-streuen, ent-sprechen
▷ Anfügen einer Endung (besonders bei Substantiven und Adjektiven):
   Üb-ung, Mensch-heit, ergebnis-los, grün-lich
▷ Änderung des Vokals im Wortstamm:
   binden – Band – Bund
   (Dies ist allerdings auch ein Mittel der Zeitenbildung beim Verb: sie bindet – sie band)

Das Wiedererkennen der Wortbausteine (Wortstamm, Vorsilbe, Endung) ist für die Rechtschreibung wichtig:
Rätsel – Rat; endgültig – Ende; Glatze – glatt

Die Wortbausteine stimmen häufig nicht mit den Silben überein. Silben sind Sprecheinheiten; Wortbausteine sind Bedeutungsträger.

Übung   Bestimmen Sie in den folgenden Beispielen das Stammwort. Benennen Sie die Wortart des Stammworts und des abgeleiteten Worts.

Beispiel: modisch; Stammwort: Mode (Substantiv), abgeleitetes Wort: modisch (Adjektiv)
ängstlich, Sprung, Besteigung, Feigling, Heiterkeit, drehbar, sündhaft, zeitlich, bedrohlich, landen, sichern, welken, verriegeln

4.1.3 Wörter ordnen – Wortarten erkennen

Aufgabe 1 Die Wörter unserer Sprache kann man nach unterschiedlichen Gesichtspunkten ordnen. Ordnen Sie nach *Wortfamilien* (Stammwort, Wortstämme). Welche Wörter gehören zusammen?

abschreiben, schreiend, Schreiner, anschneiden, Schneider, Schreinerei, schneien, Schreibung, Schreierei, zuschneiden, Schnee, schneidig

Aufgabe 2 Ordnen Sie die Wörter alphabetisch, wie sie im Lexikon zu finden sind:

ha, hageln, Haardt, Habana, Hackbank, Hälfte, halb, Hähnchen, Haar, hacken, hadern, Häcksel, Haeckel, hallo, Hamburg, Hacker, Hai, Häkchen, Haarfarben, Hafer

Aufgabe 3 Ordnen Sie die folgenden Wörter nach *Wortbedeutungen*, z. B. Bereich Gesundheit: Reinfektion, Reisekrankheit. Verwenden Sie nicht mehr als zwei Bereiche zur Ordnung der restlichen Wörter.

Reineinnahme, Reinhaltung, Reinemachefrau, Reinfektion, reinvestieren, Reisimport, Reisbürste, Reisekrankheit, Reisescheck, Reisenecessaire.

Wenn man die Wörter nach ihrer Herkunft (Stamm), nach dem Alphabet oder nach ihrer Bedeutung ordnet, dann hat dies von Mal zu Mal weniger mit dem Aussehen des Wortes zu tun.

Die grammatische Einteilung der Wörter nach *Wortarten* fragt in erster Linie nicht nach der Bedeutung oder dem Aussehen der Wörter, sondern danach, welche Aufgaben die Wörter beim Sprechen und Schreiben übernehmen können. In der unten stehenden Tabelle sind die Wortarten noch einmal zusammengefaßt nach

▷ Grundwortarten: Verb (25 % der Wörter der deutschen Sprache), Substantiv (40 %), Adjektiv (15 %);

▷ Begleiter und Stellvertreter des Substantivs (weisen auf ein Substantiv hin);

▷ Partikeln: unveränderliche Redeteilchen, die die Beziehung zwischen den Wörtern im Satz erklären.

| Aufgabe | **4** Bestimmen Sie in der folgenden Zeitungsmeldung die Grundwortarten genau. Schreiben Sie dann alle Begleiter und Stellvertreter heraus und danach alle Partikeln.

In Moskau hat an diesem Wochenende ein für den strengen russischen Winter ungewöhnliches Tauwetter eingesetzt. Die Schneeberge an den Straßenrändern verwandelten sich in riesige Schmutzwasserseen. Viele Moskauer konnten ihre Häuser nur in Gummistiefeln trockenen Fußes verlassen.

Die Wortarten auf einen Blick

	lateinisch	deutsch	Beispiele
Grund-wortarten	**Verb**	Tätigkeits- oder Zeitwort	laufen, geben, behaupten, haben
	Substantiv (Nomen)	Hauptwort	Baum, Frau, Dauer, Erlaubnis, Meinung
	Adjektiv	Eigenschaftswort	schön, freizügig
Begleiter und Stell-vertreter des Sub-stantivs	**Artikel**	Geschlechtswort	der, die, das einer, eine, eines
	Pronomen Personalpronomen Reflexivpronomen Possessivpronomen	Fürwort persönliches Fürwort rückbezügliches Fürwort besitzanzeigendes Fürwort	ich, du, er, wir, ihr, sie sich mein, dein, sein, unser, euer, ihr
	Demonstrativpronomen Relativpronomen Interrogativpronomen Indefinitpronomen **Numerale**	hinweisendes Fürwort bezügliches Fürwort Fragefürwort unbestimmtes Fürwort Zahlwort	dieser, jene Der Schüler, *der* schlief, … Wer? Was? Welcher? etwas, jeder, man, viel eins, erster
Partikeln	**Adverb** **Präposition** **Konjunktion** **Interjektion**	Umstandswort Verhältniswort Bindewort Ausrufewort	dort, dann, gern in, auf, unter, über und, oder, aber, weil I! Ah!

Unterscheiden lassen sich noch:
- *veränderliche Wortarten:* Grundwortarten, fast alle Stellvertreter und Begleiter,
- *unveränderliche Wortarten:* Partikeln.

Übung 1 Ordnen Sie folgende Wörter nach den Grundwortarten. Achten Sie dabei auf Erkennungszeichen. Schreiben Sie die Substantive groß.

klarheit, blinker, lesbar, erfolglos, verschreiben, heiterkeit, gefangenschaft, kräftig, krankhaft, entgleisen, säugling, erschweren, städtisch, jährlich, zeichnung, zerkleinern, beschimpfen, heuchelei

Übung 2 Schreiben Sie aus dem folgenden Text die Grundwortart Verb heraus. Denken Sie daran, daß Verben aus mehreren Teilen bestehen können.

Als Herr K. hörte, daß er von früheren Schülern gelobt wurde, sagte er: „Nachdem die Schüler schon längst die Fehler des Meisters vergessen haben, erinnert er selbst sich noch immer daran." *(Bertolt Brecht)*

Übung 3 Welche der Substantive des folgenden Textes stammen ursprünglich aus einer anderen Wortart?

Herr Keuner war nicht für Abschiednehmen, nicht für Begrüßen, nicht für Jahrestage, nicht für Feste, nicht für das Beenden einer Arbeit, nicht für das Beginnen eines neuen Lebensabschnittes, nicht für Abrechnungen, nicht für Rache, nicht für abschließende Urteile. *(Bertolt Brecht)*

Übung 4 Schreiben Sie aus dem folgenden Text die Stellvertreter und Begleiter des Substantivs heraus.

Ein Mitarbeiter Herrn K.s wurde beschuldigt, er nehme eine unfreundliche Haltung zu ihm ein. „Ja, aber nur hinter meinem Rücken", verteidigte ihn Herr K. *(Bertolt Brecht)*

Übung 5 Die Partikeln haben im Denken und Sprechen eine sehr wichtige Funktion, obwohl es sich um verhältnismäßig kleine Wörtchen handelt und obwohl es davon nicht so viel unterschiedliche gibt wie etwa von den Grundwortarten.
Setzen Sie in die folgenden Lücken die passenden Partikeln ein.

Tanz ... den Tod?
Ein 18jähriger Teenager hat sich ... einer Diskothek ... Break-Dance ... verausgabt, ... er ... einer Stunde ... tot umfiel.
... die Polizei mitteilte, wäre Ralf D. ... einem Herzanfall erlegen, ... er ... der Tanzfläche abtreten wollte. ... zwei Tagen konnte er das Krankenhaus verlassen.

4.2 Die konjugierbare Wortart: Das Verb (Zeitwort)

> Wörter wie „stehen", „fallen", „spielen" nennt man Verben. Diese bezeichnen Zustände, Vorgänge und Tätigkeiten. Aus der Wortart 'Verb' wird das zentrale Satzglied 'Prädikat' gebildet (vgl. 3.1.2). Die Verben schnell zu erkennen ist wichtig für das Verstehen von Sätzen (vgl. 3.3) und für die Kommasetzung.

Sehr geehrte Damen und Herren,
mit unverhohlener Sympathie verfolge ich den Einsatz verschiedener Organisationen zum Schutze unserer Tierwelt. So habe ich weder Verständnis dafür, was alljährlich mit den Robben vor Kanadas Küste passiert, noch kann ich begreifen, wie man sich heute noch einen Leopardenmantel zulegen kann. Eigentlich hatte ich geplant, mir für diesen Winter

5

eine Pudelmütze zuzulegen. Ich gebe zu, daß ich nicht frei von Gewissensbissen bin, obwohl ich weiß, daß die Pudel auf unserer Erde nicht so selten sind wie beispielsweise die Tiger oder das Nashorn.

Ich erwarte Ihren fachlichen und tierfreundlichen Rat.

Mit besten Grüßen

Bornemanns Briefmacken 2. Fackelträger Verlag, Hannover 1983, S. 83.

Aufgabe **1** Schreiben Sie alle Verben heraus. Unterscheiden Sie dabei Zustands-, Vorgangs- und Tätigkeitsverben.

Aufgrund seiner Fähigkeit zur Formveränderung (Konjugation) kann jede Verbform eine Vielzahl von Informationen transportieren. Ein Beispiel für die Formenvielfalt des Verbs und die Möglichkeiten der Formveränderung:

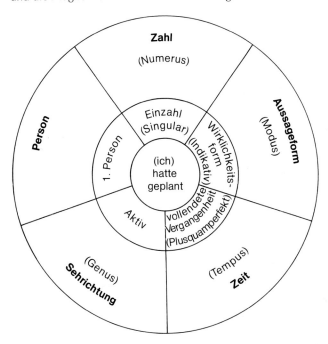

Aufgabe **2** Verändern Sie nacheinander Person, Zahl, Zeit, Sehrichtung und Aussageform des Beispielverbs. Versuchen Sie, die neue Form grammatisch zu bestimmen.

4.2.1 Die Personalform; Person und Numerus (Zahl)

Aufgabe **1** Person und Zahl des Verbs hängen vom Subjekt des Satzes ab (vgl. 3.1.2). In welchem der folgenden Sätze erscheint die Verbform als falsch oder zumindest als strittig?

a) Die Mehrheit der Schüler ist gegen diese Änderung.
b) Die Lehrerschaft und die Schülerschaft ist gegen die neue Regelung.
c) Weder Sabine noch Petra stimmen dem Antrag zu.
d) Nur du und Sabine sind gegen den Antrag.
e) Sabine und ich sind gegen den Antrag.

Aufgabe 2 Unterscheiden Sie die veränderliche Personalform des Verbs, die Numerus und Person (und auch den Modus) anzeigt, und die unveränderlichen (infiniten) Formen des Verbs.

a) Die Klasse hat sich gegen den Antrag ausgesprochen.

b) Die Klasse wird sich wahrscheinlich gegen den Antrag aussprechen.

c) Sabine und Petra möchten die übrigen Schüler dazu bringen, gegen den Antrag zu stimmen.

d) Du und Petra, habt ihr denn wieder einmal dagegen sein müssen?

Personalform des Verbs (im Präsens Aktiv)

Person	*Numerus (Zahl)*	
1. Pers. ⎤		ich rufe
2. Pers. ⎬	Singular	du rufst
3. Pers. ⎦	(Einzahl)	er, sie, es ruft
1. Pers. ⎤	Plural	wir rufen
2. Pers. ⎬	(Mehrzahl)	ihr ruft
3. Pers. ⎦		sie rufen

Unveränderliche Verbformen

Infinitiv	(Grundform)	rufen
Partizip I	(Mittelwort der Gegenwart)	rufend
Partizip II	(Mittelwort der Vergangenheit)	gerufen

Übung 1 Setzen Sie die Ausdrücke in den Klammern so in die Beispielsätze ein, daß das Verb im richtigen Numerus steht.

a) Ich kann Ihnen noch nicht sagen, ob Herr Meier oder Frau Müller Ihre Klasse … (übernehmen).

b) Sowohl Herr Meier als auch Frau Müller … gern mit Ihnen … (würden zusammenarbeiten).

c) In dieser Frage … das Lehrerkollegium und der Rektor einig (sein).

d) Meine Freundin und ich … auf den Urlaub (sich freuen).

e) … du und Maria nicht auch gemeinsam in Urlaub (fahren)?

f) Harry, du und ich … einmal mit Sabine … (sprechen sollen).

Übung 2 Setzen Sie die folgenden Sätze in das Perfekt, und gebrauchen Sie dabei Personalformen und infinite Formen korrekt (vgl. auch die Tabelle auf Seite 205).

Beispiel: Sabine darf nicht mitfahren.
   Sabine hat nicht mitfahren dürfen.

a) Harry will unbedingt alleine fahren.

b) Als Kind mußte ich immer auf meine jüngeren Geschwister aufpassen.

c) Mein Bruder konnte immer alles tun, was er wollte.

d) Trotzdem mag ich gern an diese Zeit zurückdenken.

e) Diese Arbeit mußte schließlich auch getan werden.

4.2.2 Die Zeiten und die Zeitenfolge

Aufgabe 1 Der Gebrauch der grammatischen Zeiten stimmt nicht unbedingt mit dem Zeiterleben des Sprechers überein. Welche Verben in den folgenden Sätzen stehen im Präsens (Gegenwart)? In welchen Fällen drückt die grammatische Zeit nicht einfach ein gegenwärtiges Erlebnis aus? Was soll der Gebrauch des Präsens dabei bewirken?

Urlaub ist die schönste Jahreszeit. Ich freue mich jetzt schon darauf. Bald geht die Reise los. In drei Wochen liegen wir am Gardasee. Gestern war ich dabei, meine Papiere zu ordnen; aber welch eine Aufregung: Da finde ich doch meinen Personalausweis nicht! Ohne Personalausweis aber kommt man nicht über die Grenze.

Aufgabe 2 Welche Zeitformen werden in den folgenden Sätzen benutzt, und was soll damit zum Ausdruck gebracht werden?

Nein, Thomas ist nicht da. Er wird bei Ulla sein. Er wird ihr wohl die Schallplatten zurückgegeben haben. Ich sage Thomas, daß du angerufen hast. Er wird dann ganz bestimmt zurückrufen.

Aufgabe 3 Überprüfen Sie beim folgenden Text, welche Ereignisse nicht gleichzeitig ablaufen.

Als die Stellenanzeige erschienen war, ertönte das Telefon in der Personalabteilung ständig. Viele Anrufer waren jedoch nicht ernsthaft an der Stelle interessiert, sie wollten vielmehr nur die Höhe der Bezahlung wissen. Zwei Bewerber, die bereits in ähnlichen Positionen gearbeitet hatten, wurden für den nächsten Tag zu einem Vorstellungsgespräch gebeten.

Aufgabe 4 Setzen Sie den vorigen Text in die Zeitformen der Gegenwart.

(Beispiel: „Seitdem die Stellenanzeige erschienen ist ...")

Durch welche Zeitformen müssen die Zeiten des Originaltextes ersetzt werden?

Die Zeitformen des Verbs			
Tempus	Beispiele		
Präsens (Gegenwart)	ich rufe	du läufst	wir wollen arbeiten
Perfekt (vollendete Gegenwart)	ich habe gerufen	du bist gelaufen	wir haben arbeiten wollen
Präteritum (Vergangenheit)	ich rief	du liefst	wir wollten arbeiten
Plusquamperfekt (vollendete Vergangenheit)	ich hatte gerufen	du warst gelaufen	wir hatten arbeiten wollen
Futur I (Zukunft)	ich werde rufen	du wirst laufen	wir werden arbeiten wollen
Futur II (vollendete Zukunft)	ich werde gerufen haben	du wirst gelaufen sein	
Die grammatischen Zeitformen können vielfältiger eingesetzt werden, als die deutschen Ausdrücke dies nahelegen (vgl. die Aufgaben 1 und 2). Die Zeitformen können allerdings nicht willkürlich miteinander gemischt werden: Bestimmte Textformen verlangen die Einhaltung bestimmter Zeitformen (z. B. steht in Erzählung und Bericht in der Regel das Präteritum, vorzeitige Ereignisse werden oft im Plusquamperfekt ausgedrückt).			

Übung **1** Die folgende Geschichte spielt in der Vergangenheit. Schreiben Sie sie ab, und setzen Sie die Verben in die Zeitform der Erzählung.

Herr Sauerbier (sein) guter Laune. Er (einkaufen) gerade im Supermarkt und (fertig sein) schneller, als er (denken). Sogar an der Kasse (benötigen) er nur wenige Minuten. Er (herausziehen) den Autoschlüssel aus seiner Jackentasche und (gehen) zu seinem Wagen, den er auf dem riesigen Parkplatz (parken). Während er (gehen), (überfliegen) er die Schlagzeilen der Tageszeitung, die er im Hinausgehen am Kiosk (kaufen). Er (erreichen) seinen Wagen, (aufsperren) die Tür, (stellen) die Einkaufstüte auf den Beifahrersitz und (sich wundern). Warum (liegen) eine Zigarettenschachtel und ein Feuerzeug auf der Ablage? Wer (hinlegen) die da wohl? Was (sein) das überhaupt für ein komischer Geruch in seinem Auto? In seinem Auto? Das (sein) gar nicht sein Auto! Hastig (nehmen) er die Einkaufstüte und seine Zeitung und (aussteigen), nachdem er (sich vergewissern), daß niemand ihn (beobachten). Tatsächlich, dieselbe Marke, dieselbe Farbe und merkwürdigerweise auch dieselben Schlüssel. Herr Sauerbier (schütteln) noch immer den Kopf, als er schon längst zu Hause (ankommen).

Übung **2** Schreiben Sie den folgenden Zeitplan für eine Reise nach England in einen Reisebericht aus der Sicht eines Teilnehmers um.

Beispiel: Nachdem die Reiseleiter gegen 13.30 Uhr eingetroffen waren, überprüften sie Anwesenheit und Reisepässe. Danach fuhren wir ab.

Reiseinformationen – Hinreise (Sprachfreizeit Worthing)
13.30 Uhr Eintreffen Reiseleiter, Kontrolle der Anwesenheit und der Reisepässe
14.00 Uhr Abfahrt
　　　　　　Fahrt über die Autobahn Heilbronn, Mannheim, Köln, Aachen
17.30 Uhr Kaffeepause an einer Autobahnraststätte
18.30 Uhr Grenzübergang nach Belgien
20.30 Uhr Ankunft in Zeebrügge, Fährhafen
22.00 Uhr Bereitstellung der Fähre
23.00 Uhr Abfahrt
 5.00 Uhr Ankunft Dover
 5.30 Uhr Paß- und Zollkontrolle in Dover
 6.00 Uhr Abfahrt mit dem Bus nach Worthing über die Autobahn
 8.00 Uhr Ankunft in Worthing, Begrüßung durch die Gasteltern, Einteilung in die Gastfamilien, Bekanntgabe des Programms

4.2.3 Aktiv und Passiv

Aktiv und Passiv werden sehr häufig mit den Begriffen „Sehrichtung" oder „Handlungsrichtung" (Genus verbi) zusammengefaßt.

Aufgabe **1** Erläutern Sie, in welch unterschiedlicher Weise ein Ereignis mit Hilfe des Aktivs und der beiden Passivformen gesehen wird.

a) Arnd schließt die Tür. Die Tür wird geschlossen. Die Tür ist geschlossen.
b) Der Angestellte bearbeitete den Antrag. Der Antrag wurde bearbeitet. Der Antrag war bearbeitet.

Aufgabe 2 Das Vorgangspassiv wird mit Formen von „werden" gebildet.
„Werden" kann jedoch auch eine Form des Futurs Aktiv sein oder als selbständiges Verb auftreten.
Welche Verbformen in den folgenden Sätzen stehen im Passiv?

a) Die Spitzenpolitiker aus allen Parteien werden morgen zusammenkommen.
b) In den Gesprächen wird das Problem der Arbeitslosigkeit im Vordergrund stehen.
c) Die Lage auf dem Arbeitsmarkt wird immer schwieriger.
d) Durch ein gemeinsames Vorgehen wurde das Schlimmste verhindert.
e) Wir werden jetzt alle zu Bett gehen, es ist spät geworden.
f) Hoffen wir, daß auch dieses Problem gelöst werden wird.

<table>
<tr><th colspan="4">Aktiv/Passiv</th></tr>
<tr><th>Tempus</th><th>Aktiv</th><th>Vorgangspassiv (Werden-Passiv)</th><th>Zustandspassiv (Sein-Passiv)</th></tr>
<tr><td>Präsens</td><td>er schließt</td><td>sie wird geschlossen</td><td>sie ist geschlossen</td></tr>
<tr><td>Perfekt</td><td>er hat geschlossen</td><td>sie ist geschlossen worden</td><td>sie ist geschlossen gewesen</td></tr>
<tr><td>Präteritum</td><td>er schloß</td><td>sie wurde geschlossen</td><td>sie war geschlossen</td></tr>
<tr><td>Plusquamperfekt</td><td>er hatte geschlossen</td><td>sie war geschlossen worden</td><td>sie war geschlossen gewesen</td></tr>
<tr><td>Futur I</td><td>er wird schließen</td><td>sie wird geschlossen werden</td><td>sie wird geschlossen sein</td></tr>
<tr><td>Futur II</td><td>er wird geschlossen haben</td><td>sie wird geschlossen worden sein</td><td>sie wird geschlossen gewesen sein</td></tr>
</table>

Übung 1 Bilden Sie zu den folgenden Aktivsätzen je einen Satz im Vorgangspassiv und im Zustandspassiv.

a) Der Mechaniker repariert den Motor.
b) Michaela zerbrach den Teller.
c) Ernst füllt das Glas.

Übung 2 Das Vorgangspassiv wird insbesondere dann benutzt, wenn der Blick ganz auf die zu bearbeitende Sache gelenkt werden soll, also zum Beispiel in Regeln, Gebrauchsanweisungen, Beschreibungen.
Setzen Sie die folgenden Sätze ins Passiv, wobei Sie das Pronomen „man" weglassen.

a) Zu der fertiggemischten Salzteigmenge gibt man tropfenweise Lebensmittelfarbe.
b) Stellt man nur eine Farbe her, sollte man beim Einrühren des Salzteiges bereits die Farbe untermischen.
c) Benötigt man mehrere Farben, so kann man den fertigen Salzteig in beliebig viele Portionen teilen, die man dann einzeln färbt.
d) Es ist wichtig, daß man den Salzteig so lange knetet, bis er gleichmäßig gefärbt ist.

Übung 3 Formen Sie die folgenden Sätze mit Hilfe von Nebensätzen und Passivformen um.

Beispiel: Der Inspektor rechnet nicht mit einer schnellen Lösung des Falls.
Der Inspektor rechnet nicht damit, daß der Fall schnell gelöst wird.

a) Die Bundesregierung begrüßte die Wiederaufnahme der Abrüstungsverhandlungen zwischen Washington und Moskau.

b) Viele Menschen fordern die Einführung einer Geschwindigkeitsbegrenzung auf Autobahnen.

c) Herr Meier konnte sich mit der Ablehnung seines Antrags auf Frühpensionierung lange Zeit nicht abfinden.

d) Herr Huber rechnete schon mit seiner baldigen Ernennung zum Nachfolger Meiers.

e) Die Journalisten in Bonn gehen von einer nochmaligen Vertagung der Konferenz aus.

4.2.4 Der Konjunktiv (Möglichkeitsform)

In der Regel stehen die Verben im Indikativ (Wirklichkeitsform).
Mit dieser Form bringt der Sprecher zum Ausdruck, daß er sich seiner Aussage gewiß ist. Die Konjunktivformen stellen ein Mittel dar, diese Sicherheit des Sprechers einzuschränken.
Mit dem *Konjunktiv II* wird häufig ausgedrückt, daß der Sprecher Zweifel am Inhalt der Aussage hat oder daß eine Vorstellung schwer und nur unter einigen Bedingungen zu verwirklichen ist.

Aufgabe 1 Begründen Sie, warum in einigen der folgenden Sätze der Konjunktiv II benutzt wird.

a) Wenn ich einmal viel Geld habe, kaufe ich mir ein ganz ausgefallenes Auto.

b) Wenn das Wetter besser wäre, könnten wir eine Radtour machen.

c) Wenn die Außenminister der EG-Länder keine Übereinstimmung erzielen, ist der Weg zur europäischen Einigung zunächst verbaut.

d) Wenn er mit dem Wagen käme, dann könnte er einen Teil seiner Bücher mitnehmen.

e) Ich will nach Sardinien reisen.

f) Wären wir doch nur nach Sardinien gereist!

g) Ich hätte gerne mehr von dem guten Kuchen gegessen, aber ich war noch vom Mittagessen satt.

h) Hättest du das doch gleich gesagt, dann wären diese Mißverständnisse erst gar nicht aufgetreten.

Der *Konjunktiv II* (insbesondere die Formen mit „würde") wird heute häufig auch benutzt, um eine Aussage oder Frage höflicher erscheinen zu lassen.

Aufgabe 2 Wie wirken die folgenden Aussageformen auf Sie?
Probieren Sie, ob der Konjunktiv II durch Modalverben (dürfen, können, wollen, mögen) ersetzt werden kann.

a) Wir würden Sie gern mit unserem neuen Produkt bekannt machen.

b) Würdest du bitte die Getränkekiste in den Kofferraum heben?

c) Würden Sie uns bitte Ihre Bankverbindung angeben; dann überweisen wir den Betrag sofort.

d) Ich hätte gern ein sportliches Hemd.

e) Würden Sie mir bitte folgen?

f) Das wäre vielleicht das Passende für Sie.

> Der *Konjunktiv I* wird heute fast nur noch in der indirekten Rede verwendet (vgl. dazu 3.2.2).

Aufgabe 3 Prüfen Sie, wo im folgenden Text der Konjunktiv I verwendet wird und was damit (im Gegensatz zum Konjunktiv II) zum Ausdruck gebracht werden soll.

Die Tarifverhandlungen wurden ergebnislos vertagt. Ein Sprecher der Gewerkschaften erklärte, das Angebot der Arbeitgeberseite biete keine Basis für weitere Verhandlungen. Wenn nun in der nächsten Verhandlungsrunde keine Einigung erzielt wird, kann nur noch ein Schlichtungsversuch den Arbeitskampf verhindern. Hierzu sagte ein Vertreter der Arbeitgeber, ein Streik bedeute eine Gefährdung des beginnenden wirtschaftlichen Aufschwunges und führe zum Verlust von zahlreichen Arbeitsplätzen.

Übersicht über wichtige Konjunktivformen				
	Infinitiv	Indikativ Präsens	Konjunktiv I	Konjunktiv II
Hilfsverben	sein	ich bin du bist er, sie, es ist wir sind ihr seid sie sind	ich sei du sei(e)st er, sie, es sei wir seien ihr seiet sie seien	ich wäre du wär(e)st er, sie, es wäre wir wären ihr wäret sie wären
	haben	er hat	er habe	er hätte
	werden	er wird	er werde	er würde
Modalverben	sollen	er soll	er solle	er sollte
	dürfen	er darf	er dürfe	er dürfte
	müssen	er muß	er müsse	er müßte
	können	er kann	er könne	er könnte
Verben	gehen	ich gehe du gehst er, sie, es geht wir gehen ihr geht sie gehen	– – er, sie es gehe – – –	ich ginge du gingest er, sie, es ginge (wir gingen) ihr ginget (sie gingen)
	reden	er redet	er rede	(er redete)

Der *Konjunktiv I* ist von den Formen des Indikativs Präsens, der *Konjunktiv II* von den Formen des Indikativs Präteritum abgeleitet. Vollständige Konjunktivformen hat nur noch das Hilfsverb „sein". In vielen anderen Fällen sind die Konjunktivformen nicht mehr erkennbar, weil sie mit den entsprechenden Formen des Indikativs gleich lauten. Dafür gilt die Ersatzregel: Ist die Form des Konjunktivs I nicht vorhanden, wird sie durch die entsprechende Form des Konjunktivs II ersetzt.
(Beispiel: Sag Paul und Lisa, du gingest mit ihnen ins Kino.)

Ist die Form des Konjunktivs II nicht vorhanden oder vom Indikativ Präteritum nicht unterscheidbar, so kann sie durch Formen mit „würde" ersetzt werden.
(Beispiel: Wenn ihr genügend Kleingeld hättet, würden wir euch ins Kino begleiten.)

Vergangenheit wird im Konjunktiv mit den Formen von „haben" umschrieben, Zukunft mit den Formen von „werden". Entsprechend wird auch der Konjunktiv im Passiv gebildet.

Übung 1 Setzen Sie die eingeklammerten Verben in den Konjunktiv II, wo es Ihrer Meinung nach sinnvoll ist.

Es (sein) für unsere Umwelt ein großer Nutzen, wenn sich mehr Menschen Gedanken über ihren täglichen Wasserverbrauch (machen). Oder (haben) Sie gedacht, daß der tägliche Pro-Kopf-Verbrauch an Wasser im Durchschnitt bei ca. 200 l (liegen)? Dabei (benötigen) der Mensch zum Leben gerade 3 Liter täglich, die restlichen 197 Liter (gehen) auf das Konto unseres zum Teil überzogenen Hygienebewußtseins. (Können) Sie auf Anhieb sagen, wieviel Wasser in Ihrer Spülmaschine bei einem Spülprogramm (verbraucht werden)? Oder (wissen) Sie, wieviel Liter Wasser bei einem ausgiebigen Duschen in die Kanalisation (gelangen)? Wo (einschränken) Sie Ihren Wasserverbrauch, wenn Sie das Wasser aus einem Brunnen (holen müssen)? Das sind doch Fragen, mit denen sich jeder von uns (auseinandersetzen sollen), denn bereits heute ist infolge der dichten Bebauung unserer Städte der Grundwasserspiegel in manchen Gegenden stark abgesunken, so daß es unsere Wasserversorgung (gefährden können), wenn wir weiterhin so sorglos mit dem kühlen Naß (umgehen).

Übung 2 In der folgenden indirekten Rede wurde der Konjunktiv I fälschlicherweise immer mit den Formen von „würde" umschrieben. Setzen Sie die korrekten Konjunktivformen ein.

Herr B. erzählte, daß er normalerweise gegen 20 Uhr abends heimkommen würde und dann seinen Wagen auf dem Stellplatz vor dem Haus abstellen würde. Der Stellplatz würde sich genau unter der Straßenbeleuchtung befinden, und außerdem würde die Straße auch nachts stark befahren sein.

Er sagte weiter, daß er sich immer vergewissern würde, ob an seinem Auto alle Türen verschlossen sein würden. Seine Familie würde ihn wegen dieser Angewohnheit oft auslachen, aber er würde nun einmal ein gewissenhafter Mensch sein.

Nach dem Einbruch in sein Auto würde sich ja nun gezeigt haben, daß man auch in einer so ruhigen, friedlichen Gegend nicht vor Verbrechen sicher sein würde. Auch die Nachbarn würden sich jetzt viel vorsichtiger verhalten und würden nicht mehr alle Wohnungs- und Autotüren offenstehen lassen.

Übung 3 Schreiben Sie die folgende Rede von Richard von Weizsäcker als Nachricht in die indirekte Rede um.

Beispiele:
„Wir Älteren schulden der Jugend nicht die Erfüllung von Träumen, sondern Aufrichtigkeit."
Der Bundespräsident sagte, die Älteren schuldeten der Jugend nicht die Erfüllung von Träumen, sondern Aufrichtigkeit.
„Wir müssen den Jüngeren helfen zu verstehen, warum es lebensnotwendig ist, die Erinnerung wachzuhalten."
Sie müßten den Jüngeren helfen zu verstehen, warum es lebensnotwendig sei, die Erinnerung wachzuhalten.

Wir wollen ihnen helfen, sich auf die geschichtliche Wahrheit nüchtern und ohne Einseitigkeit einzulassen, ohne Flucht in utopische Heilslehren, aber auch ohne moralische Überheblichkeit. Wir lernen aus unserer eigenen Geschichte, wozu der Mensch fähig ist. Deshalb dürfen wir uns nicht einbilden, wir seien nun als Menschen anders und besser geworden. Es gibt keine endgültig errungene moralische Vollkommenheit – für niemanden und kein Land! Wir haben als Menschen gelernt, wir bleiben als Menschen gefährdet. Aber wir haben die Kraft, Gefährdungen immer von neuem zu überwinden.

Bundespräsident Richard von Weizsäcker vor dem Deutschen Bundestag am 8. Mai 1985.

4.3 Die deklinierbaren Wortarten

4.3.1 Die Deklination

> Neben dem Verb sind noch einige andere Wortarten veränderbar: Substantiv, Adjektiv, Artikel und Pronomen. Deren Veränderung nennt man Deklination. Sie zeigt den Kasus (Fall), den Numerus (Zahl) und das Genus (Geschlecht) an.

Aufgabe 1 Welche der schräg gedruckten Wörter sind unterschiedlich, welche gleichartig dekliniert? Woran erkennen Sie das?
Welchen Sinn hat die unterschiedliche, welche die gleichartige Deklination?

a) *Der Junge* schlägt *den Hund. Der Hund* beißt *den Jungen.*

b) *Der freche Junge* schlägt *den kleinen Hund. Der kleine Hund* beißt *den frechen Jungen.*

Aufgabe 2 Setzen Sie die Wörter mit dem richtigen Fall in die Lücken ein. Mit welchem Fragewort können Sie jeweils den Fall bestimmen? Wie heißt das Satzglied oder der Satzgliedteil, das in die Lücke gehört?

a) „ein schöner, sonniger Tag":
Es war …, als wir losfuhren. Das war der Anfang … … trauere ich noch lange nach. Wir erwarteten …

b) „mein altes, verrostetes Fahrrad":
Mit … habe ich schon viele Touren gemacht. Ich schwinge mich auf … Wegen … beneidet mich wahrscheinlich keiner. Aber mir hat … immer treu gedient.

Die Deklination			
Genus (Geschlecht)	Numerus (Zahl) / Kasus (Fall)	Singular (Einzahl)	Plural (Mehrzahl)
maskulinum (männlich)	1. Nominativ Wer? 2. Genitiv Wessen? 3. Dativ Wem? 4. Akkusativ Wen?	der schöne Hut des schönen Hut(e)s dem schönen Hut(e) den schönen Hut	die schönen Hüte der schönen Hüte den schönen Hüten die schönen Hüte
femininum (weiblich)	1. Nominativ Wer? 2. Genitiv Wessen? 3. Dativ Wem? 4. Akkusativ Wen?	die weite Landschaft der weiten Landschaft der weiten Landschaft die weite Landschaft	die weiten Landschaften der weiten Landschaften den weiten Landschaften die weiten Landschaften
neutrum (sächlich)	1. Nominativ Wer? 2. Genitiv Wessen? 3. Dativ Wem? 4. Akkusativ Wen?	das stille Haus des stillen Hauses dem stillen Haus das stille Haus	die stillen Häuser der stillen Häuser den stillen Häusern die stillen Häuser

Übung 1 In der Tabelle sind Zusammenstellungen von bestimmtem Artikel, Adjektiv und Substantiv beispielhaft dekliniert worden. Deklinieren Sie folgende Formen mit Pronomen und unbestimmtem Artikel:

mein schöner Hut, *jene* weite Landschaft, *ein* stilles Haus.
Was ändert sich?

Übung 2 Setzen Sie Endungen ein, soweit sie fehlen.

Der Drogenbericht der Bundesministerin für Gesundheit bietet Anlaß zu ein… vorsichtig… Optimismus… Bundesweit scheint der Konsum von Alkohol und Rauschgift, zwei… besonders… häufig… Drogenart…, zurückzugehen. Wer sich dazu an d… jüngst… Umsatzzahl.. der Tabakindustrie erinnert, die auf vermindert… Zigarettenrauchen… schließen lassen, kann all dies für ein… Anzeichen… ein… deutlich… Rückgang… der Suchtprobleme halten. Ist dies das Ergebnis gezielt… und offenbar… besser… Methode… der Polizei zur Bekämpfung d… Rauschgifthandel…? Oder muß man es als ein… erst… Erfolg… intensiv… Aufklärung… über die zerstörerisch… Folge… der Abhängigkeit bezeichnen? Jedenfalls scheint man mit Appell… zu gesundheitsbewußt… Verhalten…, mit Information…, Hilfe und Verständnis… weiterzukommen als mit hart… Strafe allein.
Nach: Stuttgarter Zeitung vom 17. 7. 1986.

4.3.2 Das Substantiv (Nomen, Hauptwort)

> Das Substantiv benennt Lebewesen, Dinge und Begriffe mit Namen (Nomen), z. B. Eichhörnchen, Mauer, Treue.
> Die meisten Wörter unserer Sprache sind Substantive. Dies rührt auch daher, daß sich neue Substantive verhältnismäßig leicht bilden lassen: aus mehreren vorhandenen Substantiven, durch Umwandlung von Wörtern aus anderen Wortarten (Substantivierung).

Übung 1 Schreiben Sie den folgenden Text mit der richtigen Groß- und Kleinschreibung (vgl. Abschnitt 4.6.6, Seite 232 ff.) ab.
Woran kann man Substantive erkennen? Welche Proben helfen?

zur humanisierung der arbeit
durch automatisierung ist die arbeit zwar körperlich leichter geworden, sie hat aber manchmal zu anderen belastungen geführt. deshalb gehen manche betriebe zu gruppenarbeit über, die höhere ansprüche an die konzentration, an geistige beweglichkeit und bereitschaft zur verantwortung stellt.

Übung 2 Verkürzen Sie die folgenden Sätze, indem Sie aus dem schräg gedruckten Adjektiv oder Verb ein Substantiv machen.

Beispiel: Michael hat *hervorragende* Arbeit geleistet.
　　　　　Michael hat Hervorragendes geleistet.
a) Der *neue* Kollege kommt schon ganz gut zurecht.
b) Nehmt alles, was *nötig* ist, zur Sitzung mit.
c) Es ist nicht erlaubt, die Waren *anzufassen*.
d) Es wird dringend empfohlen, die Richtgeschwindigkeit *einzuhalten*.
e) Seit unser Kegelklub *besteht*, ist seine Mitgliederzahl ständig angewachsen.

f) Wie die Polizei *vorgegangen* ist, ist auf Kritik gestoßen.

g) Indem sie die Arbeit *niederlegten*, protestierten die Mitarbeiter gegen den Plan, das Zweigwerk zu schließen.

Übung 3 Versuchen Sie nun umgekehrt, ein überflüssiges Substantiv zu vermeiden, indem Sie die schräg gedruckten Ausdrücke durch ein einziges Verb ersetzen.

Beispiel: Herr Schulz will mir *Nachricht geben*, sobald mein Motorrad eingetroffen ist.
Herr Schulz will mich benachrichtigen, sobald mein Motorrad eingetroffen ist.

a) Der Trainer *gab* ein vernichtendes *Urteil* über das Spiel seiner Mannschaft *ab*.

b) Es *erhebt sich* nun die *Frage*, ob diese Politik fortgesetzt werden soll.

c) Friedhelm *unternahm* riesige *Anstrengungen*, um seinen eigenen Rekord zu brechen.

d) Wir *ziehen* ernsthaft *in Erwägung*, gerichtliche Schritte gegen Sie einzuleiten.

Übung 4 Substantive, die im weitesten Sinne von Adjektiven abgeleitet sind, werden etwas abweichend dekliniert. Setzen Sie bei den folgenden Beispielen die richtigen Endungen ein.

a) Einem Jugendlich… wird mehr Urlaub als einem Erwachsen… gewährt.

b) Der Kriminalkommissar verständigte selbst den einzigen Angehörig…

c) Der Kollege Koslowski nahm die Wahl zum Vorsitzend… des Betriebsrates an.

d) Man wählt einen Bundestagsabgeordnet… für vier Jahre.

e) Herrn Müller steht als Streikend… gewerkschaftliche Unterstützung zu.

4.3.3 Der Artikel (Geschlechtswort)

> Mit dem unbestimmten Artikel weist der Schreiber meist darauf hin, daß etwas Neues, noch nicht Bekanntes eingeführt werden soll.

Übung Wo gebrauchen Sie den bestimmten, wo den unbestimmten Artikel?

Mein lieber Schwan, das war ( ) heikler Auftrag, mit dem sich jüngst zwei Waiblinger Polizisten konfrontiert sahen. ( ) Wohnungsbesitzer aus den Schippertsäckern hatte beim Revier angerufen und aufgeregt gemeldet, auf seinem Balkon im ersten Stock sei ( ) Schwan gelandet und mache partout keine Anstalten, sich wieder in die Lüfte zu erheben. Da schwante den beiden mit dem Schwaneneinsatz betrauten Streifenbeamten nichts 5 Gutes: ( ) gefiederten Langhals abzuführen war ihnen als dienstliche Obliegenheit völlig fremd. ( ) Ausflügler machte es indes seinen Rettern leicht. Er ließ sich friedlich unter den Arm nehmen und in ( ) Streifenwagen setzen, und er zeigte weder Scheu vor den grüngewandeten Zweibeinern noch vor ( ) Piepsen der Funkanlage. Die beiden Schwantransporteure setzten ihren Fahrgast an der Rems ab, wo er in die Fluten glitt, als ob nichts 10 geschehen wäre.   *Stuttgarter Zeitung, 14. 3. 1986.*

Aufgabe Wo muß im folgenden Text der bestimmte Artikel durch den unbestimmten ersetzt werden? Begründen Sie.

Es ist spät geworden. Ich steige in mein Auto, um heimzufahren. Doch was ist mit dem Wagen los? Er scheppert laut und scheußlich. Ich halte an, der Motor läuft – kein falsches Geräusch. Noch einmal versuche ich zu fahren – wieder der blecherne Krach. Wer weiß, vielleicht verliere ich gleich das Getriebe, oder sollten es die Bremsen sein? Am Ende hat gar jemand mein Auto angefahren? Ich halte wieder, gehe um das Fahrzeug herum, leuchte 5 es mit der Taschenlampe ab – in ihrem trüben Licht ist nichts Außergewöhnliches zu erkennen. Ich muß das Auto an den Straßenrand stellen und mir das Taxi rufen, denke ich. Doch während ich den Wagen zum Einparken zurücksetze, erscheint im Licht der Scheinwerfer des Rätsels Lösung: die leere Konservendose, mit der Schnur an der Stoßstange vorn festgebunden.

10

4.3.4 Das Adjektiv (Eigenschaftswort)

> Adjektive bezeichnen Eigenschaften und Merkmale („humorvoll", „dreifach"). Sie gestalten eine Aussage präziser und farbiger und sind beispielsweise für eine gute Beschreibung unerläßlich.

Übung 1 Setzen Sie in die Lücken geeignete Adjektive ein.

Die Luft lastet ... auf der Stadt. Am Himmel sind ..., ... Gewitterwolken aufgezogen. Die Besitzer der Straßencafés klappen die ... Sonnenschirme zusammen und sammeln ... die ... Tischdecken ein, während die ... Badegäste zu ihren ... Autos hasten. Der Wind wirbelt ... Papierfetzen und ... Staub auf. Da zuckt auch schon ein ... Blitz auf, und beinahe gleichzeitig mit dem ... Donner beginnt der Regen. ..., ... Regentropfen klatschen auf die Straße, und im Nu bilden sich ... Pfützen und ... Strudel auf der Fahrbahn.

Übung 2 Suchen Sie für die folgenden Situationen treffende Adjektive, und formulieren Sie eine kurze Beschreibung.

Beispiel: Sie beobachten einen Marathonläufer. Er läuft aufrecht und locker, mit gleichmäßigen, kurzen Schritten.
a) Sie erhalten von einem Freund oder einer Freundin einen Brief. Beschreiben Sie die Handschrift.
b) Sie probieren ein neues Parfüm. Beschreiben Sie den Geruch.
c) Beschreiben Sie die Geräusche, die beim Zahnarzt aus dem Sprechzimmer zu hören sind.
d) Sie beobachten einen Redner. Beschreiben Sie seine Handbewegungen.

> Ein Adjektiv kann frei und undekliniert im Satz stehen. Es kann vor einem Substantiv stehen und wird dann dekliniert. Dabei richtet es sich in Fallsetzung, Geschlecht und Zahl nach dem zugehörigen Substantiv.

Übung 3 Schreiben Sie die folgende Personenbeschreibung ab, und bilden Sie die korrekte Form der Adjektive.

Die Kleider des Mannes waren (neu), (billig) und (neu), alles, was er anhatte. Seine (grau) Mütze war so (neu), daß das Schild noch (steif) war und sogar den Knopf noch hatte, nicht (formlos) und (ausgebeult), wie sie gewesen wäre, wenn sie bereits den (verschieden) Zwecken einer Mütze gedient hätte – als Tragsack, Handtuch, Taschentuch. Sein Anzug war aus (billig), (grau) Tuch und so (neu), daß die Hosen noch Bügelfalten hatten. Sein (blau) Hemd war (steif) und (glatt) von Appretur... Er trug ein Paar (neu), (braun) Schuhe, „Armeeschuhe", wie sie genannt wurden, (genagelt) Schuhe mit Hufeisen an den Hacken, damit sie sich nicht so (schnell) abnützten.
John Steinbeck: Früchte des Zorns, übersetzt von Klaus Lambrecht. Diana-Verlag, Zürich, S. 12.

Aufgabe **1** Geben Sie den folgenden Adjektiven die richtigen Endungen. Lassen sich die auffälligen Unterschiede auf Regeln zurückführen?

a) Der Mantel war aus weich… Stoff gemacht.
b) Der Mantel war aus diesem weich… Stoff gemacht.
c) Mit zart…, sanft… Druck streichelte er ihre Hände.
d) Mit dem zart…, sanft… Druck seiner Hände…
e) Wegen lang…, schwer… Krankheit wurde sie entlassen.
f) Wegen ihrer lang…, schwer… Krankheit…

> Adjektive können in demselben Fall zwei unterschiedliche Formen annehmen, je nachdem ob ein Artikel, ein Pronomen oder kein Begleiter vorangeht. Stehen mehrere Adjektive vor demselben Substantiv, so haben diese in der Regel die gleiche Endung.

Übung **4** Schreiben Sie den folgenden Text ab, und bilden Sie die richtige Endung der Adjektive.

Herr Stahl war in unserer Konstruktionsabteilung als Detailkonstrukteur beschäftigt und hatte die Aufgabe, Maschinenteile für unsere Spezialfahrzeug-Fertigung zu konstruieren. Herr Stahl erwies sich als außerordentlich… kreativ…, einfallsreich… Mitarbeiter. Er verstand es, in Zusammenarbeit mit seinen zahlreich… Kollegen aus der Entwicklungsabteilung und der Fertigung, sehr interessant… und praktisch… Problemlösungen für unse- 5 ren Fahrzeugbau zu erarbeiten. Einige seiner durchdacht… Vorschläge wurden sogar patentiert.
Aufgrund seiner besonder… Befähigung zur Realisierung neu… technisch… Konzeptionen versetzten wir Herrn Stahl zum 1. Januar 1985 in die Entwicklungsabteilung und betrauten ihn dort mit der Leitung einer selbständig… arbeitend… Entwicklungsgruppe. 10
Aufgrund seiner freundlich…, offen… und konstruktiv… Haltung gegenüber Mitarbeitern, Kollegen und Vorgesetzten hatte er zu allen ein gleichermaßen gut… und freundschaftlich… Verhältnis. Außer seinem hervorragend… Sachverstand wurden gerade seine menschlich… Qualitäten geschätzt.
Wir bedauern sehr, daß Herr Stahl unser Unternehmen zum Jahresende verläßt, weil wir 15 mit ihm einen außerordentlich… befähigt… Mitarbeiter verlieren.
Betriebswirtschaftsmagazin, 11/1983. Betriebswirtschaftlicher Verlag Dr. Th. Gabler GmbH, Wiesbaden, S. 433.

> Mit den meisten Adjektiven lassen sich *Vergleichsformen* (Steigerungsstufen) bilden:
>
> | großzügig | großzügiger | am großzügigsten |
> |---|---|---|
> | stark | stärker | der stärkste … |
> | *Positiv* | *Komparativ* | *Superlativ* |
> | (Grundform) | (1. Vergleichsform) | (2. Vergleichsform, Höchststufe) |
>
> Wenn man Eigenschaften betonen möchte, kann man dies allerdings auch anders umschreiben:
> Er ist ganz besonders großzügig. Er ist der allergroßzügigste Mensch, den man sich denken kann.
> Sie ist kräftig wie ein Ochse. Sie ist 'bärenstark'.

Aufgabe 2 Versuchen Sie, den Adjektiven in den folgenden Sätzen durch Steigerung oder Umschreibung mehr Nachdruck zu verleihen.

a) Die Haare meiner Nebensitzerin sind schwarz.
b) Unser Mathematiklehrer ist sehr geduldig.
c) Mein Bruder hat das beste Zeugnis seines Jahrganges.
d) Die Landschaft ist dünn besiedelt.
e) Es handelt sich um ein vielgelesenes Buch.
f) Sie erzielten weitgehende Übereinstimmung.

Übung 5 Schreiben Sie den folgenden Text ab, und setzen Sie in die Leerstellen „als" bzw. „wie" ein.

Als er zum erstenmal vor dem Haus stand, wirkte es auf ihn ( ) ein Märchenhaus. Die Fensterläden waren verschlossen, die Fassade war fleckig ( ) vom Regen ausgewaschen, und eine düstere Tanne, die höher ( ) das Haus war, warf einen langen Schatten bis zur Einfahrt. Als er dann das Haus betrat, war er doch überrascht. Es war wesentlich heller und freundlicher, ( ) er erwartet hatte. Im Hineingehen nannte ihm die Verwalterin den Preis, und er war bei weitem nicht so hoch, ( ) er vermutet hatte. Allerdings rechnete er aus, daß er für die Heizung mehr ( ) bisher ausgeben mußte, da Fenster und Wände sicherlich nicht so gut isoliert waren, ( ) es bei neueren Häusern der Fall ist.

4.3.5 Das Pronomen (Fürwort)

> Pronomen weisen auf Lebewesen, Dinge und Begriffe hin, sie bezeichnen sie aber nicht mit Namen. Sie können als Stellvertreter oder Begleiter des Substantivs auftreten.
> Übersicht über die in den Übungen gebrauchten Pronomen:
>
> | | |
> |---|---|
> | *Personalpronomen* (persönliches Fürwort) | ich, du, er, sie, es, wir, ihr, sie |
> | *Demonstrativpronomen* (hinweisendes Fürwort) | dieser, diese, dieses, jener, jene, jenes, solch, solcher, solche, solches, der, die, das (betont) |
> | *Relativpronomen* (bezügliches Fürwort) | der, die, das; welcher, welche, welches; (wer, was) |
> | *Possessivpronomen* (besitzanzeigendes Fürwort) | mein, dein, sein, ihr, unser, euer, ihr |

Übung 1 Ersetzen Sie im folgenden Text dort, wo es sinnvoll ist, Substantive durch Personalpronomen oder Demonstrativpronomen.

Zu drastischen Mitteln haben die Behörden des Scheichtums Kuwait bei der Vernichtung des verbotenen Alkohols gegriffen: Die Behörden ließen mit Hilfe von Planierraupen 100 000 Flaschen Alkohol im Schwarzmarktwert von ca. 16 Mill. Mark vernichten.
Nach Augenzeugenberichten wurden die Flaschen im Wüstensand verteilt, und dann wurden die Flaschen von den Planierraupen zerkleinert. Die Aktion habe ungefähr fünf Stunden gedauert, und der Alkoholgeruch sei so stark gewesen, daß der Geruch noch in einer Entfernung von mehreren hundert Metern wahrgenommen werden konnte.

Übung 2 Setzen Sie im folgenden Text die fehlenden Demonstrativpronomen ein.

Einer meiner Freunde schwärmt nur für (   ) Musik, die in den 50er Jahren modern war. Aus (   ) Zeit besitzt er eine Menge Schallplatten. Warum er gerade (   ) Musik so sehr schätzt, kann er nicht genau sagen. Er behauptet nur immer wieder, daß eine (   ) gute Musik heute nicht mehr geschrieben werde und daß er es bedaure, daß er (   ) Zeit nicht selbst erlebt habe.

> In Briefen, Aufrufen, Prüfungsaufgaben usw. schreibt man in der Anrede das Personal- und das entsprechende Possessivpronomen der 2. Person groß. Die Höflichkeitsanrede „Sie" und das zugehörige Possessivpronomen werden immer groß geschrieben.

Übung 3 Übertragen Sie den folgenden Brieftext in Ihr Heft, und entscheiden Sie, ob die Personal- und Possessivpronomen in Klammern groß oder klein geschrieben werden müssen.

Sehr geehrte Damen und Herren,
wir haben (ihr) Schreiben vom 31. 1. 1986 erhalten und bedauern, daß (sie) mit der letzten Lieferung nicht zufrieden waren.
Wir haben die von (ihnen) beanstandete Stoffprobe sehr sorgfältig überprüft und kommen zu dem Ergebnis, daß (sie) genau dem vorliegenden Muster entspricht.
Möglicherweise haben (sie) nicht beachtet, daß fabrikneue Stoffe immer eine etwas härtere Beschaffenheit aufweisen.
Wir können (ihnen) jedoch versichern, die Stoffe werden bei (ihrer) weiterer Verarbeitung die gewünschte Qualität erreichen.
Mit freundlichen Grüßen

Übung 4 Setzen Sie im folgenden Text die Relativpronomen ein.

Der Index für Lebenshaltungskosten, (   ) vom Statistischen Bundesamt ermittelt wird, ist Maßstab für die Preisentwicklung in einer Volkswirtschaft. Er wird anhand der Einkaufspreise für die Güter eines „Warenkorbes" ermittelt, (   ) Zusammensetzung sich nach den tatsächlichen Verbrauchsgewohnheiten richtet und (   ) für mehrere Jahre unverändert beibehalten wird. Nach einer gewissen Zeit muß jedoch dieser Warenkorb, (   ) mit zuneh-   5
mender Entfernung vom Ausgangsjahr immer weniger den Verbrauchsgewohnheiten entspricht, an die aktuelle Verbrauchsstruktur angepaßt werden, (   ) die Aussagekraft dieser Berechnung sichert. Denn immer wieder kommen neue Produkte auf den Markt, (   ) einen Teil der Verbrauchsausgaben auf sich ziehen, (   ) wiederum einen Rückgang der Ausgaben für andere Produkte zur Folge hat. Als Beispiel seien hier nur einmal die hohen   10
Energieausgaben angeführt, (   ) die Haushalte zu Einsparungen bei anderen Ausgaben veranlassen.

Übung 5 Verknüpfen Sie jeweils die beiden Hauptsätze, indem Sie aus dem zweiten Satz einen Relativsatz bilden. Setzen Sie dabei die Kommas.

Beispiel: Der Autofahrer übersah das Stoppschild. Das Stoppschild war von einem Baum halb verdeckt.
Der Autofahrer übersah das Stoppschild, das von einem Baum halb verdeckt war.

a) Nun ist es eingetreten. Ich habe das immer befürchtet.

b) Der Bundespräsident hielt eine Rede vor dem Bundestag. Die Rede wurde besonders im Ausland viel beachtet.

c) Das Kind ist sein jüngster Sohn. Er hält es vorsichtig im Arm.

d) Dies ist das berühmte Fahrrad. Mit diesem Fahrrad hatte er vor zwei Jahren die Silbermedaille bei den Olympischen Spielen gewonnen.

e) Meine Arbeitskollegin hat sich eine Sehnenscheidenentzündung im rechten Arm zugezogen. Das verursacht beim Maschinenschreiben große Schmerzen.

f) Der Behälter muß zuerst gründlich gekühlt werden. In den Behälter soll flüssiger Sauerstoff gefüllt werden.

g) Sie betrachtete immer wieder den wunderbaren Blumenstrauß. Den Blumenstrauß hatte sie heute morgen ganz überraschend bekommen.

| Übung | **6** Korrigieren Sie die Stilblüten oder fehlerhaften Bezüge durch Austausch der Personal-, Relativ- und Demonstrativpronomen oder durch Umformung der Sätze.

a) Als Peter die Arme nach dem Luftballon ausstreckte, platzte er.

b) Meine Tochter konnte heute das Zeugnis nicht mitbringen. Sie hatte es im Halse.

c) Der Reiseleiter betrat den Speisesaal. Er war wie immer sehr voll.

d) Wir suchen einen Nachhilfelehrer für unseren Sohn, der gute Kenntnisse in Mathematik hat.

e) Plötzlich fiel ihm ein, daß er den Reisepaß auf dem Küchentisch liegengelassen hatte, den er dringend für seine Einreise in die Schweiz brauchte.

f) Der Zeuge konnte keine näheren Angaben über den Unfall und den Verunglückten machen, der ihn sichtlich mitgenommen hatte.

g) Ausgerechnet am 50sten Jahrestag der Firmengründung wird der Konkurs eröffnet, der eigentlich gefeiert werden müßte.

Pronomen, die nicht in den Übungen erwähnt wurden:

Reflexivpronomen (rückbezügliches Fürwort)	sich (mich, dich, . . .)
Interrogativpronomen (Fragefürwort)	wer, wessen, wem, wen, was; welcher, welche, welches
Indefinitpronomen (unbestimmtes Fürwort)	manche, etwas, jeder, man, viel, . . .

4.4 Die unveränderlichen Wortarten: Die Partikeln

Mit dem Begriff der Partikeln werden die Wortarten zusammengefaßt, die aus unveränderlichen, meist kurzen Wörtern bestehen und in der Regel Wörter, Satzglieder oder Sätze miteinander verknüpfen. Man kann sie deshalb auch „Verknüpfungswörter" nennen.

4.4.1 Die Präposition (Verhältniswort)

Die Präposition steht vor einem Substantiv oder Pronomen („*auf* dem Tisch", „*auf* ihm").
Präpositionen verlangen nach einem bestimmten Kasus:

Genitiv:	abseits, oberhalb, unweit, längs, wegen, mittels, dank, während, trotz
Dativ:	mit, samt, nebst, nächst, gemäß
Akkusativ:	durch, um, für, gegen, wider, ohne
Akkusativ (Richtung) oder Dativ (Ort):	hinter, auf, unter, vor, zwischen, neben, über, an, in

Übung │ **1** Schreiben Sie den folgenden Text ab, und setzen Sie nach den Präpositionen den richtigen Kasus.

Laut (eine wissenschaftliche Umfrage) der Universität Kiel sind 30 % der Bundesbürger Morgenmuffel. Soll man Mitleid mit (sie) haben oder über (sie) lachen? Nichts dergleichen. Denn kein normaler Mensch kann bei (morgendliches Erwachen) gleich Bäume ausreißen. Jeder braucht eine gewisse Anlaufzeit, um in (rechter Schwung) zu kommen. Nach (gesicherte Forschungsergebnisse) stehen wir alle unter dem Gesetz eines („biologischer Tagesrhythmus"). Entsprechend (diese Anschauung) steigt unsere Aktivität während (der Vormittag) zu (ein erster Gipfel) empor, sinkt dann aber in (ein deutliches Mittagstief), klettert nachmittags zu (ein zweiter Gipfel) hinauf und sackt dann abends ganz ab.

Aufgabe │ **1** Welche Aufgabe erfüllen die Präpositionen in diesem Text?

Übung │ **2** Verbessern Sie die folgenden Fehlerbeispiele, und setzen Sie den richtigen Kasus nach den Präpositionen.

a) Wegen dem schlechten Wetter geht kein Mensch auf die Straße.
b) Trotz dem Verbotsschild benutzen viele Autofahrer diesen Feldweg als Abkürzung.
c) Viele Familien nehmen während dem laufenden Abendprogramm im Fernsehen ihr Abendessen ein.
d) Oberhalb von der Bergstation herrschte wunderbare Fernsicht.
e) Dank dem schnellen Eintreffen der Polizei konnte der Verunglückte gerettet werden.

Aufgabe │ **2** In den folgenden Sätzen wurden falsche Präpositionen verwendet. Setzen Sie die richtigen ein.

a) Die allgemeine Interesselosigkeit für Politik sollte nachdenklich stimmen, ebenso wie die Verdrossenheit der Bürger am Staat.
b) Durch den Beginn der Energiekrise sind wir alle viel energiebewußter geworden.
c) Gestern abend wurde ein junger Mann überfahren. Der Vater mit drei Kindern war auf der Stelle tot.
d) Er zeigte vorbildliches Verhalten zu seinen Mitarbeitern.
e) Durch das schlechte Wetter sind viele Urlauber ausgeblieben.
f) Ihre Verzweiflung gegenüber dem Verlust der Freundin war groß.
g) Unser Jüngster ist im vergangenen Jahr um 1,60 m gewachsen.

4.4.2 Die Konjunktion (Bindewort) und das Adverb (Umstandswort)

> Die Konjunktion verbindet einzelne Wörter, Satzglieder oder ganze Sätze.
> Beiordnende Konjunktionen – z. B. und, aber, oder, sondern, entweder–oder, teils–teils – reihen gleichwertige Elemente.
> Unterordnende Konjunktionen – z. B. da, weil, als, seitdem, daß, falls, obgleich, während, nachdem, als wenn, obwohl – verknüpfen ungleiche Elemente.

Übung **1** Verbessern Sie die fehlerhaften Beispiele, indem Sie die richtige Konjunktion einsetzen.

a) Du könntest mich doch zum Bahnhof fahren, nachdem ich zur Zeit kein Auto habe.

b) Die Delegierten verließen unter Protest den Saal, nachdem sie nicht über die geplante Tagesordnung informiert worden waren.

c) Sie hatte sich bemüht, laut und deutlich zu sprechen, und er hatte sie immer noch nicht verstanden.

d) Weil ich sehr stark erkältet bin, gehe ich dennoch zur Arbeit.

e) Trotzdem, daß er genügend Geld besaß, war er doch ausgesprochen geizig.

f) Als wir eine kurze Pause eingelegt hatten, konnten wir uns wieder besser konzentrieren.

> Das Adverb gibt die Begleitumstände eines Ereignisses oder eines Zustandes an.

Übung **2** Ersetzen Sie die präpositionalen Ausdrücke in den folgenden Sätzen durch geeignete Adverbien.

Beispiel:
Mit diesem klapprigen Auto bist du nach Portugal gefahren?
Damit bist du nach Portugal gefahren?

a) Bis zum heutigen Tag hatte er nichts von sich hören lassen.

b) In dieser verschlafenen Kleinstadt bin ich aufgewachsen.

c) Nach dem Abendessen wurde sofort die Sportschau eingeschaltet.

d) Es muß in Australien sehr schön sein.

e) Weil er gut französisch sprach, gewann er viele Freunde in Frankreich.

f) Lange Haare bei Männern waren in jener Zeit nicht üblich.

Übung **3** Im folgenden Text macht sich Mark Twain lustig über „die Zusammensetzungssucht in der deutschen Sprache", über Wortbildungen wie z. B. „Stadtverordnetenversammlung" oder „Waffenstillstandsunterhandlungen".
Schreiben Sie den Text ab, und setzen Sie Adverbien und Konjunktionen so ein, daß ein sinnvoller Zusammenhang entsteht.

( ) sich eine dieser großartigen Bergketten quer über die Druckseite zieht, schmückt ( ) adelt sie natürlich die literarische Landschaft – ( ) gleichzeitig bereitet sie dem unerfahrenen Schüler großen Kummer, ( ) sie versperrt ihm den Weg; er kann nicht unter ihr hindurchkriechen ( ) über sie hinwegklettern ( ) sich einen Tunnel durch sie hindurchgraben. ( ) wendet er sich hilfesuchend an ein Wörterbuch; ( ) da findet er keine Hilfe. Irgendwo muß das Wörterbuch eine Grenze ziehen, ( ) so läßt es diese Art von Wörtern aus. ( ) das ist richtig so, ( ) diese langen Dinger sind kaum echte Wörter, ( ) eher Wortkombinationen, ( ) ihr Erfinder hätte umgebracht werden müssen.
Das Mark Twain Buch. Carl Hanser, München 1966, S. 422.

Übung **4** Verbinden Sie im folgenden Text jeweils zwei Sätze durch geeignete Konjunktionen oder Adverbien.

Was ist eine Großstadt?
Einige amerikanische Psychologen wollten diese Frage mit einem Experiment untersuchen.
Sie nahmen einen noch gut erhaltenen Straßenkreuzer, den sie in einer New Yorker Straße abstellten.

Es war eine ganz nette Gegend dort mit vielen Bäumen. Es gab dort auch viel Durchgangs- 5
verkehr.

Die Psychologen montierten die Nummernschilder ab. Sie öffneten den Kofferraum und
die Motorhaube.

Sie ließen den Wagen am Straßenrand allein. Ein versteckter Beobachtungsposten war
ständig besetzt, von dem aus man den Wagen beobachten konnte. 10

Nach zehn Minuten hielt ein erster vorbeikommender Wagen. Eine sauber gekleidete
Familie der Mittelschicht stieg aus.

Vater und Sohn machten sich an das Handschuhfach. Die Mutter stand Schmiere.

Sie fuhren wieder weiter. Vater und Sohn hatten vorher noch den Kühler ausgebaut.

So ging es weiter. Bis zum Abend hatte eine ununterbrochene Kette von Plünderern alles 15
mitgenommen, was sich überhaupt abmontieren ließ.

Jetzt war nichts mehr zu holen. Die Leute überlegten, was sie noch kaputtmachen konnten.

Der letzte Reifen, schon etwas abgefahren, wurde aufgeschlitzt. Manche Passanten holten
einen Hammer, um die Windschutzscheibe und die Karosserie zu zertrümmern.

Es wurden insgesamt 23 Heimsuchungen gezählt. Es blieb nur noch ein zerbeulter Metall- 20
haufen übrig.

Eike Christian Hirsch: Den Leuten aufs Maul. Hoffmann und Campe, Hamburg 1982, S. 102.

4.5 Zur Wiederholung ein Rätsel

Sind Sie jetzt ein…?
Sie können die Frage vervollständigen, indem Sie die Anfangsbuchstaben der Lösungen für die folgenden Aufgaben hintereinander lesen.

1. Anfangsbuchstabe der Interrogativpronomen
2. Aufgabe des Adverbs „dort"
3. Rückbezügliches Fürwort
4. Formveränderung, die nur das Verb zeigt
5. Wortart, die gesteigert werden kann
6. Pronomen, das einen Nebensatz einleitet
7. Veraltete deutsche Bezeichnung für Verb
8. Deutsche Bezeichnung für Singular
9. Andere Bezeichnung für Substantiv
10. Wortart, die groß geschrieben wird
11. Vergangenheitsform des Verbs
12. Deutsche Bezeichnung für Adjektiv
13. Deutsche Bezeichnung für Futur
14. Unveränderliche Grundform des Verbs
15. Partikel, die häufig mit Konjunktion verwechselt wird
16. Deutsche Bezeichnung für Passiv
17. Wirklichkeitsform des Verbs
18. Höchste Steigerungsstufe beim Adjektiv
19. Deutsche Bezeichnung für Aktiv

4.6 Rechtschreibung

Wie schreibt man „Schiffsschraube"?

Die meisten Bewerber für den Polizeidienst in Hamburg fallen durch

wol. HAMBURG, 5. April. An jugendlichen Bewerbern für den Dienst am Bürger fehlt es der Polizei und der Feuerwehr in Hamburg nicht, dafür aber, so scheint es, mangelt es dem Nachwuchs an den notwendigen körperlichen und geistigen Fähigkeiten.

Der Innensenator der Hansestadt, Werner Staak, legte dieser Tage bemerkenswerte Zahlen vor: Bei der Einstellungsprüfung der Polizei fielen im vergangenen Jahr 65 Prozent der Interessenten durch; von denen, die bestanden hatten (insgesamt 487), mußten wiederum fast zwei Drittel „aussortiert" werden: Sie waren nicht gesund genug. Von den 650 getesteten Feuerwehr-Aspiranten der vergangenen drei Jahre wurden ganze 130 eingestellt.

„Viele der jungen Leute können nicht einmal so einfache, dem Bewohner einer Hafenstadt doch geläufige Wörter wie ‚Schiffsschraube' oder ‚Passagierdampfer' richtig buchstabieren", klagt der Leiter der Polizeischule Hamburg, Herbst. Beamte, die „Schif" schreiben oder „Pasagir", möchten die Hamburger Ordnungshüter denn doch nicht in ihren Reihen haben. Herbst: „Schließlich sollen die Polizisten ja auch ein anständiges Protokoll aufsetzen können."

In der Polizeischule werden die jugendlichen Bewerber, bei denen die Kenntnisse der achten Volksschulklasse vorausgesetzt werden, einer längeren Prüfung unterzogen. Sie müssen ein Diktat schreiben, eine Bildbeschreibung liefern und den Nachweis, daß sie die Interpunktionsregeln einigermaßen beherrschen. Schließlich werden ihre Fähigkeiten zum praktischen und theoretischen Denken getestet. Schulleiter Herbst: „Am meisten hapert es bei der Rechtschreibung." Die Probanden müssen in einen vorgedruckten Text 124 (fehlende) Wörter einsetzen; diese Wörter werden ihnen per Tonband vorgespielt. Schwierige Fremdbegriffe kommen laut Herbst nicht vor. Wer mehr als sechzehn Fehler macht, ist durchgefallen, es sei denn, er erzielt bei den anderen Prüfungen ausgezeichnete Ergebnisse.

Den Grund für die zum Teil „schlimmen Deutschkenntnisse" sieht der Polizeipädagoge in der mangelnden Rechtschreibübung an den Grund- und Realschulen. Manche Lehrer meinten offenbar, der Inhalt beispielsweise von Aufsätzen sei wichtiger als die Form, und vernachlässigten auch das Diktatschreiben. [...]

Frankfurter Allgemeine Zeitung,
Nr. 81, 6. 4. 1977, S. 8. Ausschnitt.

| Aufgabe | 1 | Nehmen Sie Stellung zu der Behauptung, mit der in dem Text die schlechten Rechtschreibleistungen begründet werden. |

| Aufgabe | 2 | Wie wichtig ist die Beherrschung der Rechtschreibung – bei privaten Schreiben, – in der Schule, – im Beruf? |

| Aufgabe | 3 | Was tun Sie gegen Unsicherheiten und Fehler in der Rechtschreibung? |

Diagnosediktat mit Auswertung

Mit einem Diagnose- oder Probediktat können Sie Ihre Rechtschreibleistungen überprüfen. Die Zahl der in diesem Diktat festgestellten Fehler gibt Ihnen allerdings noch keine Auskunft, in welchen Bereichen Sie die Rechtschreibung beherrschen und bei welchen Rechtschreibproblemen Sie unsicher sind. Die Zuordnung der Fehler zu Fehlerbereichen zeigt Ihnen dagegen, welche Gebiete der Rechtschreibung Ihnen keine Schwierigkeiten machen und in welchen Bereichen Sie Ihre Fähigkeiten durch stetige Übungen noch verbessern müssen.

Die daraus folgende Einteilung des Rechtschreibkapitels in acht klar abgegrenzte Bereiche, die jeweils einer speziellen Rechtschreibschwierigkeit zugeordnet sind, soll Ihnen einen besseren Überblick über den häufig als unübersichtlich und kompliziert angesehenen Lernbereich 'Rechtschreibung' vermitteln.

Für die folgenden Teilbereiche der Rechtschreibung finden Sie nach dem Diktat die Wiederholung einiger grundlegender Rechtschreibhilfen und Übungsmaterial.

4.6.1 Schärfung – Schreibung nach kurzem Vokal — Hütte – Hüte; Schall – Schal

4.6.2 Dehnung – Schreibung bei und nach langem Vokal — Bibel – Biene; Boot – Bohle

4.6.3 Ähnliche Vokale — Häute – heute; Leib – Laib

4.6.4 Ähnliche Konsonanten — Rad – Rat; Todkranker – Totschläger

4.6.5 S-Laute — messen – mißt; gießen – gießt

4.6.6 Groß- und Kleinschreibung — Die neue Schülerin hat sich eingelebt. Die Neue hat Freunde gefunden.

4.6.7 Zusammen- und Getrenntschreibung — Mit einem schlechten Zeugnis kann man sitzenbleiben. Während des Unterrichts sollte man auf seinem Stuhl sitzen bleiben.

4.6.8 Fremdwörter — Friseur/Frisör; Fotograf/Graphologie

Diagnosediktat

Aufgabe **4** Lassen Sie sich den folgenden Text diktieren, oder bearbeiten Sie das Diagnosediktat als Lückentest, den Sie von Ihrem Lehrer erhalten.
Zur Kontrolle und zur Fehlerauswertung enthält der Diktattext durch Ziffern unter den Wörtern gekennzeichnete Verweise auf die jeweiligen Rechtschreibbereiche (Abschnitte 4.6.1 bis 4.6.8, Seite 225 ff.), in denen Sie Hilfen und Übungsaufgaben finden.

Windsurfen

Für das Windbrettfahren benötigt man ein Surfbrett aus Fiberglas oder aus schaumstoffgefülltem Polyäthylen. Die Bretter sind zwei oder vier Meter lang mit einem Klappschwert und einer Segelfläche von drei bis fünf Quadratmetern. Der Mast ist etwa vier Meter lang und wird einfach in die Halterung gesteckt. Er kann durch ein drehbares Kardangelenk am Fuß nach allen Seiten gekippt werden.

Beim ersten Mal war es schwierig für mich, Mast und Segel aus dem Wasser aufzurichten und den Gabelbaum in die Hand zu bekommen und dabei das Gleichgewicht zu halten. Zum Glück ging nur eine leichte Brise. Ich stand im hüfthohen Wasser, Ernst hielt mir das Brett fest, und ich setzte den einen Fuß links, den anderen rechts vom Mastbaum. „Jetzt hole den Mast und das Segel mit der Leine allmählich aus dem Wasser", rief Ernst, „bis der Mast senkrecht auf dem Brett steht." Es gelang mir, den Mast zu heben und die Balance auf dem Brett zu halten. Als ich den Mast leicht nach vorne neigte und in den Wind drehte, glitt das Surfbrett plötzlich am Ufer entlang, und ich fiel in das Wasser.

Anfänger sollten auf Binnenseen oder Wattenmeeren bei Windstärke eins oder zwei üben. Das Ziel eines Windbrettseglers ist es, bei Windstärke vier bis fünf an den Wellen entlangzusurfen und eine Geschwindigkeit zu erreichen, von der die Segler fast aller Bootsklassen nur träumen.

Auswertung
Es ist hilfreich, unterschiedliche Gründe für Fehler zu unterscheiden.

Aufgabe 5 Ordnen Sie Ihre Rechtschreibfehler aus dem Diagnosediktat den fünf Gründen für Rechtschreibfehler zu, die in der Übersicht zusammengestellt sind.
Beachten Sie, daß es auch Überschneidungen von Fehlergründen geben kann.

Grund für Rechtschreibfehler (mit Beispiel)

Mögliche Maßnahmen zur Fehlervermeidung

▷ Unaufmerksamkeit, Unkonzentriertheit, 'Flüchtigkeit':
Der Fehler wird sofort erkannt, wenn man das Wort isoliert schreibt (z. B. an die Wandtafel in der Klasse).
Fehler: Motorsportbegeisten, geignet

Distanz zu dem geschriebenen Text gewinnen. Viele Fehler fallen auf und können korrigiert werden, wenn man den Text nach einer gewissen Zeit – möglichst nach einer Erholungspause – noch einmal durchliest.

▷ Ungenaues Sprechen:
falsche Betonungen, Unterbrechungen, Abschleifen von Endungen
Fehler: seit langen erwartete, niemanden etwas, widerfahren, pünklich

Korrekte Aussprache des Diktierenden; aufmerksames Zuhören (und eventuell Wiederholen) des Diktatschreibers.

▷ Mangelnde Übung und Einprägung von Wortmustern:
Fehler: wälzen, Asfaltstraße, näkmlich, Schlußfase

Ständig wiederholte Übung der Wörter im Satzzusammenhang.
Bei Fremdwörtern Einprägung der Schreibweise durch Wortlisten oder Übungen mit Karteikarten.

▷ Falsche Begründungen für die Schreibweise eines Wortes:
Fehler: Interresse
falsche Begründung: Sprechsilben: Inter-resse
richtige Begründung: Herkunft aus dem Lateinischen: inter-esse
Fehler: endsprechend
falsche Begründung: analoge Bildung zu „endlich", „endgültig" …

Übung der richtigen Ableitung, Kenntnis der Herkunft der Wörter.

▷ Fehlende Kenntnis von Rechtschreibregeln und -vereinbarungen:
Fehler: Auspufflammen
(Vgl. die Regeln auf Seite 226.)
Fehler: Aber der rote Wagen wird auf der langen Geraden von einem Weißen und einem Blauen überholt.
(Vgl. die Regel auf Seite 233.)

Erarbeiten von Rechtschreibregeln und Einprägen der Ausnahmen im Zusammenhang mit dem Grammatikunterricht.
Übung des Umgangs mit Nachschlagewerken (Duden, Wörterbücher) in Zweifelsfällen.

Der Schwerpunkt des Rechtschreibtrainings in diesem Kapitel liegt bei den letzten beiden Fehlerarten. In einem Deutschbuch können nur beschränkte Übungsmöglichkeiten angeboten werden. Ein erfolgversprechender Weg, durch häufiges Schreiben der Wörter, die geübt werden müssen, zu einer sicheren Beherrschung der Rechtschreibung zu gelangen, ist die Arbeit mit Rechtschreibprogrammen.

4.6.1 Schärfung – Schreibung nach kurzem Vokal

Kurzer betonter Vokal (Schärfung) oder langer betonter Vokal (Dehnung; siehe 4.6.2)
der Wa*ll* ⟷ die Wa*h*l

Schreibung nach Schärfung
häufiger: seltener:
es ri*nn*t ⟷ das Ri*n*d
der Fle*ck* ⟷ die Ta*k*tik
Nach der Schärfung folgt häufig ein doppelter oder zusammengesetzter Konsonant.

Aufgabe 1 Entscheiden Sie, ob in den Lücken des folgenden Textes ein einfacher oder ein doppelter Konsonant eingesetzt werden muß. Suchen Sie zu jedem Prüfwort ein verwandtes, ähnlich geschriebenes.

Der Boxer in der Ecke seines Ringes ba...t die Fäuste. Nur noch eine Runde, dann ist es ba...d gescha...t. Mit einem ha...ten Schlag wird er seinen Gegner in die Knie zwingen. Der ha...t noch in seiner Ringecke auf den Gongschlag und streicht nervös mit seinem Boxhandschuh über sein He...d und den Scha...t seines Boxstiefels. Wenn er nur nicht immer so gehe...t wäre, dann hätte er seinen Gegner schon viel früher gescha...t.

Prüfen Sie im Zweifelsfall, wie verwandte Wörter und Stammwörter geschrieben werden.

Beispiele:
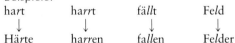

hart	harrt	fällt	Feld
↓	↓	↓	↓
Härte	harren	fa*ll*en	Fe*l*der

Aufgabe 2 Legen Sie in Ihrem Heft eine Übersicht nach folgendem Muster an, und ordnen Sie die Wörter den einzelnen Spalten zu.

Schreibweise

mit k	mit ck	mit kk	mit z	mit tz	mit zz
Taktik	Jacke	Mokka	Medizin	Witz	Skizze

Hei...ung, A...ord, pu...en, Ka...e, Sa...o, di...tieren, Bettla...en, Spi...e, Autola..., Ra...ia, Ma...aroni, Schwan..., Ora...el, Hi...e, Bara...e, Augenar...t, Bal...on, Ge...eiten, Mo...a, Verse...ung.

Die Schreibung der k- und z-Laute nach kurzem Vokal
In der Regel:	ck	tz
	Backe, Leck, Druck	Schlitz, Hetze, Satz
Nach l, m, n und r:	k	z
	Gurke, Kalk, Tank	Salz, Kranz, Kerze
Bei Trennungen:	k-k	t-z
	Hak-ke, Lük-ke	Kat-zen, Fet-zen, Stüt-zen
Bei Fremdwörtern:	k/kk	zz
	Taktik, Akkordeon	Pizza, Bajazzo

| Aufgabe | 3

Pappe

Plakat ⟷ Podest

Pa*ppp*lakat   Pa*pp*odest

Eine Seltsamkeit der deutschen Schriftsprache:
Bestimmen Sie, ob in den folgenden zusammengesetzten Wörtern zwei oder drei der Konsonanten l, f, m oder t zu schreiben sind. Schreiben Sie die Wörter mit der richtigen Schreibweise in Ihr Heft. Trennen Sie die Wortzusammensetzungen. Wie heißt die Regel?

Wo…appen, gri…est, Auspu…lamme, Sto…utter, vo…aufen, Balle…ruppe, Fe…ropfen, Schi…ahrt, Meta…öffel, We…urnen.

Bei Wortzusammensetzungen kann es zum Aufeinandertreffen von drei gleichen Konsonanten kommen. Man streicht den dritten Konsonanten, wenn danach ein Vokal folgt: Stoffetzen, Brennessel.
Achtung: Bei Silbentrennung wird der dritte Konsonant wieder eingefügt: Stoff-fetzen, Brenn-nessel.
Man schreibt drei gleiche Konsonanten nacheinander, wenn danach ein anderer Konsonant folgt: Sauerstoffflasche, Briketttträger.

4.6.2 Dehnung – Schreibung bei und nach langem Vokal

▷ Nach langem betontem Vokal (Dehnung) wird meist ein Dehnungszeichen geschrieben, das beim Sprechen nicht zu hören ist.

Beispiele: Hu*h*n – häufigstes Dehnungszeichen: h
Mi*e*te – Dehnungszeichen: i (nur in *ie*)
Bo*o*t – Dehnungszeichen: Vokalverdopplung

▷ Von dieser Regel gibt es zahlreiche Ausnahmen, d.h. Schreibung ohne Dehnungszeichen nach langem betontem Vokal.

häufiger Regelfall:	seltenere Ausnahme:
Wā*h*l	Quāl
Wāagen	Wāgen
Mīene	Mīne (für ein Schreibgerät)

| Aufgabe | 1 Schreiben Sie den folgenden Text fehlerfrei ab, und füllen Sie die Lücken dabei korrekt. Suchen Sie zu jedem Prüfwort ein verwandtes, ähnlich geschriebenes Wort.

Angeb…t
Ich b…te …nen h…rmit freibleibend zu meinen umseitigen Geschäftsbedingungen an:
– Quarz…ren für D…men mit Batter…, Metallgehäuse   32,— DM
– …rarmbänder aus L…der mit Messingschnalle, 2 cm Breite   9,50 DM
– Wasserdichte …ren mit Leuchtzeiger und Gumm…rmband   52,— DM

Aufgabe 2   Entscheiden Sie über die Schreibung der Fremdwörter.

Beim Bedienen der Fräsmasch…ne war Herr Boll verunglückt. Mit dem Notarztwagen wurde er in die Universit…tskl…nik eingeliefert. Er hatte fast einen L…ter Blut verloren. Die Unfallärzte mußten sich zu einer schwierigen Oper…tionsmeth…de entschließen. Doch die R…konvaleszenz verlief sehr gut. Nach einigen Tagen konnte Herr Boll entlassen werden. Seine Wunden mußte er jedoch noch regelmäßig mit einer Cr…me behandeln.

Aufgabe 3   Die Dehnung einer Silbe durch Verdoppelung von Vokalen gibt es nur bei a, e und o. Suchen Sie für jeden Fall mindestens fünf Beispielwörter, und bilden Sie, wo es möglich ist, die Verkleinerungsformen der Wörter.
Beispiel: ein Paar – ein Pärchen.
Wie werden die Vokale u und i gedehnt?

Aufgabe 4   Eine Silbe mit betontem, lang gesprochenem i kann geschrieben werden:
– mit i   – mit ie   – mit ih   – mit ieh
Schreiben Sie den folgenden Text ab, und füllen Sie die Lücken korrekt. Unterstreichen Sie die Silben, in denen das i lang gesprochen wird.

Recycling (I)

Die Industrie versucht zunehmend, Grundstoffe und auch Energien aus Abfällen zurückzugewinnen, zumal der Müll lawinenartig zunimmt. Man kann es sich nicht leisten, die wertvollen Bestandteile, die in ihm enthalten sind, einfach zu vernichten. Autos enden in Shredder-Anlagen und verwandeln sich in kleine Schrottpakete, die zerkleinert in die Schmelzöfen der Stahlindustrie wandern. Die Chemie entwickelt Techniken, um die Abfallmenge gering zu halten und wirtschaftlich zu nutzen. Die von ihr dabei entwickelten Verfahren sind äußerst vielfältig. Sie baut Abfälle jeder Art chemisch so ab, daß neue Produkte aus den gewonnenen Grundstoffen hergestellt werden können. Auf diese Art werden Rohstoffe gespart, und die Umweltverschmutzung wird verringert. Unsere Verantwortung für zukünftige Generationen befiehlt uns, so zu handeln.

Fremdwörter enthalten in der Regel kein Dehnungszeichen, auch wenn der betonte Vokal lang gesprochen wird:
Lawine, Dynāmik, Chōr, Kostüm, Medizin.
Wichtige Ausnahme: das lange ī am Wortende:
Chemīe, Industrīe, Garantīe.

Aufgabe 5   Das Dehnungs-e unterscheidet zwei Wörter, die häufig verwechselt werden: wieder und wider.
Setzen Sie im folgenden Text die jeweils zutreffende Schreibweise ein. Wie heißt die Regel?

Recycling (II)

Die Schonung der Umwelt beginnt damit, den Haushaltsmüll immer *wieder* sinnvoll zu verwerten. Das Aussortieren von Papier, Glas, Blech und organischen Abfällen soll verhindern, alte Fehler in der Abfallbeseitigung zu *wieder*holen. Aber immer noch wird über das Für und das *wider* der Müllbeseitigung gestritten, und es gibt immer noch *wider*spruch und sogar *wider*stand gegen die Aufforderung, den Haushaltsmüll nicht unsortiert beseitigen zu lassen. Die dazu vorgebrachten Argumente lassen sich jedoch leicht *wider*legen. Es reicht nicht, nur hin und *wieder* an den Schutz der Umwelt zu denken, sondern man muß das Verhalten grundsätzlich verändern.

227

4.6.3 Ähnliche Vokale

> ▷ Ähnlich klingende Vokale und Diphthonge werden häufig unterschiedlich geschrieben:
> prächtig   ä ⟷ e   heftig
> häuslich   äu ⟷ eu   scheußlich
> Kaiser   ai ⟷ ei   Meise
> ▷ Bei vollständig gleich klingenden Wörtern lassen sich die unterschiedlichen Bedeutungen oft nur an der Schreibung der Vokale erkennen:
> Fälle – Felle, Häute – heute.

Aufgabe 1 Suchen Sie passende Wörter mit gleicher Aussprache, aber unterschiedlicher Schreibweise und Bedeutung.

Lerche   – *Lärche*   Leib   – *Laib*   Saite   *Seite*
läute   – *Leute*   greulich – *gräulich*   Main   *mein*
Weise   – *Waise*   Stelle – *Ställe*   hängst   *Hengst*
Welle   – *Wälle*

Die Schreibweise eines Wortes läßt sich meist ermitteln, wenn man das Stammwort oder ein verwandtes Wort findet.
Beispiele: Fälle ⟶ Fall, Häute ⟶ Haut.
          ä → a   äu → au

Aufgabe 2 Suchen Sie mindestens je zehn abgeleitete Wörter zu den angegebenen Stammwörtern. Berücksichtigen Sie dabei den möglichen Wechsel von a zu ä bzw. von au zu äu.

Stammwort		Abgeleitete Wörter	Stammwort		Abgeleitete Wörter
hart	→	Härte, …	Haus	↦	häuslich, …
Nacht	→	nächtigen, …	Baum	→	Bäume, …
warten	→	Wärter, …	sauber	→	säubern, …

Aufgabe 3 Versuchen Sie nun umgekehrt, das Stammwort zu den jeweiligen Zweifelsfällen zu ermitteln und dadurch die richtige Schreibweise zu bestimmen.

a) Der Sch.ä dling sch.ä digt die Gartenpflanzen.
b) Die Patientin verschmäht noch jegliches Essen.
c) Der Postbeamte leert den Briefkasten.
d) Der ehrliche Finder soll den Schmuck beim Hauswart abgeben.
e) Das Hochwasser ließ sich kaum eindämmen.
f) Der Bettler setzte seinen zerbeulten Hut auf.
g) Das Postgebäude finden Sie gleich auf der rechten Seite.
h) Ganz betäubt von dem Lärm verließ Joachim die Diskothek.
i) Das Gehäuse des Lautsprechers war stark beschädigt.

Aufgabe 4 Bilden Sie vollständige Sätze, aus denen die Bedeutung der wenigen deutschen Wörter hervorgeht, die mit ai geschrieben werden.
Hai, Kai, Kaiser, Laib, Laich, Laie, Lakai, Maid, Mais, Saite, Waise.

Daneben findet sich die Schreibweise ai noch in Namen und Fremdwörtern.
Namen: Mainz, Daisy, Daimler, Dalai-Lama, …
Fremdwörter: Naivität, Paillette, Laisser-faire, …

4.6.4 Ähnliche Konsonanten

> Ähnlich klingende Konsonauten werden häufig unterschiedlich geschrieben:
> Luchs ⟷ flugs ⟷ Jux, Rat ⟷ Rad, Kleckse ⟷ Hexe ⟷ Wechsel, fett ⟷ Vetter.

Aufgabe 1 Falls der Zweifelsfall am Schluß eines Wortes steckt (sehr häufig!), versuchen Sie durch Verlängerung des Wortes herauszubekommen, wie es geschrieben wird.
Beispiel: Kin*d* – Kin*der*
der Ra..., der To..., der Kor... (2 Möglichkeiten), der Ti..., das Lau..., der Fle..., der Pflu..., langweili..., friedli..., das Ban..., verbrann..., der Gesan..., der Gestan...

Aufgabe 2 Versuchen Sie in anderen Fällen, das Stammwort oder Grundwort zu finden und dadurch die Schreibweise zu bestimmen. Beispiele: flug*s* – Flug, fliegen; lo*bt* – Lob, loben.

a) Hilde schrei...t einen Brief, dann kle...t sie Fotos ins Album.

b) Peter ...iel unter den Tisch, er hatte ...iel zu...iel gegessen.

c) Ich tra... in das Zimmer, ich fan... sie schlafend auf dem Sofa.

d) Als wir an Bord gingen, wurde ich in der Menge so geschu...st, daß ich stürzte, mir das Bein brach, das eingegi...st wurde.

e) Das ist berei... das dritte Mal, daß Rita ihre Ferienpläne vollen... umstoßen muß. Der Urlaub dieses Jahr schien der aufregen...te seit langem zu werden.

Aufgabe 3 Unterscheiden Sie im folgenden Text die Vorsilben end- und ent-.

En...station En...spiel
Dem jungen Tennisstar aus Deutschland war die En...täuschung noch anzumerken. Eine En...fernung von 5000 km hatte er nachts im Flugzeug zurückgelegt, um die erste Runde des hochdotierten Tennisturniers noch zu erreichen. Unausgeschlafen mußte er sein erstes Match, en...gegen seiner Gewohnheit, am frühen Vormittag bestreiten. Er benötigte en...lose fünf Sätze bis zur En...scheidung. Nur mit Mühe konnte er en...lich seinen Gegner bezwingen. Dabei stand sein En...schluß fest: Er wollte den En...kampf erreichen. Dieser Sieg würde für seine weitere sportliche En...wicklung sehr wichtig sein.

▷ Die Vorsilbe end- läßt sich auf „Ende" zurückführen und wird immer betont.
  Beispiele: Endergebnis (= das abschließende Ergebnis am Ende)
      Endgeschwindigkeit (= die zuletzt erreichte Geschwindigkeit)
▷ Die Vorsilbe ent- ist dagegen immer unbetont. Beispiele: Entdecker; entgegen

Aufgabe 4 Zur Verwechslung der Nachsilben -ig, -isch und -lich: Schreiben Sie den folgenden Text ab, und ergänzen Sie die Lücken. In Zweifelsfällen helfen Ihnen lautes Lesen und die Verlängerung der Wörter, die richtige Schreibweise zu bestimmen.

Hausaufgaben können schrift... oder münd... angefertigt werden oder als eine Aufgabe, die prakt... durchgeführt werden muß. Sie sind notwend... als Ergänzung für den Unterricht. Hausaufgaben dienen der Festigung, Sicherung, Nachbereitung und Vorbereitung des Unterrichts und sollen den Schüler anleiten, selbständ... zu arbeiten. Bei der Stellung von Hausaufgaben soll sich der Lehrer pädagog... verhalten. Hausaufgaben müssen ohne fremde Hilfe eigenständ... lösbar sein. Die Aufgabenstellung muß eindeut... und verständ... sein. Es ist angebracht, die Hausaufgaben regelmäß... zu überprüfen. Erfreu... für die Schüler ist es, wenn eine Hausaufgabe lust... gestellt ist; bei praktischen Aufgaben muß man darauf achten, daß diese nicht gefähr... sind.

4.6.5 S-Laute

Das stimmhaft gesprochene s wird immer s geschrieben.
Beispiele: Reise, Riese, Vase, …
Für das stimmlos gesprochene s gibt es die Schreibvarianten:
s: hastig, Ergebnis, …
ss: messen, Verfasser, …
ß: Kuß, schießen, …

Aufgabe 1 Entscheiden Sie über die Schreibung der S-Laute. Bitte nicht ins Buch schreiben.

Recycling (III)

Au… Kunststoffabfällen la…en sich hochwertige Rohmaterialien zurückgewinnen, wenn sie …auber und unvermischt anfallen. Um Kunststoffabfälle aufzuarbeiten, benutzt man Spaltverfahren wie bei der Erdölaufbereitung. Unter Hitze und Druck und mit Hilfe von Kataly…atoren werden im Crackproze… die Abfälle aufgeschlo…en. Auch durch überhitzten Dampf können spaltbare Kunststoffe schlie…lich in ihre Ausgangsstoffe zerlegt werden. Ein Problem sind alte Autoreifen. Millionen bela…ten jährlich die Umwelt, wenn sie nicht als runderneuerte Reifen ri…ikolos wieder verwendet werden. Altreifen werden mit gro…em Erfolg zu Bodenbelägen verarbeitet. Man kann sie zerschnitzeln und, mit …and und Bindemitteln ver…ehen, Beläge für Stra…en, Sport- und Spielplätze produzieren bzw. schalldämmende Wände herstellen. Au… Altöl la…en sich durch Raffination fa…t immer etwa 40 Prozent hochwertige… Schmieröle zurückgewinnen.

Für die S-Laute gibt es folgende Verteilung:

Wortanfang	Wortmitte	Wortende
nur s	s, ss, ß	s, ß
Sand, Seele, Sibirien, Sorte, Summe	Rasen, Rassen, Maße	Geheimnis, Gruß

▷ Zwischen zwei Vokalen steht ss, wenn der erste Vokal kurz gesprochen wird.
  Beispiel: messen, aber: mißt (zweiter Vokal fehlt); Maße (erster Vokal lang).
▷ Am Ende des Wortes und vor Konsonanten wird ss zu ß.
  Beispiele: küssen → Kuß; essen → Eßzimmer; Wasser → wäßrig.

Aufgabe 2 Schreiben Sie folgenden Text ab, und setzen Sie in die Lücken „daß" oder „das" ein.

Die Rede ist von Rolf Geiger, seit einem Jahr Zeitungsausträger bei der Saarbrücker Zeitung und gleichzeitig Mitglied der Junioren-Nationalmannschaft im Handball. … Handballspielen betreibt er schon seit frühester Jugend, hat er doch ein sportbegeistertes Elternhaus und ebenso talentierte Geschwister. „Für mich ist … ein tägliches Zusatztraining", meint er lachend. Manchmal kann man nicht von einem Zustell-Gang sprechen, sondern mehr von einem Zustell-Lauf, wobei oftmals neue Zeitrekorde aufgestellt werden, ohne … die Sorgfalt jedoch darunter leidet. Reklamationen aus dem Bezirk Geiger, … ist so gut wie unbekannt. … Geld, … er beim Austragen verdient, … kann er gut gebrauchen. „Wenn es zu Auswahlspielen geht, entstehen immer Kosten", waren die Worte des Sportlers. Ist er einmal wegen seines Handballsports abwesend, so gibt … keine Probleme. Eltern oder Geschwister springen selbstverständlich ein, oftmals ohne … die Geschäftsstelle etwas davon merkt.

▷ „Das" als Artikel, Demonstrativ- oder Relativpronomen kann durch die Wörter „dieses" oder „welches" ersetzt oder in den Plural gesetzt werden.
▷ „Daß" ist Konjunktion, leitet einen Nebensatz ein und hat kein Ersatzwort.

Aufgabe 3 Bestimmen Sie in den folgenden Sätzen die Wortarten von „das/daß", und schreiben Sie die Sätze richtig ab.

a) Ionenverbindungen bezeichnet man als Salze. D… am häufigsten verbreitete Salz ist d… Kochsalz.

b) Ich bin der Meinung, d… diese Aussage wichtig ist.

c) Wir sind überzeugt, d… d… Modell Ihnen gefällt und d… Sie lange Freude daran haben werden.

d) Als er d… zum erstenmal gehört hatte, wunderte er sich sofort darüber, d… es ihm bekannt vorkam.

e) Bei diesem Geschicklichkeitstest kommt es vor allem darauf an, die Hindernisse knapp zu umfahren, ohne d… d… seitliche Band berührt wird.

Übung Lassen Sie sich den folgenden Text diktieren, oder bearbeiten Sie das Übungsdiktat als Lückentext, den Sie von Ihrem Lehrer erhalten.

Langsame Fortschritte beim Recycling
Es fehlen Deponien für Millionen Tonnen Abfall

BERLIN, 30. Oktober (dpa). Die Wiederverwertung von Abfall hat in den vergangenen Jahren einige „bittere Niederlagen" erfahren müssen. […] Zu den Materialien, bei denen es bei der Weiterverwendung noch erhebliche Probleme gebe, gehören Baggergut aus Kanälen und Schiffahrtsstraßen, landwirtschaftlicher Klärschlamm, Altöl und Sonderabfälle.

In der Bundesrepublik werden nach Angaben des Umweltbundesamtes jedes Jahr rund 326 Millionen Tonnen Abfall produziert. Die Industrie ist daran mit 119 Millionen Tonnen beteiligt, gefolgt von der Bauwirtschaft mit 72 Millionen Tonnen und dem Bergbau mit 69 Millionen Tonnen. Ferner müssen jedes Jahr 36 Millionen Tonnen Klärschlamm und 30 Millionen Tonnen Haushaltsmüll beseitigt werden. In diesen Zahlen ist der Löwenanteil von 190 Millionen Tonnen Abfall, den die Landwirtschaft jährlich produziert (tierische Exkremente und pflanzliche Rückstände), nicht enthalten.

800 000 Tonnen davon landen auf Mülldeponien der DDR, vor allem Sondermüll, da die westdeutschen Deponien […] wegen Umweltauflagen dreimal so teuer sind. In der Bundesrepublik fehlen noch Deponien für ein bis zwei Millionen Tonnen jährlich sowie Müllverbrennungsanlagen für eine jährliche Kapazität von 300 000 bis 400 000 Tonnen.

Fortschritte gab es […] bei der Rauchgasreinigung von Kohlekraftwerken und beim Recycling von Straßenbaumaterial. Noch „nicht im Griff" sei die Wiederverwertung von Kunststoff. So sei unklar, was mit schrottreifen Autokarosserien geschehen solle, die immer mehr Plastikteile enthielten. Ein Beispiel für „biologisches Recycling" zeige sich bei der Wiederbegrünung von Hängen in Skigebieten: Eine deutsche Firma liefert dazu langsam verrottende Jutenetze, die überwiegend aus gebrauchten Kartoffelsäcken gefertigt werden. Die Netze mit fünf mal fünf Zentimeter großen Löchern werden am Boden festgenagelt. Bis sich die groben Netze auflösen, haben sich die darunter gesäten Pflanzen stabilisiert.

Frankfurter Allgemeine Zeitung, Nr. 253, 31. 10. 1986, S. 10. Ausschnitte.

4.6.6 Groß- und Kleinschreibung

Als Grundregel gilt: Hauptwörter werden groß geschrieben; Wörter anderer Wortarten werden in der Regel klein geschrieben. In Zweifelsfällen ist klein zu schreiben.
Beispiel: In den Sommerferien verreisen viele Jugendliche ins Ausland.
Die Schwierigkeiten entstehen, weil
▷ jede andere Wortart im Satzzusammenhang zum Hauptwort werden kann und dann groß geschrieben wird.
Beispiel: Das Schöne daran ist, daß das ewige *Hin* und *Her* ein Ende hat.
▷ Hauptwörter im Satz manchmal nicht als solche gebraucht und dann klein geschrieben werden.
Beispiel: Montag *n*achmittag ließ er mich *t*rotz meiner Bitte auf dem *t*rockenen sitzen.

Zum Erkennen von Substantiven

Aufgabe 1 Schreiben Sie den folgenden Text korrekt ab. Woran sind hier die meisten Hauptwörter zu erkennen? Welche Probe hilft im Zweifelsfall?

IN ZIEMLICHER FINSTERNIS STEUERTE RUDI SEINE MASCHINE NACH HAUSE. DURCH SCHLUDRIGKEIT ODER UNBEKÜMMERTHEIT KAM ER WIEDER EINMAL ZU SPÄT ZUM FAMILIENTREFFEN. DABEI WAR SEINE ANWESENHEIT AUSDRÜCKLICH GEFORDERT WORDEN, SOLLTE DOCH HEUTE FESTGESETZT WERDEN, WIE DAS VERMÄCHTNIS VON ONKEL EDUARD ZU VERTEILEN SEI. NUN AUCH NOCH EINE UMLEITUNG! WENIGSTENS DIESMAL HÄTTE ER DOCH DIE PLAUDEREI MIT DEN ANVERWANDTEN SEINER LIEBLINGSBESCHÄFTIGUNG TANZEN VORZIEHEN SOLLEN!

Hauptwörter sind auch daran zu erkennen, daß sie von einem Artikel, einem Adjektiv, einem Pronomen oder einer Präposition begleitet werden.
Beispiel: *Die* Klasse 10 b, *ein* Lehrer, *fröhliche* Eltern und *ihre* Gäste feierten *am* Schuljahresende.

Im Zweifelsfall hilft die Grundprobe: Läßt sich das Wort mit einer Form des Artikels (der, die, das; einer, eine, eines, vgl. Diagnosediktat, Seite 223) verbinden?
Beispiel: Naturholz braucht Schutz vor Regen.
  Das Naturholz braucht Schutz vor Regen.
  Naturholz braucht *einen* Schutz vor Regen.
  Naturholz braucht Schutz vor *dem* Regen.

Aufgabe 2 An welchen Erkennungswörtern sind im folgenden Text die Substantive jeweils zu erkennen?

Verräterische Füße
Darmstadt. Seine großen Füße haben in der gestrigen Nacht einen 23jährigen Amerikaner bei dem Versuch scheitern lassen, unentgeltlich in einem Warenhaus einzukaufen, wo er sich hatte einschließen lassen. Zwei verräterisch aus einer Wandverkleidung herausragende Schuhspitzen waren für die von einer Alarmanlage alarmierten Polizisten eindeutiges Zeichen dafür, daß sie gefunden hatten, was sie suchten: einen Einbrecher. Sie stellten auch einen von ihm mit Uhren vollgepackten Rucksack sicher. Der Amerikaner wurde festgenommen und der Militärpolizei übergeben.

Übung | 1 Schreiben Sie folgende Meldung einer Presseagentur in Normalschreibweise ab. Machen Sie im Zweifelsfall die Grundprobe.

köln (dpa). der strenge bademeister soll zum munteren animateur, das klinisch weiße hallenbad zu einem munteren treffpunkt von jung und alt werden. mit neuen konzepten wie spielfesten, wasserdisco und aquarobic wollen nordrhein-westfalens kommunen dem besucherschwund in den rund 1500 hallen- und freibädern des landes begegnen. dazu soll auch eine gestern in köln eröffnete aktionswoche treffpunkt bad beitragen, in der viele anstalten bis nächsten sonntag freien eintritt gewähren sowie besondere attraktionen anbieten.

Zum Erkennen von Substantivierungen anderer Wortarten

Aufgabe | 3 Wandeln Sie Adjektive in Substantive um. Schreiben Sie diese groß.
Beispiel: Der *alte* Meister legt immer noch selbst mit Hand an.
Der *Alte* legt immer noch selbst mit Hand an.

a) Die *schöne* Uschi kann sich vor Anträgen nicht retten.
b) Die *großen* Gäste spielten Skat, die *kleinen* Elfer raus.
c) Ferdinand ist der *schnellste* Schwimmer.
d) Alles, was *schwer* ist, sollte nicht mit auf die Wanderung genommen werden.
e) Wer *zuverlässig* ist, ist als Freund wie als Mitarbeiter geschätzt.

Übung | 2 Im folgenden Text sind alle Adjektive in Großbuchstaben gedruckt. Schreiben Sie den Text in korrekter Form ab.

Wenn man heutzutage die Zeitung aufschlägt, so kann man wenig ANGENEHMES darin lesen. Berichte über UNGLAUBLICHE Verbrechen und SCHRECKLICHE Skandale lassen den Leser den WICHTIGEN Glauben an das GUTE im Menschen verlieren. Man kann die ZAHLREICHEN Menschen verstehen, für die der Sportteil und der Anzeigenteil das einzig WESENTLICHE einer Zeitung darstellen.

Übung | 3 Setzen Sie beim folgenden Brief Formen von „gut – neu – erfreulich – unangenehm – entsprechend – ermutigend" ein, und schreiben Sie den vollständigen Text ab.

Liebe Hannelore, lieber Werner,
zwar gibt es von uns nicht viel…zu berichten. Etwas…möchten wir Euch aber doch gern mitteilen. Peter hatte bei seiner Stellensuche ja schon manches…erlebt. Kaum…ist ihm dabei widerfahren. Nun hat er ganz plötzlich ein Angebot bekommen, und zwar etwas seinen Wünschen…!
Alles…
Eure Lisa

Nur Adjektive, die zu eigenständigen Substantiven geworden sind, werden groß geschrieben. Wenn ein Adjektiv ein Substantiv begleitet, wird es klein geschrieben.
Beispiele: In dieser Klasse war Kai der *beste* Sportler.
Beim Schwimmen war Sandra immer die *Schnellste*.
Adjektive, die zu Substantiven geworden sind, kann man nicht nur an den üblichen Erkennungswörtern herausfinden, sondern häufig auch an einer vorangestellten Mengenangabe.
Beispiel: Der Lehrer hatte nur heute etwas (viel, nichts, …) Ermutigendes mitzuteilen.

233

Übung 4 Entscheiden Sie, ob das Adjektiv ein Bezugswort hat oder zum Substantiv geworden ist.

a) Endlich wurde das Ergebnis der elektronischen Zeitmessung bekanntgegeben: Ferdinand war der SCHNELLSTE.

b) Die LEICHTEN Sendungen haben wir schon geschickt, die SCHWEREN folgen.

c) Der STÄRKERE hat nicht immer recht.

d) Über die Rosen freute sich Irene sehr, besonders über die ROTEN.

e) Von allen Schwimmern war Ferdinand der SCHNELLSTE.

Übung 5 Verwandeln Sie Verben in Hauptwörter.

Beispiele: Es ist nicht erlaubt, hier zu *rauchen*. Das *Rauchen* ist hier nicht erlaubt.

a) Es ist verboten, den Rasen zu *betreten*.

b) Katja hat aufgehört zu *trainieren*.

c) Arndt kommt kaum noch dazu, Klavier zu *spielen*.

d) Ramono möchte den heutigen Abend nutzen, um ein schönes Buch zu *lesen*.

Übung 6 Welche der großgedruckten Wörter werden als Verben, welche als Substantive gebraucht?

Das Betriebsgeschehen MUSS in vielen Handwerksbetrieben ÜBERDACHT WERDEN, wenn das Handwerk auf Dauer Attraktivität und Profil BEWAHREN und sich neue zukunftssichernde Marktfelder ERSCHLIESSEN will. Zur handwerklichen Fertigkeit GEHÖRT marketingbezogenes DENKEN und HANDELN, ein schnelleres und breiteres AUSEINANDERSETZEN mit neuen Technologien, Materialien und Techniken ebenso wie das UMSTELLEN betrieblicher Arbeitsabläufe. Der Übergang auf dieses neue Niveau VERLANGT ein ABKEHREN vom Sicherheitsdenken und ein HINWENDEN zu vermehrter Investition und Qualifikation.

Der Überblick, März 1986 (ISW, Informationsstelle Wirtschaft Baden-Württemberg)

Übung 7 Zur Wiederholung: Schreiben Sie den Text in korrekter Form ab.

london (dpa). ein durch mehrere einbrüche geplagtes älteres ehepaar aus birmingham legte, bevor es in ferien fuhr, vier pfund auf den wohnzimmertisch und schrieb dazu: „dies ist das einzig wertvolle im haus, alles restliche ist bereits gestohlen worden." die diebe, die ihre abwesenheit zum einsteigen nutzten, erwiesen sich als gentlemen. sie ließen das geld unangetastet und schrieben dazu: „bitte behalten das geld für die reparatur des eingeschlagenen fensters. es tut uns leid."

Namen und feststehende Begriffe

Aufgabe 4 Namen und feststehende (Fach-)Begriffe, die als Namen gelten, werden groß geschrieben. Besonders bei mehrteiligen Ausdrücken ist aber oft schwer zu entscheiden, ob es sich um wirkliche Namen oder Markenartikel handelt.

a) das DEUTSCHE ROTE KREUZ, die ROTE LOLA

b) das ZWEITE DEUTSCHE FERNSEHEN, das DRITTE FERNSEHPROGRAMM

c) die FRÄNKISCHE ALB, das BERGISCHE LAND

d) der STILLE OZEAN, der RUHIGE STEIGERWALD

e) der HEILIGE ABEND, das NEUE JAHR

f) die DEUTSCHE BUNDESBAHN, die DEUTSCHE GEMÜTLICHKEIT

Aufgabe 5 Herkunftsbezeichnungen werden je nach ihrer Form unterschiedlich geschrieben. Schreiben Sie den folgenden Text richtig ab. Welche Regel läßt sich aufstellen?

Wir saßen in einem der zahlreichen Biergärten und ließen uns (b)ayrisches Bier und (m)ünchner Weißwürste schmecken. Am Nebentisch saß eine Gruppe junger Leute, die lauthals in schönstem (b)erlinerischem Dialekt darüber diskutierten, ob wohl das (e)nglische, das (t)schechische oder das (d)ortmunder Bier das beste sei. Wir prosteten der Gruppe zu und meinten, daß doch eine (b)erliner Weiße auch nicht zu verachten sei, und schon setzte eine allgemeine Verbrüderung ein.

> Fachbegriffe und unverwechselbare Eigennamen (insbesondere erdkundliche) werden groß geschrieben.
> Herkunftsbezeichnungen, die keine Eigennamen darstellen, werden je nach Nachsilbe unterschiedlich geschrieben:
> auf -er groß: Tiroler Landwein, Essener Theater
> auf -isch klein: englisches Bier, französische Küche (Achtung: italien-*isch*-er Landwein)

Übung 8 Zur Wiederholung. Übertragen Sie den Text in korrekter Groß- und Kleinschreibung in Ihr Heft.

iserlohn (dpa). mit lübecker marzipan, rheinischen waffeln und wiener apfelstrudel hat der österreicher robert mushammer die weltmeisterschaft der zuckerbäcker gewonnen. die französischen konditoren, die die beiden vorherigen meisterschaften der internationalen konditorenvereinigung im elsaß und im spanischen barcelona für sich hatten entscheiden können, gingen diesmal leer aus. zwölf stunden lang hatten die konkurrenten zuvor gearbeitet, um sechs verschiedene süßspeisen – vom nürnberger lebkuchen bis zum italienischen speiseeis – unter den augen einer kritischen jury herzustellen.

Wochentage und Tageszeiten

Aufgabe 6 Die Schreibung von Wochentagen und Tageszeiten ist recht kompliziert, weil zum Problem der Groß- und Kleinschreibung noch häufig das der Zusammen- und Getrenntschreibung hinzutritt. Nennen Sie Regeln für das Schreiben der hervorgehobenen Angaben.

a) Am *Abend* wurde das Wetter freundlicher.
b) Herr Müller führt *abends* immer noch einmal seinen Hund spazieren.
c) Lotte und Bert haben sich für *morgen abend* verabredet.
d) Rita, Margot und Lisbeth gehen *mittwochs* kegeln.
e) Abgemacht: Wir treffen uns am nächsten *Dienstag abend*.
f) Rosemarie hat ein volles Wochenprogramm: Am *Montagabend* hat sie Turniertanz, am *Dienstagabend* Bridge, am *Mittwochabend* Sportverein, ...

Übung 9 Beschreiben Sie den Verlauf der letzten beiden Tage, indem Sie genau angeben, was Sie zu den einzelnen Tageszeiten gemacht haben.
Beispiel: Am Donnerstag vormittag hatte ich fünf Stunden Berufsschule. Es war sehr langweilig, weil wir donnerstags nur bei einem Lehrer Unterricht haben. Am Nachmittag mußte ich dann bei meiner Ausbildungsfirma wieder in der Telefonzentrale einspringen. ...

Die Namen von Wochentagen (Montag, Dienstag, ...) und die Tageszeiten (der Morgen, am Abend) werden in der Regel groß geschrieben.

Klein geschrieben werden
▷ Wochentage und Tageszeiten mit einem angehängten -s (mittwochs, abends),
▷ unbestimmte Tagesangaben (heute, gestern),
▷ Tageszeiten in Verbindung mit einer unbestimmten Tagesangabe oder einem Wochen-tag (heute morgen, gestern nachmittag, Mittwoch abend).

Bei der Verbindung von Wochentagen und Tageszeit ist Zusammen- oder Getrenntschrei-bung möglich.
Faustregel: Steht der Wochentag im Vordergrund, schreibt man getrennt (Wir treffen uns nächste Woche am *Dienstag* abend). Ist die Tageszeit die Hauptsache, schreibt man zusammen (Am Dienstag*morgen* gehe ich einkaufen, am Dienstag*abend* habe ich meinen Französischkurs).

Übung **10** Zur Wiederholung. Übertragen Sie den Text in korrekter Groß- und Kleinschreibung in Ihr Heft.

enschede (ap). für einen 20jährigen niederländer, der in eine diskothek einbrechen wollte, folgte die strafe auf dem fuß. er saß vom morgen bis zum abend in einem nur 50 zentimeter hohen speiseaufzug eingeklemmt, bis ihn die polizei befreite. der mann war am donners-tagmorgen in die diskothek eingebrochen und wollte mit dem speiseaufzug in den tanz-raum fahren, um technische geräte zu entwenden. dabei war er zwischen zwei stockwerken steckengeblieben. erst nachmittags hörte das inzwischen eingetroffene personal die hilfe-schreie des eingesperrten. der mann wurde gestern abend zunächst in die örtliche klinik gebracht.

Anrede

Übung **11** Wie müssen im folgenden Aufruf die Personalpronomen geschrieben werden?

Lokomotivführer wenden (s)ich an die Öffentlichkeit!
Wir wollen, daß die Züge auch künftig sicher und pünktlich fahren und daß (s)ie nicht wegen Lokomotivführermangels demnächst stillstehen!
Wir wollen, daß die Bundesbahn (i)hre Zugverbindungen noch verbessert, anstatt (s)ie einzuschränken.
Liebe Bürger, liebe Bahnbenutzer! Mit unserem Appell wenden wir uns an (s)ie, weil wir uns Sorgen um die Leistungsfähigkeit der Bahn und um (i)hre Sicherheit als Bahnreisende machen.
Unterstützen (s)ie bitte die Forderungen der Gewerkschaft Deutscher Lokomotivführer!

▷ In Briefen, Aufrufen, Prüfungsaufgaben usw. schreibt man das Personal- und das Pos-sessivpronomen in der 2. Person groß.
▷ Die Höflichkeitsanrede „Sie" und das zugehörige Possessivpronomen werden immer groß geschrieben.
▷ Das Pronomen „sich" wird immer klein geschrieben.
Beispiel: Sicherlich freuen Sie sich, daß man Ihr Gepäck gefunden hat.

Kleinschreibung trotz Erkennungswort

Aufgabe 7 Am leidigsten erscheinen die Zweifelsfälle, bei denen das betreffende Wort mit einem Artikel oder einem anderen Geschlechtswort verbunden ist – und dennoch klein geschrieben wird. Wie kann man die folgenden Ausnahmefälle charakterisieren?

a) Sie hat ihr Leben lang nur *das Beste* für ihre Kinder gewollt.
Es wird *das beste* sein, früh zu Bett zu gehen.
Der Gesündeste ist unser Großvater ja nun nicht mehr.
b) Der Redner verlor sich mit seinen Worten *im Allgemeinen*.
Im allgemeinen macht er seine Sache recht gut.
Er begann *aufs neue* mit seinen Vorwürfen.
Dann konzentrierte er sich auf *das Neue*.
c) Fridolin war *der einzige*, der noch im Park spazierenging.
Der Einsame dachte an Truthilde.
Etwas Entscheidendes mußte geschehen.
Nervös versuchte er, an *etwas anderes* zu denken.

Aufgabe 8 Muß der Superlativ der großgedruckten Adjektive groß oder klein geschrieben werden?

a) Das war das BESTE, was ich je gegessen habe.
b) Es ist das KLÜGSTE, sich zu entschuldigen.
c) Der Verbrecher mußte das ÄUSSERSTE befürchten.
d) Er war aufs ÄUSSERSTE erschrocken.
e) Es ist mir das WICHTIGSTE, die Prüfung zu bestehen.

Aufgabe 9 Entscheiden Sie, ob die großgedruckten Zahlen- oder Mengenangaben groß oder klein zu schreiben sind.

a) Die DREI kamen gut miteinander aus.
b) Die BEIDEN können einem leid tun.
c) Der ANDERE ergriff zuerst das Wort.
d) Am ERSTEN ist Zahltag.
e) Der LETZTE gibt einen aus.

Adjektive in der höchsten Steigerungsstufe (Superlativ) werden nicht als Hauptwörter empfunden und klein geschrieben,
▷ wenn die Form mit „am" gebildet wird
(Es ist *am besten*, jetzt zu gehen),
▷ wenn die Form durch eine mit „am" zu ersetzen ist
(Es ist das beste [= am besten], jetzt zu gehen),
▷ wenn sie durch eine Grundform mit „sehr" ersetzt werden kann
(Es ist das wichtigste [= sehr wichtig, am wichtigsten] für mich).

Adjektive in allgemeinen Redewendungen werden häufig nicht als Hauptwörter empfunden und deshalb klein geschrieben:
alt und jung = jedermann; über kurz oder lang = bald.
Die im Schriftverkehr häufigen Wendungen sollten Sie auswendig lernen. Dazu gehören:
im großen und ganzen / im allgemeinen / im wesentlichen / aufs neue / im folgenden / im voraus / von neuem / ohne weiteres / auf dem laufenden halten.

Zahlwörter und Mengenangaben werden meist klein geschrieben: der eine, der andere, der zweite, die beiden, alle anderen, alles übrige, jeder beliebige, der nächste.
Sie werden nur in den seltenen Fällen groß geschrieben, in denen sie eine Art Eigennamen oder einen Symbolbegriff darstellen: die verflixte Dreizehn; liebe deinen Nächsten.

Übung | 12 Zur Wiederholung. Übertragen Sie den Text in korrekter Groß- und Kleinschreibung.

melbourne (dpa). Australiens Stewardessen und ihre männlichen Kollegen sind es leid, sich auf internationalen Flügen mit ungebärdigen Passagieren herumplagen zu müssen. Das Bordpersonal soll jetzt mit Handschellen und Alkoholtestgeräten ausgerüstet werden. Diese Lösung ist für die Gewerkschaft die einzige, die dem Randalieren einiger Passagiere Einhalt gebieten kann. Auch die vielen anderen, die friedlich ihr Ziel erreichen wollen, sollen auf diese Weise geschützt werden. Die Zahl der Zwischenfälle mit Betrunkenen, aggressiven oder gar Geistesgestörten habe besorgniserregend zugenommen. Vor kurzem mußte die Besatzung eine komplette Fußballmannschaft von Bord weisen, deren betrunkene Mitglieder die übrigen Reisenden belästigt und die Einrichtung nahezu zertrümmert hatten.

4.6.7 Zusammen- und Getrenntschreibung

Manchmal wird die Zusammenstellung zweier Wörter als eigenständiger neuer Begriff empfunden, der zusammengeschrieben wird, manchmal dagegen nicht.
Beispiel: Sie hat das Bild selbst gemalt. ⟷ Das selbstgemalte Bild ist ein Geschenk.
Einfacher ist die Entscheidung, wenn mit der Zusammen- oder Getrenntschreibung auch ein Bedeutungsunterschied verbunden ist:
Beispiel: Ich kann dir die Zukunft   Wenn du nicht mitgehen willst, solltest du es
nicht vorhersagen.   besser vorher sagen.

Aufgabe | 1 Schreiben Sie den Text in korrekter Zusammen- oder Getrenntschreibung ab.

Gisela Sommer, Mechanikerin:
Zu meinem Beruf als Mechanikerin bin ich gekommen, weil es mir nicht gelang, in einem speziellen Frauenberuf unter-zu-kommen. Nun macht mir aber der Beruf besonders viel Spaß, weil ich mich zwischenzeitlich weiter-bilden und spezialisieren konnte, und zwar im CNC-Fräsen. Kenntnisse in diesem rechner-unterstützten Fräsen habe ich mir anfangs in Abendkursen selbst angeeignet. Nachdem ich aber nun auch hier im Betrieb an solch einer Maschine weiter-arbeiten kann, hat mich auch mein Betrieb auf Fortbildungsveranstaltungen geschickt. Ich glaube, daß es auch für Frauen und Mädchen möglich ist, in einem technischen Beruf weiter-zu-kommen.

Grundregel
Zusammengeschrieben wird, wenn zwei ursprünglich selbständige Wörter einen neuen Begriff bilden.
Proben
▷ Wo liegt die Betonung?
Beispiel: vorhérsagen. Die Betonung liegt auf dem *ersten* Wort. Es handelt sich um einen neuen, eigenständigen Begriff, der zusammengeschrieben wird.
vórher ságen. Die Betonung liegt gleichmäßig auf *beiden* Wörtern. Es handelt sich um zwei Begriffe, die getrennt geschrieben werden.

▷ Wie heißt der Infinitiv (die Grundform) bei Verben?

Beispiele: Ich habe Ihnen den Betrag gútgeschrieben. gútschreiben → gútgeschrieben

Renate hat gút geschrieben. gút schréiben → gút geschrieben

Es scheint féstzustehen, daß unser Unternehmen den Auftrag bekommen hat. féststehen → féstzustehen

Das Fundament der Garage hat fést zu stéhen. fést stéhen → fést zu stéhen

Wird die Grundform zusammengeschrieben, so wird die Verbform im Satz ebenfalls zusammengeschrieben.

Aufgabe 2 Entscheiden Sie, wie in dem folgenden Arbeitsbericht die Straßennamen zu schreiben sind. Welche Regeln bestimmen die Schreibweise? Versuchen Sie, diese zu formulieren. Entscheiden Sie auch über die Schreibung der i-Laute (vgl. 4.6.2, Seite 226 f.).

Möbelhaus Hansa

Arbeitsber...cht: Möbelausl...ferung/Kundend...nst

Datum: 27. 8. 86 Arbeitszeit: 7^{15} Abfahrt
  16^{45} Rückkehr

Verantwortlicher Fahrer: Schmeding
Kundend...nstmonteur: Hiller
Handwerker: Merz (Schreiner)
H...lfskraft: Leiners
Fahrzeug: B – LR 427 (Wagen 14)

Ausl...ferungen / Durchgeführte Arbeiten

Adresse	Ausgel...ferte Waren	Durchgeführte Arbeiten	Zeit
1. H. Kaiser FRANKFURTERSTRASSE 27	4 Küchenstühle „Delta" L...ferschein Nr. 0723	—	$7^{30} – 7^{45}$
2. Fa. Sprenger INDUSTRIESTRASSE 12	1 Bürodrehstuhl „Maximus" L...ferschein Nr. 0685	—	$7^{50} – 8^{05}$
3. Nebel und Co. KÖNIGSALLEE 132	—	1 Wandregal repar...rt	$8^{15} – 9^{00}$
4. S. Fleischer ADALBERTSTIFTERWEG 7	1 Polstergarn...tur „Colorado" L...ferschein Nr. 0725	Aufstellen und verb...nden	$9^{20} – 10^{00}$
5. K. Fehlhaber OSTERTORPLATZ 3 a	4,50 m Küchenarbeitsplatte „Planex" L...ferschein Nr. 0690	Platte mont...rt; Fugen vers...gelt	(Pause) $10^{20} – 11^{30}$
6. S. Siebel UHRENGASSE 1	1 Beistellt...sch „Seda" L...ferschein Nr. 0726	—	$12^{30} – 12^{45}$
7. Einwohnermeldeamt BEIMALTENRATHAUS	1 Büroschreibt...sch „Opt...ma" L...ferschein Nr. 332	—	(Pause) $13^{20} – 13^{30}$
8. G. Sandner BERLINERALLEE 19	—	Furn...r an Wohnz...mmer- schrank neu angeleimt	$13^{55} – 14^{30}$
9. Fruchtshop E. Kübel KONRADADENAUER- PLATZ	25 Regalböden 60 cm × 25 cm L...ferschein Nr. 0701	—	$15^{00} – 15^{30}$
10. St. Brückner BREITESTRASSE 49	1 Phonoturm „H...gh-Tech" L...ferschein Nr. 0727	Aufgestellt und angeschlossen	$15^{45} – 16^{30}$

Schmeding

(Unterschrift)

▷ Man schreibt zusammen:
Substantiv (Name oder Sachbezeichnung) + typisches Grundwort für Straßenbezeich-
nungen
Beispiele: Schloß*straße*, Heide*weg*, Beethoven*platz*, Römer*steg*.
Adjektiv (undekliniert) + typisches Grundwort für Straßenbezeichnungen
Beispiele: Neu*markt*, Hoch*straße*, Alt*graben*.

▷ Man schreibt getrennt:
Ableitungen auf -er von Orts- und Ländernamen + typisches Grundwort
Beispiele: Schweiz*er Ring*, Bonn*er Chaussee*, Berlin*er Promenade*.
Adjektiv (dekliniert) + typisches Grundwort
Beispiele: Lang*er Graben*, Neu*er Ring*, Hoh*es Ufer*.
Mehrteilige Namen werden mit Bindestrichen zusammengefügt.
Beispiele: Albrecht-Dürer-Allee, Kaiser-Augustus-Ring.

4.6.8 Fremdwörter

In der Regel gleichen sich häufig gebrauchte Fremdwörter nach und nach der deutschen Schreib-
weise an. Bei diesem Vorgang lassen sich verschiedene Stufen unterscheiden:
▷ Fremdwörter, die noch nicht angeglichen sind, behalten ihre fremdsprachige Schreibweise.
Beispiele: Computer, Breakdance, Jeans, Chip.
▷ In einer Übergangsstufe sind unterschiedliche Schreibweisen nebeneinander möglich.
Beispiele: Friseur – Frisör, Photograph – Fotograf, Telephon – Telefon.
▷ Nach Übernahme des Wortes in die deutsche Sprache wird die fremdsprachige Schreibweise
ungebräuchlich.
Beispiele: Likör (nicht: Liqueur), Bluse (nicht: Blouse).

Aufgabe 1 Schreiben Sie folgende Fremdwörter richtig ab.

Stati…er	Me…ode	Noti…	Ru…n
Reser…e	…ronik	Atmo…äre	Kontro…erse
Matri…e	Ma…aroni	Klisch…	Hierogl…phe
Chem…	Monoton…	…ermometer	Ka…ode
A…ord	Ski…e	Frakt…on	Insta…ation

▷ Nur in Endungen wird ie geschrieben.
Beispiele:
langes i im Wort: Masch*i*ne, Rout*i*ne
langes i am Wortende: Chem*ie*, Kop*ie*
▷ In Fremdwörtern steht nie tz.
Beispiele: Medizin, Penizillin, Pizza.
▷ Die gesprochenen Laute w und k werden häufig als v und ch geschrieben.
Beispiele: Volt, Vakuum, Ventil, Dividende, Chromosom, Chlor, Chamäleon, Chronik.
▷ In Fremdwörtern aus dem Griechischen bleiben th und manchmal auch ph erhalten.
Beispiele: Bibliothek, Asthma, Äther, Phosphor, Paragraph, Katastrophe.

Aufgabe 2 Fremdwörter zeigen oft eine besondere Pluralbildung.

Beispiele:	-ar	Bibliothekar	Bibliothekare
	-or	Revisor	Revisoren
	-al	Material	Materialien
	-um	Gymnasium	Gymnasien
	-ion	Information	Informationen

Schlagen Sie die Bedeutung der Ihnen unbekannten Fremdwörter im Fremdwörter-Duden nach, und bilden Sie den Plural.

Statistik	Skonto	Opposition
Doktor	Cup	Gourmet
Memorandum	Racket	Experte
Referendar	Menu	Konto
Katalysator	Visum	Vision
Ministerium	Reklamation	Chronik
Index	Datum	Virus

Aufgabe 3 Versuchen Sie, im folgenden Text so oft wie möglich Fremdwörter durch passende deutsche Begriffe zu ersetzen.

Aus dem Urteil des Bundesverfassungsgerichts am 15. 12. 1983

Die Statistik hat eine erhebliche Bedeutung für eine staatliche Politik, die den Prinzipien und Richtlinien des Grundgesetzes verpflichtet ist. Wenn die ökonomische und soziale Entwicklung nicht als unabänderliches Schicksal hingenommen, sondern als permanente Aufgabe verstanden werden soll, bedarf es einer umfassenden kontinuierlichen sowie laufend aktualisierten Information über die wirtschaftlichen, ökologischen und sozialen Zusammenhänge. Erst die Kenntnis der relevanten Daten und die Möglichkeit, die durch sie vermittelten Informationen mit Hilfe der Chancen, die eine automatische Datenverarbeitung bietet, für die Statistik zu nutzen, schafft die für eine am Sozialstaatsprinzip orientierte staatliche Politik unentbehrliche Handlungsgrundlage.

Umgang mit dem Rechtschreib-Duden

Viele Zweifelsfragen der Rechtschreibung lassen sich nur durch Nachschlagen im Rechtschreib-Duden oder in anderen Wörterbüchern klären. Durch häufiges Benutzen sollten Sie Ihren Umgang mit diesen Nachschlagewerken trainieren.

Die Worteintragungen im Rechtschreib-Duden enthalten nicht nur die korrekte Schreibweise eines Wortes, sondern geben eine Fülle von Informationen über die richtige Verwendung eines Wortes.

Beispiel: **Fayence** [*fajangß*] *die;* –, -n [...*ß*ᵉ*n*]
⟨franz.⟩ (feinere Töpferware);

richtig schreiben
① Rechtschreibung:
Fayence

② Silbentrennung:
Fa-yence

richtig sprechen
③ Aussprache:
[*fajangß*]

④ Betonung:
fajangß
(2. Silbe lang betont)

richtig gebrauchen
⑤ Grammatische Form:
die Fayence (weibl.)
der Fayence (Gen. Sg.)
die Fayencen (Nom. Pl.)

⑥ Worterklärung:
feinere Töpferware
⑦ Wortherkunft:
aus dem Französischen

[*Trenn.:* dik|ke] (ugs. für: genug); jmdn., eine Sache - haben (ugs. für: jmds., einer Sache überdrüssig sein); ¹**Dịcke¹** *die;* -, -n (ohne *Plur.:* Dicksein; [in Verbindung mit Maßangaben:] Abstand von einer Seite zur anderen); Bretter von 2 mm -, von verschiedenen -n; ²**Dịcke¹** *der u. die;* -n, -n (↑ R 7 ff.)

Dịckens; ↑ R 179 (engl. Schriftsteller)

Dịcken|wachs|tum¹; Dịcker|chen¹; dịcke|tun¹, dịck|tun; ↑ R 205 (ugs. für: sich wichtig machen); ich tue mich dick[e]; dick[e]getan; dick[e]zutun; **dịck|fel|lig; Dịck-fel|lig|keit** *die;* -; **dịck|flüs|sig; Dịck|häu|ter; Dịckicht¹** *das;* -s, -e; **Dịck|kopf; dịck.köp|fig, ...lei|big; dịck|lich; Dịck.ma-cher** (ugs. für: sehr kalorienreiches Nahrungsmittel), **...milch, ...schä|del, ...sein** (*das;* -s); **Dịck-te** *die;* -, -n (Technik oft für: ¹Dicke); **Dịck|tu|er; Dịck|tue|rei; dịck|tun** vgl. dicketun; **Dịckung¹** (Jägerspr. für: Dickicht); **dịck-wan|dig; Dịck.wanst, ...wurz** (Runkelrübe)

Di|dạk|tik *die;* -, -en ⟨griech.⟩ (Unterrichtslehre); **Di|dạk|ti|ker; di-dạk|tisch;** -ste (unterrichtskundlich; lehrhaft)

di|del|dụm!, di|del|dum|dei!

Di|de|rot [*did'ro̱*] (franz. Schriftsteller u. Philosoph)

Di|do (sagenhafte Gründerin Karthagos)

Di|dot [*dido̱*] (franz. Buchdrucker); **Di|dot|an|ti|qua** (↑ R 135)

die (↑ R 66); *Gen.* der u. deren (vgl. d.); *Plur.* vgl. der

Dieb *der;* -[e]s, -e; **Die|be|rei; Die-bes.ban|de, ...beu|te, ...gut, ...haken** (¹Dietrich); **die|bes|si|cher; Die|bin** *die;* -, -nen; **die|bisch;** -ste; **Diebs|ge|sin|del; Dieb|stahl** *der;* -[e]s, ...stähle; **Dieb|stahl-ver|si|che|rung**

Dief|fen|ba|chie [...*i̱'*] *die;* - ⟨nach dem österr. Botaniker Dieffenbach⟩ (eine Zierpflanze mit großen, länglichrunden Blättern)

die|je|ni|ge (↑ R 66); *Gen.* derjenigen; *Plur.* diejenigen

Die|le *die;* -, -n

Di|le|ẹk|tri|kum *das;* -s, ...ka ⟨griech.⟩ (elektr. Nichtleiter); **di-elẹk|trisch; Di|elek|tri|zi|täts-kon|stan|te** (Wert, der die elektr. Eigenschaften eines Stoffes kennzeichnet; Zeichen: ε)

die|len; Die|len.bo|den, ...lam|pe

Die|me *die;* -, -n u. **Die|men** *das;* -s, - (nordd. für: Heu- od. Getreidehaufen)

---

¹ *Trenn.:* ...k|k...

---

die|nen; Die|ner; Die|ne|rin *die;* -, -nen; **die|nern;** ich ...ere (↑ R 22); **Die|ner.schaft, ...schar; dien-lich; Dienst** *der;* -[e]s, -e; zu -en stehen; etw. in - stellen (in Betrieb nehmen); außer Dienst (Abk.: a. D.); **Dienst|ab|teil**

Diens|tag *der;* -[e]s, -e; ich werde Sie - aufsuchen; alle -e; eines -s; des -s, aber (↑ R 61): dienstags. *Tageszeiten* (vgl. Abend, II): [am] Dienstag früh beginnen wir; [nächsten] Dienstag abend, am Dienstag abend (an dem bestimmten Dienstag) treffen wir uns, er ist für Dienstag abend bestellt; aber: Dienstag od. dienstags abends (an jedem wiederkehrenden Dienstag) spielen wir Skat; entsprechend in Verbindung mit morgen, morgens usw., aber nur: Dienstag nacht/in der Dienstagnacht; **Diens|tag|abend** [auch: *dı̄nßtakáb'nt*]; am - hat sie Gesangstunde, am Donnerstagabend hat sie frei; meine Dienstagabende sind schon alle belegt; vgl. Dienstag; **diens|tä|gig** vgl. ...tägig; **diens|täg|lich** vgl. ...täglich; **Diens|tag|nạcht** [auch: *dı̄nßtaknácht*]: vgl. Dienstag; **diens|tags** (↑ R 61): vgl. Dienstag

Dienst.al|ter, ...äl|te|ste, ...an-tritt, ...auf|fas|sung, ...aus|weis; dienst|bar; Dienst|bar|keit; dienst.be|flis|sen, ...be|reit; Dienst.be|reit|schaft (*die;* -), **...bo|te; dienst.eif|rig, ...fer|tig, ...frei** (- haben, sein); **Dienst.ge-heim|nis, ...ge|spräch, ...grad; dienst|ha|bend; Dienst|ha|ben|de** *der u. die;* -n, -n (↑ R 7 ff.); **Dienst|lei|stung; Dienst|lei-stungs|ge|wer|be; dienst|lich; Dienst|mäd|chen** (veralt. für: Hausgehilfin); ¹**Dienst|mann** (*Plur.* ...mannen; veralt. für: Höriger); ²**Dienst|mann** (*Plur.* ...männer; österr. nur so) u. ...leu-te; Gepäckträger); **Dienst.per-so|nal, ...pflicht; dienst|pflich-tig; Dienst|prag|ma|tik** *die;* - (österr. früher für: generelle Norm für das öffentl.-rechtl. Dienstverhältnis in Österreich); **Dienst|rang; dienst|recht|lich; Dienst.rei|se, ...sa|che, ...schluß** (*der;* ...usses), **...stel|le, ...stem-pel; dienst.taug|lich, ...tu|end, ...un|fä|hig; Dienst|un|fä|hig|keit** *die;* -; **dienst|ver|pflich|tet; Dienst.vor|schrift, ...wa|gen, ...weg, ...woh|nung, ...zeit**

dies, dieses (↑ R 66); *Gen.* dieses; diesjährig, diesmal, diesseits; **dies|be|züg|lich**

Di|es *der;* - (kurz für: Dies academicus); **Di|es aca|de|mi|cus** [- *akade̱mikuß*] *der;* - - ⟨lat.⟩ (vorlesungsfreier Tag an der Universi-

---

tät); **Di|es ater** *der;* - - („schwarzer Tag", Unglückstag)

Die|sel *der;* -[s], - (Kurzform für: [Wagen mit] Dieselmotor)

die|sẹl|be (↑ R 66); *Gen.* derselben; *Plur.* dieselben; ein[e] und -; **die-sẹl|bi|ge;** ↑ R 66 (veralt. für: dieselbe)

die|sel|elek|trisch; Die|sel.lo|ko-mo|ti|ve, ...ma|schi|ne, ...mo|tor; ↑ R 135 ⟨nach dem Erfinder⟩; **die-seln** (wie ein Dieselmotor ohne Zündung weiterlaufen [vom Ottomotor]); **Die|sel.öl, ...trieb|wa-gen** (↑ R 135)

die|ser (↑ R 66), diese, dieses (dies), *Gen.* dieses, dieser, dieses; *Plur.* diese; dieser selbe [Augenblick]; (veralt.:) Schreiber dieses [*Gen.*], dafür besser. ... dieses Briefes; **die|ser|art** (selten für: auf diese Weise; so); aber: Fälle [von] dieser Art; **die|ser-halb; die|ses** vgl. dies; **die|ses Jah|res** (Abk.: d. J.); **die|ses Mo-nats** (Abk.: d. M.); **dies|falls** (veralt.)

die|sig (neblig); **Die|sig|keit** *die;* - **Di|es irae** [- *ı̱rä̱*] *das;* - - ⟨lat.⟩ („Tag des Zornes"; Anfang eines mittelalterl. Hymnus auf das Weltgericht)

dies|jäh|rig; dies|mal, aber: dieses Mal, dies od. dieses eine, letzte Mal; **dies|ma|lig; dies|sei|tig; Dies|sei|tig|keit** *die;* -; **dies|seits;** mit *Gen.:* - des Flusses; **Dies-seits** *das;* -; im -; **Dies|seits|glau-be**

Die|ster|weg (dt. Pädagoge)

Die|ter, Die|ther; ↑ R 131 (m. Vorn.); **Diet|hild, Diet|hil|de** (w. Vorn.)

Di|ethy|len|gly|kol vgl. Diäthylenglykol

Diet|lind, Diet|lin|de (w. Vorn.); **Diet|mar** (m. Vorn.); ¹**Diet|rich** (m. Vorn.); ²**Diet|rich** *der;* -s, -e (Nachschlüssel)

Dieu le veut! [*diölwö̱*] ⟨franz.⟩ („Gott will es!"; Kampfruf der Kreuzfahrer auf dem ersten Kreuzzug)

die|weil, all|die|weil (veralt.); vgl. weil

Dif|fa|ma|ti|on [...*zion*] *die;* -, -en ⟨lat.⟩ (Verleumdung); **dif|fa|ma-to|risch; Dif|fa|mie** *die;* -, ...ien (verleumderische Bosheit; Beschimpfung); **dif|fa|mie|ren; Dif|fa|mie|rung**

dif|fe|rẹnt ⟨lat.⟩ (verschieden, ungleich); **dif|fe|ren|ti|al, dif|fe-ren|ti|ell** [...*zi...*] (einen Unterschied begründend od. darstellend); **Dif|fe|ren|ti|al** *das;* -s, -e (Math.: unendlich kleine Differenz; Ausgleichsgetriebe beim Kraftfahrzeug); **Dif|fe|ren|ti|al-.dia|gno|se** (Unterscheidung

---

Duden. *Rechtschreibung der deutschen Sprache und der Fremdwörter. Bibliographisches Institut, Mannheim* ¹⁹1986, S. 207.

Aufgabe **1** Verwenden Sie die Eintragungen im Duden zur Beantwortung der folgenden Fragen:

1. Wie kann man „dickfellig" trennen?
2. Welches Genus hat das Substantiv „Didaktik"?
3. Wie spricht man „Diderot", den Namen eines französischen Philosophen, aus?
4. Wie heißt der Plural des Blumennamens „Dieffenbachie"?
5. Was ist ein „Dielektrikum"?
6. Warum erscheinen die Angaben für die Schreibung der Tageszeiten im Duden unter dem Stichwort „Dienstag", nicht unter „Montag" oder einem anderen Wochentag?
7. Welche Regeln für die Schreibung der Tageszeiten können Sie dem Worteintrag „Dienstag" entnehmen?
8. Was bedeutet die Angabe „(↑R1)"? Informieren Sie sich.
9. Was bedeutet der Hinweis „(veralt.:) Schreiber dieses [*Gen.*]" im Worteintrag „dieser"?
10. Wie betonen Sie das Wort „Diethylenglykol" korrekt?
11. Woher kommt das Wort „diffamieren", und was bedeutet es?

Aufgabe **2** Bestimmen Sie, in welcher Reihenfolge folgende Wörter im Duden erscheinen.

Goethe, Reihe, alt, Fanfare, Hälfte, Gold, Sex, Halfter, Koralle, Faß, Chor, Altpapier, Göttingen, Fassade.

Übung **1** Übertragen Sie den folgenden Text in Ihr Arbeitsheft, und setzen Sie die Wörter in richtiger Schreibweise ein, die Sie unter den entsprechenden Ziffern nach dem Text aufgelistet finden.

Ältester 1 wird eingeschläfert

Osnabrück, 31. Oktober (ap). Deutschlands ältester 1, die fast sechzig Jahre alte 1 kuh „Toni" im 2 von Osnabrück, soll eingeschläfert werden. „Sie leidet an teilweiser 3 und an einer starken 4. Sie kann sich nur noch mühevoll bewegen. Schon seit Jahren schläft sie im 5 an die Stallwand 6", berichtet der Direktor des 2, Wolf Everts. Aus Gründen des Tierschutzes und der Sicherheit für den 7 und die übrigen 1 müsse das Tier deshalb in den nächsten Tagen oder Wochen eingeschläfert werden. Nach den Unterlagen in der Tierkartei wurde die 1 kuh etwa 1927/28 in 8 geboren; 1948 wurde sie vom 9 „entdeckt". Schon zu dieser Zeit litt sie an einem Hüftleiden. 10 stand das Tier dreizehn Jahre lang fast jeden Tag im 11 Licht der 9 12. Im Jahre 1961 wurde die 1kuh vom 13 in Osnabrück gastierenden 9 Friederike Hagenbeck an den 2 verkauft. 14 macht sich ihr für 1 hohes Alter bemerkbar.

Schon 15 Sommer 1983 mußten der 1kuh immer 16 17 für den Kreislauf verabreicht werden, sagt Everts. „18 kann man 19 einem Pferd oder einem Hund geben, aber nicht solch einem Tier, 20 drei 21 wiegt und sich kaum noch auf den Beinen halten kann", weist der 2direktor 22 gegen die Einschläferung zurück. Sollte das Tier im 1haus sterben, stelle das den 2 23 vor große 24. Die beiden anderen 1 müßten dann an ihr 25 werden. 26 wäre aber nur unter Lebensgefahr für den Pfleger möglich. Außerdem müßte der 27, um ihn überhaupt wegschaffen zu können, noch im 1haus zerlegt werden. In absehbarer Zeit müsse das Tier deshalb eingeschläfert werden. „Sie 28 eine Spritze und stirbt dann innerhalb weniger Sekunden", beschreibt Everts das Ende der 1kuh. Immerhin habe sie wesentlich länger gelebt als ihre 29 in freier 30. Die würden gewöhnlich nicht älter als vierzig Jahre.

1 Elephant – Elefant – Elefannt – Ellefant

2 Zoo – Zoh – Zo

3 Rüssellähmmung – Rüsselähmung – Rüssel-
lähmung – Rüssellähmunk

4 Hüftgelenkartrose – Hüfftgelenkarthrose –
Hüftgelenkarthrose – Hüftgelengarthrose

5 stehen – Stehen

6 gelehnt – geleent – gelehnd

7 Pfleger – Fleger – Flehger

8 Indin – Inndien – Indien – Indienn

9 Cirkus – Zirkus – Zirkuss – Cirrkus – Zirkuß

10 Denn noch – Dennoch – Denoch – Den noch

11 grällen – grelen – grellen – grälen

12 mannege – -manesche – -manege – -manne-
sche

13 grade – gerade – grahde

14 Immer mehr – Immermehr – Immer Mehr –
Immer Meer

15 seit – seid

16 wider – wieder – wihder – widder

17 Mehdikamente – Medikahmente – Medika-
mente – Medikamennte

18 Gnahdenbrot – Gnadenbroht – Gnadenbrot

19 vielleicht – viel leicht – fiel leicht

20 daß – das

21 Tonen – Tonnen – Tonnenn

22 Wiederspruch – Wider Spruch – Widerspruch

23 zu dem – zudem

24 Schwirigkeiten – Schwiehrigkeiten – Schwierigkeiten – Schwierigkeihten

25 vorbei geführt – vorbeigeführt – vorbeigefürt

26 Das – Daß

27 Riesenkadahver – Riesenkadafer – Riesenka-
daver

28 erhällt – erhält – erhellt

29 Artgenossen – Art Genossen – Artgenoßen

30 Wiltbahn – Wildbaan – Wildbann – Wildbahn

| Aufgabe | 3 Schreiben Sie die Antworten, die Sie den Eintragungen im Duden entnehmen können, in Ihr Heft.

   1. Der Artikel des Wortes „Prestige" lautet: ...

   2. Das Wort „Banderole" hat ... Geschlecht.

   3. Das Wort „Präsidentschaftskandidat" wird folgendermaßen in Silben getrennt: ...

   4. Der Genitiv Singular von „Clique" lautet: ...

   5. Der Nominativ Plural von „Chrysantheme" lautet: ...

   6. Die dritte Silbe von „Präsentierteller" wird ... gesprochen.

   7. Das Wort „Clearing" wird ausgesprochen (in Lautschrift): ...

   8. Das Grundwort von „Bärentraubenblättertee" ist ..., das Bestimmungswort lautet: ...,
der Artikel von „Bärentraubenblättertee" richtet sich nach dem ...wort.

   9. Das russische Wort „Prawda" heißt auf deutsch: ...

  10. Das Wort „Presbyter" stammt aus der ... Sprache.

  11. Die weiteren Formen für „Bangbüx" sind: ...

  12. Das Wort „Bank" hat die Bedeutungen ... und ...

  13. Das Zeichen Wz, etwa bei dem Wort „Citroën", bedeutet: ...

Siebentes Kapitel: Literatur

1 Erzählungen

1.1 Geschichten und Geschichte

1.1.1 Die Gegenwart des Vergangenen

Heinrich Böll: Suchanzeigen

Ich suche ein Mädchen, zehn Jahre alt, wahrscheinlich blaß, dunkelhaarig, mit sehr großen, zur Melancholie neigenden dunklen Augen. Ich habe Grund zu der Annahme, daß sie schön ist.
5 Ich kenne ihr Geburtsdatum, den Geburtsort, die Orte ihrer Kindheit und Jugend: Düren, Heinsberg, wahrscheinlich Palenberg, Aachen. Ich suche das Mädchen in einem bestimmten Jahr, im Jahr 1887. Sie ist unterwegs auf der Landstraße
10 zwischen Düren und Golzheim, ob nach Golzheim gehend oder von Golzheim kommend, weiß ich nicht. Wenn sie nach Golzheim geht, trägt sie eine leere Waschschüssel; wenn sie von Golzheim kommt, trägt sie eine Waschschüssel voll Rüben-
15 kraut. Die Entfernung Düren–Golzheim beträgt sieben Kilometer, der Gesamtweg des Mädchens also vierzehn Kilometer. Ich weiß nicht, wie lange ein zehnjähriges Mädchen braucht, um diese Strecke zurückzulegen, auf einer Straße, von der
20 ich nicht weiß, ob sie damals schon baumlos war. Wollen wir ihr mindestens drei, höchstens sechs Stunden zubilligen? Wollen wir ihr ebenfalls zubilligen, daß sie hin und wieder die leere und die volle Schüssel absetzen muß, um ihre Arme zu
25 entlasten? Ich weiß nicht, wieviel Pfund Rübenkraut sie da bei Verwandten oder Bekannten abholte, weiß nicht, ob das Rübenkraut geschenkt oder nur verbilligt war. Drei Stunden? Vier oder sechs? Acht Pfund, zehn oder sieben? Ich weiß
30 nicht. Ich weiß auch nicht, wieviel Geld bei dieser Aktion gespart wurde. Zehn Pfennige? Dreißig oder nur sieben? Ich weiß nicht. Das Mädchen ist unterwegs, und ich suche es. Sie heißt Maria und wurde ein paar Jahrzehnte später meine Mutter.
35 Das ist uninteressant, über meine Mutter weiß ich einiges, über das Mädchen weiß ich nichts.
Fünfundachtzig Jahre später fahre ich ziemlich oft durch Golzheim, vor Golzheim schnell, durch Golzheim manchmal schneller als zulässig, hinter
40 Golzheim wieder relativ schnell. Mit dem Auto.

Nehmen wir an, ich fahre 100. Ich brauche für die sieben Kilometer drei, vier, höchstens sechs Minuten; es kommt drauf an, wieviel landwirtschaftliche Fahrzeuge gerade unterwegs sind, wie ich sie überholen kann, wie der Gegenverkehr ist. Mehr 45 als sechs Minuten brauche ich keinesfalls. Führe ich die ganze Zeit, die das Mädchen unterwegs ist, mit dem Auto weiter, so wäre ich in drei Stunden ungefähr in Darmstadt, in sechs irgendwo zwischen Augsburg und München, während das 50 Mädchen immer noch unterwegs ist. Und wie oft ging das Mädchen diesen Weg? Einmal? Mehrere Male, jedes Jahr wieder? Wie hießen die Leute, bei denen sie das Rübenkraut holte, um sieben oder dreißig Pfennige zu sparen? 55
Ich weiß das alles nicht. Sieht das Mädchen fünfundachtzig Jahre später auf dieser selben Landstraße Autos fahren und in einem dieser Autos einen ihrer Söhne? Sieht sie mich? Ich sehe sie nicht, obwohl ich immer wieder nach ihr Aus- 60 schau halte. Ich weiß nichts von ihr, jedenfalls nicht viel. Sie hat eine strenge Mutter, fünf Schwestern, zwei Brüder, einen, gelinde gesagt, leichtsinnigen Vater, der, gelinde gesagt, gern einen trinkt. Was kostet ein Glas Bier, was kostet ein Cognac? 65 Gewiß mehr, als das zehnjährige Mädchen durch den drei- bis sechsstündigen Gang mit der leeren und der vollen Waschschüssel spart. Ich würde so gern mit ihr sprechen, versuchen sie auszufragen, herauszubekommen, was sie sich denkt. Ich kenne 70 von zwei, drei Fotos das bittere, säuerliche Gesicht der Mutter des Mädchens. Ich weiß ein paar Anekdoten über sie. Sie war das klassische betrogene Mündel des Schauerromans, wurde um Grundstücke, Häuser, nach einer anderen Anekdoten- 75 version um eine Brauerei betrogen. Man sieht dem bitteren Gesicht noch an, daß sie einmal schön war. Das klassische Mündel mit klassischem Gesicht. Katholisch mit stark jansenistischer Einfärbung. Freudlos, puritanisch, kirchgängerisch, verbittert. 80

245

Ich würde so gern mit dem Mädchen auf der Landstraße sprechen. Nicht mit meiner Mutter, mit ihr habe ich oft gesprochen, aber nie mit dem zehnjährigen Mädchen. Was denkt sie, was fühlt sie, was weiß sie, was gesteht sie sich ein, was verbirgt sie vor sich und den anderen? Was denkt sie über ihren, gelinde gesagt, leichtsinnigen Vater, der innerhalb von zwei Minuten mehr vertrinkt, als sie bei diesem Drei- oder Sechsstundenmarsch „verdient" oder nur erspart? Fünfundachtzig Jahre später würde ich gerne die Chronologie auseinandernehmen, durcheinanderbringen, um mich mit dem Mädchen zu unterhalten. Ich würde sie mitnehmen, aber vielleicht bleibt sie lieber auf der Landstraße, als zu ihrer bitteren, säuerlichen Mutter zurückzugehen, die sparen, sparen muß, weil da einer ist, der verschwendet? Da gäb's viel zu erzählen über die fünf Schwestern und die beiden Brüder, über den, gelinde gesagt, leichtfertigen, verwöhnten Vater, über die aufrechterhaltene Fassade, über zusammenbrechende Fassaden. Das ist uninteressant, für mich. Ich suche das kleine Mädchen, das viel später meine Mutter sein wird.

Was ich mir denken, was ich mir vorstellen, was ich kombinieren, sogar recherchieren könnte, ist mir langweilig, weil ich weiß, wie's gemacht wird. Gut. Schlecht. Nicht so schlecht. Nicht so gut. Mit einer ziemlichen, mit einer gewissen, mit einer bestimmten Wahrscheinlichkeit zutreffend. Ein bißchen interpoliert, so oder so. Literatur. Die suche ich nicht, ich suche ein zehnjähriges Mädchen, von dem ich nichts weiß. Ich fahre fünfundachtzig Jahre später über dieselbe Landstraße und sehe sie nicht, höre sie nicht, weiß nichts von ihr. Ich kann mir viel vorstellen, fast alles, aber – wie schon gesagt – das interessiert mich nicht. Ich suche ein zehnjähriges Mädchen, blaß, mit dunklen, zur Melancholie neigenden Augen, die überraschenderweise voller Humor sind.

Ich suche nicht ihre Erinnerung, nicht die Erinnerung an sie, ich suche sie selbst.

Ich suche einen wahrscheinlich rothaarigen mageren, sommersprossigen zehnjährigen Jungen, der im Jahre 1880 morgens von der Schwanenkampstraße in Essen aus zur Schule geht. Er heißt Victor und wird viele Jahre später mein Vater sein. Über meinen Vater weiß ich einiges, über diesen zehnjährigen Jungen weiß ich nichts. Ich weiß ein paar Anekdoten, ich kenne einige seiner Erinnerungen und Erinnerungen anderer an ihn, aber ihn selbst kenne ich nicht. Ich würde so gerne die Chronologie zerstören, ihn für ein paar Minuten

lebend vor mir haben, bevor seine konventionellen und unkonventionellen Erinnerungen in den Kreislauf der Anekdotenkonvention geraten. Ich möchte seine Tafel oder seine Hefte sehen, seine Brote, sein Taschentuch, möchte sehen, ob er damals schon eine Brille trug. Es ist einiges überliefert, in einigen Variationen verbürgt, es ließ sich viel recherchieren, kombinieren, interpretieren, vorstellen, und mit einer ziemlichen oder gewissen oder gar bestimmten Wahrscheinlichkeit ließe sich ein Genrebild erstellen von dem wahrscheinlich rothaarigen mageren Jungen, der da an der Mauer der Kruppschen Fabrik entlang zur Schule geht. Das Milieu ist mir bekannt, Details genug, aber ich will nicht die Erinnerungen des Jungen und nicht die Erinnerungen anderer an ihn, ich will ihn selbst, ihm ins Auge blicken, sein Taschentuch, seine Brote, seine Hefte oder seine Tafel sehen. Der Junge heißt Victor, ist im Jahr 1880 zehn Jahre alt und wird später einmal mein Vater sein.

Ich suche mich selbst, zehnjährig, mit dem Fahrrad zur Schule unterwegs. Nicht meine Erinnerung, nicht, was andere zu erinnern glauben. Meine Frau suche ich, zehnjährig, meine Kinder, Freunde, Geschwister. Ich möchte die verfluchte Chronologie zerstören, die eine 1923, die andere 1935 oder 1917 sehen, auf dem Schulweg, auf der Straße spielend, in der Kirche, im Beichtstuhl. Ich möchte die Beichten all dieser Zehnjährigen mithören; ich kann mir viel vorstellen, fast alles: den einen zehnjährig auf einem Trümmergrundstück 1957, den anderen zehnjährig 1958 auf dem Schulhof eines Gymnasiums, einen anderen 1960 zehnjährig in einem Park. Es wird viel erzählt, viele erinnern sich an vieles, es gibt da Fotos, verschiedene Perspektiven, Interpretationen, Milieudetails, alles vorhanden, Schulzeugnisse, Wehrpässe, Gebetbücher, Kinderzeichnungen, Briefe, sogar Tagebuchblätter; es ließe sich alles verwenden, ergänzen, vorstellen mit ziemlicher, annähernder, mit an Gewißheit grenzender Wahrscheinlichkeit. Ich möchte mehr: Ich möchte das Feuchte in ihren Augen sehen, ihnen die Hand vor den Mund halten, um ihren Atem zu spüren, das Brot sehen, in das die einen, den Apfel, in den die anderen beißen, 1930 oder 1935; den Ball in der Hand, die Kreidestriche auf dem Plaster; die Musterung auf der Waschschüssel, in der Maria das Rübenkraut trug, und die Schuhe des wahrscheinlich rothaarigen zehnjährigen mageren sommersprossigen Jungen, der Victor hieß. Ich will nicht das Unvergängliche, das Gegenwärtige will ich,

246

das vergangen ist. Nicht das Erzählte, nicht einmal das Wahre und schon gar nicht das Ewige. Ich will die Gegenwart der Vergangenen. Einsteigen und aussteigen, wo ich möchte; das Sprungseil vom Leipziger Platz und die Brote, die in der Machabäerstraße auf dem Schulhof gegessen wurden; Kreidestriche auf dem Trottoir der Teutoburger Straße, Sägemehl auf dem Hof des Hauses an der Schwanenkampstraße; das Bier, das auf dem Pflaster der Pletzergergasse verschüttet wurde, im Krug geholt, damit der Alte einmal zu Hause blieb; die Klicker aus der Kreuznacher Straße. Den Apfel, in den ein Mädchen 1940 biß, oder den anderen, den ein andres Mädchen 1935 pflückte. Nicht als Andenken, nicht als Anekdotenvehikel, nicht als Vitrinenfetisch, nein, weil es da war, nicht mehr ist und nie mehr sein wird. Ich will das Haar, das vom Haupt gefallen ist.

In: Jemand der schreibt. 57 Aussagen. Hrsg. von Rudolf de le Roi. Carl Hanser, München 1972, S. 38–42.

| Aufgabe | Wie wird Vergangenes erzählt? |

    – Wie macht der Erzähler das Vergangene gegenwärtig?
    – Wessen Vergangenheit soll gegenwärtig werden?
    – Wozu erinnert sich der Erzähler an Vergangenes?

1.1.2 Wer erzählt Geschichten?

Klaus Hübner: Schlachten

Nachdem der Junge sich mit dem Schlachtermeister angefreundet hatte und die widerrufliche Erlaubnis besaß, die Schlachthalle zu betreten, kam er jeden Tag, stellte sich in den Eingang der Halle, beobachtete die Handbewegungen der Männer, ruhig, ohne zu stören und ohne ein Wort zu sprechen. Er sah, wie die todgeweihten und ahnungslosen Tiere von den Schlachtgehilfen hereingeführt wurden, sah, wie die Männer in ihren grüngrauen Gummistiefeln durch die Blutlachen liefen, sah ihre besudelten Gummischürzen, die nach jedem getöteten Tier roter wurden. Die Schlachter riefen den Schlachtergehilfen kurze Anweisungen zu, sprachen beruhigend auf Kühe und Schweine, Rinder und Ochsen ein, hielten den Bolzenschußapparat vor die mächtigen Köpfe und drückten sofort ab. Das kurze Aufbäumen der Tiere sah er, ihren überraschten Augenausdruck, das allmähliche Zusammensinken der mächtigen Leiber, die in das Blut ihrer Vorgänger sackten und bereits zu einer Ware geworden waren. Der Junge verzog keine Miene, wenn die Tiere fielen oder wenn die Schweine laut quiekend und grunzend in die mit Fliesen ausgelegte Halle geführt wurden. Sein Interesse galt dem Schlachtvorgang, der Gewandtheit der Schlachter, die tagein, tagaus ihr Handwerk verrichteten, die über das Leben der Tiere so wenig nachdachten wie er. Die großen, ferngesteuerten Eisenhaken nahmen die toten Körper der Opfer auf, hievten sie hoch, setzten sich mitsamt ihrer Last in Bewegung, kurvten über gut geölte Schienen in den nächsten Raum, wo die Tiere enthäutet und zerlegt wurden. Hier schaute der Junge nie zu, diese Vorgänge waren uninteressant für ihn, das konnte er zu Hause, wenn sein Vater den Kaninchen das Fell über die Ohren zog, auch sehen.

Was er zu Hause nicht sehen durfte, war der eigentliche Tötungsvorgang, das Auslöschen fremden Lebens. Der Vater verbot ihm immer wieder, den Keller zu betreten, wenn er die Kaninchen betäubte und abstach. Dabei war das Töten für den Jungen das Interessante an der ganzen Geschichte, das faszinierte ihn, davon konnte er nicht genug sehen.

Die Schlachter waren seine Freunde, sie verjagten ihn nicht, wenn er am Eingang stand und sie bei ihrer grausamen und blutigen Arbeit beobachtete. Der Vater verstand dieses Verlangen des Jungen nicht, er redete immer davon, daß er, der Junge, noch zu klein sei, um bei dieser grausigen und doch notwendigen Sache zuzusehen. Wenn alles vorbei war, ging der Junge in den Keller, nickte grußlos, verschränkte die Arme auf dem Rücken und beobachtete seinen Vater, wie es schien, belustigt. Das Messer, das Blut, die Sehnen und Knochen, der Eimer, der das Blut auffängt: den Jungen interessierte das nicht.

Der Vater des Jungen, der das Schlachten so liebte, hörte schweigend den Erzählungen seines Sohnes zu, die sich beim Abendbrot um Stiere, Blut und Schürzen drehten. Unbekümmert sprach der Junge, aß sein Brot, hustete, wenn ein Krümel seine Luftröhre passierte, in Gedanken und im Spre-

247

chen nur mit dem Schlachthof und seinen Akteu-
ren beschäftigt. Die Mutter schüttelte stumm den
Kopf, beschwichtigte aber den Vater, wenn der
plötzlich unbeherrscht losbrüllte, den Jungen an-
schrie und ihm ein übers andere Mal verbot, den
Schlachthof je wieder zu betreten.
Diese Abendbrotstunde wurde immer wieder zu
einer Anklagestunde des Jungen, der verwirrt ver-
stummte, ängstlich seine Mutter ansah, die ihm
jedesmal zur Seite stand, ihn verteidigend, aber
seine Vorliebe dennoch mißbilligte. Der Vater
stapfte dann zornbebend ins Wohnzimmer,
drückte wahllos eine Taste des Rundfunkempfän-
gers, beruhigte sich langsam, sprach noch einmal
das Verbot aus, den Schlachthof zu besuchen. Für
diesen Abend war dann das Thema vergessen, auf-
gespart bis zum nächsten Tag, der ebenso ablaufen würde im Erzählen und Verstummen des Jungen, im Zuhören und Losbrechen des Vaters, im
Kopfschütteln und Einlenken der Mutter. Niemand sprach am nächsten Morgen vom vergangenen Tag, alle warteten auf den kommenden
Abend, wenn der Junge mit leuchtenden Augen
von seinen Erlebnissen, die immer gleichblieben,
berichtete, die sich dann in ein Inferno aus Angst
und Schuld und Überlegenheit und Strafbarkeit
entluden. Es war ein Ritual, das sich täglich wiederholte.
Einige Tage später ging der Junge nicht zum
Schlachthof, verweigerte damit die Teilnahme am
abendlichen Ritual, das man nicht herbeisehnte,
aber doch vermissen würde, wenn es ausblieb. Der
Junge hatte aus dem Keller das größte Gewicht
einer alten Waage geholt und war damit in den
Garten gegangen, an dessen Ende die beiden höl-
zernen Kaninchenställe standen. Schwarz- und
weißgefleckte, braune und schwarze und weiße
Kaninchen lagen auf dem Stroh, fraßen an den
Mohrrüben, die der Vater jeden Morgen in die
Verschläge legte. Weihnachten und Ostern wurde
eines der Tiere geschlachtet, als Festtagsbraten
ausgewiesen und von der Familie des Jungen und
eingeladenen Verwandten verspeist.
Mahlend und kauend saßen die Kaninchen da,
schauten blöd aus dem Stall heraus, sprangen am
Drahtgitter hoch, als der Junge in ihr Blickfeld
kam. Die Latten der Verschläge waren von den
Tieren angenagt worden; eine Rückwand sah wie
ein Bienenstock aus. Einige lagen in der äußersten
Ecke ihrer Verschläge, rührten sich nicht, kamen
auch nicht an das Gitter, als der Junge davorstand
und einen Finger durch die engen Maschen steckte. Der Junge stand und überlegte.

Der Junge öffnete einen Verschlag, packte ein
braunes Kaninchen am Nacken und setzte es vorsichtig auf den Stall. Das Gewicht hielt er hinter
seinem Rücken versteckt. Mit einer frischen Möhre hielt er das Kaninchen bei Laune, streichelte
seinen Rücken, kraulte ihm hinter die Ohren. Das
Kaninchen hatte nur Augen für die Möhre, knabberte und nagte mit mahlenden Zähnen, fraß unbekümmert und mit stetiger Gleichmäßigkeit.
Das Gewicht der alten Waage lag locker und doch
schwer in der Faust des Jungen, verursachte einen
leichten Druck gegen die Handballen, scheuerte
die Haut, wenn er es hüpfen ließ, wenn er die
Hand als Feder benutzte. Das Kaninchen lag un-
beteiligt auf dem Dach des Stalles, knabberte an
der Möhre, blickte nicht den Jungen an, starrte
auf das rote Gebilde zwischen seinen Pfoten, setzte die Zähne an und biß mahlend in das saftige
Fruchtfleisch. Vorsichtig rückte der Junge das Tier
zurecht, hob die Hand mit dem Gewicht, taxierte
das Kaninchen sekundenlang, ließ dann die Hand
niedersausen und zertrümmerte mit dem Gewicht
den Schädel des Tieres, das ohne Laut zur Seite
kippte, mit den Zähnen zwei-, dreimal mahlend,
liegenblieb, bewegungslos. Die Augen des Tieres
schauten verdreht den Jungen an, ohne zu sehen.
Das Schlachtfest war vorüber.
Auf dem Küchentisch lag das Kaninchen, auf der
rot-weiß karierten Decke, braun in Rot und Weiß.
Davor der Junge, kniend, beobachtend und stolz,
der Schlachter mit seinem Gesellenstück. Ein
leichter Luftzug durchzog die Küche, als der Vater
und die Mutter vom Hof hereinkamen, zunächst
nur das Kaninchen sahen – der Junge kniete, von
ihnen aus gesehen, hinter dem Tisch –, den Jungen
suchten, der da ruhig den Leichnam betrachtete.
Die Mutter schrie entsetzt einen klirrenden Schrei
heraus, tastete nach einem Stuhl, fiel auf die abge-
nutzte Sitzfläche, keuchend und röchelnd. Die Bewegungen des Vaters vor dem Tisch konnte sie
nicht sehen, sah auch nicht, wie der Junge auf-
sprang, der die wütenden Augen des Vaters auf
sich gerichtet sah, wie der Junge in den kurzen
Flur und dann hinauf in sein Zimmer rannte, sah
ebenfalls nicht, wie der Vater dem Jungen nach-
ging, langsam, sich vorbereitend auf das, was folgen würde und was er bereits wußte.
Sie hörte dann nur die kurzen Schreie des Jungen,
das Klatschen auf nacktem Fleisch, manchmal die
keuchenden Atemzüge des Vaters. Sie sah dann
wieder, wie die Küchentüre geöffnet wurde, wie
der Vater hereinkam, das Kaninchen an den
schlaffen Ohren packte und nach draußen ver-

schwand, vermutlich in den Keller ging, um das Tier zu enthäuten und auseinanderzunehmen. Sie hörte das Heulen des Jungen, das enttäuschte Schluchzen aus seiner Kehle, die trommelnden
175 Fäuste auf dem Oberbett. Die Töne wurden leiser, verstummten, Schritte auf der Treppe, schlurfende Schritte im Flur, zaghaftes Öffnen der Küchentüre, Anlehnen an den Türpfosten, verharren, warten, warten. Keine Entschuldigung des Jungen,
180 trotziges Anstarren der Mutter, die sich langsam vom Stuhl erhob und auf den Jungen zuging, seinen Kopf streichelnd, diesen Kopf, der tiefer sank und an ihrer Brust Halt fand. Der Tisch, für den das Abendessen hergerichtet, erlebte kein Ritual
185 wie an den vergangenen Tagen, er blieb teilnahmslos, die unsichtbare Last des toten Kaninchens tragend. Ohne Worte fiel diesmal das Verbot des Vaters an den Jungen aus, den Schlachthof je wieder zu besuchen, durch Blicke regelte sich
190 die Feststellung des Vaters und die Antwort des Jungen. Mit niedergeschlagenen Augen saß der Junge am Tisch, redete lautlos in sich hinein, versuchte, einen Blick der Mutter einzufangen, die

ebenfalls, ihre Schürze ansehend, die neu zu sein schien, die Augen abwärts senkte, kaum aß, einige 195 Bissen mahlend zerkaute, dann schnell aufschauend, wenn sie irgendeine Bewegung aus den Augenwinkeln wahrnahm.
Das Kaninchen hängt im Keller, unbekleidet.
Spritzer, Bäche von Blut, Gummistiefel, grün- 200 grau-glänzend-rot, weiß gewesene Schürzen, wunderliche Apparate, die Tiere umwarfen, klein wie ein Handfeger, wirkungsvoll wie eine Kanone, Männer, die riefen, lachten, Kommandos gaben, die, eine Zigarette rauchend, ihre Arbeit verrichte- 205 ten, tote Leiber an Haken aufgehängt, mit glotzenden Augen, die nicht mehr sehen. Am Eingang ein Junge, die Hände in den Hosentaschen vergraben, mit leuchtenden Augen, die keine Beobachtung ausließen, die umherschweiften wie Leucht- 210 körper, ein schimmernder Glanz, der sich in den Leibern der Tiere spiegelte. Den Feierabend erwartend, stand der Junge da. Die Männer des Schlachthofes sahen ihn nicht mehr, hätten seine Abwesenheit jedoch bemerkt und sich vielleicht 215 gefragt, was sie falsch gemacht.

Neues Rheinland, Jg. 18, 2/1975, S. 30–31. Rheinland GmbH, Köln.

| Aufgabe | Wodurch unterscheidet sich die Erzählsituation und die Betrachtungsweise Klaus Hübners von der Heinrich Bölls? |

1.1.3 Es war einmal eine Stadt

Johann Peter Hebel: Unglück der Stadt Leiden

Diese Stadt heißt schon seit urdenklichen Zeiten Leiden und hat noch nie gewußt, warum, bis am 12. Jänner des Jahres 1807. Sie liegt am Rhein in dem Königreich Holland und hatte vor diesem
5 Tag elftausend Häuser, welche von vierzigtausend Menschen bewohnt waren, und war nach Amsterdam wohl die größte Stadt im ganzen Königreich. Man stand an diesem Morgen noch auf wie alle Tage; der eine betete sein „Das walt Gott", der
10 andere ließ es sein, und niemand dachte daran, wie es am Abend aussehen wird, obgleich ein Schiff mit siebenzig Fässern voll Pulver in der Stadt war. Man aß zu Mittag und ließ sich's schmecken wie alle Tage, obgleich das Schiff noch immer da war.
15 Aber als nachmittags der Zeiger auf dem großen Turm auf halb fünf stand – fleißige Leute saßen daheim und arbeiteten, fromme Mütter wiegten ihre Kleinen, Kaufleute gingen ihren Geschäften nach, Kinder waren beisammen in der Abend-
20 schule, müßige Leute hatten Langeweile und sa-

ßen im Wirtshaus beim Kartenspiel und Weinkrug, ein Bekümmerter sorgte für den andern Morgen, was er essen, was er trinken, womit er sich kleiden werde, und ein Dieb steckte vielleicht gerade einen falschen Schlüssel in eine fremde 25 Tür –, und plötzlich geschah ein Knall. Das Schiff mit seinen siebzig Fässern Pulver bekam Feuer, sprang in die Luft, und in einem Augenblick (ihr könnt's nicht so geschwind lesen, als es geschah), in einem Augenblick waren ganze lange Gassen 30 voll Häuser mit allem, was darin wohnte und lebte, zerschmettert und in einen Steinhaufen zusammengestürzt oder entsetzlich beschädigt. Viele hundert Menschen wurden lebendig und tot unter diesen Trümmern begraben oder schwer verwun- 35 det. Drei Schulhäuser gingen mit allen Kindern, die darin waren, zugrunde; Menschen und Tiere, welche in der Nähe des Unglücks auf der Straße waren, wurden von der Gewalt des Pulvers in die Luft geschleudert und kamen in einem kläglichen 40

Zustand wieder auf die Erde. Zum Unglück brach auch noch eine Feuersbrunst aus, die bald an allen Orten wütete, und konnte fast nimmer gelöscht werden, weil viele Vorratshäuser voll Öl und Tran
45 mit ergriffen wurden. Achthundert der schönsten Häuser stürzten ein oder mußten niedergerissen werden. Da sah man denn auch, wie es am Abend leicht anders werden kann, als es am frühen Morgen war, nicht nur mit einem schwachen Men-
50 schen, sondern auch mit einer großen volkreichen Stadt. Der König von Holland setzte sogleich ein namhaftes Geschenk auf jeden Menschen, der

noch lebendig gerettet werden konnte. Auch die Toten, die aus dem Schutt hervorgegraben wurden, wurden auf das Rathaus gebracht, damit sie 55 von den Ihrigen zu einem ehrlichen Begräbnis konnten abgeholt werden. Viele Hilfe wurde geleistet. Obgleich Krieg zwischen England und Holland ist, so kamen doch von London ganze Schiffe voll Hilfsmittel und große Geldsummen für die 60 Unglücklichen, und das ist schön – denn der Krieg soll nie ins Herz der Menschen kommen. Es ist schlimm genug, wenn er außen vor allen Toren und vor allen Seehäfen donnert.

Johann Peter Hebel: Kalendergeschichten. Insel Taschenbuch 17. Insel, Frankfurt a. M. 1973, S. 13f.

Aufgabe | **1** Muß eine Geschichte einen Helden haben?

Aufgabe | **2** Wie macht man aus Geschichte Geschichten?

1.1.4 Wer hat recht?

Uwe Johnson: Jonas zum Beispiel

Jehova war der Herr, der das Meer und das Trokkene gemacht hat, und die Juden waren sein Volk, er schloß einen Vertrag mit ihnen. Der ging über die menschlichen Kräfte, von Zeit zu Zeit geriet er
5 in Vergessenheit. Dann erweckte Jehova einen Vorbedachten und Auserwählten in seinem Volke zum Propheten, der sollte dem König mit seinen Großen und ihren Untertanen sagen, wie der Herr es meine. Jesaja lebte im Unglück mit seinen Re-
10 den, Jeremia kam in die Kloake zu sitzen. Die Seele des Propheten ist empfindlich und wissend und zweiflerisch, um die Stimme des Herrn zu hören und das Unglück zu erfahren.
Als die Bosheit und Sünde der Stadt Ninive vor
15 Jehova gekommen waren, geriet er in Zorn wegen seines Gesetzes. Er berief Jona (den Sohn Amitthais, von Gath-Hahepher) und beauftragte ihn mit dem Ausrufen seines großen Ärgers und mit der Verkündung des nahen Untergangs in den
20 Straßen von Ninive.
Da wollte Jona nach Tharsis fliehen. Die gelehrte Forschung dieser Hinsicht meint, daß diese Stadt vielleicht in Südspanien vermutet werden könne, und hält eine unvergleichliche Entfernung für je-
25 denfalls wahrscheinlich. Als das Schiff aus dem Hafen von Joppe gelaufen war, drückte Jehova einen gewaltigen Wind ins Meer, und es entstand ein gewaltiger Sturm auf dem Meere: so daß das Schiff zu scheitern drohte. Die Besatzung warf das
30 Los über den Schuldigen, und das Los fiel auf Jo-

na. Er soll ja geschlafen haben. Sie holten ihn an Deck und schmissen ihn über Bord, zumal er es selber für das Beste hielt. Und das Meer wurde still. Und Jehova entbot einen großen Fisch, der verschlang Jona, und Jona sang drei Tage und drei 35 Nächte im Bauch des Fisches zu Jehova, seinem Herrn. So heißt es. Dann spie der Fisch ihn ans Land, und Jona ging nach Ninive.
Ninive war eine über alle Maßen große Stadt und nur in drei Tagereisen zu durchqueren. Und Jona 40 ging in die Stadt hinein eine Tagereise weit; dann predigte er: Noch vierzig Tage, und Ninive ist zerstört!, und die Leute von Ninive erkannten Gott in seinem großen Ärger. Sie riefen ein schlimmes Fasten aus und kleideten sich in ihre Trauergewän- 45 der. Und der König von Ninive bedeckte sich mit dem Trauergewand und bestrich sich ein wenig mit Asche. Der König befahl: Menschen und Vieh sollen nichts genießen, sie sollen nicht weiden noch Wasser trinken. Sie sollen sich in Trauer hül- 50 len: Menschen und Vieh, und mit Macht zu Gott rufen, und sollen ein jeder sich bekehren von seinem bösen Wandel und von dem Frevel, der an seinen Händen ist. Wer weiß, vielleicht gereut es Gott doch noch. Als Gott nun diese Dinge alle 55 sah, die sie tun wollten, gereute ihn das angedrohte Unheil, und er tat es nicht.
Das verdroß Jona sehr, und er ging zornig weg. Er baute eine Hütte östlich der Stadt und saß darunter, bis er sehe, wie es der Stadt ergehen werde. 60

Und zum dritten Male redete Jehova mit ihm: Ist es recht, daß du hier sitzest und lieber sterben möchtest als noch weiterleben? Aber Jona ant-wortete, das sei recht, denn warum habe er nach Tharsis fliehen wollen? Weil du nie tust, wie du gesagt hast und wie es gerecht ist nach deinem Gesetz! Und der Herr entbot einen Rizinus, dessen Saft als „castor oil" gehandelt wird anderswo in der Welt; der wuchs über Jona empor, um seinem Haupte Schatten zu geben und ihm so seinen Un-mut zu nehmen. Über diesen Rizinus freute Jona sich sehr. Am folgenden Morgen entbot Jehova einen Wurm, der beschädigte den Rizinus, so daß er verdorrte. Und der Herr setzte Jona zu mit har-tem Wind und großer Hitze. Da wünschte Jona sich den Tod. Der Herr aber sprach zu Jona: Ist es recht, daß du so zürnest um des Rizinus willen? Jona antwortete: Das Leben ist mir verleidet. Da sagte Jehova, sein Herr: Dich jammert des Rizi-nus, um den du keine Mühe hattest, der groß ge-wachsen ist und verdorben von einem Morgen zum anderen. Warum jammert dich nicht der gro-ßen Stadt Ninive, in der über hundertundzwanzig-tausend Menschen sind, die zwischen links und rechts noch nicht unterscheiden können, dazu die Menge Vieh? Und Jona blieb sitzen im Angesicht der sündigen Stadt Ninive und wartete auf ihren Untergang län-ger als vierzig mal vierzig Tage? Und Jona ging aus dem Leben in den Tod, der ihm lieber war? Und Jona stand auf und führte ein Leben in Nini-ve? Wer weiß.

Uwe Johnson: Karsch und andere Prosa. es 59. Suhrkamp, Frankfurt a. M. 1969, S. 82.

Aufgabe Der Prophet Jonas lebte von 787 bis 746 v. Chr. Seine Geschichte wurde schon oft erzählt. Johnson übernimmt teilweise die Vorlage aus dem Alten Testament (Jonas 1,1–4,11).
— Worin gleichen sich die Erzählungen?
— Worin unterscheiden sie sich?
— Warum hat Johnson wohl diese Geschichte verändert?

1.1.5 Es gibt merkwürdige Helden

Bertolt Brecht: [Über Bestechlichkeit]

Als Herr Keuner in einer Gesellschaft seiner Zeit von der reinen Erkenntnis sprach und erwähnte, daß sie nur durch die Bekämpfung der Bestech-lichkeit angestrebt werden könne, fragten ihn etli-che beiläufig, was alles zu Bestechlichkeit gehöre. „Geld", sagte Herr Keuner schnell. Da entstand ein großes Ah und Oh der Verwunderung in der Gesellschaft und sogar ein Kopfschütteln der Ent-rüstung. Dies zeigt, daß man etwas Feineres er-wartet hatte. So verriet man den Wunsch, die Be-stochenen möchten doch durch etwas Feines, Gei-stiges bestochen worden sein – und: man möchte doch einem bestochenen Mann nicht vorwerfen dürfen, daß es ihm an Geist fehle. Viele, sagt man, ließen sich durch Ehren beste-chen. Damit meinte man: nicht durch Geld. Und während man Leuten, denen nachgewiesen war, daß sie unrechterweise Geld genommen hatten, das Geld wieder abnahm, wünscht man jenen, die ebenso unrechterweise Ehre genommen haben, Ehre zu lassen. So ziehen es viele, die der Ausbeutung angeklagt werden, vor, glauben zu machen, sie hätten das Geld genommen, um herrschen zu können, als daß sie sich sagen lassen, sie hätten geherrscht, um Geld zu nehmen. Aber wo Geldhaben herrschen bedeutet, da ist herrschen nichts, was Geldstehlen entschuldigen kann.

Bertolt Brecht: Das Wiedersehen

Ein Mann, der Herrn K. lange nicht gesehen hatte, begrüßte ihn mit den Worten: „Sie haben sich gar nicht verändert." – „Oh!" sagte Herr K. und er-bleichte.

Bertolt Brecht: Geschichten vom Herrn Keuner. Gesammelte Werke, hrsg. vom Suhrkamp Verlag in Zusammenar-beit mit Elisabeth Hauptmann, Band 12, Prosa 2. Suhrkamp, Frankfurt a. M. 1967, S. 400 f.; 383.

Aufgabe **1** Wer ist Herr Keuner?
Spielen Zeit und Ort in dieser Geschichte eine Rolle?

Wie werden Geschichten erzählt?

Geschichten machen Vergangenes auf besondere Weise gegenwärtig. Sie müssen nicht unbedingt erfunden sein; auch eine alte Geschichte kann neu erzählt werden.

Die Zeit	Dabei spielt die erzählte Zeit eine wichtige Rolle. Wie im Film kann der Erzähler die Zeit raffen oder einen wichtigen Augenblick dehnen. Er kann die Zeit zurückblenden und vorblenden.
Der Erzähler	Der Autor der Geschichte kann einen Erzähler erfinden oder anscheinend auf einen Erzähler verzichten, indem er die Personen seiner Geschichte selbst auftreten und erzählen läßt. Er kann aber auch direkt erzählen und das Ich der Geschichte sein.
Die Personen	Die meisten Geschichten handeln von Menschen, die etwas tun oder erleiden. Manche sind Persönlichkeiten und haben einen ausgeprägten Charakter. Andere sind unauffällig. Manche Personen werden erfunden, weil der Autor eine Idee verfechten oder ein politisches Ziel verwirklichen will. Sie alle tragen entscheidend ihre Geschichte.
	Manche Erzähler verzichten auf einen Helden. Sie erzählen statt dessen die Geschichte einer Stadt, eines Landes, einer Generation, einer Schulklasse o. ä.
Der Ort	Meist ist der Ort die Heimat des Helden. Wenn die Geschichte glaubwürdig sein soll, dann muß die Darstellung des Ortes den Personen entsprechen: als soziales Umfeld, als geschichtliche Situation.

Aufgabe 2 Wie fängt man an, und wie hört man auf? Vergleichen Sie die Erzählanfänge und die Erzählschlüsse der vorausgegangenen Geschichten. Wodurch unterscheiden sie sich?

1.2 Träume und Hoffnungen

1.2.1 Wovon Menschen träumen

John Steinbeck: [Die Vorhänge der Mrs. Malloy]

Im April 1932 gab es in einem Dampfkessel bei Hediondo-Konserven binnen vierzehn Tagen drei Rohrbrüche. Das Direktorium, bestehend aus einer Stenotypistin und Mr. Randolph, entschloß
5 sich daraufhin zur Anschaffung eines neuen Dampfkessels; das sei billiger, als jeder geplatzten Röhre wegen die Arbeit ruhen zu lassen.
Der neue Kessel traf ein, und der alte kam auf den leeren Platz zwischen Flotte Flagge und Lee
10 Chong, woselbst er, auf Holzklötzen ruhend, einer Eingebung Mr. Randolphs betreffs nutzbringender Weiterverwertung harrte. Diese erfolgte denn auch, zum Teil wenigstens, indem der Mechaniker der Fabrik je nach Bedarf ein Stück Röh-
15 re oder sonst etwas aus der Heizanlage herausbrach. Der Dampfkessel sah ungefähr aus wie eine Lokomotive ohne Räder und Fahrgestell. Vorne hatte er eine Tür und darin eine niedrige Heizklappe.

Da stand er nun, und der Rost machte ihn braun, 20 rot und mürb. Hoch aufgeschossene Roßmalven rankten an ihm empor; an den sacht abblätternden Rostschuppen fanden sie eine an Eisenhaltigkeit ideale Nahrung. Eine Myrte kroch über den Bauch des Kessels und blühte, und die Luft erfüllte 25 der Duft von wildem Anis. Eine Datura-Wurzel, die irgendwer auf den leeren Platz geworfen, faßte Boden; ein dicker, fleischiger Stechapfelbaum wuchs aus ihr empor und ließ seine weißen Glokken über die Kesseltür hängen. Nachts strömten 30 die Blumendüfte; sie rochen nach Liebe und Lokkung, es war ein hinreißend süßer Geruch.
1935 zogen Mr. und Mrs. Sam Malloy in diesen Kessel. Das Röhrenmaterial war nun gänzlich beseitigt; im Innern war Platz, und man wohnte da 35 sicher und trocken. Gewiß, um durch die Feuerklappe hereinzugelangen, mußte man auf Händen und Knien kriechen, aber irgendwelche Mängel

hat schließlich jede Wohnung. War man erst drin-
40 nen, so konnte man sich in der Mitte bequem auf-
richten und lebte warm und trocken, und mehr
verlangten die ersten Bewohner des Kessels nicht.
Durch die Feuertür schafften sie eine Matratze
herein und ließen sich vergnügt darauf nieder. Mr.
45 Malloy war zufrieden, und eine Zeitlang war es
auch Mrs. Malloy.
Am Hang unterhalb des ehemaligen Dampfkessels
lag eine Reihe von Rohren, die auch aus der He-
diondo-Fabrik stammten und dort ausrangiert
50 worden waren. Als nun im Herbst 1937 der große
Fischfang einsetzte und die Fischkonservenfabriken mit Hochdruck arbeiteten, entstand Woh-
nungsnot in der ganzen Gegend. Da begann Mr.
Malloy die größeren Röhren preiswert als Schlaf-
55 stellen zu vermieten, und nachdem er die hintere
Öffnung mit Dachpappe verschlossen und über
die vordere ein altes Stück Teppich gehängt hatte,
glaubte er allen berechtigten Ansprüchen auf
Komfort Genüge geleistet zu haben. Die Beine
60 konnte einer beim Schlafen natürlich nicht an den
Leib ziehen; so etwas mußte sich der Betreffende
eben abgewöhnen. Einzelne reklamierten auch,
daß in den Röhren das Echo so stark sei, daß sie
von ihrem eigenen Schnarchen geweckt würden.
65 Aber auf solche Finessen ließ sich Mr. Malloy
nicht ein. Er hatte sein kleines Einkommen und
war zufrieden.
Mrs. Malloys Zufriedenheit aber endete mit dem
Tage, da ihr Gemahl sich zum Rang eines Haus-,

besser gesagt, Röhrenbesitzers emporgearbeitet 70
hatte. Erst war es ein Teppich, dann eine Wasch-
bütte, dann eine Lampe mit farbigem Schirm, die
sie begehrte, und eines Tages trat sie atemlos auf
Händen und Knien ein und stieß hervor: „Bei
Holman ist Ausverkauf für Vorhänge, echte Spit- 75
zenvorhänge, blau-rosa gestreift, die Garnitur ein-
schließlich Vorhangstangen nur eins achtundneunzig!"
„Was willst du denn damit, um Himmels willen?"
rief Malloy, bestürzt von seiner Matratze empor- 80
fahrend.
„Ich habe gern hübsche Sachen; ich habe mir
schon immer so etwas gewünscht, für dich!" Ihre
Unterlippe begann zu zittern.
„Schatz, ich habe gar nichts gegen Vorhänge, 85
nur –"
„Nur ein Dollar achtundneunzig …" Nun zitterte
auch ihre Stimme. „Mißgönnst du mir etwas zu
eins achtundneunzig?" Ihr Busen wogte, sie heulte
los. 90
„Ich mißgönne dir nie etwas", versicherte Malloy,
„aber was sollen wir bloß mit Vorhängen anfangen, Schatz? Wir haben doch keine Fenster!"
Mrs. Malloy weinte und weinte, und Sam hielt sie
in den Armen und tröstete sie, und sie schluchzte: 95
„Dir fehlt jedes Verständnis für mich, ein Mann
kann sich nie in die Seele von einer Frau hinein-
denken!"
Und Sam lag neben ihr und streichelte ihre Rück-
seite, bis sie einschlief. 100

John Steinbeck: Cannery Row. Die Straße der Ölsardinen. Roman. Kapitel 8. Steinberg, Zürich 1946, S. 67–70.

Peter Bichsel: San Salvador

Er hatte sich eine Füllfeder gekauft.
Nachdem er mehrmals seine Unterschrift, dann
seine Initialen, seine Adresse, einige Wellenlinien,
dann die Adresse seiner Eltern auf ein Blatt ge-
5 zeichnet hatte, nahm er einen neuen Bogen, faltete
ihn sorgfältig und schrieb: „Mir ist es hier zu
kalt", dann, „ich gehe nach Südamerika", dann
hielt er inne, schraubte die Kappe auf die Feder,
betrachtete den Bogen und sah, wie die Tinte ein-
10 trocknete und dunkel wurde [in der Papeterie[1] ga-
rantierte man, daß sie schwarz werde], dann
nahm er seine Feder erneut zur Hand und setzte
noch seinen Namen Paul darunter.
Dann saß er da.
15 Später räumte er die Zeitungen vom Tisch, über-

_____
(1) Papier- und Schreibwarenhandlung.

flog dabei die Kinoinserate, dachte an irgend etwas, schob den Aschenbecher beiseite, zerriß den
Zettel mit den Wellenlinien, entleerte seine Feder
und füllte sie wieder. Für die Kinovorstellung war
es jetzt zu spät. 20
Die Probe des Kirchenchores dauert bis neun Uhr,
um halb zehn würde Hildegard zurück sein. Er
wartete auf Hildegard. Zu alldem Musik aus dem
Radio. Jetzt drehte er das Radio ab.
Auf dem Tisch, mitten auf dem Tisch, lag nun der 25
gefaltete Bogen, darauf stand in blauschwarzer
Schrift sein Name Paul.
„Mir ist es hier zu kalt", stand auch darauf.
Nun würde also Hildegard heimkommen, um
halb zehn. Es war jetzt neun Uhr. Sie läse seine 30
Mitteilung, erschräke dabei, glaubte wohl das mit
Südamerika nicht, würde dennoch die Hemden im

Kasten zählen, etwas müßte ja geschehen sein. Sie würde in den ‚Löwen‘ telefonieren.

35 Der ‚Löwen‘ ist mittwochs geschlossen.

Sie würde lächeln und verzweifeln und sich damit abfinden, vielleicht.

Sie würde sich mehrmals die Haare aus dem Gesicht streichen, mit dem Ringfinger der linken 40 Hand beidseitig der Schläfe entlangfahren, dann langsam den Mantel aufknöpfen.

Dann saß er da, überlegte, wem er einen Brief schreiben könnte, las die Gebrauchsanweisung für den Füller noch einmal – leicht nach rechts drehen –, las auch den französischen Text, verglich 45 den englischen mit dem deutschen, sah wieder seinen Zettel, dachte an Palmen, dachte an Hildegard.

Saß da.

Und um halb zehn kam Hildegard und fragte: 50 „Schlafen die Kinder?"

Sie strich sich die Haare aus dem Gesicht.

Peter Bichsel: Eigentlich möchte Frau Blum den Milchmann kennenlernen. 21 Geschichten. Walter AG, Olten ¹⁵*1984 (© 1964), S.43–45.*

Aufgabe **1** Gehören solche Träume zur Bewältigung des realen Lebens, oder sind sie 'Fluchtversuche'?

Aufgabe **2** Beschreiben Sie die erzählte Situation und die Sprachebene (Umgangssprache, Dialekt, Hochsprache).

Aufgabe **3** Bestimmte Satzanfänge werden wiederholt. Welche Wirkung hat dieses Stilmittel?

1.2.2 Wunschträume und Alpträume

Wolfgang Hildesheimer: Eine größere Anschaffung

Eines Abends saß ich im Dorfwirtshaus vor (genauer gesagt, hinter) einem Glas Bier, als ein Mann gewöhnlichen Aussehens sich neben mich setzte und mich mit gedämpft-vertraulicher Stim-5 me fragte, ob ich eine Lokomotive kaufen wolle. Nun ist es zwar ziemlich leicht, mir etwas zu verkaufen, denn ich kann schlecht nein sagen, aber bei einer größeren Anschaffung dieser Art schien mir doch Vorsicht am Platze. Obgleich ich wenig 10 von Lokomotiven verstehe, erkundigte ich mich nach Typ, Baujahr und Kolbenweite, um bei dem Mann den Anschein zu erwecken, als habe er es hier mit einem Experten zu tun, der nicht gewillt sei, die Katze im Sack zu kaufen. Ob ich ihm wirk-15 lich diesen Eindruck vermittelte, weiß ich nicht; jedenfalls gab er bereitwillig Auskunft und zeigte mir Ansichten, die das Objekt von vorn, von hinten und von den Seiten darstellten. Sie sah gut aus, diese Lokomotive, und ich bestellte sie, nachdem 20 wir uns vorher über den Preis geeinigt hatten. Denn sie war bereits gebraucht, und obgleich Lokomotiven sich bekanntlich nur sehr langsam abnützen, war ich nicht gewillt, den Katalogpreis zu zahlen.

25 Schon in derselben Nacht wurde die Lokomotive gebracht. Vielleicht hätte ich dieser allzu kurzfristigen Lieferung entnehmen sollen, daß dem Handel etwas Anrüchiges innewohnte, aber arglos, wie ich war, kam ich nicht auf die Idee. Ins Haus konnte ich die Lokomotive nicht nehmen, die Tü- 30 ren gestatteten es nicht, zudem wäre es wahrscheinlich unter der Last zusammengebrochen, und so mußte sie in die Garage gebracht werden, ohnehin der angemessene Platz für Fahrzeuge. Natürlich ging sie der Länge nach nur etwa halb 35 hinein, dafür war die Höhe ausreichend; denn ich hatte in dieser Garage früher einmal meinen Fesselballon untergebracht, aber der war geplatzt.

Bald nach dieser Anschaffung besuchte mich mein Vetter. Er ist ein Mensch, der, jeglicher Spekula- 40 tion und Gefühlsäußerung abhold, nur die nackten Tatsachen gelten läßt. Nichts erstaunt ihn, er weiß alles, bevor man es ihm erzählt, weiß es besser und kann alles erklären. Kurz, ein unausstehlicher Mensch. Wir begrüßten einander, und um die 45 darauf folgende peinliche Pause zu überbrücken, begann ich: „Diese herrlichen Herbstdüfte ..." – „Welkendes Kartoffelkraut", entgegnete er, und an sich hatte er recht. Fürs erste steckte ich es auf und schenkte mir von dem Kognak ein, den er 50 mitgebracht hatte. Er schmeckte nach Seife, und ich gab dieser Empfindung Ausdruck. Er sagte, der Kognak habe, wie ich auf dem Etikett ersehen könne, auf den Weltausstellungen in Lüttich und

Barcelona große Preise, in St. Louis gar die goldene Medaille erhalten, sei daher gut. Nachdem wir schweigend mehrere Kognaks getrunken hatten, beschloß er, bei mir zu übernachten, und ging den Wagen einstellen. Einige Minuten darauf kam er zurück und sagte mit leiser, leicht zitternder Stimme, daß in meiner Garage eine große Schnellzugslokomotive stünde. „Ich weiß", sagte ich ruhig und nippte von meinem Kognak, „ich habe sie mir vor kurzem angeschafft." Auf seine zaghafte Frage, ob ich öfters damit fahre, sagte ich, nein, nicht oft, nur neulich, nachts, da hätte ich eine benachbarte Bäuerin, die ein freudiges Ereignis erwartete, in die Stadt ins Krankenhaus gefahren. Sie hätte noch in derselben Nacht Zwillingen das Leben geschenkt, aber das habe wohl mit der nächtlichen Lokomotivfahrt nichts zu tun. Übrigens war das alles erlogen, aber bei solchen Gelegenheiten kann ich der Versuchung nicht widerstehen, die Wirklichkeit ein wenig zu schmücken. Ob er es geglaubt hat, weiß ich nicht, er nahm es schweigend zur Kenntnis, und es war offensichtlich, daß er sich bei mir nicht mehr wohl fühlte. Er wurde ganz einsilbig, trank noch ein Glas Kognak und verabschiedete sich. Ich habe ihn nicht mehr gesehen.

Als kurz darauf die Meldung durch die Tageszeitungen ging, daß den französischen Staatsbahnen eine Lokomotive abhanden gekommen sei (sie sei eines Nachts vom Erdboden – genauer gesagt: vom Rangierbahnhof – verschwunden), wurde mir natürlich klar, daß ich das Opfer einer unlauteren Transaktion geworden war. Deshalb begegnete ich auch dem Verkäufer, als ich ihn kurz darauf im Dorfgasthaus sah, mit zurückhaltender Kühle. Bei dieser Gelegenheit wollte er mir einen Kran verkaufen, aber ich wollte mich in ein Geschäft mit ihm nicht mehr einlassen, und außerdem, was soll ich mit einem Kran?

Wolfgang Hildesheimer: Lieblose Legenden. BS 84. Suhrkamp, Frankfurt a. M. 1962, S. 88–90.

Aufgabe | **1** Welches Thema wird hier sehr ungewöhnlich dargestellt?

Peter Handke: Prüfungsfrage I

Ein Mann, Vater von vier unmündigen Kindern, gerät, ohne Selbstverschulden, in Not. Von Jugend auf zur Frömmigkeit erzogen, begibt er sich, da er keinen anderen Rat weiß, in ein Gotteshaus und fleht dort, in dem Glauben, nicht ungehört zu bleiben, um Hilfe. Als er, nach beendetem Gebet, sich von den Knien hebt, den Staub von der Hose schlägt und sich zum Gehen wendet, bemerkt er hinter sich, auf dem Teppich, einen größeren Geldbetrag liegen. Sogleich, ohne Bedenken, nimmt er das Geld an sich und verwendet es, indem er Nahrung und Kleidung für sich und die Kinder beschafft.

Es wird die Meinung vertreten, daß der Mann des Verbrechens der Fundverheimlichung schuldig sei. Bei der Lösung der Frage ist zu beachten, daß die gefundene Geldsumme die Verbrechensgrenze überstiegen hat. Zudem ist nicht außer acht zu lassen, daß das Delikt an einem geweihten Ort begangen wurde. Zum andern ist der Mann bisher unbescholten.

Peter Handke: Prosa Gedichte Theaterstücke Hörspiel Aufsätze. Suhrkamp, Frankfurt a. M. 1968, S. 81.

Aufgabe | **2** Von welchen Hoffnungen spricht dieser Text?

Aufgabe | **3** Wie lautet eigentlich die Prüfungsfrage und wie Ihre Antwort?

1.2.3 Alte Träume der Menschen

Oscar Wilde: Der selbstsüchtige Riese

Jeden Nachmittag, wenn die Kinder aus der Schule kamen, gingen sie in den Garten des Riesen, um darin zu spielen.

Es war ein großer, lieblicher Garten mit weichem, grünem Gras. Hier und da schauten wunderschöne Blumen aus dem Gras wie Sterne, und zwölf Pfirsichbäume standen da, die im Frühling köstliche rosa- und perlenfarbene Blüten trugen und im Herbst reiche Frucht brachten. Die Vögel saßen in den Bäumen und sangen so süß, daß die Kinder oft in ihren Spielen innehielten, um ihnen zu lauschen. „Wie glücklich wir hier sind!" rief eines dem anderen zu.

Eines Tages kam der Riese nach Haus. Er war auf
15 Besuch gewesen bei seinem Freund, dem Menschenfresser von Cornwall, und war sieben Jahre bei ihm geblieben. Als die sieben Jahre um waren, hatte er alles gesagt, was er zu sagen hatte, denn das war nicht viel; und so beschloß er, in sein
20 eigenes Schloß zurückzukehren. Als er ankam, sah er die Kinder in seinem Garten spielen.

„Was macht ihr hier?" schrie er mit sehr barscher Stimme, und die Kinder liefen weg.

„Mein eigener Garten ist mein eigener Garten",
25 sagte der Riese. „Das wird jeder einsehen, und ich erlaube keinem, darin zu spielen, außer mir selber." Also baute er eine hohe Mauer rundherum und stellte eine Warntafel auf, darauf stand:

UNBEFUGTEN IST DER ZUTRITT
30 BEI STRAFE VERBOTEN

Er war ein sehr selbstsüchtiger Riese.

Die armen Kinder konnten jetzt nirgends mehr spielen. Sie versuchten es auf der Straße, aber die Straße war sehr staubig und voll von harten Stei-
35 nen, und das gefiel ihnen gar nicht. Wenn der Unterricht vorbei war, gingen sie jetzt oft rund um die hohen Mauern und unterhielten sich über den herrlichen Garten dahinter. „Wie glücklich waren wir dort!" sagten sie zueinander.
40 Dann kam der Frühling, und überall im ganzen Land gab es kleine Blüten und kleine Vögel. Nur im Garten des selbstsüchtigen Riesen herrschte noch immer Winter. Die Vögel hatten keine Lust, darin zu singen, weil keine Kinder da waren, und
45 die Bäume vergaßen zu blühen. Einmal steckte eine wunderschöne Blume ihren Kopf aus dem Gras heraus, aber als sie die Warntafel sah, taten ihr die Kinder so leid, daß sie wieder zurück in die Erde schlüpfte und weiterschlief. Die einzigen, die sich
50 freuten, waren der Schnee und der Frost. „Der Frühling hat diesen Garten vergessen", riefen sie, „so wollen wir das ganze Jahr hier wohnen bleiben." Mit seinem großen, weiten Mantel bedeckte der Schnee das Gras, und der Frost bemalte alle
55 Bäume mit Silber. Sie luden den Nordwind ein, bei ihnen zu wohnen, und er kam. Er war in Pelze eingemummt, heulte den ganzen Tag durch den Garten und fegte die Schornsteinaufsätze herunter. „Das ist ein reizender Ort", sagte er, „wir
60 müssen den Hagel zu Besuch bitten." So kam der Hagel. Jeden Tag prasselte er drei Stunden lang

auf das Dach des Schlosses, bis die meisten Dachschiefer zerbrochen waren, und dann lief er rund um den Garten, so schnell er nur konnte. Er war
65 in Grau gekleidet, und sein Atem war wie Eis. „Ich kann nicht begreifen, warum der Frühling sich mit seinem Kommen so lange Zeit läßt", sagte der selbstsüchtige Riese, als er am Fenster saß und in seinen kalten, weißen Garten hinausblick-
70 te. „Ich hoffe, das Wetter ändert sich bald."

Aber der Frühling kam nicht und auch nicht der Sommer. Der Herbst brachte jedem Garten goldene Früchte, doch dem Garten des Riesen brachte er nichts. „Er ist zu selbstsüchtig", sagte er. So
75 blieb es hier immer Winter, und Nordwind und Hagel, Frost und Schnee tanzten zwischen den Bäumen.

Eines Morgens lag der Riese wach im Bett; da hörte er eine liebliche Musik. So süß klang es sei-
80 nen Ohren, daß er meinte, die Musikanten des Königs zögen vorbei. In Wirklichkeit sang nur ein kleiner Hänfling draußen vor seinem Fenster, aber es war so lange her, seit er einen Vogel in seinem Garten singen gehört hatte, daß es ihm schien wie
85 die herrlichste Musik in der Welt. Dann hörte der Hagel auf, über seinem Kopf zu tanzen, der Nordwind hörte auf zu heulen, und durch den offenen Fensterflügel drang ein köstlicher Duft. „Ich glaube, der Frühling ist endlich gekommen", sagte der
90 Riese; und er sprang aus dem Bett und sah hinaus.

Und was sah er?

Er sah ein höchst wunderbares Bild. Durch ein kleines Loch der Mauer waren die Kinder herein-
95 gekrochen und saßen nun in den Zweigen der Bäume. In jedem Baum, den er sehen konnte, saß ein kleines Kind. Und die Bäume freuten sich so sehr, die Kinder wiederzuhaben, daß sie sich in Blüten gekleidet hatten und ihre Arme sanft über
100 den Köpfen der Kinder wehen ließen. Die Vögel schwirrten umher und zwitscherten vor Vergnügen, und die Blumen blickten aus dem grünen Gras heraus und lachten. Es war ein wunderschöner Anblick; nur in einer Ecke war noch Winter.
105 Es war der entfernteste Winkel des Gartens, und dort stand ein kleiner Junge. Er war so klein, daß er nicht hinaufreichen konnte zu den Ästen des Baumes, und so lief er rundherum und weinte bitterlich. Der arme Baum war noch immer mit Frost
110 und Schnee bedeckt, und der Nordwind blies und heulte darüber hin. „Steig herauf, kleiner Junge", sagte der Baum und neigte seine Äste so weit herunter, wie er nur konnte; aber der Junge war zu winzig.

115 Und das Herz des Riesen schmolz, als er hinausblickte. „Wie selbstsüchtig bin ich doch gewesen!" sagte er. „Jetzt weiß ich, warum der Frühling nicht hierherkommen wollte. Ich werde diesen armen kleinen Jungen in den Wipfel des Baumes setzen, und dann werde ich die Mauer niederreißen, und mein Garten soll für immer ein Spielplatz der Kinder sein." Und er bedauerte wirklich sehr, was er getan hatte.

Er schlich also hinunter, öffnete ganz sachte die Haustür und trat hinaus in den Garten. Aber als die Kinder ihn sahen, erschraken sie so, daß sie alle davonliefen, und im Garten wurde es wieder Winter. Nur der kleine Junge lief nicht davon, denn seine Augen waren so voll Tränen, daß er den Riesen nicht kommen sah. Und der Riese stahl sich hinter ihn, hob ihn sanft auf seine Hand und setzte ihn hinauf in den Baum. Und mit einem Male brach der Baum in Blüten aus, und die Vögel kamen und sangen darauf, und der kleine Junge streckte seine beiden Arme aus und schlang sie um des Riesen Nacken und küßte ihn. Und als die anderen Kinder sahen, daß der Riese nicht länger böse war, kamen sie zurückgelaufen, und mit ihnen kam der Frühling. „Das ist jetzt euer Garten, ihr kleinen Kinder", sagte der Riese, und er nahm eine große Axt und riß die Mauer nieder. Und als die Leute um zwölf Uhr auf den Markt gingen, sahen sie den Riesen mit den Kindern spielen in dem herrlichsten Garten, den sie jemals erblickt hatten.

Den ganzen Tag lang spielten sie, und am Abend kamen sie zum Riesen, um sich zu verabschieden. „Aber wo ist euer kleiner Spielgefährte", sagte er, „der Junge, den ich in den Baum gesetzt habe?" Der Riese hatte ihn am liebsten, weil er ihn geküßt hatte.

„Wir wissen es nicht", antworteten die Kinder, „er ist weggegangen."

„Ihr müßt ihm sagen, daß er morgen ganz sicher wiederkommen soll", sagte der Riese. Aber die Kinder erwiderten, sie wüßten nicht, wo er wohne, und hätten ihn niemals zuvor gesehen; da wurde der Riese sehr traurig.

Jeden Nachmittag, wenn die Schule vorbei war, kamen die Kinder und spielten mit dem Riesen. Aber der kleine Junge, den der Riese liebte, wurde niemals wieder gesehen. Der Riese war sehr freundlich zu allen Kindern, aber er sehnte sich nach seinem ersten kleinen Freund und sprach oft von ihm. „Wie gern würde ich ihn sehen!" sagte er dann immer.

Jahre vergingen, und der Riese wurde recht alt und schwach. Er konnte nicht mehr draußen spielen, also saß er in einem riesigen Lehnstuhl, sah den Kindern bei ihren Spielen zu und freute sich an seinem Garten. „Ich habe viele herrliche Blumen", sagte er, „aber die Kinder sind die allerschönsten."

Eines Wintermorgens, als er sich eben ankleidete, blickte er aus einem Fenster. Jetzt haßte er den Winter nicht mehr, denn er wußte, daß der Frühling nur schlief und die Blumen sich ausruhten.

Plötzlich rieb er sich seine Augen vor Erstaunen und schaute und schaute. Und wahrhaftig hatte er einen herrlichen Anblick. Im entferntesten Winkel des Gartens war ein Baum ganz bedeckt mit lieblichen weißen Blüten. Seine Äste waren golden, und silberne Früchte hingen von ihnen, und darunter stand der kleine Knabe, den er geliebt hatte.

Voller Freude lief der Riese hinunter und hinaus in den Garten. Er hastete über das Gras und näherte sich dem Kind. Und als er ganz nahe war, rötete sich sein Gesicht vor Zorn, und er sagte: „Wer hat es gewagt, dich zu verwunden?" Denn auf der Handfläche des Kindes waren die Male zweier Nägel, und Male zweier Nägel waren auf den kleinen Füßen.

„Wer hat es gewagt, dich zu verwunden?" rief der Riese. „Sage es mir, daß ich mein großes Schwert nehme und ihn erschlage."

„Laß nur dein Schwert in der Scheide", erwiderte das Kind, „denn dies sind die Wunden der Liebe."

„Wer bist du?" fragte der Riese, und eine fremdartige Scheu überfiel ihn, und er kniete nieder vor dem kleinen Kind. Und das Kind lächelte dem Riesen zu und sagte zu ihm: „Du ließest mich einst in deinem Garten spielen, heute sollst du mit mir in meinen Garten kommen, der da ist das Paradies." und als die Kinder an diesem Nachmittag hereinliefen, da fanden sie den Riesen tot unter dem Baum liegen, und er war ganz bedeckt mit weißen Blüten.

Oscar Wilde: Werke in zwei Bänden. Geschichte in Prosa, Märchen, Erzählungen, Versuche und Aphorismen. Erster Band, hrsg. von Rainer Gruenter. Carl Hanser, München 1970, S. 124–129. Übersetzung von Hannelore Neves.

Aufgabe 1 Wer ist der Held dieser Geschichte?

Aufgabe 2 Ist diese Erzählung ein Märchen oder eine Legende?

Günter Seuren: Das Experiment

„Ich geh' rückwärts, weil ich nicht länger vorwärts gehen will", sagte der Mann. Er war übermittelgroß, bleich vor Anstrengung, sich auf das Rückwärtsgehen zu konzentrieren, und hatte eine vom Wind gerötete Nase. Es blies ein heftiger Westwind, und die Böen, die die übrigen Fußgänger, mit denen der Mann in dieselbe Richtung ging, nur als Brise im Rücken empfanden, trafen ihn mitten ins Gesicht. Er bewegte sich langsamer als die anderen, aber stetig wie ein Krebs im Rückwärtsgang.

„Eines Tages", sagte der Mann, „war ich ganz allein in einem windstillen Park. Ich hörte die Amseln neben mir im Gebüsch nach Futter stochern, ich hörte Tauben rufen – und eine große Ruhe überkam mich. Ich ging ein paar Schritte rückwärts, und ich weiß jetzt: Wenn man immer nur vorwärts geht, verengt sich der Weg. Als ich anfing, rückwärts zu gehen, sah ich die übergangenen und übersehenen Dinge, ich hörte sogar das Überhörte. Sie werden entschuldigen, wenn ich mich Ihnen nicht ganz verständlich machen kann. Verlangen Sie keine Logik von mir, die Entdeckung, die ich gemacht habe, läßt sich nicht in Worte fassen. Und denken Sie auch nicht, daß ich ein Mann der Umkehr bin, nein, ich kehre nicht um, ich ...", der Mann schwieg ein paar Sekunden und sah entschlossen geradeaus, „es wird Sie verwundern ... aber ich bin kein Träumer."

„Was sind Sie dann?" sagte der Begleiter, ein Mann, der sich im herkömmlichen Vorwärtsgang bewegte. „So kommen Sie doch nicht weiter. Eines Tages sind Sie stehengeblieben, vielleicht wollten Sie das Gras wachsen hören, Sie traten ein paar Schritte zurück, um Abstand zu haben. War es so?"

Der rückwärts gehende Mann sah seinen Begleiter an, sein Blick war sanft. „Mein Experiment ist noch nicht abgeschlossen", sagte er.

„Glauben Sie, daß Ihre Art der Fortbewegung sich durchsetzen wird?" sagte der Begleiter.

„Eine schwer zu beantwortende Frage", sagte der Mann und hielt den Blick auf einen Punkt gerichtet, den der Begleiter nicht erkennen konnte. „Übrigens ist meine Idee nicht neu. Wie mir später eingefallen ist, hatte ein längst zu Staub zerfallenes Volk ähnliche Probleme zu lösen wie wir. Es war ebenfalls in ein Stadium getreten, wo sein Weiterleben in Frage stand. Es half sich auch auf eine scheinbar seltsame Weise, Sie können auch Trick sagen, wenn Sie so wollen: Fortan wurden kriegerische Auseinandersetzungen unter den einzelnen Stämmen derart ausgetragen, daß sich die Gegner mit dem Rücken gegeneinanderstellten und so lange ihre Streiche und Hiebe in purer Luft ausführten, bis ein Kämpfer nach dem anderen erschöpft zu Boden sank. Schwer atmend fielen ganze Heere ins Gras, und der anschließende Schlaf war verdient. Es waren tagelange, aber unblutige Schlachten, und die einzige Folge war ein gewaltiger Muskelkater. Wie finden Sie das?"

„Zugegeben – ein brauchbares Ventil für Naturvölker", sagte der Begleiter, „aber nichts für uns. Was also versprechen Sie sich von Ihrem Rückwärtsgang?"

„Ich hoffe", sagte der Mann, „daß ich die Aufmerksamkeit auf mich lenke."

„Das tun Sie auf jeden Fall", sagte der Begleiter, „das tut auch ein Dauerklavierspieler oder einer, der fünfzig Kilometer auf Händen geht."

Aber der rückwärts gehende Mann ließ sich durch solche Anspielungen nicht aus der Fassung bringen.

„Ich hoffe, ich werde verstanden", sagte er. „Als ich das erstemal rückwärts ging, lebte ich auf."

„Schon gut", sagte der andere, „Sie sind nicht der erste, der solche Ansichten vertritt. Immerhin schlagen Sie etwas Praktisches vor, doch zweifle ich sehr, daß Sie Erfolg haben."

„Erfolg oder nicht", sagte der Mann, „wir sollten es versuchen, wir alle."

„Verzeihung", sagte der Begleiter, „ich denke in Tatsachen: Haben Sie nie ein Protokoll wegen groben Unfugs bekommen?"

Der rückwärts gehende Mann sah seinem Begleiter zum erstenmal voll ins Gesicht.

„Ein einziges Mal", sagte er lächelnd, „das war am Anfang, als ich noch unsicher war."

„Und heute stoßen Sie mit keinem mehr zusammen?"

„Niemals!" sagte der Mann noch immer lächelnd. Sie schwiegen. Mit elastischen Schritten ging der Mann rückwärts. Der Begleiter hatte Mühe, ihm zu folgen. Der Mann, der rückwärts ging, wurde schneller.

„Entschuldigen Sie", sagte er „ich muß mich leider etwas beeilen. Ich habe noch eine Verabredung. Auf Wiedersehen." Dann verschwand er im Gedränge. Der andere verlangsamte seinen Schritt wie jemand, der zurückbleibt, um Atem zu holen. Wenige Augenblicke später geschah es. Wie aus einem Riß in der Asphaltdecke aufgestiegen, ex-

plodierte ein mehrstimmiger Schrei. Die Men-
schen blieben stehen und sahen in eine bestimmte
105 Richtung. Erst waren es einzelne, dann ganze
Gruppen, die sich auf einen schnell anwachsenden
Kreis aus Menschen zubewegten.
Als der Begleiter schließlich so weit vorgedrungen
war, daß er in den Kreis sehen konnte, sah er, daß
110 der Mann, der rückwärts gegangen war, wie eine
vom Himmel gefallene große Marionette auf dem
Asphalt lag. Aus dem Kreis sagte jemand: „Der
Wagen hat keine Schuld, das kann ich bezeugen."
Und ein anderer sagte: „Er muß betrunken sein.
115 Er ging rückwärts."
Der Begleiter schob sich in die Mitte des Kreises
und bückte sich über den Mann.

„Können Sie mich verstehen?"
„Ja", sagte der Mann und bewegte sich nicht. Er
lag mit der linken Wange auf dem Asphalt und 120
sprach in die graue Decke hinein. „Versuchen Sie
es einmal, wenn sie ganz allein sind. Irgendwo. In
einem Park oder nachts an einer freien Stelle. Ich
hoffe, Sie werden Gefallen daran finden. Und machen Sie es besser als ich." 125
Polizisten betraten den Kreis.
„Können Sie Angaben machen?" sagte ein Polizist
zu dem Begleiter.
„Er wollte rückwärts gehen", sagte der Begleiter.
„Das ist heute schon der vierte, der das versucht", 130
sagte der Polizist.
„Was ist nur mit den Leuten los?"

In: spiegelungen. moderne deutsche kurzprosa, ausgewählt von Walter Urbanek. texte, band 21. E. C. Buchners, Bamberg 1966, S. 156–158. Zuerst in: Frankfurter Allgemeine Zeitung, Nr. 31, 1965.

Aufgabe | 3 Welche Bilder und Szenen bestimmen den Ablauf des Geschehens?

Aufgabe | 4 Kann man von den Bildern auf die Aussageabsicht der Erzählung schließen?

Aufgabe | 5 Was wird an den entscheidenden Stellen gesagt, und wie ist es wohl gemeint?

Ray Bradbury: Die letzte Nacht der Welt

„Was würdest du tun, wenn du wüßtest, daß heute die letzte Nacht der Welt anbricht?"
„Was ich tun würde? Meinst du das im Ernst?"
„Ja, absolut."
5 „Ich weiß nicht. Ich habe nie darüber nachge-
dacht."
Er goß Kaffee ein. Im Hintergrund spielten die
beiden Mädchen im Licht der grünen Sturmlater-
nen mit Bauklötzen auf dem Teppich des Wohn-
10 zimmers. Der angenehme, reine Duft des frisch
aufgebrühten Kaffees lag in der Abendluft.
„Es wäre gut, wenn du dir jetzt einmal darüber
Gedanken machtest", sagte er.
„Das kannst du nicht ernst meinen!"
15 Er nickte.
„Ein Krieg?"
Er schüttelte den Kopf.
„Nicht die Wasserstoff- oder die Atombombe?"
„Nein."
20 „Oder ein Krieg mit biologischen Waffen?"
„Nichts dergleichen", antwortete er, während er
langsam seinen Kaffee umrührte. „Ich möchte es
ganz einfach so formulieren: Ein Buch wird ge-
schlossen."
25 „Ich glaube, das verstehe ich nicht."
„Auch ich verstehe es nicht ganz; es ist mehr ein

Gefühl. Manchmal schreckt es mich, ein andermal
wieder gar nicht, und der Gedanke läßt mich völlig ruhig." Er blickte zu den Mädchen hinein, deren blonde Haare im Lampenlicht schimmerten. 30
„Ich habe dir bisher nichts gesagt. Zum erstenmal
kam er vor vier Nächten."
„Wer?"
„Der Traum. Ich träumte, daß alles zu Ende gehen
würde, und eine Stimme bestätigte es; keine Stim- 35
me, an die ich mich erinnern kann, aber es war
jedenfalls eine Stimme, und sie sagte, daß jegliches
Leben hier auf der Erde enden würde. Am nächsten Tag dachte ich kaum noch daran, aber am
Nachmittag sah ich im Büro, wie Stan Willis aus 40
dem Fenster starrte, und ich sagte: ‚Ich gäb' was
drum, Stan, wenn ich wüßte, was du denkst', und
er antwortete, er hätte letzte Nacht einen Traum
gehabt, und noch bevor er mir seinen Traum erzählte, kannte ich ihn. Genausogut hätte ich ihm 45
seinen Traum erzählen können, aber er erzählte
ihn mir, und ich hörte zu."
„Und es war derselbe Traum?"
„Derselbe. Ich sagte es Stan, und er schien davon
nicht einmal überrascht zu sein. Im Gegenteil, er 50
atmete sichtlich auf. Danach begannen wir, das
ganze Büro durchzukämmen. Das war nicht etwa

geplant. Wir hatten uns nicht dazu verabredet, wir gingen einfach los, jeder für sich, und überall hat-
55 ten die Leute die Blicke auf ihre Hände oder Schreibtische gesenkt oder sahen aus dem Fenster. Ich sprach mit einigen. Stan ebenfalls."

„Und sie hatten alle geträumt?"

„Alle. Denselben Traum – ohne jeden Unter-
60 schied."

„Und du glaubst daran?"

„Ja. Ich bin mir nie einer Sache sicherer gewesen."

„Und wann wird sie enden? Die Welt, meine ich."

„Für uns irgendwann in dieser Nacht, und wäh-
65 rend die Nacht weiter um die Welt geht, wird alles andere mitgehen. Im ganzen wird es vierundzwan-zig Stunden dauern, bis alles zu Ende ist."

Sie saßen eine Weile, ohne ihren Kaffee anzurüh-ren. Dann hoben sie langsam die Tassen und tran-
70 ken, sich dabei in die Augen sehend.

„Haben wir das verdient?" fragte sie.

„Darum dreht es sich ja gar nicht; die Dinge sind einfach nicht so gelaufen, wie sie hätten sollen. Übrigens stelle ich fest, daß du nicht einmal an
75 dieser Sache zu zweifeln scheinst. Warum nicht?"

„Ich glaube, ich habe meine Gründe dafür", erwi-derte sie.

„Dieselben wie alle in meinem Büro?"

Sie nickte langsam. „Ich wollte eigentlich nichts
80 sagen. Ich träumte es letzte Nacht. Und die Frauen in unserem Häuserblock redeten heute unterein-ander darüber. Sie haben es auch geträumt. Ich dachte, es sei nur ein zufälliges Zusammentref-fen." Sie nahm die Abendzeitung in die Hand. „In
85 der Zeitung steht nichts davon."

„Warum auch, es weiß ja jeder."

Er lehnte sich in seinen Sessel zurück und sah sie an. „Fürchtest du dich?"

„Nein. Früher habe ich das immer geglaubt, aber
90 jetzt habe ich keine Angst."

„Wo bleibt dieser sogenannte Selbsterhaltungs-trieb, über den so viel geredet wird?"

„Ich weiß nicht. Man regt sich nicht besonders auf, wenn man das Gefühl hat, daß die Dinge sich
95 logisch entwickeln. Dies hier ist logisch. Nach dem Leben, das wir geführt haben, war nichts an-deres zu erwarten."

„Sind wir denn so schlecht gewesen?"

„Nein, aber auch nicht besonders gut. Und ich
100 glaube, darin liegt unser Fehler – wir haben uns zuviel mit uns selbst beschäftigt, während ein gro-ßer Teil der Welt nichts Besseres zu tun hatte, als lauter schreckliche Dinge anzurichten."

Im Wohnzimmer lachten die Mädchen.

105 „Ich habe immer gedacht, die Leute würden vor

einem solchen Ereignis schreiend durch die Stra-ßen rennen."

„Man schreit nicht, wenn man dem Unausweichli-chen gegenübersteht."

„Weißt du, außer dir und den Kindern würde ich 110 nie etwas vermissen. Meine Arbeit, die Stadt – nichts außer euch dreien habe ich je wirklich ge-liebt. Ich würde nichts anderes vermissen – außer vielleicht den Wechsel im Wetter und ein Glas kal-tes Wasser, wenn es sehr heiß ist, und vielleicht 115 den Schlaf. Wie können wir hier nur so ruhig sit-zen und so darüber reden?"

„Weil es nichts anderes zu tun gibt."

„Du hast recht, natürlich; denn sonst würden wir es tun. Wahrscheinlich ist dies das erste Mal in der 120 Geschichte der Welt, daß jedermann genau weiß, was er in der kommenden Nacht tun wird."

„Ich würde gern wissen, was all die anderen in den nächsten Stunden, heute abend, tun werden."

„Irgendeine Vorstellung besuchen, Radio hören, 125 vor dem Fernsehgerät sitzen, Karten spielen, die Kinder zu Bett bringen, schlafen gehen – wie immer."

„In gewisser Weise ist das etwas, worauf man stolz sein kann: wie immer." 130

Sie schwiegen einen Augenblick, während er sich eine frische Tasse Kaffee eingoß. „Warum nimmst du an, daß es heute nacht geschehen wird?"

„Weil es so ist."

„Warum geschah es nicht in irgendeiner Nacht 135 des vorigen Jahrhunderts oder vor fünf Jahrhun-derten oder zehn?"

„Vielleicht, weil noch nie der 19. Oktober 1969 gewesen ist, noch nie in der Weltgeschichte, und heute ist er da; weil dieses Datum wichtiger ist als 140 jedes andere Datum zuvor; weil in diesem Jahr die Dinge überall in der Welt so und nicht anders sind und weil darum das Ende kommen muß."

„Auch heute nacht fliegen strategische Bomber-kommandos, die nie wieder landen werden, auf 145 ihren vorgeschriebenen Routen in beiden Richtun-gen über den Ozean."

„Das ist einer der Gründe, warum."

„Also", sagte er und stand auf, „was wollen wir tun? Das Geschirr abwaschen?" 150

Sie wuschen das Geschirr ab und stellten es mit besonderer Sorgfalt in den Schrank. Um acht Uhr dreißig brachten sie die Kinder zu Bett, gaben ih-nen den Gutenachtkuß, knipsten die kleinen Lam-pen an ihren Betten aus und ließen die Tür einen 155 kleinen Spalt weit offen.

„Ich möchte gern wissen ...", sagte er, als er aus dem Schlafzimmer der Kinder gekommen war, mit der Pfeife in der Hand stehenbleibend und zurückblickend.

„Was?"

„Ob sich die Tür völlig schließen wird oder ob sie einen kleinen Spalt weit offenbleibt, damit etwas Licht hereinfallen kann."

„Ich würde gern wissen, ob die Kinder etwas wissen."

„Nein, natürlich nicht."

Sie saßen und lasen Zeitungen und unterhielten sich und hörten Radiomusik; dann setzten sie sich an den Kamin und sahen in die Glut, während die Uhr halb elf, elf und halb zwölf schlug. Sie dachten an all die andern Leute auf der Erde, die auch diesen Abend verbrachten, jeder auf seine Weise.

„Alsdann", sagte er schließlich.

Er gab seiner Frau einen langen Kuß.

„Wir sind jedenfalls immer gut zueinander gewesen."

„Möchtest du weinen?" fragte er.

„Ich glaube nicht."

Sie gingen zusammen durch das Haus und drehten 180 überall das Licht aus und traten in ihr Schlafzimmer; in der kühlen, dunklen Nachtluft zogen sie sich aus und deckten die Betten auf. „Die Laken sind so frisch und sauber."

„Ich bin müde." 185

„Wir sind *alle* müde."

Sie stiegen in die Betten und legten sich hin.

„Nur einen Augenblick", sagte sie.

Er hörte sie aus dem Bett steigen und in die Küche gehen. Einen Augenblick später war sie wieder da. 190

„Ich hatte vergessen, den Wasserhahn abzudrehen", sagte sie.

Er fand das so komisch, daß er lachen mußte.

Sie stimmte in sein Lachen ein, denn ihr wurde jetzt auch bewußt, wie komisch sie gehandelt hatte. Als sie endlich aufhörten zu lachen, lagen sie 195 still nebeneinander, Hand in Hand, die Köpfe aneinandergelegt.

„Gute Nacht", sagte sie einen Augenblick später.

„Gute Nacht", erwiderte er. 200

Ray Bradbury: Der illustrierte Mann. Erzählungen. Aus dem Amerikanischen von Peter Naujack. Diogenes Taschenbuch 240/2. Diogenes, Zürich 1977, S. 156–161. © Diogenes Verlag AG, Zürich 1962, 1973 (Originalausgabe amerikanisch, New York 1951).

| Aufgabe | **6** Weshalb beschreibt wohl der Autor diese Grenzsituation als Zukunftsvision? In welche Beziehung können Sie das Handeln der Personen zu Ihrem eigenen Handeln setzen? |

Günter Kunert: Die kleinen grünen Männer

Sie sind in vielen utopischen Romanen beschworen worden; ihr Ursprungsplanet, voreilig als Saturn, manchmal als Mars bezeichnet, wird nun dem Vernehmen nach an den Rand unserer Milchstraße gerückt. Dort, wo die schärfsten Teleskope nichts mehr erkennen als schimmernde Flecken, Ballen von dunkler Materie in Dimensionen, für die uns das Vorstellungsvermögen fehlt, dort sollen sie leben, die kleinen grünen Männer, und von dort werden sie einst kommen, meint die Fama, um uns zu domestizieren.

Es heißt, was sie mit uns vorhaben, wisse niemand. Ihre Pläne seien unbekannt, ihre Ziele fern menschlicher Phantasie. Eine der Spekulationen: Sie neideten uns unsere lichte Welt, den hellen Himmel, die geordneten Verhältnisse, da fröhlich singend man zur Arbeit schreitet, da am Abend man aus dem Fenster blickt und, zufrieden vom Tagwerk, ins große Verdämmern.

Gewiß: Über den Zeitpunkt der Invasion besteht umfassende Unklarheit. Manche wiegen sich in der Hoffnung, unser Jahrtausend jedenfalls werde von den kleinen grünen Männern frei bleiben; andere wieder sind fest überzeugt, daß die zarten grünen Finger der aus unzählbaren Raketenschiffen Steigenden eines Morgens und noch in diesem 25 Jahrhundert an unsere irdische Tür pochen werden. Ein ganz leichtes, kaum vernehmbares Geräusch soll es sein. Doch dem, der es hört, werde das Herz stehenbleiben, meinen jene, die davon 30 reden, selber Unwissende, die das Ausmaß der schrecklichen Wahrheit nicht kennen.

Sie ahnen ja nicht, daß die Landung bereits stattgefunden hat. Das Klopfen ist längst verhallt.

Die Schläfer haben sich röchelnd einmal in ihren 35 warmen Betten herumgedreht und nicht gespürt, wie die kleinen grünen Männer mit einem kleinen grünen Lächeln auf den Gesichtern in sie einschlüpften: Mittels spezieller Instrumente, von denen sich unsere Universitätsweisheit absolut nichts 40 träumen läßt, begaben sie sich durch die dicken schnarchenden Nasen, durch quallige Ohrmuscheln, bleckende Zahnreihen in die dumpfdämmernde Spezies selbst. Dort hausen sie heute.

45 Wie Panzer fahren sie uns über die Straßen und
Treppen, rammen uns gegeneinander. Wenn wir
einander leiden machen, uns haßvoll zugrunde
richten, treten, stoßen, würgen und töten, verspü-
ren sie der Lust Verwandtes.

Hinter deinen Augen, nachdem du mich verraten, 5
sah ich das kleine grüne Freudenfeuer flackern,
das da tief drinnen einer angezündet hatte.

Günter Kunert: Tagträume. Carl Hanser, München 1964 (prosa viva; 11), S. 56–57.

Aufgabe 7 Welche ungewöhnlichen Sehweisen bestimmen die Erzählung?

Fragen an einen erzählenden Text
Die Untersuchung der Textgestaltung (der erzählten Situation, der Personen, der erzählten Zeit,
der geschichtlichen und sozialen Hintergründe) führt zur Interpretation des Textes.
▷ Wo und wann spielt die Geschichte?
▷ Was erfahren Sie über die einzelnen Personen, über ihren Charakter, ihre soziale Stellung,
ihre Beziehungen zu anderen Personen?
▷ Wie reden und handeln die Personen in der Erzählung miteinander?
▷ Äußern sie Gefühle, Ideen, Hoffnungen, Ängste, Glaubensgewißheiten, Pläne?
▷ Werden die Verhaltensweisen der handelnden Personen begründet?
▷ Wie verhält sich die Geschichte zu der von Ihnen erfahrenen Wirklichkeit?

Jeder Autor bevorzugt bestimmte sprachliche Gestaltungsmittel. Die folgenden Fragen sollen
Ihnen helfen, bei einer Geschichte Ihrer Wahl einige dieser Strukturierungsmittel nachzuweisen
und ihre Wirkung zu beschreiben.
▷ Was fällt Ihnen am Satzbau auf (Fragesätze, Aufforderungssätze, direkte Rede, indirekte
Rede)?
▷ Was fällt Ihnen bei der Wortwahl auf (Bevorzugung bestimmter Wortarten, einprägsame,
eindrucksvolle Wörter, bildhafte Ausdrücke)?

1.3 Beruf und Arbeit

1.3.1 Arbeit gesucht!

August Kühn: Zeit zum Aufstehen (I)

„Aufstehn! Es ist höchste Zeit!" Marianne war es, die ihm die Decke weggezogen hatte und ihn hastig und unsanft wach rüttelte. – Zeit zum Aufstehn. Wenn er ihr am kommenden Wochenende 5 nicht sagte, was los war, würde sie ihn am Montag wieder so, auf die gewohnte Art, aus dem Schlaf reißen. Aufstehen für was? Für wen denn? Für wen war er die Tausende Morgen aufgestanden? War es noch wichtig, daß er heute pünktlich 10 kam? Natürlich, da ließ er sich nichts nachsagen! Aber daß er heute ins Personalbüro mußte, lag ihm schon die ganzen Wochen auf dem Magen und hielt ihn jetzt auch noch länger im Warmen, unter der wieder halb hochgezogenen Decke. Wie 15 hätte er es verhindern können? Sich ruhig verhalten bei allem, was ihm nicht paßte? Noch mehr anschieben, mehr aus sich rausholen, als er es

ohnehin schon getan hatte? Einlullen hatten sie sich alle lassen, geschlafen hatten sie, er natürlich auch, vorm Fernseher, auf der neuen Couchgarni- 20 tur, im Urlaub in Spanien angesichts fast männerloser Dörfer mit schwer arbeitenden Frauen, deren Väter und Söhne auch harte D-Mark verdienten. Hier wäre die Krise zu verhindern gewesen, wenn man selber mitgeplant, mitentschieden – 25 selber entschieden hätte?
„Mach endlich, steh schon auf", rief Marianne noch einmal, von der Küche herüber, „es ist schon angerichtet."

Samstag: Das ist der Tag in der Woche, an dem 30 die Familie Zwing am Morgen nicht gleich um sechs Uhr, wenn die beiden Kinder erwachen, aus den Federn steigen muß. Samstags bleiben sie

262

noch eine halbe Stunde auf der ausgeklappten
35 Doppelbettcouch liegen: Heinz Zwing, der sonst
immer um 7.30 Uhr in der Versicherung sein mußte, und seine Frau Marianne. Ihr Arbeitstag beginnt zwar erst um neun Uhr im Büro eines Pa-
tentanwalts, sie muß aber Montag bis Freitag zu-
40 vor noch die Kleinen wegbringen. Den sechsjähri-
gen Erich in den nahe gelegenen Kindergarten und
Helga mit der Straßenbahn einige Stationen weit
zur Kinderkrippe. Das konnte er ihr in der nächsten Zeit abnehmen, bis er wieder eine neue Stelle
45 gefunden hatte.
Von ihren zwei Zimmern im Hinterhof eines grau-
en, aber nicht unfreundlichen Wohnblocks in der
Schwanthalerhöhe, einer Münchner Arbeitervor-
stadt, haben die Zwings eines für die beiden Kin-
50 der reserviert. Sie selbst schlafen deshalb im
Wohnzimmer. Bis in der Genossenschaft, zu der
auch dieses Haus gehört, einmal eine größere
Wohnung frei wird, sagen sie. – Es geht auf sieben
Uhr, und an diesem Spätsommermorgen fällt
55 schon das mühsam über den Vorderhausgiebel
kletternde Sonnenlicht in den Hinterhof und erhellt durch die zugezogenen Vorhänge den Raum
im Parterre. Ein großer Ölofen glänzt in der Ecke.
Auf einem schmalbrüstigen Wohnzimmerschrank
60 spiegelt die Mattscheibe des Fernsehgerätes. Tisch
und Polstersessel sind zur Seite gerückt, damit die
Couch die nächtliche Breite annehmen konnte.
Die Klinke an der Tür zum Kinderzimmer wird
heruntergedrückt. Erich spaziert fröhlich herein,
65 gefolgt von seiner Schwester, die ihr Kopfkissen
mitbringt, um bei den Eltern noch mal schnell unter die Decke zu schlüpfen. – Eigentlich wollte
Heinz noch ein paar Minuten mit seiner Frau
schmusen, nur so. Gestern abend war Willi da,
70 Willi Kühn mit seiner Frau. Sie waren beisammen-
gesessen, hatten in die Röhre geschaut: Freitags-
krimi. – Jetzt steht er auf, schlüpft in die Unter-
wäsche, die über der Sessellehne hängt. Aus dem
Kleiderschrank, der nur im Kinderzimmer noch
75 Platz hat, holt er sich sein Samstagshemd – ohne
Krawatte. Sein Nachwuchs balgt sich inzwischen
um seinen frei gewordenen Platz und beendet ge-
räuschvoll das Dösen von Marianne. Aber sie
bleibt noch liegen. – „Ich stell' mal das Kaffeewas-
80 ser auf"; er schlüpft in die Anzughose vom Vortag,
„und hole die Semmeln." – „Gib nicht soviel Geld
aus, du weißt ja!" ruft ihm Marianne noch nach,
als er schon die Wohnungstür zufallen läßt.
Der Bäckerladen ist nur eine Querstraße weiter.
85 Schon kurz vor sieben werden immer die Rolläden
hochgezogen, daß der frische Backgeruch auf die

Straße heraus kann. Außer ihm warten nur Rent-
nerinnen. In der neuerbauten Trabantenstadt Per-
lach gäbe es nur Supermärkte im Ladenzentrum,
hatte ihm einmal ein Schulfreund erzählt, der aus 90
dem Viertel dort hinausgezogen war. Marianne
meinte schon einige Zeit, sie sollten auch versuchen, dort etwas zu bekommen – mit Zentralhei-
zung und Bad und Müllschlucker. Vorläufig war
das ja nun nicht drin, erst einmal … Ja, er mußte 95
es ihr noch beibringen, daß er seit gestern arbeits-
los war. Seit er den blauen Brief bekommen hatte,
seit sechs Wochen, wollte er das. Aber nie gab es
eine günstige Gelegenheit. Nach Feierabend, wenn
die Kinder im Bett waren, da war noch rasch et- 100
was aufzuräumen, Abendschau, schlafen. Und das
Wochenende wollte er mit dieser Nachricht nicht
verderben. „Ich hab's ja gewußt!" würde sie sagen. „Weil du dich immer um die anderen geküm-
mert hast, das mögen sie bestimmt nicht bei der 105
Direktion." Sie hatten es nicht gemocht! Auch den
Betriebsrat wollte er fragen, warum er seiner Ent-
lassung zugestimmt hatte. Ob es von ihm für so-
zial vertretbar erachtet wurde, daß man ihn hin-
ausgesetzt hatte. Und ob es überhaupt einen So- 110
zialplan für die Rationalisierung gab. Am Montag
vielleicht anrufen, ob es noch nicht zu spät dazu
war?
Am Kaffeetisch, mit den knusprig-frischen Semmeln, war auch wieder nicht der richtige Moment, 115
auszupacken. Marianne schenkte ein. „Das schöne Wetter heute müssen wir ausnutzen. Rausfah-
ren. Aber ich muß noch einkaufen, und in der
Maschine steckt schon wieder ein Haufen drecki-
ger Wäsche. Und die Kinder …" – so war es fast 120
jeden Samstag.
„Wann sind wir denn soweit?"
„Wenn du mir hilfst und mit den Kindern inzwischen etwas machst, können wir noch am Vormittag fort." 125
Erich ist nicht ganz einverstanden. „Wo sollen wir
denn hingehen? Ich möcht' lieber auf den Hof, im
Sandkasten spielen." – „Das geht nicht, es ist
noch früh am Tag, da schlafen verschiedene Leute
noch – die schimpfen, wenn ihr auf dem Hof 130
Krach macht."
Wieder Rücksicht genommen, wieder den Mund
nicht aufgemacht, dabei war es überfällig! – Die
Kinder sind ausgehfertig, Marianne erinnert noch:
„Zeig bei der Gelegenheit dem Erich noch mal 135
seinen Schulweg, damit er ihn kennt, wenn es soweit ist. Wegen dem Mittleren Ring, damit er
nicht oben rüberläuft und überfahren wird."
Sie trödeln die Treppe der Fußgängerunterfüh-

Conrad Felixmüller: Liebespaar vor Fabrikgebäude. Federzeichnung, 1922. Im Besitz der Nachlaßverwaltung T. und L. Felixmüller, Hamburg. In: Heimo Kuchling: Expressionismus. Sonderausgabe für Artbook International. Berghaus Verlag, Ramerding 1980, S. 73.

140 rung hinunter, den „Maulwurfgang", der diese Hauptverkehrsader mit dem ununterbrochenen Blechstrom unterquert. Lange steht dieses Bauwerk noch nicht hier, drei Jahre vielleicht. Noch im Rohzustand, ohne die Plattenverkleidung an
145 Boden und Wänden, wurde es von den nichtmotorisierten Schwanthalerhöhern benutzt, um von einem Ende des nun geteilten Stadtviertels ins andere zu gelangen. Erich fällt plötzlich was ein: „Bist du einmal überfahren worden, wie du in die
150 Schule gegangen bist?"

„Da gab es noch nicht so viele Autos."

„War da mal das Benzin knapp?" Sogar die Sechsjährige hatte etwas von der Ölkrise im vergangenen Winter mitbekommen.

155 „Das auch. Aber früher hat es nur ganz wenig Autos gegeben."

Der Kleine hat seine Zweifel. „Mit was sind dann die ganzen Leute gefahren, wenn sie kein Auto gehabt haben?"

160 „Da war die Stadt noch kleiner, da hat man noch zu Fuß überall hinkommen können."

„Haben auf der Straße dann noch Kinder spielen können ..."

„Jaa-a", – er selbst hatte als Kind noch auf der Straße gespielt, kaum gestört von den wenigen 165 Lieferwagen, „Dreiradlern" der Kramer oder Metzger im Viertel.

„War es denn früher schöner, Papa?"

„Ich weiß es nicht, aber es gibt Leute, die sagen, es ist uns noch nie so gutgegangen wie jetzt. – Frag 170 was Vernünftiges!"

War es so unvernünftig, zu fragen, was früher war? Wie alles so geworden war, wie es jetzt war? Sich darüber Gedanken zu machen, war Heinz Zwing bestimmt nicht in Laune. Auch dieses Wo- 175 chenende wollte er Marianne mit der Unglücksnachricht verschonen. Aber am Montag den Betriebsrat anrufen! Und in die Gewerkschaft gehen, zum HBV-Sekretär, sich beraten lassen. Irgendwann früher, da hatte es nicht einmal so was gege- 180 ben, niemanden, den man um Rat fragen konnte.

August Kühn: Zeit zum Aufstehen. Eine Familienchronik. (Fischerbücherei 1975.) Fischer Taschenbuch Verlag, Frankfurt a. M. 1977, S. 5–8. © S. Fischer Verlag GmbH, Frankfurt a. M. 1975.

Aufgabe **1** Welche Bedeutung hat Arbeit in dieser Erzählung?

Aufgabe **2** Gibt es ein Recht auf Arbeit?

Aufgabe **3** Wie sehen Sie Ihr Verhältnis zur Arbeit und zur Berufsausbildung?

1.3.2 Die Arbeit der anderen

Peter Bichsel: Die Tochter

Abends warteten sie auf Monika. Sie arbeitete in der Stadt, die Bahnverbindungen sind schlecht. Sie, er und seine Frau, saßen am Tisch und warteten auf Monika. Seit sie in der Stadt arbeitete,
5 aßen sie erst um halb acht. Früher hatten sie eine Stunde eher gegessen. Jetzt warteten sie täglich eine Stunde am gedeckten Tisch, an ihren Plätzen, der Vater oben, die Mutter auf dem Stuhl nahe der Küchentür, sie warteten vor dem leeren Platz
10 Monikas. Einige Zeit später dann auch vor dem dampfenden Kaffee, vor der Butter, dem Brot, der Marmelade.
Sie war größer gewachsen als sie, sie war auch blonder und hatte die Haut, die feine Haut der
15 Tante Maria. „Sie war immer ein liebes Kind", sagte die Mutter, während sie warteten.
In ihrem Zimmer hatte sie einen Plattenspieler, und sie brachte oft Platten mit aus der Stadt, und sie wußte, wer darauf sang. Sie hatte auch einen
20 Spiegel und verschiedene Fläschchen und Döschen, einen Hocker aus marokkanischem Leder, eine Schachtel Zigaretten.
Der Vater holte sich seine Lohntüte auch bei einem Bürofräulein. Er sah dann die vielen Stempel
25 auf einem Gestell, bestaunte das sanfte Geräusch der Rechenmaschine, die blondierten Haare des Fräuleins, sie sagte freundlich „Bitte schön", wenn er sich bedankte.
Über Mittag blieb Monika in der Stadt, sie aß eine
30 Kleinigkeit, wie sie sagte, in einem Tearoom. Sie war dann ein Fräulein, das in Tearooms lächelnd Zigaretten raucht.
Oft fragten sie sie, was sie alles getan habe in der Stadt, im Büro. Sie wußte aber nichts zu sagen.
35 Dann versuchten sie wenigstens, sich genau vorzustellen, wie sie beiläufig in der Bahn ihr rotes Etui mit dem Abonnement aufschlägt und vorweist,

wie sie den Bahnsteig entlanggeht, wie sie sich auf dem Weg ins Büro angeregt mit Freundinnen unterhält, wie sie den Gruß eines Herrn lächelnd er- 40 widert.
Und dann stellten sie sich mehrmals vor in dieser Stunde, wie sie heimkommt, die Tasche und ein Modejournal unter dem Arm, ihr Parfum; stellten sich vor, wie sie sich an ihren Platz setzt, wie sie 45 dann zusammen essen würden.
Bald wird sie sich in der Stadt ein Zimmer nehmen, das wußten sie und daß sie dann wieder um halb sieben essen würden, daß der Vater nach der Arbeit wieder seine Zeitung lesen würde, daß es 50 dann kein Zimmer mehr mit Plattenspieler gäbe, keine Stunde des Wartens mehr. Auf dem Schrank stand eine Vase aus blauem schwedischem Glas, eine Vase aus der Stadt, ein Geschenkvorschlag aus dem Modejournal. 55
„Sie ist wie deine Schwester", sagte die Frau, „sie hat das alles von deiner Schwester. Erinnerst du dich, wie schön deine Schwester singen konnte."
„Andere Mädchen rauchen auch", sagte die Mutter. 60
„Ja", sagte er, „das habe ich auch gesagt."
„Ihre Freundin hat kürzlich geheiratet", sagte die Mutter.
Sie wird auch heiraten, dachte er, sie wird in der Stadt wohnen. 65
Kürzlich hatte er Monika gebeten: „Sag mal etwas auf französisch." – „Ja", hatte die Mutter wiederholt, „sag mal etwas auf französisch." Sie wußte aber nichts zu sagen.
Stenografieren kann sie auch, dachte er jetzt. „Für 70 uns wäre das zu schwer", sagten sie oft zueinander.
Dann stellte die Mutter den Kaffee auf den Tisch.
„Ich habe den Zug gehört", sagte sie.

Peter Bichsel: Eigentlich möchte Frau Blum den Milchmann kennenlernen. 21 Geschichten. Walter AG, Olten 1964 ([15]1984), S. 55–57.

Aufgabe   Versuchen Sie, anhand der Fragen auf Seite 262 die Textgestaltung zu beschreiben. Sie sollen Ihr eigenes Textverständnis wiedergeben und dürfen auch werten.

Franz Kafka: Der Nachbar

Mein Geschäft ruht ganz auf meinen Schultern. Zwei Fräulein mit Schreibmaschinen und Geschäftsbüchern im Vorzimmer, mein Zimmer mit Schreibtisch, Kasse, Beratungstisch, Klubsessel
5 und Telephon, das ist mein ganzer Arbeitsapparat. So einfach zu überblicken, so leicht zu führen. Ich bin ganz jung, und die Geschäfte rollen vor mir her. Ich klage nicht, ich klage nicht.

Seit Neujahr hat ein junger Mann die kleine, leer-
10 stehende Nebenwohnung, die ich ungeschickter-weise so lange zu mieten gezögert habe, frischweg gemietet. Auch ein Zimmer mit Vorzimmer, außerdem aber noch eine Küche. – Zimmer und Vorzimmer hätte ich wohl brauchen können –
15 meine zwei Fräulein fühlten sich schon manchmal überlastet –, aber wozu hätte mir die Küche gedient? Dieses kleinliche Bedenken war daran schuld, daß ich mir die Wohnung habe nehmen lassen. Nun sitzt dort dieser junge Mann. Harras
20 heißt er. Was er dort eigentlich macht, weiß ich nicht. Auf der Tür steht: „Harras, Bureau". Ich habe Erkundigungen eingezogen, man hat mir mitgeteilt, es sei ein Geschäft ähnlich dem meinigen. Vor Kreditgewährung könne man nicht geradezu
25 warnen, denn es handle sich doch um einen jungen, aufstrebenden Mann, dessen Sache vielleicht Zukunft habe, doch könne man zum Kredit nicht geradezu raten, denn gegenwärtig sei allem Anschein nach kein Vermögen vorhanden. Die übli-
30 che Auskunft, die man gibt, wenn man nichts weiß. Manchmal treffe ich Harras auf der Treppe, er muß es immer außerordentlich eilig haben, er huscht förmlich an mir vorüber. Genau gesehen habe ich ihn noch gar nicht, den Büroschlüssel hat
35 er schon vorbereitet in der Hand. Im Augenblick hat er die Tür geöffnet. Wie der Schwanz einer Ratte ist er hineingeglitten, und ich stehe wieder vor der Tafel „Harras, Bureau", die ich schon viel öfter gelesen habe, als sie es verdient.
40 Die elend dünnen Wände, die den ehrlich tätigen Mann verraten, den Unehrlichen aber decken. Mein Telephon ist an der Zimmerwand angebracht, die mich von meinem Nachbar trennt. Doch hebe ich das bloß als besonders ironische
45 Tatsache hervor. Selbst wenn es an der entgegengesetzten Wand hinge, würde man in der Nebenwohnung alles hören. Ich habe mir abgewöhnt, den Namen der Kunden beim Telephon zu nen-

Paul A. Weber: Der Denunziant. Federzeichnung 1943. In: Kunst im Widerstand. Elefanten Press, Berlin und Hamburg 1977, S. 44. © VG Bild-Kunst, Bonn 1987.

nen. Aber es gehört natürlich nicht viel Schlauheit dazu, aus charakteristischen, aber unvermeid- 50 lichen Wendungen des Gesprächs die Namen zu erraten. – Manchmal umtanze ich, die Hörmuschel am Ohr, von Unruhe gestachelt, auf den Fußspitzen den Apparat und kann es doch nicht verhüten, daß Geheimnisse preisgegeben werden. 55 Natürlich werden dadurch meine geschäftlichen Entscheidungen unsicher, meine Stimme zittrig. Was macht Harras, während ich telephoniere? Wollte ich sehr übertreiben – aber das muß man oft, um sich Klarheit zu verschaffen –, so könnte 60 ich sagen: Harras braucht kein Telephon, er benutzt meines, er hat sein Kanapee an die Wand gerückt und horcht, ich dagegen muß, wenn geläutet wird, zum Telephon laufen, die Wünsche des Kunden entgegennehmen, schwerwiegende 65 Entschlüsse fassen, großangelegte Überredungen ausführen – vor allem aber während des Ganzen unwillkürlich durch die Zimmerwand Harras Bericht erstatten.

Vielleicht wartet er gar nicht das Ende des Gesprä- 70 ches ab, sondern erhebt sich nach der Gesprächsstelle, die ihn über den Fall genügend aufgeklärt hat, huscht nach seiner Gewohnheit durch die Stadt, und ehe ich die Hörmuschel aufgehängt habe, ist er vielleicht schon daran, mir entgegenzuarbeiten. 75

Franz Kafka: Beschreibung eines Kampfes. Novellen, Skizzen, Aphorismen aus dem Nachlaß, hrsg. von Max Brod. Fischer Taschenbuch Verlag, Frankfurt a. M. 1976, S. 100–101.

2 Dramatisches

2.1 Das Dialogische

2.1.1. Die „Aussprache"

Max Frisch: Andorra. Siebentes Bild

Der Inhalt des Stückes stimmt weithin mit der Erzählung von Max Frisch überein (vgl. Seite 37 f.).
Andri, ein junger Mann, wächst als Pflegesohn in einer Lehrerfamilie auf und wird wegen seiner unbekannten
Herkunft für einen Juden gehalten. Er leidet unter der offenen und versteckten Ablehnung seiner Mitbürger.

Sakristei, der Pater und Andri.

PATER: Andri, wir wollen sprechen miteinander. Deine Pflegemutter wünscht es. Sie macht sich große Sorge um dich ... Nimm Platz!

ANDRI *schweigt.*

PATER: Nimm Platz, Andri!

ANDRI *schweigt.*

PATER: Du willst dich nicht setzen?

ANDRI *schweigt.*

PATER: Ich verstehe, du bist zum erstenmal hier. Sozusagen. Ich erinnere mich: Einmal als euer Fußball hereingeflogen ist, sie haben dich geschickt, um ihn hinter dem Altar zu holen.

Der Pater lacht.

ANDRI: Wovon, Hochwürden, sollen wir sprechen?

PATER: Nimm Platz!

ANDRI *schweigt.*

PATER: Also du willst dich nicht setzen.

ANDRI *schweigt.*

PATER: Nun gut.

ANDRI: Stimmt das, Hochwürden, daß ich anders bin als alle?

Pause

PATER: Andri, ich will dir etwas sagen.

ANDRI: – ich bin vorlaut, ich weiß.

PATER: Ich verstehe deine Not. Aber du sollst wissen, daß wir dich gern haben, Andri, so wie du bist. Hat dein Pflegevater nicht alles getan für dich? Ich höre, er hat Land verkauft, damit du Tischler wirst.

ANDRI: Ich werde aber nicht Tischler.

PATER: Wieso nicht?

ANDRI: Meinesgleichen denkt alleweil nur ans Geld, heißt es, und drum gehöre ich nicht in die Werkstatt, sagt der Tischler, sondern in den Verkauf. Ich werde Verkäufer, Hochwürden.

PATER: Nun gut.

ANDRI: Ich wollte aber Tischler werden.

PATER: Warum setzest du dich nicht?

ANDRI: Hochwürden irren sich, glaub' ich. Niemand mag mich. Der Wirt sagt, ich bin vorlaut, und der Tischler findet das auch, glaub' ich. Und der Doktor sagt, ich bin ehrgeizig, und meinesgleichen hat kein Gemüt.

PATER: Setz dich!

ANDRI: Stimmt das, Hochwürden, daß ich kein Gemüt habe?

PATER: Mag sein, Andri, du hast etwas Gehetztes.

ANDRI: Und Peider sagt, ich bin feig.

PATER: Wieso feig?

ANDRI: Weil ich ein Jud bin.

PATER: Was kümmerst du dich um Peider!

ANDRI *schweigt.*

PATER: Andri, ich will dir etwas sagen.

ANDRI: Man soll nicht immer an sich selbst denken, ich weiß. Aber ich kann nicht anders, Hochwürden, es ist so. Immer muß ich denken, ob's wahr ist, was die andern von mir sagen: daß ich nicht bin wie sie, nicht fröhlich, nicht gemütlich, nicht einfach so. Und Hochwürden finden ja auch, ich hab' etwas Gehetztes. Ich versteh' schon, daß niemand mich mag. Ich mag mich selbst nicht, wenn ich an mich selbst denke.

Der Pater erhebt sich.

Kann ich jetzt gehn?

PATER: Jetzt hör mich einmal an!

ANDRI: Was, Hochwürden, will man von mir?

PATER: Warum so mißtrauisch?

ANDRI: Alle legen ihre Hände auf meine Schulter.

PATER: Weißt du, Andri, was du bist?

Der Pater lacht.

Du weißt es nicht, drum sag' ich es dir.

Andri starrt ihn an.

Ein Prachtskerl! In deiner Art. Ein Prachtskerl! Ich habe dich beobachtet, Andri, seit Jahr und Tag –

ANDRI: Beobachtet?

80 PATER: Freilich.

ANDRI: Warum beobachtet ihr mich alle?

PATER: Du gefällst mir, Andri, mehr als alle andern, ja, grad weil du anders bist als alle. Was schüttelst du den Kopf? Du bist gescheiter als

85 sie. Jawohl! Das gefällt mir an dir, Andri, und ich bin froh, daß du gekommen bist und daß ich es dir einmal sagen kann.

ANDRI: Das ist nicht wahr.

PATER: Was ist nicht wahr?

90 ANDRI: Ich bin nicht anders. Ich will nicht anders sein. Und wenn er dreimal so kräftig ist wie ich, dieser Peider, ich hau' ihn zusammen vor allen Leuten auf dem Platz, das hab' ich mir geschworen –

95 PATER: Meinetwegen.

ANDRI: Das hab' ich mir geschworen –

PATER: Ich mag ihn auch nicht.

ANDRI: Ich will mich nicht beliebt machen. Ich werde mich wehren. Ich bin nicht feig – und

100 nicht gescheiter als die andern, Hochwürden, ich will nicht, daß Hochwürden das sagen.

PATER: Hörst du mich jetzt an?

ANDRI: Nein.

Andri entzieht sich.

105 Ich mag nicht immer eure Hände auf meinen Schultern …

Pause

PATER: Du machst es einem wirklich nicht leicht.

Pause

110 Kurz und gut, deine Pflegemutter war hier. Mehr als vier Stunden. Die gute Frau ist ganz unglücklich. Du kommst nicht mehr zu Tisch, sagt sie, und bist verstockt. Sie sagt, du glaubst nicht, daß man dein Bestes will.

115 ANDRI: Alle wollen mein Bestes!

PATER: Warum lachst du?

ANDRI: Wenn er mein Bestes will, warum, Hochwürden, warum will er mir alles geben, aber nicht seine eigene Tochter?

120 PATER: Es ist sein väterliches Recht –

ANDRI: Warum aber? Warum? Weil ich Jud bin.

PATER: Schrei nicht!

ANDRI schweigt.

PATER: Kannst du nichts andres mehr denken in

125 deinem Kopf? Ich habe dir gesagt, Andri, als Christ, daß ich dich liebe – aber eine Unart, das muß ich leider schon sagen, habt ihr alle: Was immer euch widerfährt in diesem Leben, alles und jedes bezieht ihr nur darauf, daß ihr Jud

130 seid. Ihr macht es einem wirklich nicht leicht mit eurer Überempfindlichkeit.

ANDRI schweigt und wendet sich ab.

PATER: Du weinst ja.

ANDRI *schluchzt, Zusammenbruch.*

PATER: Was ist geschehen? Antworte mir. Was ist denn los? Ich frage dich, was geschehen ist, Andri! So rede doch, Andri? Du schlotterst ja. Was ist mit Barblin? Du hast ja den Verstand verloren. Wie soll ich helfen, wenn du nicht redest? So nimm dich doch zusammen. Andri! Hörst du? Andri! Du bist doch ein Mann. Du! Also ich weiß nicht.

ANDRI: – meine Barblin.

Andri läßt die Hände von seinem Gesicht fallen und starrt vor sich hin.

Sie kann mich nicht lieben, niemand kann's, ich selbst kann mich nicht lieben …

Ein tritt ein Kirchendiener mit einem Meßgewand.

Kann ich jetzt gehn?

Der Kirchendiener knöpft den Pater auf.

PATER: Du kannst trotzdem bleiben.

Der Kirchendiener kleidet den Pater zur Messe. Du sagst es selbst. Wie sollen die andern uns lieben können, wenn wir uns selbst nicht lieben? Unser Herr sagt: Liebe deinen Nächsten wie dich selbst. Er sagt: Wie dich selbst. Wir müssen uns selbst annehmen, und das ist es, Andri, was du nicht tust. Warum willst du sein wie die andern? Du bist gescheiter als sie, glaub mir, du bist wacher. Wieso willst du's nicht wahrhaben? 's ist ein Funke in dir. Warum spielst du Fußball wie diese Blödiane alle und brüllst auf der Wiese herum, bloß um ein Andorraner zu sein? Sie mögen dich alle nicht, ich weiß. Ich weiß auch warum. 's ist ein Funke in dir. Du denkst. Warum soll's nicht auch Geschöpfe geben, die mehr Verstand haben als Gefühl? Ich sage: Gerade dafür bewundere ich euch. Was siehst du mich so an? 's ist ein Funke in euch. Denk an Einstein! Und wie sie alle heißen, Spinoza!

ANDRI: Kann ich jetzt gehn?

PATER: Kein Mensch, Andri, kann aus seiner Haut heraus, kein Jud und kein Christ. Niemand. Gott will, daß wir sind, wie er uns geschaffen hat. Verstehst du mich? Und wenn sie sagen, der Jud ist feig, dann wisse: Du bist nicht feig, Andri, wenn du es annimmst, ein Jud zu sein. Im Gegenteil. Du bist nun einmal anders als wir. Hörst du mich? Ich sage: Du bist nicht feig. Bloß wenn du sein willst wie die Andorraner alle, dann bist du feig …

Eine Orgel setzt ein.

ANDRI: Kann ich jetzt gehn?

PATER: Denk darüber nach, Andri, was du selbst gesagt hast: Wie sollen die andern dich annehmen, wenn du dich selbst nicht annimmst?

ANDRI: Kann ich jetzt gehn ...

PATER: Andri, hast du mich verstanden?

Vordergrund

Der Pater kniet.

PATER: Du sollst dir kein Bildnis machen von Gott, deinem Herrn, und nicht von den Menschen, die seine Geschöpfe sind. Auch ich bin schuldig geworden damals. Ich wollte ihm mit 195 Liebe begegnen, als ich gesprochen habe mit ihm. Auch ich habe mir ein Bildnis gemacht von ihm, auch ich habe ihn gefesselt, auch ich habe ihn an den Pfahl gebracht.

Max Frisch: Andorra. Zitiert nach: Stücke 2. suhrkamp taschenbuch 81, S. 229–234. © Suhrkamp, Frankfurt a.M. 1963.

Aufgabe 1 Prüfen Sie, warum und woran das Gespräch schließlich scheitert.
- Welche unterschiedlichen Interessen und Bedürfnisse haben die Gesprächspartner? Wie zeigt sich das in den Gesprächsanteilen und in der Gesprächsinitiative der Figuren?
- Welche Phasen des Gesprächs lassen sich unterscheiden?
- An welchen Stellen wird stärker partnerbezogen, an welchen Stellen eher ich- oder selbstbezogen geredet und gehandelt?
- Wo droht das Gespräch zu zerfallen? An welchen Verhaltens- und Redeweisen kann man das erkennen?

Aufgabe 2 Auf welche Äußerung Andris geht der Pater ein, wenn er sagt: „Wie sollen die andern uns lieben können, wenn wir uns selbst nicht lieben?"?
Warum scheint Andri den Pater am Schluß dennoch abzulehnen?

Aufgabe 3 In dem Stück treten nach jeder Szene beteiligte Personen in den Vordergrund und verteidigen – in Art eines Rückblicks – ihr damaliges Verhalten gegenüber Andri.
Auf welche seiner Äußerungen bezieht sich der Pater, wenn er sagt, daß er sich ein Bildnis von Andri gemacht hat?
Wie muß das Gespräch zwischen Andri und dem Pater auf den Leser oder Zuschauer wirken, der aus den Rückblicken schon weiß, daß Andri kein Jude ist?

Aufgabe 4 Meinen Sie, daß Andris Probleme nur Probleme eines Außenseiters sind, oder können Sie sich vorstellen, daß sich auch andere, zumal Heranwachsende, ähnliche Fragen stellen?

2.1.2 Die Eröffnung

Franz Xaver Kroetz: Oberösterreich. Zweiter Akt, erste Szene

Anni und Heinz sind ein junges Ehepaar, das in ärmlichen Verhältnissen lebt und von einem angenehmeren Leben träumt.

In der Küche am Abend. Anni hat nach dem Essen aufgeräumt. Heinz hört Nachrichten.

ANNI: Gehn mir ins Wohnzimmer, weil ich dir etwas sagen muß.

HEINZ: Warum?

ANNI: Wirst es schon sehn.

5 HEINZ: Zerscht den Wetterbericht.

ANNI: Wenn ich es nimmer erwartn kann.

HEINZ: Wennst es willst. *Er schaltet das Radio aus. Sie gehen ins Wohnzimmer.*

ANNI: Meine Mutter hätt jetz zum Papa gsagt, daß er sich hinsetzn soll, weils ihm was zum 10 Sagn hat.

HEINZ: Wennst es willst.

ANNI: Sitz dich hin, Heinz, ich muß dir was Wichtiges mitteiln. *Heinz setzt sich.*

HEINZ: Feierlich. 15

ANNI: Das is auch notwendig. Aber du darfst nicht beleidigt sein, wenn ich es dir sag.

HEINZ: Bestimmt ned.

ANNI: Versprich es.

20 HEINZ: Genau, was hast angstellt.

ANNI: Dreimal darf man ratn.

HEINZ: Wenn mir nix einfallt.

ANNI: Eine Überraschung ist das beste. Außerdem wärst nie drauf kommen, weil ich dich auf die 25 falsche Fährte gesetzt hab.

HEINZ: Warum?

ANNI: Weil du ein Vater wirst, weil ich eine Mutter werd.

Pause.

30 Du und ich.

Pause.

Mir werdn Eltern, weil ich schwanger bin.

Große Pause.

HEINZ: Wo mir immer aufpassn mitnander.

35 ANNI: Is das alles, was du zum Sagn hast.

HEINZ: Wenn es wahr is.

ANNI: Einmal muß es passiert sein, wenns jetzt so is.

HEINZ: Seit wann?

40 ANNI: Im zweitn Monat bin ich, sagt der Doktor.

HEINZ: Bist beim Doktor gwesn.

ANNI: Mit halbe Wahrheit tät ich nix behauptn.

Pause.

Ich hab eine Flaschn Sekt kauft, daß mir es feiern. Im Kühlschrank stehts. 4

HEINZ: Wo ich keinen Sekt mag.

ANNI: So was passiert nicht alle Tage, drum muß man es feiern.

Pause.

Freust dich? 5

HEINZ: Warum denn nicht.

ANNI: Dann holst den Sekt und machst ihn auf.

Heinz tut es, Anni holt Gläser.

Schweigen.

ANNI: Noch eine kleine Überraschung hab ich, die 5 hätt ich beinah vergessen.

Sie geht in die Küche, nimmt aus dem Kühlschrank eine Schüssel, trägt sie mit zwei kleinen Tellern ins Wohnzimmer. Weißt, was ich gemacht hab, zur Feier des Tages? Einen Krappn- 6 salat, das is der Lieblingssalat von Curd Jürgens.

HEINZ: Woher weißt du das?

ANNI: Das is mein Geheimnis.

Franz Xaver Kroetz: Oberösterreich. Gesammelte Stücke. st 259, S. 394/395. © Suhrkamp, Frankfurt a. M. 1971.

| Aufgabe | **1** Wie verhält 'man' sich, wie spricht 'man' in bedeutsamen Lebenssituationen, insbesondere, wenn 'man' sie zum erstenmal erlebt? Wie gelingt dies Anni und Heinz?

| Aufgabe | **2** Mit welchen möglichen Reaktionen bei Heinz rechnet Anni wohl, mit welchen Absichten geht sie in das Gespräch hinein?
Beschreiben Sie, mit welchen Mitteln Anni versucht, die allgemein menschliche Bedeutung des Ereignisses und ihrer Eröffnung herauszustellen.
Welche Worte, welche Requisiten erhalten einen besonderen Symbolwert?

| Aufgabe | **3** Welche Bedeutung haben die Pausen und das Schweigen in dem Gespräch? Welche Rolle spielt Heinz? Reagiert er wohl so, wie Anni es erwartet hat? Wie werden sich das Ereignis und die Art des Gesprächs darüber auf die Beziehung der beiden Ihres Erachtens auswirken?

Zum Dialog

Im Drama – aber auch im Fernsehspiel und in den meisten Filmen – besteht die Handlung wesentlich aus Gesprächen zwischen Menschen, aus Dialogen. Im Dialog können Handlungen
▷ besprochen und überdacht werden (Aussprache),
▷ geplant werden (Entscheidungsgespräch),
▷ unmittelbar vorangetrieben werden (Streit, Enthüllung).
Eine wesentliche Rolle spielen in dramatischen Dialogen auch Gesten, Mimik, Schweigen und Gegenstände, die einen eigenen Aussagewert annehmen können.

Will man Dialoge genauer betrachten, so könnte man fragen:
▷ Lassen sich Gesprächsphasen unterscheiden?
▷ Wie sind die Gesprächsanteile verteilt, erscheint eine Person als besonders beherrschend, oder übernimmt eine die Initiative?

▷ Gehen die Dialogpartner aufeinander ein, oder fällt das Gespräch auseinander? Reden sie partnerbezogen oder mehr selbstbezogen (in Art eines Monologs, eines Streitgesprächs)?

▷ Äußern die Personen offen ihre Absichten, sprechen sie ihre Beziehung offen an, oder muß man diese aus ihren Worten und Taten erschließen?

▷ Warum gelingt oder woran scheitert die Verständigung?

Dramatische Dialoge wirken oft ähnlich wie Alltagsgespräche. Diese Ähnlichkeit darf nicht darüber hinwegtäuschen, daß sie für Leser und Zuschauer geschrieben wurden, also immer Mittel benutzen, mit denen dem Zuschauer etwas gezeigt oder klargemacht werden soll. (Vgl. den Schluß der Szene von Frisch.) Man wird sich deshalb bei jedem dramatischen Dialog fragen, welche Maßstäbe des zwischenmenschlichen Handelns damit vermittelt werden sollen.

2.2 Das Szenische

Thornton Wilder: Unsere kleine Stadt. Szenenausschnitte vom Ende des zweiten Aktes

Das Schauspiel schildert – wie es der Titel schon ausdrückt – bedeutsame und alltägliche Szenen aus dem Leben einer amerikanischen Kleinstadt. Zwei Familien stehen dabei im Mittelpunkt: die Gibbs und die Webb. George Gibbs und Emily Webb werden uns von ihren Kindertagen an bis zu Emilys Tod gezeigt.

DER SPIELLEITER *beobachtet sie lächelnd, bis sie verschwunden sind, nimmt dann seine Brille ab, dreht sich zum Publikum um und sagt:*
Und jetzt können wir mit der Hochzeit fort-
5 fahren.
Er wartet, bis die Bühnenarbeiter die Stühle, Tische und Spaliere fortgetragen und andere Stühle – im ganzen drei Reihen – aufgestellt haben, welche die Bänke in einer Kirche andeu-
10 *ten sollen, wobei die Gemeinde mit dem Rük-ken zum Publikum sitzt.*
In der Mitte der Bühne bleibt ein Gang frei. Gegen die Hinterwand wird ein kleines Podium gestellt, das der Spielleiter später besteigt, wenn
15 *er die Rolle des Geistlichen übernimmt.*
Es gibt viel über eine Hochzeit zu sagen, und es gibt vieles, worüber man nachdenken kann, während einer Hochzeit.
Wir können nicht alles in *eine* Hochzeit hinein-
20 bringen, und vor allem nicht in Grover's Cor-ners, wo die Hochzeiten ohnehin schon beson-ders kurz und schmucklos sind.
Bei dieser Hochzeit hier spiele ich den Geistli-chen. Das gibt mir das Recht, etwas mehr dar-
25 über zu sagen.
Wie meinte Mrs. Gibbs vorhin? „Die Menschen sind dafür da, zu zweit zu leben."
Übrigens ist der wahre Held dieser Szene gar nicht auf der Bühne. Sie wissen, was ich meine.
30 Einer von denen drüben in Europa hat gesagt: Jedes in die Welt gesetzte Kind ist ein Versuch

der Natur, einen vollkommenen Menschen her-vorzubringen. Nun, wir haben jetzt die Natur eine Zeitlang ihr Spiel treiben sehen. Wir wis-
35 sen, daß sie an Quantität interessiert ist, aber ich glaube, sie ist auch an Qualität interessiert – darum bin ich Geistlicher geworden. Und ver-gessen Sie nicht die anderen Zeugen bei dieser Hochzeit: unsere Vorfahren. Millionen von Vorfahren. Die meisten zogen es vor, ebenfalls
40 zu zweit zu leben. Millionen Vorfahren.
Das ist meine ganze Predigt. Zu lang war's be-stimmt nicht.
Die Orgel beginnt Händels ‚Largo' zu spielen. Die Gemeinde strömt in die Kirche und setzt
45 *sich schweigend nieder.*
Auf dem Weg zu ihrem Platz dreht Mrs. Webb sich um und spricht in den Zuschauerraum.
MRS. WEBB: Ich weiß wahrhaftig nicht, warum ich weinen sollte. Worüber sollte ich denn auch
50 weinen? Es kam nur so über mich beim Früh-stück, heute morgen. Da saß Emily und früh-stückte, wie sie es siebzehn Jahre lang getan hatte, und nun geht sie fort, um in dem Haus eines andern zu frühstücken. Das war's, glaube
55 ich. Und dann sagte sie plötzlich: Ich kann kei-nen Bissen mehr herunterbekommen, und legte den Kopf auf den Tisch und fing zu weinen an.
Im Begriff, zu ihrem Platz in der Kirche zu ge-hen, dreht sie sich noch einmal um und sagt:
60 Das eine muß ich noch sagen: Es ist furchtbar grausam, die Mädchen so in die Ehe zu schik-

ken. Es ist grausam, und trotzdem habe ich es nicht über mich bringen können, ihr etwas zu sagen. Ich selbst bin damals blind wie eine Fledermaus hineingegangen. Die Welt ist vollkommen verkehrt eingerichtet; das ist das Schlimme.

Sie geht eilig zu ihrem Platz in der ersten Sitzreihe links. George geht durch den rechten Gang im Zuschauerraum auf die Bühne zu.

Plötzlich erscheinen am rechten Proszeniumspfeiler drei Mitglieder seiner Baseball-Mannschaft und empfangen ihn mit Pfeifen und Zurufen. Sie tragen ihre Sportkleidung.

DIE BASEBALL-SPIELER: He, George, George! – Hsst! A-hu! Sieh nicht so unschuldig drein, alter Schlingel … Wir wissen schon, woran du denkst. Mach der Mannschaft keine Schande, alter Junge, hu-u!

SPIELLEITER: So, das genügt! Schluß damit! Aus! *Er treibt sie lächelnd von der Bühne. Beim Hinausgehen rufen sie noch einiges johlend zurück.*

Früher soll es bei Hochzeiten noch ganz anders zugegangen sein – im alten Rom, und dann später. Angeblich sind wir heute zivilisierter.

Der Chor beginnt zu singen: „Göttliche Liebe, dir gleicht keine andere." George hat die Bühne erreicht. Er starrt einen Augenblick lang auf die Versammlung, zieht sich dann einige Schritte in Richtung auf den Pfeiler des rechten Proszeniums zurück, mit dem Gesicht zum Publikum. Mrs. Gibbs steht von ihrem Platz in der ersten Reihe rechts auf und wendet sich dem Publikum zu. Während des folgenden Dialogs – der die Gedanken, die in ihnen vorgehen, widerspiegelt – sprechen sowohl George als auch seine Mutter in den Zuschauerraum hinunter, ohne einander anzusehen.

MRS. GIBBS: George! George! Was ist mit dir?

GEORGE: Ich will nicht erwachsen werden, Mutter. Warum drängen mich alle so?

MRS. GIBBS: Aber, George … du hast es doch selbst gewollt.

GEORGE: Warum muß ich überhaupt heiraten? Mutter, zum letztenmal frage ich dich –

MRS. GIBBS: Nein, nein, George … du bist jetzt ein Mann.

GEORGE: Hör doch zu, Mutter. Nie hörst du mir zu, wenn ich dir etwas sage. Ich will kein Mann sein … warum müßt ihr –

MRS. GIBBS: George! Wenn dich jemand hört! Genug jetzt. Ich muß mich ja deiner schämen.

GEORGE *streicht sich mit der Hand übers Gesicht, als erwachte er aus einem Traum.*

Was ist mit mir? Wo ist Emily?

MRS. GIBBS *erleichtert:* George! Du hast mich jetzt aber wirklich erschreckt.

GEORGE: Freu dich, Mutter. Freu dich. Ich bin im Begriff zu heiraten.

MRS. GIBBS: Laß mich einen Augenblick Atem schöpfen.

GEORGE: Mutter, die Donnerstagabende hältst du dir frei. Emily und ich werden jeden Donnerstagabend zum Essen kommen … du wirst sehen. Mutter, warum weinst du? Komm, wir müssen uns jetzt darauf vorbereiten.

Inzwischen ist Emily in weißem Brautkleid durch den Gang im Zuschauerraum gekommen und auf die Bühne gegangen. Auch sie weicht beim Anblick der in der Kirche Versammelten zurück. Der Chor beginnt sehr leise: „Gesegnet sei das Band, das bindet".

EMILY: Noch nie in meinem Leben habe ich mich so verlassen gefühlt. Und George, dort drüben, er sieht so …! Ich *hasse* ihn. Ich wünschte, ich wäre tot. Papa! Papa!

MR. WEBB *steht von seinem Platz in der ersten Sitzreihe auf und geht ängstlich auf sie zu:* Emily, Emily! Du mußt dich nicht aufregen …!

EMILY: Aber, Vater – ich möchte nicht heiraten …

MR. WEBB: Pst-pst – Emily. Alles wird gutgehen.

EMILY: Warum kann ich nicht noch eine Weile so bleiben, wie ich bin? Laß uns fortgehen.

MR. WEBB: Nein, nein, Emily. Hör auf, sei vernünftig.

EMILY: Weißt du nicht mehr, daß du immer gesagt hast – die ganze Zeit hast du gesagt, ich wäre *dein* Mädchen. Es muß viele Orte geben, wo wir zusammen hingehen könnten. Ich will für dich arbeiten. Ich will die Wirtschaft führen.

MR. WEBB: Pst … du darfst nicht an so etwas denken. Du bist nur etwas aufgeregt, Emily. Komm, komm – du heiratest den besten Jungen auf der ganzen Welt. George ist ein feiner Kerl.

EMILY: Ja, aber Papa –

MR. WEBB: George! George!

Mrs. Gibbs kehrt an ihren Platz zurück. George hört Mr. Webb rufen und sieht auf. Mr. Webb winkt ihm. Sie gehen zur Bühnenmitte.

Ich gebe meine Tochter fort, George. Glaubst du, für sie sorgen zu können?

GEORGE: Mr. Webb, ich möchte es … ich möchte es versuchen. Emily, ich will mein Bestes für dich tun. Ich liebe dich, Emily. Ich brauche dich.

EMILY: Wenn du mich liebst, so hilf mir doch. Ich will ja nichts weiter, als daß jemand mich liebt.

70 GEORGE: Emily, ich will es versuchen. Ich will es versuchen.

EMILY: Und für immer, das meine ich. Hörst du mich? Für immer und ewig ...

Sie fallen einander in die Arme. Man hört den
75 *Marsch aus ‚Lohengrin‘*[1].

MR. WEBB: Komm, sie warten auf uns. Jetzt weißt du: Alles wird gut werden. Komm, schnell.
George stiehlt sich fort und stellt sich neben den als Geistlichen amtierenden Spielleiter.
80 *Emily geht am Arm ihres Vaters weiter.*

SPIELLEITER: Bist du, George Gibbs, gewillt, dieses Mädchen Emily zum Weibe zu nehmen ...?
Mrs. Soames, in der letzten Reihe sitzend, wendet sich nun mit schriller Stimme an ihre Nach-
85 *barn, so daß die folgenden Worte des Geistlichen unhörbar werden.*

MRS. SOAMES: Ist das nicht eine entzückende Hochzeit? Noch nie habe ich eine so entzückende Hochzeit gesehn. Ach, ich habe Hochzeiten
90 so wahnsinnig gern. Sie nicht? Ist sie nicht eine entzückende Braut?

GEORGE: Ja.

SPIELLEITER: Bist du, Emily Webb, gewillt, diesen Mann George zum Ehegemahl zu nehmen?
95 *Die Orgel setzt ein.*

MRS. SOAMES: Wüßte nicht, wann ich je eine so entzückende Hochzeit gesehen hätte. Aber ich muß immer weinen. Ich weiß nicht, warum es so ist, aber ich muß immer weinen. Ich sehe für mein
100 Leben gern, wenn junge Menschen glücklich sind. Sie nicht? Ach, ich finde, es ist entzückend.

Der Ring.
Der Kuß.
Die Szene erstarrt plötzlich zum lebenden Bild.
Der Spielleiter, die Augen in die Ferne gerichtet, 205
gibt seinen Gedanken laut Ausdruck.

SPIELLEITER: Zweihundert Paare habe ich in meinem Leben verheiratet.
Ob ich etwas davon halte?
Ich weiß nicht. 210
M ... heiratet N ... Millionen tun das. Das kleine Häuschen, der Kinderwagen, der Sonntagsnachmittagsausflug im Ford, der erste Rheumatismus, die Enkel, der zweite Rheumatismus, das Totenbett, die Verlesung des Testaments – 215
einmal unter Tausenden ist es interessant.
Nun den ‚Hochzeitsmarsch‘ von Mendelssohn, wenn ich bitten darf.
Die Orgel nimmt den Marsch auf.
Braut und Bräutigam kommen den Gang ent- 220
lang nach vorn, strahlend, dennoch bestrebt,
sehr würdevoll auszusehen.

MRS. SOAMES: Ist es nicht ein entzückendes Paar?
Ach, ich war noch nie bei einer so hübschen Hochzeit. Ich glaube bestimmt, sie werden sehr 225
glücklich werden. Ich sage immer: *Glück*, nur darauf kommt es an. Das Wichtigste im Leben ist, glücklich zu sein.
Braut und Bräutigam sind jetzt bei den Stufen angelangt, die in den Zuschauerraum führen. 230
Ein heller Lichtschein fällt auf sie. Sie steigen in den Zuschauerraum und laufen in Glückselig-keit den Gang hinauf.

SPIELLEITER: Das wäre also der zweite Akt. Zehn Minuten Pause, liebe Leute. 235

Thornton Wilder: Unsere kleine Stadt. Zitiert nach: Fischer Taschenbuch 7022, S. 64–71. © Fischer, Frankfurt a. M. 1959.

(1) Oper von Richard Wagner.

Aufgabe 1 Mit welchen Mitteln wird uns hier ganz deutlich vor Augen geführt, daß wir es mit einem Theaterstück zu tun haben, das von einem Autor, einem Regisseur, einem Bühnenbildner, von Bühnenarbeitern und Schauspielern für Zuschauer geschaffen worden ist?

Aufgabe 2 Welche Handlungsteile lassen sich in dieser Szene unterscheiden? Welche Aufgabe haben sie?
Prüfen Sie, wie man sich den Zeitverlauf und das Raumbild während der einzelnen Handlungsteile vorstellen kann.

Aufgabe 3 Ängstlichkeit und Komik (Mrs. Soames) stehen in dieser Szene eng beieinander: Wovor fürchten sich die Hauptfiguren? Können sie auch die Komik der Situation nachempfinden? („Ist sie nicht eine entzückende Braut?“ – „Ja.“)
Wie ist das im allgemeinen mit der Komik in dramatischen Szenen, etwa in Filmen: Sind die Situationen für die beteiligten Personen oder für den Zuschauer komisch?

| Aufgabe | **4** Welche Wirkung hat wohl diese Art der Darstellung, insbesondere das Auftreten des Spielleiters, auf den Zuschauer?

Zum Szenischen

Jedes Stück soll in Szene gesetzt, inszeniert werden.

Dazu muß der Regisseur nicht nur die Dialoge interpretieren, sondern untersuchen,

▷ welche Figuren er mit welchen Schauspielern besetzen kann,

▷ ob die Handlung einheitlich ist oder viele Handlungsstränge aufweist (die er dem Zuschauer verdeutlichen muß),

▷ ob die Zeit kontinuierlich verläuft oder Sprünge zeigt,

▷ welche Räume und Szenenbilder nötig sind.

Die Inszenierung stellt eine Interpretation des Stückes dar. Die einzelnen Entscheidungen des Regisseurs sollen das Verstehen des Zuschauers in eine bestimmte Richtung lenken.

Das heißt: Im Grunde spielen der Zuschauer und das Publikum auch eine bestimmte Rolle in einem Stück und in einer Inszenierung.

Meist wird dem Zuschauer diese Rolle gar nicht bewußt, insbesondere bei solchen Stücken und Filmen nicht, bei denen die Illusion der Wirklichkeit angestrebt wird. Hier soll sich der Zuschauer in den Bann des Geschehens hineinziehen lassen, soll sich mit den Figuren identifizieren.

Immer dann, wenn in einem Stück oder – seltener – in einem Film das Publikum direkt angesprochen wird, wenn auf die „Machart" des Werkes besonders hingewiesen wird, dann merkt man dagegen, daß man es mit einem gestalteten Spiel zu tun hat. Manche Autoren tun dies ganz bewußt, um das Publikum zu Distanz und zum Nachdenken zu bringen. Komik kann auch ein Mittel sein, um eine (sentimentale) Identifikation des Zuschauers mit dem Dargestellten zu verhindern.

2.3 Das Filmische

Jürgen Häusermann: Der Fernsehkrimi und was man daran thematisieren sollte

Die erste Sendung der Serie ‚Columbo', die in Europa gezeigt wurde, hieß ‚Zwei Leben an einem Faden'. Der Zuschauer war lange im unklaren, worum es in der Geschichte eigentlich gehen sollte.

5   Ein alter Arzt, berühmter Herzspezialist, wird in seine eigene Klinik eingeliefert. Eine heftige Attacke macht seine Operation unumgänglich, die er immer wieder hinausgeschoben hat. Sein junger, ehrgeiziger Mitarbeiter Dr. Mayfield wird ihm eine Herzklappe ersetzen.

10 Man bekommt mit, daß die beiden ein wichtiges Verfahren entwickeln, das eine Gewebeabstoßung verhindert. Dr. Mayfield wäre längst dafür, die bisherigen Resultate zu publizieren. Der alte Dr. Hiedeman aber will warten, bis hundertprozentige Gewißheit erreicht ist. Schwester Sharon mißtraut Dr. Mayfield. – Mehr weiß

15 der Zuschauer nicht, als die Operation in Angriff genommen wird.

Das ist eine seltsame Ausgangssituation. Denn wir kennen jetzt

Einstellungsgrößen	
①–③	Detail
④–⑥	groß
⑦, ⑧	nah
⑨	amerikanisch
⑩	halbnah
⑪	total
⑫	weit

noch niemand näher; wenn Dr. Hiedeman bei der Operation
stürbe, würde uns dies nicht viel sagen. Aber trotzdem herrscht
eine beklemmende Spannung.

20   Instrumente – Schläuche – der ans Atemgerät angeschlossene
Mund des Patienten – Schläuche.

Um den Operationstisch stehen sechs weiß vermummte
Gestalten; sie sind verantwortlich dafür, daß nichts schief-
geht.

25   Zweieinhalb Minuten dauert, was nun folgt. Eine sehr lange Zeit
in der Welt der Unterhaltungsfilme. Und *was* sich jetzt abspielt, ist
noch erstaunlicher: Wir sehen nichts als abwechselnd Manometer,
deren Sinn man nicht kennt, Oszillatoren, mit denen man nichts
anfangen kann, Plastikbehälter in Nahaufnahme, in denen irgend-
30   welche Flüssigkeiten pulsieren, dazwischen die maskierten Gesich-
ter der Ärzte und Schwestern, bisweilen die ganze Mannschaft in
der Totalen: manchmal von oben, manchmal von der Seite. – Niemand weiß ja, wie wichtig diese Operation für den weiteren Verlauf der Handlung sein wird. Niemand kann mitverfolgen, was
35   eigentlich getan wird. *Sogar ein Chirurg würde von der Szene
nichts verstehen.* Denn die offene Wunde wird nie gezeigt, und die
Aufnahmen der Geräte sind zwar deutlich, aber so kurz und willkürlich hintereinander, daß man sich keinen Reim darauf machen
kann.

40   Aber die Spannung steigt.

Und dies ist ein Anlaß, sich zu fragen: Wie kann das eigentlich
geschehen, daß wir restlos im Bann einer Handlung sind, die wir
überhaupt nicht verstehen, daß wir dennoch aufatmen, wenn nach
zweieinviertel Minuten Dr. Mayfield sagt:

45   „Das wär's, er gehört Ihnen."

Es sind wieder ein paar wenige Schemata, die das bewirken. Wenn
man sich die Operation genau ansieht, entdeckt man, daß die kurzen Szenen, die Bilder von den Menschen, die Aufnahme von den
Geräten, nicht willkürlich hintereinandergesetzt sind. Die Schnitte
50   sind wohlüberlegt, und das macht alles aus: nicht daß Dinge
gefilmt worden sind, von denen man nichts versteht, sondern daß
einige kleine Dinge, die einem vertraut sind, geschickt angeordnet
sind: vor allem die Blicke der Arbeitenden. Denn damit muß der
Regisseur vorgehen, wenn er nicht eine reine Apparateschau
55   machen will: mit dem einzigen, woran wir gewöhnt sind, mit den
Menschen.

Und am wichtigsten ist, daß die Kamera immer wieder auf Schwester Sharon zurückkommt, die ja dem operierenden Arzt mißtraut.
Alles andere, die Handgriffe und die Instrumente, sind nebensäch-
60   lich, auch die kurzen Worte („Blutdruck in Ordnung, Charlie?",
„Skalpell!"). Zwar gibt auch das Spannung, wenn kurz eine interessante Skala in den Blick gerät: Man fährt rasch auf sie zu, und
dann wechselt die Einstellung wieder. Aber in regelmäßigen
Abständen von zwanzig oder dreißig Sekunden sieht man die weit-

①

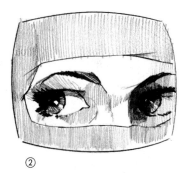

②

③

⁶⁵ geöffneten blauen Augen der Schwester, die, wie man weiß, auf
den Patienten oder den Arzt gerichtet sind, in Angst, daß etwas
Unvorhergesehenes passiert.
Nach 15 Sekunden geschieht es zum erstenmal, dann wieder nach
35 und 55 Sekunden.

⁷⁰ Das viertemal wird es auch der Arzt gewahr.
„Tupfer", sagt er, aber die Schwester reicht ihm das Verlangte
nicht. Geistesabwesend blickt sie vor sich hin.
„Tupfer, habe ich gesagt."
Schnell faßt sich Sharon und langt den Tupfer hinüber. Es
⁷⁵ genügt, um Mayfield stutzig zu machen:
„Was ist los mit Ihnen?" wundert er sich.
Hier sind also die kleinen immer wiederkehrenden Bilder ihres
Gesichts zu einer 13 Sekunden langen Szene ausgeweitet worden.
Man wird von jetzt an noch mehr auf Sharon achten. Und tatsäch-
⁸⁰ lich wiederholt sich die Episode in der 105. Sekunde. Wieder verlangt der Arzt ein Instrument, und wieder reagiert die Schwester
nicht.
„Was ist denn los mit Ihnen?"
fragt Mayfield nochmals. Die Schwester gibt sich einen Ruck und
⁸⁵ entschuldigt sich, und die beiden wechseln einen kurzen Blick. Dann
geht die Arbeit weiter, und die Spannung löst sich ein wenig, schließlich sind es nur noch einzelne Bilder, die sie wieder aufbauen. In 25
Sekunden sieht man in raschem Wechsel das folgende:
Eine Hand, die einer andern einen weißen Stab reicht. Zwei
⁹⁰ Handrücken, die sich rhythmisch abwärts bewegen. Mayfields Augen, die sich erheben und nach links blicken. Den
Kopf des Assistenzarztes, der zuerst nach rechts gerichtet ist
und sich dann schnell nach links dreht. Einen dunklen Bildschirm, auf dem drei grüne Punkte tanzen.
⁹⁵ Ein zweites Gerät mit ähnlichem Bildschirm und vier Digital-
anzeigen.
Den Kopf des Assistenzarztes, der sich von links wieder nach
rechts dreht, seine nach unten gerichteten Augen gehen darauf
schräg nach rechts.
¹⁰⁰ Sharons Augen, Richtung links. Als wäre sie bei etwas Unan-
genehmem ertappt, schlägt sie sie dann nieder. Vier Hände,
die mit Nähen beschäftigt sind. Mayfields Kopf, die Augen
nach unten gerichtet, konzentriert.
Vier Hände: Zwei knüpfen Fäden zusammen, eine schneidet
¹⁰⁵ mit der Schere einen Faden durch.
Mayfields Kopf, Blick nach unten, dann dreht er sich nach
links. Hiedemans Kopf, ruhig daliegend, mit mehreren
Schläuchen, die von ihm ausgehen, sein Mund verklebt, über
das Haar eine weiße Mütze.
¹¹⁰ Das erste Zeichen, daß die Operation geglückt sein mag, stammt
vom Assistenten, der im Anschluß an das Bild des Patienten kurz
nickt.

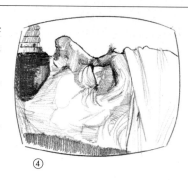

④

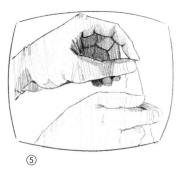

⑤

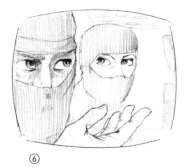

⑥

⑦

Durchschnittlich alle 1,8 Sekunden ein Bild. Wenn man die Folge so auflistet, wie ich es eben getan habe, hat sie scheinbar keinen
115 Zusammenhang. Aber der Eindruck täuscht. Die kleinen Szenen gehen folgerichtig ineinander über. Wer gewohnt ist, Filme anzusehen, bastelt sich automatisch seine Geschichte zusammen:

Man sieht: erst die arbeitenden Hände, dann den gesenkten Blick des Arztes.

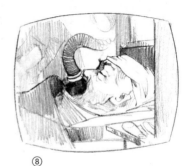

⑧

120 *Man folgert:* Es sind seine Hände, er verfolgt konzentriert, was sie tun.

Man sieht: die Linksbewegung von Mayfields Augen, dann den Assistenten, der seinen Blick von rechts nach links wendet.

Man folgert: Er hat den Blick des Arztes aufgefangen und als Auf-
125 forderung interpretiert, woanders hinzuschauen.

Man sieht: nach dieser kurzen Aufnahme des Assistenten die Kontrollgeräte.

Man folgert: Das ist es, wo er jetzt hinschaut.

Man sieht: Er wendet sich wieder in die ursprüngliche Richtung,
130 sieht dann rasch auf, und da kommt die Schwester ins Bild, die erst nach links sieht und dann die Augen niederschlägt.

⑨

Man folgert: Die Kontrollgeräte sind normal, der Blick des Assistenten und der der Schwester haben einander getroffen.

All dies geschieht im Zuschauer automatisch. Er erhält die Span-
135 nung, weil er die Szenen zu einer Geschichte zusammensetzen kann. Auch wenn es Chirurgie ist, ein Gebiet, in dem er nicht zu Hause ist – einige allgemeine *Regeln* sind eingehalten, und nach diesen orientiert sich sein filmgewohntes Hirn.

Eine Regel heißt zum Beispiel: *Wenn eine Person nach links schaut*
140 *und die unmittelbar folgende Szene jemand zeigt, der nach rechts schaut, heißt das: Sie wechseln einen Blick.*

Eine andere Regel: *Wenn man zuerst jemanden sieht, der mit offenen Augen und konzentriertem Ausdruck dasteht, und wenn darauf die Aufnahme einer Skala oder einer Tafel usw. folgt, so heißt*
145 *das: Diese Tafel, diese Skala ist es, worauf die Person sieht.* Mit einer großen Selbstverständlichkeit nimmt das der Zuschauer an. Dabei könnte die Folge der zwei Szenen ganz zufällig sein. – Sie ist es aber nicht. Die Regel ist allen so sehr in Fleisch und Blut übergegangen, daß kein Regisseur, der möchte, daß man seinen Film
150 versteht, sich erlauben würde, einen solchen Schnitt zu machen, wenn er nicht eben diese Bedeutung haben sollte.

⑩

Wenn man also ins kleinste Detail geht, merkt man plötzlich, daß die Schemata zu Regeln werden. Wenn es notwendig ist, daß so kurze Stücke zusammenpassen, ist es fast nicht möglich, aus dem
155 Schema auszubrechen; denn man will ja, daß der Zuschauer mitkommt.

Aber aus diesen kleinen Schemata entstehen größere Stücke, und diese wiederum werden zu noch größeren zusammengesetzt, z. B.: Was oben beschrieben wurde, machte gemeinsam mit andern sol-
160 chen kleinen Einheiten die Episode „Operation" aus. Sie folgte auf

⑪

die Episode „Einlieferung des Patienten und Vorbereitung der Operation". Gleich danach kam übrigens das Stück „Sharon schöpft Verdacht (daß nämlich von Mayfield absichtlich ein falscher Fadentyp verwendet worden sei)" und später: „Mayfield
165 ermordet Sharon aus diesem Grunde." Wenn nun Episoden von dieser Größenordnung auch nach einem starren Schema angeordnet sind, dann wird der Film zur Dutzendware. Denn hier bestünde die Möglichkeit, Originelles zu schaffen. Ein Drehbuch schreiben heißt einzelne Episödchen aneinanderhängen. Im kleinen hält sich
170 der Autor an das Gewohnte, weil er will, daß man den Film versteht. Wenn er auch im großen ganz schematisch verfährt, tut er es, weil seine Arbeit so am leichtesten geht, weil die Routine ihn zwingt.

⑫

Jürgen Häusermann: Und dabei liebe ich euch beide. Breitkopf & Härtel, Wiesbaden 1978. Zitiert nach: Dieter Prokop (Hrsg.): Medienforschung, Band III. Fischer, Frankfurt a. M. 1986, S. 410–416. Ausschnitt.

Zum Filmischen

Der Film stellt eine besondere dramatische Kunstform dar. In der Verfilmung interpretiert der Regisseur das Drehbuch stärker, als er dies in der Regel bei der Bühneninszenierung mit einem Dramentext tut. Mit seiner Bildsprache 'zwingt' er dem Zuschauer gleichsam seinen eigenen Blick auf.

Die wichtigsten Mittel der *Filmsprache* sind:

1. Die Einstellungsgröße (s. o.).
2. Die Einstellungsperspektive:
    - ▷ normale Augenhöhe (Beteiligtsein),
    - ▷ Froschperspektive (Bedrohung?),
    - ▷ Vogelperspektive (Übersicht, eventuell Überlegenheit des Zuschauers).
3. Die Kamerabewegung:
    - ▷ Stand (Kamera zeigt das Bild immer aus derselben Perspektive; Wirkung: Ruhe, zuweilen Künstlichkeit),
    - ▷ Schwenk (wie der Zuschauer den Kopf bewegt, wirkt besonders natürlich),
    - ▷ Fahrt (wie bei der ganzen Körperbewegung, unterschiedliche Effekte, besonders bei Heran- und Rückfahrt).
4. Schnitt:
    Er beendet eine Einstellung und bestimmt damit ihre Länge:
    - ▷ unsichtbarer Schnitt, möglichst unmerkbarer Übergang, in den meisten Unterhaltungsfilmen angewandt,
    - ▷ sichtbarer Schnitt durch Überblendung und Montage, wirkt künstlicher, macht den Zuschauer stärker darauf aufmerksam, daß er einem Film zusieht.
    Die Art der Schnitte bestimmt wesentlich die Sprache des Films (s. Artikel oben).
5. Sequenz:
    eine Zahl von Einstellungen, die in einem Zusammenhang steht, der unterschiedlich gestaltet werden kann: als kontinuierliche Abfolge, mit wenigen zeitlichen Sprüngen, als zeitliches Nebeneinander usw.

3 Gedichte

3.1 Naturlyrik

Rainer Maria Rilke: Herbsttag (1902)

Herr: es ist Zeit. Der Sommer war sehr groß.
Leg deinen Schatten auf die Sonnenuhren,
und auf den Fluren laß die Winde los.

Befiehl den letzten Früchten, voll zu sein;
gib ihnen noch zwei südlichere Tage,
dränge sie zur Vollendung hin, und jage
die letzte Süße in den schweren Wein.

Wer jetzt kein Haus hat, baut sich keines mehr.
Wer jetzt allein ist, wird es lange bleiben,
wird wachen, lesen, lange Briefe schreiben
und wird in den Alleen hin und her
unruhig wandern, wenn die Blätter treiben.

Georg Heym (1911)

Die Bienen fallen in den dünnen Röcken
Im Rauhreif tot aus den verblaßten Lüften,
Die nicht mehr kehren rückwärts zu den Stöcken.

Die Blumen hängen auf den braunen Stielen
An einem Morgen plötzlich leer von Düften,
Die bald im Staub der rauhen Winde sielen.

Die langen Kähne, die das Jahr verschlafen,
Mit schlaffem Wimpel hängend in der Schwäche,
Sind eingebracht im winterlichen Hafen.

Die Menschen aber, die vergessen werden,
Hat Winter weit zerstreut in kahler Fläche
Und bläst sie flüchtig über dunkle Erden.

Ludwig Uhland: Frühlingsglaube (1813)

Die linden Lüfte sind erwacht,
Sie säuseln und weben Tag und Nacht,
Sie schaffen an allen Enden.
O frischer Duft, o neuer Klang!
Nun, armes Herze, sei nicht bang!
Nun muß sich alles, alles wenden.

Die Welt wird schöner mit jedem Tag,
Man weiß nicht, was noch werden mag,
Das Blühen will nicht enden.
Es blüht das fernste, tiefste Tal:
Nun, armes Herz, vergiß der Qual!
Nun muß sich alles, alles wenden.

Marie Luise Kaschnitz: Juni (1935)

Schön wie niemals sah ich jüngst die Erde.
Einer Insel gleich trieb sie im Winde.
Prangend trug sie durch den reinen Himmel
Ihrer Jugend wunderbaren Glanz.

Funkelnd lagen ihre blauen Seen,
Ihre Ströme zwischen Wiesenufern.
Rauschen ging durch ihre lichten Wälder,
Große Vögel folgten ihrem Flug.

Voll von jungen Tieren war die Erde.
Fohlen jagten auf den grellen Weiden,
Vögel reckten schreiend sich im Neste,
Gurrend rührte sich im Schilf die Brut.

Bei den roten Häusern im Holunder
Trieben Kinder lärmend ihre Kreisel;
Singend flochten sie auf gelben Wiesen
Ketten sich aus Halm und Löwenzahn.

Unaufhörlich neigten sich die grünen
Jungen Felder in des Windes Atem,
Drehten sich der Mühlen schwere Flügel,
Neigten sich die Segel auf dem Haff.

Unaufhörlich trieb die junge Erde
Durch das siebenfache Licht des Himmels;
Flüchtig nur wie einer Wolke Schatten
Lag auf ihrem Angesicht die Nacht.

Sarah Kirsch: Im Sommer (1976)

Dünnbesiedelt das Land.
Trotz riesigen Feldern und Maschinen
Liegen die Dörfer schläfrig
In Buchsbaumgärten; die Katzen
Trifft selten ein Steinwurf.

Im August fallen Sterne.
Im September bläst man die Jagd an.
Noch fliegt die Graugans, spaziert der Storch
Durch unvergiftete Wiesen. Ach, die Wolken
Wie Berge fliegen sie über die Wälder.

Wenn man hier keine Zeitung hält
Ist die Welt in Ordnung.
In Pflaumenmuskesseln
Spiegelt sich schön das eigne Gesicht und
Feuerrot leuchten die Felder.

Bertolt Brecht: Über das Frühjahr (1928)

Lange bevor
Wir uns stürzten auf Erdöl, Eisen und Ammoniak
Gab es in jedem Jahr
Die Zeit der unaufhaltsam und heftig grünenden
Wir alle erinnern uns   [Bäume.
Verlängerter Tage
Helleren Himmels
Änderung der Luft
Des gewiß kommenden Frühjahrs.
Noch lesen wir in Büchern
Von dieser gefeierten Jahreszeit

Und doch sind schon lange
Nicht mehr gesichtet worden über unseren Städten
Die berühmten Schwärme der Vögel.
Am ehesten noch sitzend in Eisenbahnen
Fällt dem Volk das Frühjahr auf.
Die Ebenen zeigen es
In alter Deutlichkeit.
In großer Höhe freilich
Scheinen Stürme zu gehen:
Sie berühren nur mehr
Unsere Antennen.

Max Peintner: Die ungebrochene Anziehungskraft der Natur. Bleistiftzeichnung 1970/71. In: Ewigkeit im Tagbau. edition neue texte, Linz 1977.

Jürgen Becker: Skizzenblock (1977)

Morgens in der Westluft, klar und blau
der Geruch der Rheinischen Olefin; ich betrachte
das farbige Land hinter verschlossenen Fenstern.
Die Garagen öffnen sich; Mittelklassen unterwegs.
Kräne, hinter den Wäldern, blitzen auf; die Konvois
auf den Zubringern stehn. Wintersaat, einzelne Traktoren;
einzelne kreisende Vögel, zwischen den Reihen
der Hochspannungsmasten. In einer Seitenstraße, schwankend,
eine alte Frau, mit Plastiktüten am Fahrrad.

Johann Wolfgang von Goethe (1830)

Dämmerung senkte sich von oben,
Schon ist alle Nähe fern;
Doch zuerst emporgehoben
Holden Lichts der Abendstern!
Alles schwankt ins Ungewisse,
Nebel schleichen in die Höh';
Schwarzvertiefte Finsternisse
Widerspiegelnd ruht der See.

Nun im östlichen Bereiche
Ahn' ich Mondenglanz und -glut,
Schlanker Weiden Haargezweige
Scherzen auf der nächsten Flut.
Durch bewegter Schatten Spiele
Zittert Lunas Zauberschein,
Und durchs Auge schleicht die Kühle
Sänftigend ins Herz hinein.

Joseph von Eichendorff: Mondnacht (1837)

Es war, als hätt' der Himmel
Die Erde still geküßt,
Daß sie im Blütenschimmer
Von ihm nun träumen müßt'.

Die Luft ging durch die Felder,
Die Ähren wogten sacht,
Es rauschten leis die Wälder,
So sternklar war die Nacht.

Und meine Seele spannte
Weit ihre Flügel aus,
Flog durch die stillen Lande,
Als flöge sie nach Haus.

Eduard Mörike: In der Frühe (1828)

Kein Schlaf noch kühlt das Auge mir,
Dort gehet schon der Tag herfür
An meinem Kammerfenster.
Es wühlet mein verstörter Sinn
Noch zwischen Zweifeln her und hin
Und schaffet Nachtgespenster.
– Ängste, quäle
Dich nicht länger, meine Seele!
Freu dich! Schon sind da und dorten
Morgenglocken wach geworden.

Carl Gustav Carus: Fenster am Oybin bei Mondschein.
Öl auf Leinwand, 27,5 × 31,5 cm. Ulm 1928. Foto:
Sammlung Georg Schäfer, Schweinfurt.

Else Lasker-Schüler: O Gott (1917)

Überall nur kurzer Schlaf
Im Mensch, im Grün, im Kelch der Winde.
Jeder kehrt in sein totes Herz heim.

– Ich wollt' die Welt wär' noch ein Kind –
Und wüßte mir vom ersten Atem zu erzählen.

Früher war eine große Frömmigkeit am Himmel,
Gaben sich die Sterne die Bibel zu lesen.
Könnte ich einmal Gottes Hand fassen
Oder den Mond an seinem Finger sehn.

O Gott, o Gott, wie weit bin ich von dir!

Hans Magnus Enzensberger: schläferung (1962)

laß mich heut nacht in der gitarre schlafen
in der verwunderten gitarre der nacht
laß mich ruhn
    im zerbrochenen holz
laß meine hände schlafen
     auf ihren saiten
meine verwunderten hände
     laß schlafen
das süße holz
   laß meine saiten
      laß die nacht
auf den vergessenen griffen ruhn
meine zerbrochenen hände
     laß schlafen
auf den süßen saiten
im verwunderten holz.

3.2 Politische Lyrik

Gottfried August Bürger: Der Bauer an seinen Fürsten (1775)

Wer bist du, Fürst? daß über mich
Herrollen frei dein Wagenrad,
Dein Roß mich stampfen darf?

Wer bist du, Fürst? daß in mein Fleisch
Dein Freund, dein Jagdhund, ungebläut
Darf Klau' und Rachen haun?

Wer bist du? daß durch Saat und Forst
Das Hurra deiner Jagd mich treibt,
Entatmet wie das Wild?

Die Saat, so deine Jagd zertritt,
Was Roß und Hund und du verschlingst,
Das Brot, du Fürst, ist mein!

Du Fürst hast nie bei Egg' und Pflug,
Hast nie den Erntetag durchschwitzt!
Mein, mein ist Fleiß und Brot! –

Ha! du wärst Obrigkeit von Gott?
Gott spendet Segen aus! du raubst!
Du nicht von Gott! Tyrann!

Andreas Gryphius: Tränen des Vaterlandes/Anno 1636

Wir sind doch nunmehr ganz, ja mehr denn ganz verheeret!
Der frechen Völker Schar, die rasende Posaun,
Das vom Blut fette Schwert, die donnernde Karthaun[1]
Hat aller Schweiß und Fleiß und Vorrat aufgezehret.

Die Türme stehn in Glut, die Kirch ist umgekehret,
Das Rathaus liegt im Graus, die Starken sind zerhaun,
Die Jungfraun sind geschänd't, und wo wir hin nur schaun,
Ist Feuer, Pest und Tod, der Herz und Geist durchfähret.

Hier durch die Schanz und Stadt rinnt allzeit frisches Blut;
Dreimal sind's schon sechs Jahr, als unsrer Ströme Flut,
Von Leichen fast verstopft, sich langsam fortgedrungen;

Doch schweig' ich noch von dem, was ärger als der Tod,
Was grimmer denn die Pest und Glut und Hungersnot:
Daß auch der Seelen Schatz so vielen abgezwungen.

(1) Kartaune = großkalibriges Geschütz des 16. und
17. Jahrhunderts.

Claus Bremer: [Soldat]

Matthias Claudius: Kriegslied (1779)

's ist Krieg! 's ist Krieg! O Gottes Engel wehre,
    Und rede du darein!
's ist leider Krieg – und ich begehre
    Nicht schuld daran zu sein!

Was sollt' ich machen, wenn im Schlaf mit Grämen
    Und blutig, bleich und blaß,
Die Geister der Erschlagnen zu mir kämen,
    Und vor mir weinten, was?

Wenn wackre Männer, die sich Ehre suchten,
    Verstümmelt und halbtot
Im Staub sich vor mir wälzten, und mir fluchten
    In ihrer Todesnot?

Wenn tausend, tausend Väter, Mütter, Bräute,
    So glücklich vor dem Krieg,
Nun alle elend, alle arme Leute,
    Wehklagten über mich?

Wenn Hunger, böse Seuch' und ihre Nöten
    Freund, Freund und Feind ins Grab
Versammleten, und mir zu Ehren krähten
    Von einer Leich' herab?

Was hülf' mir Kron' und Land und Gold und Ehre?
    Die könnten mich nicht freun!
's ist leider Krieg – und ich begehre
    Nicht schuld daran zu sein!

Günter Kunert: Wie ich ein Fisch wurde (1965)

1
Am 27. Mai um drei Uhr hoben sich aus ihren Betten
Die Flüsse der Erde und sie breiteten sich aus
Über das belebte Land. Um sich zu retten,
Liefen oder fuhren die Bewohner zu den Bergen raus.

2
Als nachdem die Flüsse furchtbar aufgestanden,
Schoben sich die Ozeane donnernd übern Strand,
Und sie schluckten alles das, was noch vorhanden,
Ohne Unterschied, und das war allerhand.

3
Eine Weile konnten wir noch auf dem Wasser schwimmen,
Doch dann sackte einer nach dem andern ab.
Manche sangen noch ein Lied, und ihre schrillen Stimmen
Folgten den Ertrinkenden ins nasse Grab.

4
Kurz bevor die letzten Kräfte mich verließen,
Fiel mir ein, was man mich einst gelehrt:
Nur wer sich verändert, den wird nicht verdrießen
Die Veränderung, die seine Welt erfährt.

5
Leben heißt: Sich ohne Ende wandeln.
Wer am Alten hängt, der wird nicht alt.
So entschloß ich mich, sofort zu handeln,
Und das Wasser schien mir nicht mehr kalt.

6
Meine Arme dehnten sich zu breiten Flossen,
Grüne Schuppen wuchsen auf mir ohne Hast;
Als das Wasser mir auch noch den Mund verschlossen,
War dem neuen Element ich angepaßt.

7
Lasse mich durch dunkle Tiefen träge gleiten,
Und ich spüre nichts von Wellen oder Wind,
Aber fürchte jetzt die Trockenheiten
Und daß einst das Wasser wiederum verrinnt.

8
Dann aufs neue wieder Mensch zu werden,
Wenn man's lange Zeit nicht mehr gewesen ist,
Das ist schwer für unsereins auf Erden,
Weil das Menschsein sich zu leicht vergißt.

Wolf Biermann: Ermutigung (1968)
Peter Huchel gewidmet

Du, laß dich nicht verhärten
In dieser harten Zeit
Die all zu hart sind, brechen
Die all zu spitz sind, stechen
und brechen ab sogleich

Du, laß dich nicht verbittern
In dieser bittren Zeit
Die Herrschenden erzittern
– sitzt du erst hinter Gittern –
Doch nicht vor deinem Leid

Du, laß dich nicht erschrecken
In dieser Schreckenszeit
Das wolln sie doch bezwecken
Daß wir die Waffen strecken
Schon vor dem großen Streit

Du, laß dich nicht verbrauchen
Gebrauche deine Zeit
Du kannst nicht untertauchen
Du brauchst uns, und wir brauchen
Grad deine Heiterkeit

Wir wolln es nicht verschweigen
In dieser Schweigezeit
Das Grün bricht aus den Zweigen
Wir wolln das allen zeigen
Dann wissen sie Bescheid

Ingeborg Bachmann: Alle Tage (1953)

Der Krieg wird nicht mehr erklärt,
sondern fortgesetzt. Das Unerhörte
ist alltäglich geworden. Der Held
bleibt den Kämpfen fern. Der Schwache
ist in die Feuerzonen gerückt.
Die Uniform des Tages ist die Geduld,
die Auszeichnung der armselige Stern
der Hoffnung über dem Herzen.

Er wird verliehen,
wenn nichts mehr geschieht,
wenn das Trommelfeuer verstummt,
wenn der Feind unsichtbar geworden ist
und der Schatten ewiger Rüstung
den Himmel bedeckt.

Er wird verliehen
für die Flucht von den Fahnen,
für die Tapferkeit vor dem Freund,
für den Verrat unwürdiger Geheimnisse
und die Nichtachtung
jeglichen Befehls.

3.3 Liebeslyrik

Johann Wolfgang von Goethe: Willkommen und Abschied (1789)

Es schlug mein Herz, geschwind zu Pferde!
Es war getan fast eh gedacht.
Der Abend wiegte schon die Erde,
Und an den Bergen hing die Nacht;
Schon stand im Nebelkleid die Eiche,
Ein aufgetürmter Riese, da,
Wo Finsternis aus dem Gesträuche
Mit hundert schwarzen Augen sah.

Der Mond von einem Wolkenhügel
Sah kläglich aus dem Duft hervor,
Die Winde schwangen leise Flügel,
Umsausten schauerlich mein Ohr;
Die Nacht schuf tausend Ungeheuer,
Doch frisch und fröhlich war mein Mut:
In meinen Adern welches Feuer!
In meinem Herzen welche Glut!

Dich sah ich, und die milde Freude
Floß von dem süßen Blick auf mich;
Ganz war mein Herz an deiner Seite
Und jeder Atemzug für dich.
Ein rosenfarbnes Frühlingswetter
Umgab das liebliche Gesicht,
Und Zärtlichkeit für mich – ihr Götter!
Ich hofft' es, ich verdient' es nicht!

Doch ach, schon mit der Morgensonne
Verengt der Abschied mir das Herz:
In deinen Küssen welche Wonne!
In deinem Auge welcher Schmerz!
Ich ging, du standst und sahst zur Erden
Und sahst mir nach mit nassem Blick:
Und doch, welch Glück, geliebt zu werden!
Und lieben, Götter, welch ein Glück!

Matthias Claudius: Die Liebe (1797)

    Liebe hemmet nichts; sie kennt nicht Tür noch
Und dringt durch alles sich;   [Riegel,
   ist ohn' Anbeginn, schlug ewig ihre Flügel,
Und schlägt sie ewiglich.

Heinrich Heine (1827)

Wir haben viel füreinander gefühlt,
Und dennoch uns gar vortrefflich vertragen.
Wir haben oft „Mann und Frau" gespielt,
Und dennoch uns nicht gerauft und geschlagen.
Wir haben zusammen gejauchzt und gescherzt,
Und zärtlich uns geküßt und geherzt.
Wir haben am Ende, aus kindischer Lust,
„Verstecken" gespielt in Wäldern und Gründen,
Und haben uns so zu verstecken gewußt,
Daß wir uns nimmermehr wiederfinden.

Jürgen Theobaldy: Gedicht (1974)

Ich möchte gern ein kurzes Gedicht schreiben
eins mit vier fünf Zeilen
nicht länger
ein ganz einfaches
eins das alles sagt über uns beide
und doch nichts verrät
von dir und mir

Bruno Bruni: ... und Geliebte. Graphik 1976. (©) Galerie Volker Huber, Offenbach.

Bertolt Brecht: Die Liebenden (1929)

(Wechselgesang aus der Oper ‚Aufstieg und Fall der Stadt Mahagonny')

JENNY: Sieh jene Kraniche in großem Bogen!
PAUL: Die Wolken, welche ihnen beigegeben
JENNY: Zogen mit ihnen schon, als sie entflogen
PAUL: Aus einem Leben in ein andres Leben.
JENNY: In gleicher Höhe und mit gleicher Eile
BEIDE: Scheinen sie alle beide nur daneben.
JENNY: Daß so der Kranich mit der Wolke teile
       Den schönen Himmel, den sie kurz befliegen
PAUL: Daß also keines länger hier verweile
JENNY: Und keines andres sehe als das Wiegen
       Des andern in dem Wind, den beide spüren
       Die jetzt im Fluge beieinander liegen.
PAUL: So mag der Wind sie in das Nichts entführen
       Wenn sie nur nicht vergehen und sich bleiben
JENNY: Solange kann sie beide nichts berühren
PAUL: Solange kann man sie von jedem Ort vertreiben
       Wo Regen drohen oder Schüsse schallen.
JENNY: So unter Sonn und Monds wenig verschiedenen Scheiben
       Fliegen sie hin, einander ganz verfallen.
PAUL: Wohin ihr?
JENNY: Nirgendhin.
PAUL: Von wem entfernt?
JENNY: Von allen.
PAUL: Ihr fragt, wie lange sind sie schon beisammen?
JENNY: Seit kurzem.
PAUL: Und wann werden sie sich trennen?
JENNY: Bald.
BEIDE: So scheint die Liebe Liebenden ein Halt.

Ernst Jandl: Sieben Bemerkungen am 5. 12. 76

DU

ich sage
du

langsam
sage ich
du

ganz langsam
sage ich
du

ein ganzes
langes
ausatmen
lang
sage ich
du

Erich Fried: Dich (1979)

Dich nicht näher denken
und dich nicht weiter denken
dich denken wo du bist
weil du dort wirklich bist

Dich nicht älter denken
und dich nicht jünger denken
nicht größer nicht kleiner
nicht hitziger und nicht kälter

Dich denken und mich nach dir sehnen
dich sehen wollen
und dich liebhaben
so wie du wirklich bist

Register